제5판

리더십

박 보 식

도서출판 대영문화사

제5판 머리말

리더십이란 "도덕성과 지적 능력을 바탕으로 겸손하게 구성원을 이끌어 가는 것이다"라고 본 필자는 주장하고자 한다. 즉, 리더의 역량을 바탕으로 구성원의 호리지성(好利之性)의 욕구를 충족시켜 주어야 한다.

또한 리더는 칼자루는 남에게 주어서는 안 되며 현재뿐만 아니라 미래의 발전을 위하여 고민하고, 상상력과 개혁을 바탕으로 남이 가지 않는 새로운 길을 개척하여 나아가는 것이라고 생각한다.

『리더십』 제5판을 개정하면서 스승이란 무엇이가에 대하여 고민을 해보았다.

유비(劉備)는 스승의 진정한 가치는 "지식의 전수보다는 삶의 방식과 인생에 대한 태도를 모범적으로 보이는 것이다"라고 하였다. 즉, 스승은 지식을 전수하는 것보다 더욱 중요한 것은 스스로 모범적인 역할을 수행해 학생이 밝은 길로 나아가도록 인도하여야 하는 것이다.

이처럼 이 『리더십』 책도 학생(독자)들이 훌륭한 리더십을 배양하도록 하고, 나아가 올바른 도덕성을 갖추어 나아가는 데 지침서가 되었으면 하는 바람으로 글을 기고하였다. 한 단원 한 단원을 새롭게 작성하면서 과연 이 부분이 리더십에 적합한 분야인가를 고민하면서, 적은 분량이지만 알찬 『리더십』 책을 만들기 위하여 노력하였다.

바람직한 리더십 기법과 계발 분야인 커뮤니케이션, 비전, 인간관계 부분에서 비교적 리더십과 연관성이 적은 부분은 과감하게 삭제하였다. 삭제한 부분을 기술하면 커뮤니케이션 부분에서 훌륭한 연사의 조건, 설득의 기법, 의사소통 방법을 삭제하였고, 비전부분에서는 비전의 공유부분을 삭제하였다. 또 인간관계 부분에서는 좋은 인간관계, 이미지 메이킹 기법, 좋은 인간관계를 위한 방법과 행복해지는 방법 분야를 삭제하였다.

나아가 전통적 리더십과 서번트 리더십의 비교부분, 슈퍼 리더십의 개념과 요인, 그리고 슈퍼리더가 구성원에게 셀프 리더십을 가르치는 7단계 등의 부분을 삭제하거나 내용을 많이 줄였다.

새롭게 추가 한 부분은 리더-구성원 교환이론(LMX 이론)으로서, 리더와 구성원의 상호작용 과정에 대한 인식을 바탕으로 제시된 리더십 이론이다. 리더-구성원 관계가 전통적 리더십 이론에서 제시한 집단적 관계가 아닌 서로 다른 특성을 가진 개별 관계의 형태로 이루어졌음을 의미한다.

이 이론은 현실에서 많이 나타나는 현상으로서, 리더는 모든 구성원을 똑같이 대하는 것이 아니라 내집단과 외집단으로 나눈다. 내집단에는 리더와 구성원 간에 상호 간의 높은 신뢰와 존경, 충성심을 바탕으로 강한 유대감을 형성하고, 외집단에게는 고용계약이나 공식적인 권위에 의해서 관리되는 현상으로서, 실제 사회에서 많이 이루어지는 현상이기에 보다 구체적으로 기술하였다.

나아가 코칭리더십 실행모델 등 보다 실생활에서 필요한 부분을 첨가 또는 보완하였다.

최고의 『리더십』 책을 만들고자 열심히, 그리고 혁신적으로 새롭게 집필하고자 노력하였으나 많은 부분에서 부족함을 느낍니다. 교수님과 독자들의 고언을 부탁드리며, 나아가 관심 어린 애정과 지도편달을 부탁드립니다.

2023년 녹음이 짙어가는 유월에
박보식 올림

제4판 머리말

동양 역사상 가장 위대하고 신비로운 리더십 능력을 지닌 사람을 제갈공명이라 한다. 그는 리더십에서 "리더란 큰 뜻을 세우고 그 뜻을 이루기 위해서 진정한 실력을 갖추고, 겸손함을 지닌 채 기다리라"라고 하였다. 즉, 도광양회(韜光養晦)를 주장했는데, 이 말의 뜻은 자신의 재능이나 명성을 드러내지 않고 참고 기다리라는 뜻이다.

이 말 속에는 리더의 큰 뜻과 겸손함이라는 깊은 뜻이 포함되어 있다.

아리스토텔레스는 "남을 따르는 법을 알지 못하는 사람은 결코 좋은 지도자가 될 수 없다"라는 말처럼, 진정한 리더가 되기 위해서는 내가 먼저 훌륭한 구성원이 되어야 한다. 즉, 남의 입장을 먼저 생각하는 역지사지(易地思之)의 자세를 가지고 자신의 역량을 발휘하여야 하는 것이다.

우선, 제4판을 만드는 과정에서 리더십의 새로운 내용도 많이 포함하였지만, 더욱 중요시한 것은 리더십으로 비교적 덜 중요하다고 생각하는 많은 부분을 과감하게 삭제하여 분량을 최소한으로 하고자 하였다.

리더십의 새로운 내용을 첨가하는 것은 비교적 덜 고민하고 첨가하였지만, 기존에 있던 많은 내용을 삭제하는 과정에서는 많은 고민을 하였다.

이렇게 많이 삭제한 이유는 가급적이면 책의 페이지를 많이 늘리지 않기 위한 것이며, 또한 쉽게 이해하도록 하기 위하여 내용면에서도 많은 수정을 하였다.

본 제4판의 특징으로는 요즈음 매우 중요시되고 있는 정직한 리더십의 새로운 이론을 자세히 첨가하였고, 바람직한 리더십 기법의 개론적 요소로서 중복되는 인간관계 향상, 의사소통, 비전, 동기부여 등을 배제하였다.

또 바람직한 리더십 기법과 계발 중에서 리더의 강의 시 내용과 태도, 비전의 의미, 학문으로서 인간관계와 사회적응, 정보사회와 인간성 소외, 바람직하지 못한 인간관계, 욕구좌절로 나타나는 인간의 반응 행태, 동기부여의 실제, 리더십 기술의 훈련 등 많은 부분을 삭제하였다.

제4판을 내는 과정에서 더욱 충실하게 내용을 기술하고자 열정과 헌신을 다하였으나 여러 면에서 많이 부족하다는 생각을 하고 있으며, 교수님들과 독자들의 따끔한 충고를 겸허히 받아들이고자 한다.

필자는 리더십이란 올바른 성품을 바탕으로 전문성을 구비하고 겸손과 사랑, 비전과 봉사, 나아가 도전 정신을 갖추는 것이라고 생각한다.

이 『리더십』 책은 그냥 학습하고 이해하는 것이 아니라, 많은 리더십 부분에서 다양한 설문을 통해 자신의 리더십을 정확히 확인하고, 부족한 부분을 잘 인식하고 향상하도록 하였으며, 몸소 실천함으로써 리더십의 역량을 높이도록 하였다.

"역사는 꿈꾸는 자의 것이다"라는 말처럼, 이 책을 통하여 자신의 리더십 역량을 기르고 올바른 품성을 가꾸고 원대한 꿈을 꾸어서 그것이 실천되도록 열정과 노력을 다하여 탁월한 리더가 되길 바랍니다.

많은 선·후배님의 지도 편달을 바랍니다.

2019년 아카시아 향기가 묻어나는 신록의 오월에

박보식 올림

제3판 머리말

카르타고의 명장 한니발(Hannibal)은 "우리는 길을 찾거나, 아니면 만들게 될 것이다"라고 하였다. 길이 있는 것이 아니라 사람들이 다니면 길이 생긴다. 운명이 있는 것이 아니라 내가 가면 그 길이 운명이라 하였다. 즉, 보통사람은 운명을 따르지만, 위대한 리더는 운명을 개척한다고 한다. 리더는 강인한 의지력을 바탕으로 학습하고 부하의 역량을 길러 주어야 하는 것이다.

세계 복싱 헤비급 참피언 무하마드 알리(Muhammad Ali)는 "경기의 승부는 눈에 보이지 않는 데서 이미 결정되었다"라고 하며, 노력의 중요성을 강조하였다. 링에서는 사전에 노력한 사항을 다만 알릴 뿐이라는 유명한 명언을 남겼다. 결과적으로, 탁월한 리더는 꾸준한 학습의 결과에 의해 나타난다는 것이다.

그리고 리더의 리더십은 부하의 능력에 의해 좌우된다고 한다. 『군주론(*Il Principe*)』을 쓴 서양의 유명한 학자 마키아벨리(Niccolò Machiavelli)는 리더가 탁월한 리더인지, 아닌지는 부하의 역량을 보면 알 수 있다고 하면서 능력 있고 충성스러운 부하를 쓰는 사람이 유능한 리더라고 하였다.

한 예로, 항우(項羽)는 몇백 년 만에 나올 불세출의 영웅이었고 훌륭한 부하도 많았지만, 부하의 말을 무시하고 독단적으로 업무를 수행하였다. 그러나 한고조 유방(劉邦)은 역량은 미진했으나 부하를 적재적소에 잘 기용하여 항우를 무찌르고 왕이 되었다. 계책을 세워 승리를 얻게 하는데는 장량(張良)보다 부족하고, 국가의 안녕을 도모하고 백성을 사랑하는 데는 소하(蕭何)만 못하고, 백만대군을 이끌고 싸우는 데 나는 한신(韓信)만 못하다. 하지만, 나는 이들을 얻어 그들이 능력을 충분히 발휘하도록 하였고, 이것이 천하를 얻은 까닭이라 하였다.

즉, 한고조가 천하를 얻은 것은 사람을 적재적소에 잘 기용하였기에 가능하다고 하였다. 그래서 요즘 중시되는 리더십은 부하의 역량을 키우는 것과, 자신의 역량을 기르는 것이 중요한 리더십의 역량이 되었다.

그래서 제3판에는 부하의 역량을 얻고 그들과 돈독한 관계를 유지하기 위한 다양한 부분을 많이 보충하였다. 성공적인 추종자의 역할이나 리더와 팔로워의 관계 및 역할, 그리고 이인자로서의 역할 및 교훈 등에 대하여 많은 부분을 기술하였다.

또 새로운 리더십으로 각광을 받고 있는 코칭 리더십에 대해서도 많은 부분을 할애하였다. 코칭 리더십은 운동선수뿐만 아니라, 새로운 리더십으로 각광을 받기에 이 부분도 많이 첨가하였다. 특히, 코칭 리더십은 부하의 자발적 능력을 촉진시키기 위해 대화와 질문을 통해 부하의 꿈과 능력을 최대한 발휘할 수 있도록 지도하고 노력하여 자신의 임무를 스스로 완수 · 해결할 수 있도록 구성원의 학습 능력을 배양시키는 것이다.

코칭의 특징이나 코칭 리더십의 5단계 과정, 코칭 리더십을 통하여 얻을 수 있는 효과 등 다양한 부분을 상세히 기록하였다.

그리고 기존 리더십의 미진한 부분은 많이 보충하였고, 바람직한 리더십의 기법과 계발부분에 있는 다소 리더십과 떨어진다고 하는 부분은 과감히 삭제하였다. 즉, 커뮤니케이션과 리더십, 비전과 리더십, 인간관계와 리더십, 동기부여와 리더십 등에서 많은 부분을 삭제하였다.

제3판을 쓰면서 리더십 부분에 더욱 충실하고 독자들로부터 사랑받는 책을 쓰고자 많은 고민과 사색을 하면서 집필을 하였지만, 부족한 부분은 필자의 능력으로 돌리고자 합니다.

다만, 열정과 사명감은 어느 누구에게도 지지 않겠다는 자세로 임했음을 알려 드립니다.

교수님들과 독자들의 충고와 질책을 겸허히 받아 들이고자 합니다. 많은 고언을 부탁드리며 관심어린 애정과 지도편달을 부탁드립니다.

정유년 새해에(2017년 1월)

박보식 올림

개정판 머리말

리더십 책을 보다 새롭고 더 충실한 책을 만들고자 개정판을 냈습니다.

리더십! 리더십!

과연 무엇일까? 많은 고민을 해 봅니다.

크라이슬러 회장인 아이아코카는 "리더십이란 모범을 보이는 것이다"라고 했고, 나폴레옹은 "리더십이란 희망을 파는 상인이다"라고 했고, 타고르는 "겸손의 역량이 곧 위대함에 이르는 역량"이라고 했고, 존 에프 케네디는 "리더십과 학습은 불가분의 관계다"라고 하였다.

이상의 내용에 비추어 보면 리더십을 한마디로 정의하기는 어렵지만, "리더십이란 능력과 겸손함을 바탕으로 모범적인 생활을 하고 구성원에게 희망을 주는 것이다"라고 생각해 볼 수 있습니다.

또 리더는 구성원과의 상호작용이 중요합니다.

그래서 삼국지에서 최고의 지략가이며 지혜로움의 상징인 제갈공명은 리더는 3명의 심복을 가져야 한다고 했다.

탁월한 리더는 두뇌가 뛰어나며 지략이 높은 부하를 심복으로 삼아 올바른 의사결정을 하고, 또 정보화 시대에 정보능력이 뛰어난 부하로 하여금 현실의 정보를 정확히 읽도록 하고, 그리고 충성스런 부하로 하여금 결정된 일을 실행에 옮기도록 한다는 것이다.

그래서 리더는 두뇌를 나타내는 지략가와 정보력을 갖춘 부하, 그리고 이를 행동으로 실천하는 부하가 있어야 한다는 것이다.

본 개정판을 내면서 초판의 부족한 부분을 많이 보완하였으며, 또 강의하면서 리더십 내용으로 중요하지 않다고 생각되는 부분은 삭제를 하였다.

즉, 커뮤니케이션과 리더십에서 효율적 인간관계와 의사소통의 방법, 동기부여와 리더십에서 직무설계와 인간관과 인간관리의 전략은 뺏고, 비전 리더십에서 비전의 특성과 인간관계와 리더십에서 이미지 관리와 이미지 메이킹을 첨가하였다. 또 21세기에 새롭게 부상하는 여성의 특성과 여성 리더십 부분에 많은 내용을 첨가하였다.

정말로 충실한 교재를 만들겠다는 열정은 넘치나 필자의 여러 가지 능력부족으로 부족한 부분도 많으리라 생각합니다.

교수님들의 많은 질책을 겸허히 받아들이며 앞으로 더 좋은 리더십 책이 되도록 노력하겠습니다.

많은 선·후배님의 관심어린 애정과 지도편달을 부탁드립니다.

갑오년 새해에(2014년 1월)

박보식 올림

초판 머리말

리더는 떠오르는 태양처럼 조직에 활력을 불어넣고 새로운 비전을 제시하며 힘차게 구성원과 함께 전진해 나아가야 한다.

이렇게 바람직한 리더십을 발휘하기는 쉽지 않다. 그렇다고 어려운 것 만도 아니다.

히말라야 산맥의 8,000m 이상의 봉우리를 14개나 등정한 박영석 산악인은 이런 말을 했다.

"세상의 주인은 따로 없다. 도전하는 자가 세상의 주인이다. 1%의 가능성만 있어도 절대 포기하지 않는다."

박영석 산악대장은 "산과 대면하는 순간, 에너지가 솟구치고 자신감이 생긴다. 그래서 오늘도 나는 길을 떠난다"라며 험한 산을 힘차게 오른다고 한다.

그리고 그는 "가장 무서운 건 나 자신이다. 나를 이기는 게 가장 힘들다"며, 자신을 컨트롤하여 열정적으로 자신의 목표를 달성하기 위해 혼신의 노력을 다했다.

박영석 산악인처럼 리더도 목표를 달성하기 위해 구성원을 동기부여시키고 자신에게 강한 신념을 불어넣고, 또 환경에 적합한 리더의 행동을 해야 한다.

필자는 리더십을 수년 간 대학에서 강의하면서 우리 대학생들에게 리더십의 이론과 실제에 적합한 책이 무엇인가에 대해 고민을 많이 하다가 이 책을 집필하게 되었다.

시중에 리더십에 대한 다양한 책이 많이 있으나, 리더십 현장에서 이론과 실제 상황에서 좀 더 효과적인 리더십이 무엇인가에 대한 고민을 한 후에 이 책을 쓰게 되었다.

리더는 특정한 사람에게만 있는 것이 아니라 두 사람 이상이 모인 곳이면 어느 누구나 리더십을 발휘하게 된다.

평범한 사람도 누구나 리더십을 잘 발휘하면 조직의 목표 달성이나 원만한 인간관계에 크게 기여할 수 있다.

이 책을 통해 고전 리더십과 다양한 리더십, 그리고 최근 리더십을 잘 이해하여 리더십의 역량을 향상시키는 데 크게 기여하고, 다양한 리더십 이론을 이해하도록 하고자 이 책을 저술하게 되었다.

리더십!

이것은 누구나 만들어갈 수 있다. 리더에게는 설레는 아침이 있다. 그것은 도전하는 자의 아침이고, 꿈이 있는 자의 아침이며, 새로움을 개척하는 자의 아침이다.

이 책을 통해 이론과 실제를 잘 숙지하여 좀 더 바람직한 리더십을 배양하기를 바란다.

이 책은 리더가 되기를 희망하는 사람들에게 체계적으로 쉽고 명료하게 핵심적인 내용을 기술하고자 노력했다.

이 책의 구성은 제5부 제16장으로 되어 있으며, 구체적으로 기술하면 다음과 같다.

제1부는 '리더십이란 무엇인가?'에 중점을 두어 리더십의 요소와 특성으로 다양한 리더십의 정의 및 기법을 기술하는 데 초점을 두었다.

제1장은 리더십 본질로서, 리더십의 정의와 중요성, 리더십의 변천 과정, 리더십의 효과성과 장애, 부하란 누구인가?, 바람직한 리더십 기법 등에 대해 기술했다.

제2부는 전통적 리더십 이론으로서 특성이론, 행동이론, 상황이론 등에 대해 살펴보았다.

제2장은 리더십의 특성이론으로서 리더는 어떤 특성을 갖춰야 훌륭한 리더가 될 수 있는가에 대해 살펴보았다.

제3장은 리더십의 행동이론으로서 리더가 리더십을 발휘할 때 과업지향적 행동을 하느냐, 관계지향적 행동을 하느냐에 따라 리더십의 성과가 다르게 나타나는 것에 대해 살펴보았다.

제4장의 리더십의 상황이론에서는 상황에 따라 다르게 리더십을 사용해야 한다는 것에 대해 살펴보았다.

제3부는 현대 리더십 이론으로서 거래적 리더십과 변혁적 리더십, 카리스마적 리더

초판 머리말

십, 윤리적 리더십, 감성 리더십, 서번트 리더십, 셀프 리더십과 슈퍼 리더십 등 현대에서 많이 사용되는 리더십에 대해 살펴보았다.

제5장은 거래적 리더십과 변혁적 리더십으로, 거래적 리더십의 개념과 과정, 특성, 한계점 등에 대해 살펴보았고, 변혁적 리더십은 구성 요소, 사례 등에 대해 살펴보았다.

제6장은 카리스마적 리더십으로 개념과 세 가지 접근 방법, 베버(M. Weber)와 하우스(R. J. House)의 카리스마적 리더십 연구와 긍정적 · 부정적 결과 등에 대해 살펴보았다.

제7장은 윤리적 리더십으로 윤리의 정의와 구성 요소, 개념, 행동특성과 결정 요인 등에 대해 살펴보았다.

제8장은 감성 리더십으로 감성 지능의 개념, 감성 조절, 핵심 요소, 감성 리더십 기법, 사례 등에 대해 살펴보았다.

제9장은 서번트 리더십으로 개념과 출현 배경, 인식 체계 특성, 행동특성, 사례 등에 대해 살펴보았다.

제10장은 셀프 리더십과 슈퍼 리더십으로, 셀프 리더십의 개념과 전략, 발달 과정, 목표 설정, 핵심 조건 등에 대해 살펴보았고, 슈퍼 리더십은 개념, 하위 요인, 주요 특성 등에 대해 살펴보았다.

제4부는 고전 리더십 이론으로서 고전 속의 리더십으로 손자 리더십과 한비자 리더십, 노자 리더십에 대해 살펴보았다.

제5부는 리더가 갖춰야 할 주요 요소로서, 커뮤니케이션과 리더십, 비전과 리더십, 인간관계와 리더십, 동기부여와 리더십 등에 대해 살펴보았다. 제5부의 커뮤니케이션 능력, 비전 제시, 인간관계, 동기부여는 탁월한 리더십을 발휘하는 데 절대적으로 필요한 요소들이다. 그리고 리더십 개발 방안으로 나의 리더십 계발 방안 등에 대해 살펴보았다.

리더십의 입문서로서 다양한 내용을 기술하고자 했지만 필자의 능력 부족과 시간상의 제약으로 그 내용을 충분히 기술하지 못한 것도 사실이다.

많은 독자의 충고를 겸허히 받아들여 제2판, 제3판에서는 내용상의 미흡한 부분과 미진한 부분을 계속적으로 수정 · 보완해 나가고자 한다. 많은 선배 · 동료들의 엄중한 질책과 아낌없는 지도 편달을 부탁드리며, 이를 발전의 계기로 삼고자 한다.

이 책을 출판함에 주위에서 힘을 실어준 사랑하는 딸 은정이와 아들 병훈에게 감사함을 표하며, 옆에서 많은 동기부여를 해준 사랑하는 아내 송순숙에게도 감사를 표한다. 특히, 바쁜 와중에도 깊은 애정을 갖고 이 책이 출판되기까지 많은 지원을 해주신 대영문화사 임춘환 사장님께도 깊은 감사를 드린다.

2012년 2월

박보식

차례

차례

PART_03 현대 리더십 이론

차례

차례

차례

PART_04 고전 리더십 이론

Chapter 13 고전 속의 리더십 257

PART_05 리더십 속성과 나의 리더십 계발

Chapter 14 리더십의 속성 277

차례

PART 01

리더십의 요소와 추종자의 역할

LEADERSHIP

Chapter 01 L E A D E R S H I P

리더십 본질

리더십이란 인간의 시야를 넓히고 높은 업적을 달성케 하고
보통 수준을 초월하여 높은 수준의 인격에 도달하게 하는 것이다.
-피터 드러커

제 1 절 리더십의 정의와 중요성

1 리더십의 정의

리더십은 인류의 문화와 함께 가장 오래된 단어이고, 집단·조직의 성패를 좌우하는 유일하고 결정적인 요인이며(B. M. Bass & R. M. Stogdill), 가장 흔히 볼 수 있는 단어이면서도 지구상에서 가장 이해되지 못하고 있는 현상이다(J. M. Burns).

우리가 생활하는 사회에서 한 나라를 이끌어가는 대통령에서부터 회사의 사장, 각 부서의 장, 친목회의 대표에 이르기까지 크고 작은 조직에서 사람들을 통솔하는 리더가 많다. 이 리더들은 자신이 이끄는 조직이나 집단이 추구하는 목적을 효율적으로 달성하기 위해 구성원들에게 영향력을 행사한다.

이처럼 특정 조직이나 집단의 목표 달성을 위해 행동을 하도록 다른 구성원에게 영향력을 행사하는 사람을 리더(leader)라 하며, 리더의 영향을 받아 이에 따르는 사람을 추종자(follower) 또는 부하라고 한다.

즉, 리더십은 영향력이라 할 수 있으며, 인간관계나 조직운영에서 "리더십이 모든

성공과 실패를 결정한다"라고 존 맥스웰(John Maxwell)은 말하였다.

그리고 리더십에는 상황적 요소가 있는데, 이것은 어느 상황에서나 동일하게 적용되는 것이 아니라 상황적 특성에 따라 다르게 리더십이 형성된다는 것이다.

즉, 리더가 일정한 상황에서 다른 구성원에게 조직이나 집단의 공동 목표를 달성하는 데 필요한 행위를 하도록 영향을 미치는 과정을 리더십이라 한다. 결국, 리더십(leadership)이란 리더와 구성원관계, 즉 사람과 사람의 인간관계(human relations) 속에서 존재 의의를 갖는다.

리더십의 개념은 학자들에 따라 다양하게 정의되고 있다.

칸츠와 칸(Kats & Kahn)은 "조직의 일상적인 지시에 기계적으로 순응하는 것을 넘어서도록 영향력을 행사하는 것"이라 하였고, 오도넬(C. O'Donnell)은 "공동 목표 달성을 향해 따라오도록 영향력을 행사하는 과정"이라 했고, 스톡딜(R. M. Stogdill)은 "특정 상황에서 목표 달성을 위해 구성원에게 영향력을 주는 과정"이라고 했으며, 데이비스(K. Davis)는 "정해진 목표를 추구하도록 타인을 설득하는 과정"이라 했고, 피프너(J. M. Pfiffner)는 "목표 달성을 위해 개인이나 집단을 조정하고 동작시키는 기술"이라 했다. 또 잰다(K. F. Janda)는 "독특한 형태의 권력관계로서 집단의 한 구성원이 자신의 행동 패턴을 다른 구성원에게 규정할 수 있는 힘"이라 했으며, 리차드와 앤글(Richards & Engle)은 "비전을 명확히 하고 가치를 구체화시키며, 그 안에서 일이 달성될 수 있도록 환경을 창조하는 것이다"라고 하였으며, 하우스 외(House et al.)는 "개인이 타인에게 영향을 미치고 동기를 부여하며 타인이 조직의 효과성과 성공을 위해 공헌할 수 있도록 하는 개인의 능력이다"라고 하였다. 마리온과 울비엔(Marion & Uhl-Bien)은 "조직의 인적 자본과 사회적 자본의 증진을 통해서 집단 지능을 향상시켜 조직의 적응력을 극대화하는 행위"[1]라고 하였다. 홀(Hall)은 "지도자의 개인적 자질에 근거하여 광범위한 문제에서 추종자의 자발적 동의를 이끌어내는 능력"이라 하였다.

이처럼 리더십의 의미와 해석은 다양하지만, 리더십의 본질적 의미는 대동소이하다. 우선, 인간과 인간의 관계를 설명한다는 공통점이 있고, 개개인의 사고를 중시하고, 인간과 권력의 복잡한 역학관계를 다루며, 공동의 목표를 달성하기 위해 구성원을 이끄는 것이다.

---

1) 2000년대의 대표적 리더십 정의의 하나로서 신뢰, 가치, 시스템, 네트워크를 강조한다.

리더십이란 개인의 특성에서 집단 과정으로 초점을 두고 있으며, 이것은 집단 변화와 집단활동에 좀 더 중요한 가치를 두고 있다. 또 다른 사람의 과업을 완성하려는 노력을 유발하는 성격 특성이나 그 밖의 특성을 조합하는 것이며, 집단 내의 변화를 도모하기 위해 리더가 취하는 행동이라 한다.

또한 리더는 권력을 가지고 그것을 사용해 다른 사람의 행동 변화에 영향을 미치는 사람이다. 그리고 목표 달성을 이루기 위해 리더는 집단구성원을 도와 그들의 목표와 욕구를 성취·충족시키는 사람이다.

즉, 리더십은 비전 설정(vision setting)과 역할 모델(role modeling), 그리고 개별적인 배려(individualized attention)와 동기부여(motivation) 등을 통해 추종자들을 변화시키고 발전시켜 효과적으로 목표를 달성하도록 하는 것이다.

표 1-1 주요 학자별 리더십 정의

학자	리더십 정의
칸츠와 칸	조직의 일상적인 지시에 기계적으로 순응하는 것을 넘어서도록 영향력을 행사하는 것
오도넬	공동 목표 달성을 향해 따라오도록 영향력을 행사하는 과정
스톡딜	특정 상황에서 목표 달성을 위해 구성원에게 영향력을 주는 과정
데이비스	정해진 목표를 추구하도록 타인을 설득하는 과정
피프너	목표 달성을 위해 개인이나 집단을 조정하고 동작시키는 기술
잰다	독특한 형태의 권력관계로서 집단의 한 구성원이 자신의 행동 패턴을 다른 구성원에게 규정할 수 있는 힘
라차드와 앤글	비전을 명확히 하고 가치를 구체화시키며, 그 안에서 일이 달성될 수 있도록 환경을 창조하는 것
하우스 외	개인이 타인에게 영향을 미치고 동기를 부여하며 타인이 조직의 효과성과 성공을 위해 공헌할 수 있도록 하는 개인의 능력
마리온과 울비엔	조직의 인적 자본과 사회적 자본의 증진을 통해서 집단 지능을 향상시켜 조직의 적응력을 극대화하는 행위
홀	지도자의 개인적 자질에 근거하여 광범위한 문제에서 추종자의 자발적 동의를 이끌어내는 능력

자료: 필자 정리.

2 리더십의 절차적 과정

리더십 현상의 절차적 과정을 구별하면 ① 리더십은 거래적 과정이다. ② 리더십은 영향을 주는 과정이다. ③ 리더십은 집단 상황에서 일어나는 현상이다. ④ 리더십은 공동 목표 달성을 위한 과정이다. 이 내용을 자세히 설명하면 다음과 같다.

1) 거래적 과정으로서 리더십

리더가 가지고 있는 성격이나 특성이 아니라 리더와 그의 추종자 간에 일어나는 하나의 거래적 사건이다.

과정이란 리더가 다른 사람에게 영향을 미치기도 하고 그들에 의해 영향을 받기도 한다는 의미가 내포되어 있다. 또 리더십은 일방적인 것이 아니라 상호작용적인 점을 강조한다.

그래서 리더십은 모든 사람에게 통용되는 개념이며 공식적으로 임명된 리더에게만 제한적으로 적용되는 개념이 아니다.

2) 영향을 주는 과정으로서 리더십

리더가 구성원에게 어떻게 영향을 주는 것인가와 관련된 것이다. 영향을 주는 것은 리더십의 필수 요건이다. 구성원에게 영향을 미치지 않았다면 리더십은 존재하지 않는 것이다.

3) 집단 상황에서 일어나는 현상

집단은 리더십이 일어나는 현장이다. 그래서 리더십은 공동 목적을 가지고 있는 집단에 영향을 미치는 과정이다. 집단은 소집단일 수도 있고, 집단 전체를 포함하는 대규모 조직일 수도 있다.

4) 공동 목표 달성의 과정

리더십은 구성원들의 집단을 지휘해 어떤 과업이나 목표를 달성하는 것이다. 특히,

공동 목표란 리더와 구성원들이 공동적인 노력을 통해 함께 달성해야 할 상호적인 목표(mutual purpose)이다. 리더는 목표 달성을 위해 일방적으로 영향을 주는 것이 아니라 구성원들과 함께 노력해야 할 필요성을 강조한다.

또한 상호성은 리더가 강제적이고 비윤리적인 방식으로 구성원들에게 영향을 미치게 될 가능성을 줄여주고, 리더와 구성원들이 공동 목표를 위해 함께 노력하게 될 가능성을 증대시킨다(Rost, 1991).

이상의 내용을 종합하면 "리더십이란 공동의 목표를 달성하기 위해 한 개인이 집단의 구성원들에게 영향을 미치는 과정(Leadership is a process whereby an individual influences a group of individuals to achieve a common goal)"이다(김남현, 2011: 5-7).

3 리더십의 중요성

리더십에 대한 중요성이 점점 더 커지고 있는데, 그 이유는 다음과 같다.

첫째는 산업사회에서 지식정보사회로 변화함에 따라 리더십의 중요성이 더욱 높아졌다.

산업사회에서는 위계적 계층구조에 의해 운영되므로 상급자가 하급자보다 업무 능력과 정보력이 우월하였다. 이러한 상황에서는 관리 능력이 리더십보다 더욱 중요하게 작용하였다.

그러나 지식정보사회에서는 정보와 지식의 원천이 다양해지고 능력은 직책이나 계급에 비례하지 않는다. 또 조직의 위계적 질서에 의한 관리보다는 다양한 능력을 지닌 인재들을 리더의 능력에 의해서 움직여야 하기 때문에 리더십의 기능이 더욱 중요해졌다.

나아가 요즈음은 ESG 시대[2]라고 하는데, 경영의 축을 친환경과 사회적 책임, 투명경영에 맞추어 지속가능한 성장을 도모하는 것이다. 이 시기의 리더십은 ESG 경영의 본질을 이해하고, 미래사회와 환경 등을 고려하여 양심적 사고로 경영을 하여야 한다는 것이다.

2) E는 환경(Environmental), 사회적 책임(Social), 투명경영(Goverance)의 합성어이다(매일경제 ESG팀, 2021).

둘째는 민주화에 따라 개인의 권리와 존엄성에 대한 관심과 배려가 증가하였다.

권위적 사회는 조직가치를 더욱 중시하므로 권력적 권위로도 조직운영이 가능하였다. 그러나 민주사회에서는 조직가치나 개인가치의 균형을 중시하거나 아니면 개인가치를 더욱 중시한다. 그러므로 구성원들과의 관계에서 개인들의 인권을 존중하고 개성을 고려하면서 조직 목표를 높이기 위해서는 리더십의 역할과 능력이 더욱 요구되고 있다.

셋째는 리더십이 조직운영이나 목표 달성에 중요하게 인식되었다.

그러므로 많은 대학에서 리더십센터를 개설하고,[3] 리더십의 연구대상도 다양해지고 있다.

전통적으로는 리더십은 경영학, 행정학, 정치학 등에서 전공과목의 일부로 개설되었으나, 최근에는 전공 영역을 넘어 모든 학생들에 대한 프로그램으로 개발하고 있다.[4]

전통적으로 리더십은 기업이나 군대, 그리고 행정이나 정치에서 주요하게 다루고 있었으나, 지금은 사회봉사단체의 리더십, 종교 리더십, 비영리부문의 리더십, 학교 교사들의 리더십, 감독이나 코치 등의 리더십, 부모 역할에 관한 리더십 등으로 다양하게 확장되고 있다.

모든 사람은 여러 가지 형태의 집단 속에서 집단의 구성원이 되며, 가정이든 학교든 기업이든 국가든 간에 모든 집단에는 리더가 있고 구성원이 있기 마련이다.

리더십은 일종의 오케스트라를 연상해 보면 쉽게 이해할 수 있다. 지휘자(리더)가 없거나 단원들(팔로워)이 없다면 오케스트라 자체가 형성될 수 없다. 이때 리더가 수행하는 기능과 역할을 리더십(leadership)이라 하고, 팔로워가 수행하는 기능과 역할을 팔로워십(fellowership)이라 한다.

리더십과 팔로워십은 불가분의 관계에 있는데, 리더십은 팔로워를 전제로 하며, 팔로워는 리더를 전제로 한다.

그래서 성공적인 리더들은 밀기보다는 끌어당기고, 지시보다는 영감으로 하며, 목표는 도전적이지만 달성가능하다는 기대를 만들어 준다. 또 구성원들을 통제하기보다

---

3) 대표적으로 연세대(2001, 리더십센터), 숙명여대(2002, 리더십개발원), 이화여대(2003, 리더십개발원) 등이 있다.

4) 연세대와 숙명여대의 "리더십 연계전공과정", 성균관대의 "테크노 리더십", 포항공대의 "글로벌 리더십 프로그램" 등이 있다(윤정구, 2006). 참조.

는 자유롭게 하고, 구성원들의 경험과 행동을 부정하거나 제한하기보다는 구성원 스스로 자신의 주도권과 경험을 이용할 수 있도록 리더십을 발휘한다.

리더십은 오늘날 경영 자체와 동일시할 만큼 조직행동에서 매우 중요한 위치를 차지한다. 흔히, 조직의 성패는 효과적인 리더십의 발휘 여하에 달려 있다고 한다. 특히, 미국은 21세기의 경영은 리더십에 달려 있다고 하며 리더십 개발에 열정을 쏟고 있다.

요즈음 경영의 마인드가 인간 중심으로 전개되어 가고, 경영 목표 달성에도 인간의 역할이 중요하기 때문에 리더십의 중요성은 더욱 크게 부각되고 있다. 왜냐하면, 목표의 달성이 조직구성원의 활동을 통해 성취되기 때문에, 리더의 역할은 매우 크다고 할 수 있다. 즉, 조직의 리더들은 조직구성원에게 영향력을 발휘해 그들이 조직 목표 달성에 공헌할 수 있도록 사기를 앙양하고, 그들의 잠재적 능력을 활성화시킬 수 있는 리더십을 개발해야 한다.

그래서 리더의 철학은 조직의 문화가 되고, 리더의 말은 조직의 명분이 되며, 리더의 꿈은 조직의 비전이 된다. 방향키를 잡고 있는 리더가 굳은 결의와 강한 행동력을 갖추지 못하면 조직의 경쟁력은 낙후될 수밖에 없다. 이것은 조직의 생산성과 사기를 떨어뜨리고, 인재의 이탈로 이어질 수 있다.

탁월한 성과를 올리며 승승장구하는 조직에는 특별한 리더가 있다. 특별한 리더는 구성원들이 확고한 목표를 갖고 혼연일체가 되어 지속적인 성과를 내도록 진두지휘하는 것이며, 눈앞의 이익을 넘어 조직 전체의 꿈과 비전을 창출해 내는 것이다.

아무리 유능한 실무자들이 많아도 훌륭한 리더가 없으면 조직은 방향을 잃고 표류할 수밖에 없다. 리더는 단순히 조직을 대표하는 사람이 아니라, 현장의 치열함을 이해하고 이를 바탕으로 적재적소에 유능한 인재를 배치해 조직이 일사불란하고 효율적으로 기능할 수 있도록 조정하는 사람이다.

즉, 리더의 생각과 행동에 따라 일의 우선순위가 바뀌고 일하는 방식이 달라진다.

나폴레옹(Napoléon)이 "나는 토끼가 지휘하는 사자의 군대보다는 사자가 지휘하는 토끼의 군대를 갖기 원한다"고 한 말은 리더십의 중요성을 강조하고 있는 것이다.

적절한 리더십이 없으면 집단이나 조직, 사회 모두가 분명한 목적이 없이 표류하게 된다. 리더십의 질이 집단이나 조직의 성패를 결정하는 가장 중요한 요소 중의 하나이기 때문이다.

4 리더는 누구인가?

조직 성과 또는 조직의 성공에 필수적인 역할을 수행하는 리더는 누구인가?

하버드대학교에서 리더십을 가르치는 데이비드 거센(David Gergen) 교수는 이 시대가 요구하는 종합예술로서 리더십을 어떻게 함양시킬 것인가에 대하여 등대와 같은 역할을 하였는데, 그는 형식적으로 자리만 차지하고 있는 리더는 진정한 리더가 아니라, 제대로 된 리더십을 발휘하는 리더가 참된 리더라고 하면서, 형식적인 리더는 많으나 올바른 리더십을 발휘하는 리더는 적다고 하였다.

베니스(W. G. Bennis)는 기업이 돈이 없으면 은행에서 빌릴 수 있고 장소의 위치가 나쁘면 옮길 수 있으나, 리더의 리더십이 부족하면 조직은 멸망의 길로 간다고 하였다. 그는 배경, 연령, 직업 및 업적은 다양하지만, 리더는 다음과 같은 세 가지 공통점을 갖고 있다고 했다(Bennis, 1989: 5).

첫째, 리더는 태어나는 것이 아니라 만들어지는 것이다. 그리고 리더는 외부의 세력보다는 자신에 의해 만들어진다.

둘째, 리더는 처음부터 리더로 출발하는 것이 아니라 자신을 자유롭고 완전하게 표현할 수 있는 자신감과 발표력의 과정에서 형성된다. 즉, 리더는 자신을 증명하기보다는 자신을 표현하는 데 더 관심을 기울인다. 이러한 차이는 매우 중요한데, 그 이유는 끌려가는 것과 이끌어가는 것은 분명히 차이가 있기 때문이다.

셋째, 리더는 생애를 통해 끊임없이 성장하고 발전하려고 한다. 리더는 리더로서 타고난 면도 있지만 필요한 다양한 요소를 어떻게 학습하고 실천하느냐에 따라 크게 변모할 수 있다. 미국의 케네디(John F. Kennedy) 대통령은 "리더십과 학습은 불가분의 관계다"라고 하였고, 하버드대학교에서는 "리더십은 도전적인 기회 속에서 비전을 명확히 세워 현실을 돌파해 나가기 위해 조직과 사회를 동원하는 것"이라고 하였다.

1) 성공한 리더의 행동특성

기업 경영에서 성공한 사람들은 리더로서 어떤 공통적인 특성을 지니고 있을까?

네프와 시트린(Neff & Citrin, 2001)은 50명의 성공한 리더들의 행동특성을 조사한 후 10가지 성공하는 리더들의 특성을 제시했다.

(1) 열정

촛불의 위력은 크기가 아니라 강도이다. 즉, 내 자신을 얼마나 강하게 불태우느냐 하는 열정에 달려 있다고 한다.

리더들이 가지고 있는 특징 중 그들의 인생과 일에 대한 열정이 대단히 강하다. 성공한 리더들은 자신이 하는 일을 사랑하고, 일에 최선을 다하는 열정을 갖고 있다. 열정은 자신의 내면에 끓어오르는 에너지이다. 이 열정은 눈에서 생기가 나고 진취적이며 표정이 밝다.

자신의 일을 좋아하게 되면 그 일에 대하여 긍정적인 면을 보게 되고, 일에 능률이 높아지고, 열정이 솟아나 더 많은 성과를 얻는다.

(2) 지적 능력

성공하는 사람들은 대부분 지적 능력이 매우 높다. 특히, 이들은 지능 못지않게 중요한 것으로 복잡한 것들을 단순하게 처리하는 능력을 가지고 있다. 지능은 반드시 선천적으로 타고나는 것이 아니며, 학습과 응용을 통해 얼마든지 개발할 수 있다.

(3) 커뮤니케이션

최고의 리더들은 근본 원칙, 전략, 대안, 행동 과정들을 효과적으로 설명하고 표현하여 사람들로 하여금 의기투합해서 목표를 잘 성취할 수 있게 한다. 열린 마음으로 정직하게 문제를 다루는 것은 사람들을 존중하는 것이며, 문제를 해결하는 데도 용이하다. 특히, 요즈음 제4차 산업혁명의 시대의 커뮤니케이션은 리더십에서 매우 중요한 능력으로 인정받고 있다.

(4) 왕성한 에너지

리더들은 평균적으로 한 주에 약 60여 시간 이상을 일한다고 한다. 그들은 목표를 설정하고 전략을 개발하고 합의점을 이끌어내며 결정을 내리고 협상을 하며, 시장분석가, 투자자들과 열정적으로 커뮤니케이션을 한다. 특히, 다른 사람들과 같이 일하고 조직에서 봉사하며, 고객과 직원을 만나기 위해, 그리고 광범위한 지역으로 출장을 다니기 위해 엄청난 에너지를 발산하며 업무를 수행한다.

(5) 자만심의 견제

물잔이 물을 얻으려면 주전자보다 낮게 위치해야 되는 것처럼, 최고의 리더는 주변의 모든 칭찬과 칭송에도 불구하고 자신의 성공에 대해 항상 겸손하며 자만의 견제(controlled ego)가 필요하다. 그리고 다른 사람들의 공로를 인정하는 데 주저하지 않는다. 나아가 매사에 신중하면 공식적인 자리에 있지 않다 하더라도 리더는 다른 사람들의 존경을 받으며 팀워크를 이룰 수 있고, 지속적으로 성공적인 환경을 창출할 수 있다.

인도의 시성 타고르(R. Tagore)는 "겸손의 역량이 곧 위대함에 이루는 역량이다"라고 하였다.

(6) 내적 평화

성공한 사람들은 철저한 자기 관리를 통해 타인에게 신뢰와 믿음을 준다. 그들 곁에 있으면 기분이 좋아진다. 그들 곁에 있고 싶은 욕망은 그들이 내적 평화를 가지고 있기 때문이다. 즉, 그들은 스트레스를 덜 받으며, 흥분을 덜 하고 침착하게 자신에 대해 잘 알고 중심을 잡는다.

마음이 차분히 안정되어 있을 때 원하는 것에 더욱 집중하고 더 크게 성취할 수 있다.

(7) 경험 활용

우리는 부모를 선택할 수는 없으나, 자신이 경험한 것을 어떻게 할 것인가는 선택할 수 있다. 성공한 리더는 자신의 어린 시절, 가족, 경제 형편 등을 잘 활용한다. 예를 들면, 강영우 박사는 중학교 2학년 때 공놀이를 하다가 시각 장애인이 되어 크게 실의에 빠졌으나, 역경을 도전의 기회로 삼으며 열심히 공부하였다.

그래서 한국에서 대학을 졸업하고 미국으로 유학을 가서 3년 8개월 만에 피츠버그대 교육철학박사 학위를 받아 한국 최초의 맹인 박사 1호가 되었다. 그는 가난과 장애와 편견을 굳은 의지로 극복한 진정한 승리자이며, 세계적인 재활의 귀감이 되었다. 그 후 그는 미국에서 대통령이 임명하는 백악관 국가장애위원회 정책 차관보까지 역임하였다.

(8) 가족 유대감

성공한 리더는 일반인들과 다르게 가족 유대감이 강하다. 그들은 유대감이 강한 가정환경에서 오는 균형과 가족구성원들의 객관적 충고가 자신의 성공에 많은 영향을 끼쳤다고 이야기한다. 자신이 세운 목표를 성취할 수 있었던 것은 가족들의 강한 신뢰에서 비롯되었다고 한다. 즉, "성공한 남편 뒤에는 현명한 아내가 있다"는 말을 명심하길 바란다.

(9) 긍정적인 태도

성공하는 사람들은 긍정적인 태도를 갖는다. 그들은 위험을 기회로 보며 어려운 상황에서 최선을 다한다. 실수가 학습 경험으로 바뀌는 것은 긍정적인 태도를 유지함으로써 얻는 당연한 결과다. 훌륭한 리더는 실수를 통해 성장하고, 실패한 리더는 실수를 감추려고만 한다.

(10) 올바른 처리

위대한 리더들은 "올바른 일을 올바르게 처리한다"라는 의지가 강하다. 그들은 결과 자체에 집중하기보다는 훌륭한 결과를 창출해 줄 것들에 대해 더 집중한다. 특히, 장기적으로 성공하는 사람들은 항상 올바른 일에 초점을 맞추어 좋은 결과를 성취한다(변상우, 2022: 50-57).

2) 실패하는 리더의 특성

평범한 리더와 뛰어난 리더의 차이는 작은 행동 하나하나에서 시작되는 경우가 많다. 위대한 리더는 실수를 통해서 크게 성장하지만, 평범한 리더는 감추려고만 한다. 한스 핀젤(Hans Finzel)의 『리더가 저지르기 쉬운 10가지 실수』라는 책에서 중요 내용을 요약하였다.

(1) 인재를 키우는 일에 무관심하다

사람을 키워야 함에도 후임자가 없다면 실패한 리더로 남는다. 많은 리더가 자신이 떠나야 할 시기에 떠나지 않고 새로운 리더를 음해함으로써 추한 결과를 낳는다.

조직은 새로운 리더십 인재들이 풍부한가에 따라 그 사활이 달려 있다. 부하들이 배우고 성장할 수 있는 기회를 창출하고, 조직의 목표와 개인의 목표를 일치시켜 나가려는 노력들은 뛰어난 리더가 되기 위한 기본 조건이다. 예컨대, 자신의 경험, 지식, 기법을 공유하면서 부하가 커나갈 수 있도록 적극적으로 도와주거나, 직무 순환 및 교육 참여에 당사자의 의견을 최대한 수렴하는 등 부하의 잠재적 역량을 적극 개발할 수 있는 활동들을 행동으로 옮겨 나가야 성공하는 리더가 될 수 있다.

즉, 벤자민 프랭클린(Benjamin Franklin)은 "교육에 대한 투자는 가장 높은 이자를 받는다"며, 미래에 대한 가장 확실한 투자는 인재양성이라고 하였다.

(2) 변화에 둔감하다

과거 잘 나가던 조직들이 오랜 시간을 버티지 못하고 후발 주자에게 선두를 내주거나 경쟁시장에서 퇴출되는 사례를 분석해 보면, 외부 환경 변화에 둔감한 리더십 실패가 주요 원인인 경우가 상당수다. 변화에 둔감한 리더들은 본인 스스로가 기존의 관행이나 고정 관념을 탈피하지 못하고, 구성원들의 창조적 실험 정신을 고무하려는 의욕과 노력이 부족하다.[5] 미래는 무서운 속도로 우리를 향해 달려오고 있으며, 지금은 제4차 산업혁명[6]의 시대가 도래되었다. 즉, 리더는 과거도 현재도 아닌 미래에 집중해야 한다. 그래서 리더가 미래를 계획하기 위한 시간을 만들지 못하면 그 조직은 쇠퇴의 길로 갈 수 있다.

삼성의 이건희 회장은 항상 연말에 미래의 5년, 10년, 20년 후의 회사를 생각하며 사업 구상을 한다고 한다.

(3) 등잔 밑이 어둡다

실패하는 리더들은 핵심적인 결정만 자신이 직접하고 다른 세세한 것들은 무시하는 경우가 많다. 즉, 가까운 곳에서 일어나는 일을 잘 모르는 '등잔 밑이 어두운 리더'다. 이런 경우, 현장 상황을 잘 파악하지 못하거나, 신뢰하는 측근의 보고만 들음으로써 제한된 정보로 인해 의사결정에 치명적인 실수를 할 수 있다.

성공하는 리더일수록 다각적인 채널을 통해 사업뿐만 아니라 부하에 대해서도 상세하게 파악하고, 현장의 목소리에 직접 귀를 기울이는 현장 경영을 추진해 나간다는 것을 잘 알아야 한다.[7]

---

5) 예를 들면, 컴팩은 새로운 기술 개발에는 신경을 쓰지 않고, 규모 확장에만 신경을 썼다. 반면에, 경쟁사인 IBM은 변화의 흐름을 인지하고, 통합 솔루션을 제공하는 쪽으로 사업 방향을 선회해 성공하고, 컴팩은 변화에 대처하지 못해 점점 쇠락의 길을 걷다가 2002년 휴렛팩커드에 합병되어 역사 속으로 사라졌다.

6) 제4차 산업혁명은 인간두뇌보다 뛰어난 인공지능(AI), 로봇기술, 사물 인터넷(IoT), 빅데이터(big data), 그리고 생명과학이 주도하는 차세대 산업혁명으로서, 인간과 인간, 인간과 기계를 연결할 뿐만 아니라 기계와 기계를 연결하여 초연결성을 실현하고, 언제 어디서든 상호 네트워킹이 가능한 초연결사회로 변화하는 모습을 보여 주고 있다(권기헌, 2019).

7) 제너럴 일렉트릭(GE)의 잭 웰치(Jack Welch) 회장은 직접 관리하는 부하의 수도 많지만, 다차원의 정보를 통해 이들의 능력 및 성격까지도 파악했던 것으로 유명하다.

(4) 실패의 원인을 자신이 아닌 곳에서 찾는다

실패하는 리더는 실패의 원인을 자신이 아닌 곳에서 찾는다. 이것은 리더의 고통을 회피하는 것이다. 리더는 따라오지 않는 사람들에 대한 책임조차도 자신에게 있다는 사실을 인지해야 한다. 그래서 리더는 권한은 많지만 한편으로는 외롭다.

(5) 시키는 대로나 하라는 형이다

"시키는 대로나 하라"라는 식의 권위주의적인 행동은 리더들이 가장 경계해야 할 행동이다.

리더의 독선적이고 권위적인 행동은 구성원들의 동기부여나 업무 몰입도를 저하시키고, 결과적으로 인재들을 떠나게 만드는 주요 요인이 되기 때문이다.

실패한 리더는 구성원들과 열린 대화를 하지 못한다. 특히, 구성원이 아이디어를 내면 이를 무시하고, 부하가 이견을 제시하면 권위를 내세워 자신의 주장만을 관철하려고 한다.

실패한 리더가 되지 않기 위해서 리더는 충분히 듣고 정리를 잘해 주어야 한다. 구성원의 아이디어를 분석해 주고 의견을 제시해 충분히 공감대를 형성하며 전체 의견을 끌어내는 역할을 하여야 한다.

(6) 칭찬에 인색하고 책임은 엄격하게 적용한다

좋은 인재가 오래 머물지 않고 떠나는 조직을 분석해 보면, 칭찬에 인색하면서 과실(過失)에 대한 책임은 엄격한 '필벌(必罰) 중심'의 사고를 가진 리더가 많다.

필벌 중심의 사고를 가진 리더는 질책은 하지만 무엇을 어떻게 고치라는 내용은 없고 사소한 일에도 꼬투리를 잡아 야단치는 유형이다.

따가운 질책도 가끔 필요하지만 가능한 따뜻한 말 한마디가 더욱 큰 성과를 가져올 수 있다. 진정한 의미의 인정과 격려, 칭찬은 구성원의 사기를 돋구는 중요한 요소이다.

(7) 실행력이 부족하다

성공하는 리더와 실패하는 리더의 근본적인 차이는 어떻게 구성원들의 강한 의지와 행동을 독려해 실행력을 확보하느냐에 달려 있다. 실행력이란 근본적으로 사람을 움직이는 일이기 때문에 뛰어난 리더십이 없다면 실행력이 나타나지 않는다.[8]

---

8) 월마트의 월튼, 사우스웨스트 항공사의 캘러허, 도요타의 오쿠다 히로시 등이 실행력을 조직문화에

실행력이 부족한 리더는 잘못된 결정을 내리지 않을까 하며 결정을 두려워 한다. 그래서 우왕좌왕하다가 기회를 포착하지 못하거나, 의사결정이 지체되고, 또 자신이 옳다고 하더라도 상대방이 강하게 나오면 자신의 주장을 굽히거나 한번 내린 결정을 번복하여 혼란을 야기한다.

과감하고 단호한 결정이 요구되는 상황에서 리더가 자신감이 없이 우유부단하거나 지나치게 온정주의적 태도를 보인다면, 조직은 커다란 위기에 봉착할 수 있다.

(8) 확신 없는 말을 한다

대부분의 사람은 확신 있는 말과 칭찬을 들음으로써 성장한다. 조직을 연구하는 사람들은 그 어떤 경제적인 보상보다도 사람을 인정하는 말 한마디가 사람들의 마음을 움직일 수 있다고 했다. 그러나 실패한 리더는 그렇게 하지 못한다.

물감을 아끼면 그림을 잘못 그리듯, 꿈과 칭찬을 아끼면 성공을 얻지 못한다. 부하의 꿈을 깨뜨리는 리더가 아닌, 꿈을 꾸게 하는 리더가 되어야 한다.

(9) 독불장군형이다

독불장군이 되지 말아야 함에도 불구하고 리더가 저지르게 되는 가장 큰 실수는 나처럼 이 분야를 잘 아는 사람이 없다는 고정 관념이다. 이런 리더는 자신만이 위대하기 때문에 모든 것을 잘 알고 있으며, 누구라도 통제할 수 있다고 생각한다.

리더는 부하들이 자신의 잠재력을 잘 발휘할 수 있도록 지원하고 코칭하며 피드백하고 나아가 권한 위임을 하여야 한다. 이제는 work hard 시대가 아니라 think hard 시대다. 생각하고 토론하고 발상의 전환이 요구되는 시대이다. 나만 오로지 잘 알고 전문가라는 독불장군의 시대는 끝났다.

(10) 소통의 혼란이다

온 마음으로 대화해야 함에도 불구하고 실패하는 리더는 소통에 혼란을 야기한다. 혈관을 따라 피를 세포로 보내서 우리 몸을 유지하는 것처럼 소통 체계는 조직의 생명을 유지하는 혈관이다. 돈의 흐름은 금방 파악되지만 의사소통의 흐름이 막히면 조직은 서서히 고사한다.

정착시킨 대표적인 성공리더이다. 월마트의 유통관리 시스템, 사우스웨스트 항공사의 저원가 고효율 서비스, 도요타의 린 생산방식 등은 체계적이고 철저한 실행력이 뒷받침되었기 때문에 쉽게 경쟁할 수 없는 경쟁우위가 되었다.

셰익스피어(W. Shakespeare)는 "경청은 예의바른 행동이며, 상대방에 대한 존경의 표현"이라고 하였다.

능력 있는 리더는 말하는 것보다는 듣는 것을 잘하는 소통의 리더십을 잘 발휘하여야 한다(김재득, 2008: 419-430).

5 리더의 자질과 능력 개발

1) 리더십 능력의 원천

리더는 리더로서의 마인드와 행동 능력을 갖춰야 하는데, 이러한 자질과 능력은 선천적으로 타고나는 부분도 있고 후천적으로 개발되는 부분도 있다.

리더십 능력의 원천이 무엇인가를 살펴보고자 한다.

첫째, 리더십의 원천은 선천적 자질과 능력이다.

리더 본능이 뛰어난 사람은 리더십 교육훈련을 받지 않았음에도 리더십을 효과적으로 발휘한다.

사람들의 마음을 정확히 읽고 적절한 동기를 부여하며 자발적인 추종을 이끌어내어 과업 목표를 잘 달성하는 것이다. 즉, "될 성싶은 나무는 떡잎부터 알아본다"라는 속담이 이를 뒷받침해 준다.

리더에게는 성취 욕구, 지배 욕구, 추진력, 용기 등이 중요한데, 이러한 자질은 인위적으로 형성되기도 하지만 자연스럽게 타고나는 면도 무시하지 못한다.

둘째, 환경에 따라 리더십의 영향력이 다르게 나타난다.

모험을 즐기는 문화에서 성장한 사람은 안정을 추구하는 문화에서 성장한 사람보다 도전적 리더십을 가질 가능성이 높다. 리더십의 자질과 능력이 성장 과정에서 환경의 영향을 받아 활성화되기도 하고 위축되기도 하는 것이다.

셋째, 교육훈련을 통해 리더십이 길러진다.

리더십이란 고정되어 있는 특성이 아니라 학습을 통해 키워질 수 있는 유동적 능력이다. 다양한 리더십 훈련은 뛰어난 리더를 양성하고 있다. 지금도 많은 기관에서 다양한 리더십 훈련이 진행되고 있는 것이 이를 반영하고 있는 증거다.

케네디(John F. Kennedy) 대통령은 "학습과 리더십은 불가분의 관계이다"라고 하였다.

넷째, 리더 역할의 경험이다.

학교의 반장이나 조직의 공식적인 리더로서의 지위 및 모임의 대표 등의 경험이 리더십 배양의 원천이 된다. 리더는 권력이 있을 때 호랑이가 날개를 달듯 자유롭게 세상을 휘저을 수 있다. 아무리 리더십 능력이 있어도 실제로 하지 않으면 충분한 능력을 발휘하는 데 한계점이 있다.

군대에서 사병보다는 장교 경력을 가진 사람을 사회에서 관리자 요건으로 우대하는 것도 이런 이유다. 즉, 경험은 훌륭한 스승이다.

다섯째, 대인관계를 통한 리더십 개발이다.

구성원의 동기부여와 갈등의 해결, 원만한 인간관계 능력을 배양하여야 한다. 나아가 올바른 성품을 기르고 다양한 스피치 능력을 배양하면, 원만한 대인관계를 갖게 되고 이것이 리더십 능력의 원천이 된다.

이상의 내용을 요약하면, 선천성과 환경에 대처, 교육훈련 및 리더 경험과 돈독한 대인관계를 통하여 리더 능력을 개발하여야 한다.

즉, 선천적 자질과 성장환경의 결합을 통해 리더로서의 바탕이 형성되어야 한다. 또 교육훈련과 인간관계 등을 통한 리더십 개발의 효과는 지식정보사회의 진전에 따라 중요성은 점점 더 증가하게 될 것이다.

6 리더십을 위한 7가지 필수 능력

최강의 조직을 만드는 리더들이 갖추어야 할 7가지 필수 능력은 다음과 같다.[9)]

1) 일상의 조그만 변화도 놓치지 마라(정보력)

1980년대만 해도 남보다 빨리 정보를 수집하여 많은 정보지식을 가지고 있으면 사업에 어려움이 크게 없었다. 그러나 지금은 IT 혁명의 시대인 만큼 누구라도 쉽게 정보를 얻을 수 있게 되었다. 그래서 정보의 가치는 거의 없는 것이 현실이다. 즉, 많은 정보를 수집하여 지식으로 가지고 있는 것만으로는 가치가 있던 시대는 이제는 끝났다고

9) 고야마 마사히코(2002). 전경련 인사팀 옮김, 『유능한 부하를 만드는 리더십』. pp.151-182.

할 수 있다.

자신의 일에서 성과를 올리기 위해서는 정보를 어떻게 수집하며 이것을 어떻게 분석하고 지식으로 반영할 것인가? 하는 것이야말로 현대의 리더에게 필요한 정보력이라 할 수 있다.

2) 적절한 대비를 해둔다(선견력)

얻은 정보가 어떠한 시류를 나타내고 있는가를 탐지함으로써 적극적인 비즈니스 찬스로 연결시킬 수 있어야 한다. 즉, 얻은 정보를 적절한 활용하는 것이 매우 중요하다.

3) 성공의 길을 찾아간다(판단력)

극심한 변동의 시대에는 올바른 판단력이 나오기 어려울 수 있다. 리더는 단기적인 판단력도 중요하지만, 비교적 먼 미래를 위한 장기적 예측을 잘하여야 한다. 이런 올바른 예측을 위해서는 각종 정보의 분석이나 데이터의 활용, 과거의 실적 상황을 바탕으로 미래를 잘 예측하여야 한다.

현재가 올바르다고 미래도 올바를 수 없는 경우도 많다. 항상 리더는 장기적 관점에서 무엇이 올바른지를 고민하고 판단하여야 한다.

4) 조직력을 잘 활용한다(통솔력)

2000년 초까지만 해도 통솔력이란 리더가 목표를 설정해 주면 부하는 자신의 의견은 배제된 채, 이것저것 생각하지 말고 상사가 설정해 준 목표만 열심히 달성하면 된다고 생각하였다.

그러나 지금은 다르다. 지금 시대에 필요한 리더십이란 부하에게 스스로 목표를 정하게 하여 그 목표에 도전하는 것을 도와주는 것이라고 할 수 있다. 즉, 부하가 자신의 목표를 설정하고 리더는 그 목표를 달성하기 좋은 환경을 만들어 주거나 동기부여를 제공하는 것이 리더의 역할이다.

자신이 목표를 설정하고 그 목표를 달성하려고 노력할 때, 일은 즐거워진다. 즐거우면 의욕도 올라가고 최대한 실력을 발휘하여 실적도 높게 나타난다.

즉, 리더는 부하의 단점을 지적하기보다는 장점을 격려하여, 그 장점을 바탕으로 높은 성과를 얻도록 만드는 것이 최강의 조직이 되는 것이고 성공의 지름길이 되는 것이다.

5) 부하와 신뢰관계를 쌓는다(신뢰력)

회사의 미래는 사원의 능력에 달려 있다고 한다. 훌륭한 리더는 능력있는 사원을 뽑고, 그 사원이 자신의 역량을 충분히 발휘할 수 있도록 많은 교육을 시켜야 한다. 마키아벨리(Niccolò Machiavelli)는 "부하를 보면 그 리더를 알 수 있다"라고 한 말은, 리더십에서 부하의 역량이 대단히 중요하다는 의미를 내포하고 있는 것이다.

뛰어난 부하라 하더라도 상호 신뢰관계가 돈독하지 못하면 능력을 발휘하는 데 한계가 있다. 리더는 부하를 잘 대해 주어서 그 부하가 최대한 능력을 잘 발휘할 수 있도록 해주어야 한다.

특히, 퇴직하는 사원들에게 잘해 주어야 한다. 직원이 그만둘 때 기분 좋게 보내 주면 그 부하는 회사의 홍보맨이 되지만, 기분이 나쁜 상태로 그만두게 되면 그 사원은 회사의 안 좋은 점만 선전하는 사람이 된다는 것을 명심하여야 한다.

6) 유리한 상황을 만들어 이익을 확보한다(교섭력)

교섭력에서 가장 중요한 것은 상대방의 입장에 서 보는 것이다. 즉, 역지사지(易地思之)의 입장이 되어 보는 것이다.

교섭력에서 성공하는 조건은 상대방을 무조건 말로 이긴다든가 자기쪽만 유리한 조건을 제시하는 것이 아니라, 거시적으로 보아 양쪽에 플러스가 되는 상황을 만드는 것이 중요하다.

7) 실패를 성공으로 연결시킨다(회복력)

교묘한 거짓말보다 솔직한 정보공개가 더 이익이 된다.

우리나라에서 이명박 정부 때 국무총리로 임명된 김모 도지사가 그리 큰 일도 아닌 것을 자꾸 거짓말을 하여 탈락한 경우가 있다.

인사청문회에서 회사 모 사장과 식사를 한 경우가 있느냐는 질문에, 있다고 하면

될 것을 전혀 없다고 하다가 증거가 나오면 있다고 하는 등 자꾸 거짓말을 하여 여당의 국회의원도 이 후보에게는 신뢰감을 가질 수 없다고 하여 중도에서 탈락한 경우가 있다.

회복력이란 "고객의 입장에서 거짓말을 하지 않고 있는 그대로 회사 사정을 전하는 것이다." 즉, 잘못한 부분이 있으면 잘못했다고 솔직히 고백하고, 대책을 논하면 그것이 거짓말을 하는 것보다 회사의 타격도 적을 뿐만 아니라 회사의 이미지 관리에도 크게 도움이 된다는 것이다.

즉, 리더는 7가지 필수 능력인 정보력, 선견력, 판단력, 통솔력, 신뢰력, 교섭력, 회복력을 잘 발휘하여 조직을 이끌어야 한다(정우일, 2010: 647-651).

7 리더십이 필요한 이유

리더십이 필요한 이유는 다음 네 가지로 나누어 볼 수 있다.

1) 조직설계의 불완전성

모든 조직구성원의 활동을 고려할 수 있는 완벽한 조직을 설계하는 것은 불가능하다. 따라서 조직구성원들의 바람직한 행동을 형성하고, 이를 과업지향적으로 통합할 수 있는 기능이 필요하며, 이런 기능을 수행할 수 있도록 하는 것이 리더십이다.

2) 급격한 환경의 변화

리더십은 조직이 변화하는 환경 조건에 신속히 적응하게 함으로써 급변하는 환경 속에서 조직의 안전성을 유지하는 데 도움을 준다.

정보화와 과학기술의 발전은 더욱 치열한 경쟁을 유발하고, 이런 변화에 적절히 대응하지 못하면 조직은 멸망의 길로 가게 된다.

3) 조직의 내부 역학 관계

리더십은 갈등과 이해상충이 일어나는 조직 단위들 사이에서 완충작용을 할 수 있다. 특히, 리더십은 조직이 성장하거나 변화하는 시기에 다양한 조직 단위를 내부적으로 통합하고 이끌어가는 데 도움을 준다.

4) 조직구성원들의 특성

조직은 다양한 목표를 추구하며 조직구성원들은 조직 내에서 다양한 욕구의 충족을 기대한다. 리더십은 개인들이 욕구를 충족하고 목표를 획득하는 것을 촉진시킴으로써 노동력의 안정성을 유지시키는 데 중요한 역할을 한다.

이처럼 리더십은 조직활동에서 중요한 역할을 하며, 이것이 리더십이 필요한 이유다. 리더십은 조직설계에서 결핍되는 부분을 채워줄 뿐 아니라 조직이 환경에 적응하는 데 융통성을 증가시킨다. 또 조직 내의 다양한 집단들을 통합시키고 구성원들의 개인적인 욕구를 충족시키며, 조직의 목표를 효과적으로 달성하는 데 크게 기여하는 것이 리더십이다.

8 리더십의 3대 구성 요소

리더십을 이해하기 위해서는 리더십의 구성 요소를 정확히 파악할 필요가 있다. 리더십은 리더, 구성원, 상황이 바로 리더십의 3대 구성 요소이다. 리더십을 발휘하는 주체는 리더이고 대상은 구성원이다. 양자 간의 관계는 상황이라는 조건 하에서 형성된다. 즉, 리더십은 3대 구성 요소가 잘 어우러져 조직의 비전과 목표를 향해 나아가는 것이다.

각각의 변수를 보면, 리더는 성격, 행동, 영향력, 지식, 기술, 가치관 등이 주요 변수가 되고, 구성원은 직무동기나 행동, 성숙도, 충성심 등이 주요 변수가 되고, 상황적 요인으로는 직무나 과업의 특성, 조직의 특성이나 분위기, 환경적 특성 등이 주요 변수로 작용하게 된다.

한때는 리더 개인 특성만을 연구하는 것이 리더십을 이해하는 최선의 방법이라고 생각했으나, 이것은 리더십의 일부분만을 설명할 뿐 리더십 전체를 설명해 주지 못했다. 그 후 부하와의 관계설정이나 다양한 상황적 요소에 따라서 완전히 다른 리더십이 나올 수 있기 때문이다.

리더십 과정에 대한 명확한 이해는 리더, 구성원, 상황의 각 요인에 대한 제한적인 시각이 아닌 전체의 종합적인 시각을 통해 얻을 수 있다. 이러한 요인들의 상호 영향 체계는 홀랜더(E. P. Hollander)가 설명하였는데(Hollander, 1978), 그는 리더십의 구성 요소를 세 가지 요인(리더, 부하, 상황)의 중요한 특성들과 이들이 서로 영향을 주고받는 것이라고 설명했다.

제2절 리더십의 변천 과정과 속성

1 리더십의 변천 과정

리더십의 역사는 선사시대부터라고 할 수 있다. 그 시대에 리더십이라는 용어는 사용되지 않았지만, 인간이 존재하는 곳에는 반드시 리더와 추종자가 있었다.

고대에서 현대에 이르기까지 리더십의 개념과 변천 과정을 간략히 요약하고자 한다.

리더십의 역사에서 시공을 초월해 변치 않는 상수는 인간의 정신세계와 성격, 그리고 권력관계다. 고대와 중세, 근현대사를 통해 리더십이 존재하는 곳에 삶이 존재했고, 사람이 존재하는 곳에는 정신세계와 성격과 권력관계가 존재했다.

시대가 변해도 리더십의 본질은 불변이지만, 리더십이 지닌 의미와 리더십을 보는 관점은 시대에 따라 다르다. 이 이유는 사람의 가치체계나 판단기준이 시대 상황에 따라 변하기 때문이다.

고대 리더십은 인간의 개개인의 능력을 중시했으며, 중세와 근대의 리더십은 종교적 측면을 강조했고, 현대는 제도적 능력을 강조했다. 즉, 고대에는 사람을, 중세에는 신을, 현대에는 조직을 강조했다(최진, 2003: 27-32).

고대에 모세는 『구약성서』에서 지도자란 "재덕을 겸비한 사람"이라고 정의했고, 불쌍한 백성을 구하려는 덕과 무질서를 타파한 사람이야말로 지도자의 자질이라고 주장했다.

플라톤(Plato)은 리더를 철학자로 보고, 리더십을 "동굴 속의 사람을 태양의 세계로 인도하는 능력"이라고 했다. 여기서 동굴은 악을 의미하며, 태양은 선을 의미한다. 그래서 이 말을 풀이하면 악한 사람을 선한 세계로 이끄는 능력이 리더십이라 했다.

중세와 근대 시대에서 리더십은 현실 상황을 강하게 반영했다. 르네상스 시대의 마키아벨리(Niccolò Machiavelli)는 『군주론(*Il Principe*)』[10]에서 "군주는 여우와 사자의 능력을 겸비해야 한다. 사자는 스스로 함정을 막을 수 없고, 여우는 이리를 막을 수 없다. 따라서 함정의 단서를 알기 위해서는 여우가 되고, 이리를 도망가게 하기 위해서는 사자가 되지 않으면 안 된다"며, 성악설에 입각한 전략적 리더십을 주장했다. 즉, 중상모략이 판치는 세상에서 승리할 수 있는 방법은 오로지 힘과 권모술수라는 것이 논리의 핵심이다(최진, 2007: 204-211).[11]

근대·현대의 리더십은 베버(Max Weber)가 지대한 영향을 끼쳤는데, 그는 리더십의 유형을 전통적 지배와 카리스마적 지배, 합법적 지배로 나눴다.

전통적 지배는 혈통과 가문 등 타고난 배경에 따른 영향력을, 카리스마적 지배는 지도자의 초인적인 힘이나 매력적인 비전을 제시하고, 부하들을 흥분 속으로 몰아넣는 웅변 기술을 가지고 있어야 한다고 했다. 합법적 지배는 법적·제도적 장치에 따른 영향력을 의미한다.

오늘날의 리더십 이론은 다양하게 나타나고 있다. 변혁적 리더십, 카리스마적 리더십, 윤리적 리더십, 정직한 리더십, 서번트 리더십, 셀프 리더십, 슈퍼 리더십, 코칭 리더십, 여성 리더십, 감성 리더십 등 다양한 형태의 많은 리더십이 나타나고 있다.

2 리더십의 속성

리더십은 어떤 속성은 갖고 있는가에 대해 알아보자.

첫째, 리더십은 인간관계가 있는 모든 곳에 존재한다.

리더십은 정치·경제를 비롯해 가정이나 모임 등 우리의 생활 속의 모든 곳에 존재한다.

---

10) 마키아벨리의 정치사상의 특징은 ① 부정적·이중적 인간관, ② 공익과 도덕의 구별, ③ 정치기술 강조, ④ 국가주의·법치주의로 압축할 수 있다. 마키아벨리는 지도자와 참모의 관계에 대해 군주가 머리가 좋은지 나쁜지는 그 측근을 보면 알 수 있다고 했다. 측근이 유능하고 성실하다면, 군주는 현명한 사람이고, 그 반대면 군주는 유능하지 못하다고 했다(김영국, 1995).

11) 마키아벨리즘(Machiavellism)은 "목적 달성을 위해 수단과 방법을 가리지 않는 행동 양태"다. 즉, 군주는 여우의 지모와 사자의 용맹을 지녀야 한다는 것이 마키아벨리즘의 대표적 경구다.

둘째, 리더십의 수단은 영향력이며 영향력을 통해 리더십이 발휘된다.

리더의 영향력이 없이 구성원을 통솔한다는 것은 불가능하다. 구성원이 리더에게 복종하는 것은 어떤 형태이든 리더의 영향력이 작용한 것이다. 그리고 리더가 영향력을 주도적으로 사용하지만 일방적인 것은 아니며, 리더와 팔로워 간에 상호작용이 일어나야 한다.

셋째, 리더십은 불확실한 위기의 상황에서 선명하게 나타난다.

불확실한 위기의 상황이란 예측이 어렵거나 정상적인 지원이 제공되지 못하는 상황을 의미한다. 위기가 닥쳤을 때 능력을 발휘하여 이를 극복하는 리더가 참다운 리더이다.

특히, 리더십은 안정적인 상황보다는 어려운 상황을 극복하면서 길러진다.

넷째, 리더십은 리더와 팔로워 간에 이루어지는 가치의 거래적 교환 과정이다.

리더십은 리더가 팔로워에게 가치를 제공하고, 팔로워로부터 헌신을 이끌어내는 과정이다.

리더는 가치의 제공을 통해 팔로워의 더 큰 헌신을 기대하고, 팔로워는 자신이 투입한 노력보다 더욱 큰 효과와 이익을 리더로부터 얻으려 한다. 이렇기 때문에 리더십은 거래적 교환의 속성을 띠게 된다. 즉, 리더십은 사람들 간에 유·무형의 가치가 거래적으로 교환되는 삶의 현장이다.

다섯째, 리더십은 동태적 과정이다.

팀장과 팀원의 관계는 팀장이 일방적인 영향을 주는 고정된 구조로 지속되는 것이 아니라, 상황과 이슈에 따라서 영향력의 방향이 변화될 수 있다는 것이다.

여섯째, 리더십은 자질과 능력을 골고루 갖추어야 제대로 발휘되는 것이 아니라, 개성적인 몇 가지 특성을 강렬하게 갖추었을 때 발휘되는 것이다.

효과적인 리더들은 열정, 신념, 추진력, 배짱, 결단력, 침착함 등과 같은 강렬한 몇 가지 특성을 소유한 경우가 많다.

서양 속담에 "위인이 될 수 있는 사람은 많은 사상을 골고루 가진 자가 아니라 하나의 확고한 신념을 가진 자"라는 말이 이에 해당된다. 즉, 자질을 골고루 갖춘 사람이 관리자적 성향이라면, 강렬한 개성과 카리스마는 리더의 성향이다.

일곱째, 리더십은 부하를 사랑하는 마음과 사랑의 기술이 결합해 나타난다.

사랑의 마음이 없으면서 사람 다루는 기술만 능하면 마치 조화(造花)와 같이 화려하지만 생명력과 따뜻함이 없다. 사랑의 마음이란 부하의 삶을 배려하고 존중하며 그들이 성공할 수 있게 돕고자 하는 마음이다. 리더십은 부하를 사랑하는 마음을 가지고 사랑의 기술을 꽃피우는 것이다(박유진, 2011: 112-114).

섀클턴[12]의 위기 극복 리더십

1915년 1월 섀클턴(Ernest H. Shackleton) 경과 27명의 남극 횡단 탐험대원들을 태운 인듀어런스호는 10여 개월을 부빙 속에 갇혀 남극바다를 표류하던 중 난파되었다. 섀클턴과 대원들은 배에서 탈출해 부빙 위에 텐트를 치고 다시 5개월을 버텨냈다. 그들은 남극의 혹한을 견뎌냈고 식량이 바닥나 물개기름으로 연명했다.

하지만, 그들은 결코 포기하지 않았다. 세 척의 작은 보트에 텐트를 찢어 돛을 달아 또다시 차디찬 남극바다에 배를 띄웠다. 추위, 배고픔, 향수, 그리고 무엇보다도 절망과의 처절한 싸움을 벌인 끝에 그들은 영국을 떠난지 755일 만에 모두 살아서 돌아왔다.

이 극한 상황에서도 섀클턴은 대원들에게 절대 포기하지 말라는 신념과 희망을 주고 강인한 리더십을 발휘해 모든 대원을 다 살려내는 위기 극복의 리더십을 발휘한 것이다.

■ 위기 극복 리더십

1) 궁극적인 목표를 잊지 마라. 그리고 단기적인 목표 달성에 총력을 기울여라.
2) 눈에 보이고 기억할 만한 상징과 행동으로 솔선수범하라.
3) 낙천적인 마인드와 자기 확신을 가져라. 그러나 현실을 직시하라.
4) 자신을 돌보라. 체력을 유지하고 죄책감에서 벗어나라.
5) 팀 메시지를 끊임없이 강화하라. "우리는 하나다, 함께 살고 함께 죽는다."
6) 신분차이를 최소화하고 서로에 대해 예의를 지키고 존중하도록 하라.
7) 갈등을 극복하라.
8) 축하할 일, 그리고 함께 웃을 일을 찾아라.
9) 큰 모험을 적극적으로 시도하라.
10) 절대 포기하지 마라. 함께 또 다른 방법이 있다.

---

12) 섀클턴(Ernest H. Shackleton)은 영하 89.2도까지 내려가는 혹한에서도 "도전만이 살 길이다"라고 하며 새로운 도전을 시도했다. 섀클턴은 "인간은 새로운 목표에 자신을 적응시켜야 한다", "과거의 목표는 사라졌다", "우리는 성공하거나 죽을 것이다"라는 말로써 도전의 리더십을 잘 발휘했다.

제3절 리더십의 효과성과 장애 요인

1 리더십의 효과성

효과성이란 목표 달성도로서 내부의 안정과 외적인 적응을 유지하는 데 성공적일 때 효과적이라 한다. 그렇다면 일반적으로 부하들이 그들의 목적을 달성할 때, 서로 화합을 이룰 때, 외부의 환경 변화 요구에 적응할 수 있을 때 효과적이다.

리더십의 효과성은 다음 세 가지 요소를 포함한다.

첫째, 목적 달성(재정적 목적을 충족, 상품의 질 혹은 서비스를 생산하고, 소비자의 욕구를 수용하는 것을 포함하는 것)이다.

둘째, 원만한 내부의 과정(집단의 응집성, 지지자의 만족, 그리고 효과적인 운영을 포함하는 것)을 만드는 것이다.

셋째, 외부의 상황에 잘 적응(성공적으로 변화하고 진화하기 위한 변화에 대한 집단의 능력)하는 것이다.

리더십의 효과성을 어떻게 볼 것인가에 대해서도 연구자마다 의견이 일치되지 않는다. 리더십의 평가는 일반적으로 리더가 이끄는 집단이나 조직의 성장, 위기에 대처하는 준비성, 부하의 리더에 대한 만족, 부하의 집단 목표에 대한 개입, 부하들의 심리적 행복, 집단 내에서 리더가 높은 지위로 승진하는지 여부 등으로 평가한다. 그 중 흔히 리더의 효과성을 평가하기 위해 사용하는 측정치는 리더가 이끄는 조직이 조직의 과제를 성공적으로 수행하고 목표를 달성하는 것이다. 또 부하의 리더에 대한 태도는 리더 효과성을 나타내는 또 다른 중요한 지표이다.

2 리더십의 장애 요인

탁월한 리더가 되기 위해서는 실수를 범하고, 그 실수를 통하여 배우는 것이 많이 있다. 그러나 불행하게도 조직들은 리더들이 새로운 기술들을 실습하거나, 새로운 행태를 배울 수 있는 환경조성이 어렵고, 실수를 하였을 경우 지불하는 비용이 큰 관계로 새로운 방법보다는 일상적인 관행으로 시행한다. 효과적인 리더가 되는 데 장애가 되는 요인은 다음과 같다.

첫째, 조직이 신속한 반응과 해결점을 찾는 데 불확실성에 직면한다는 것이다. 다양한 외부적인 요인들은 즉각적인 대응을 요구하나, 이 위기를 극복할 수 있는 학습의 시간은 허용되지 않는다는 것이다.

학습할 시간과 혁신적인 행태를 연마할 수 있는 시간을 갖지 못하여 위기관리 능력을 배양하지 못한 결과 계속 위기를 초래하게 된다.

둘째, 조직은 경직되고 관용을 베풀 여유가 없다. 단기적이고 즉각적인 성과를 추구하는 과정에서 잘못이나 연습과 실험을 허용할 수 있는 마음의 여유를 갖지 못한다.

엄격성과 잘못된 조직의 보상체계는 효과적인 리더십에 장애가 된다.

셋째, 조직은 효과적인 리더십이 무엇인지에 대해 옛날의 관행으로 되돌아가는 경향이 있다. 그러므로 조직들은 새롭고 복잡한 문제들에 적합하지 않은 해결책을 제시한다.

넷째, 학문적인 연구 결과를 이해하고 적용하는 데 어려움이 따른다.

엄격한 과학적 연구 방법을 활용한 훌륭한 연구라 하더라도 학문적 연구는 연구 결과의 적용을 명확하게 제시하지 않고, 심지어는 실무자들이 이들의 연구 결과를 충분히 이해하지 못하는 경우도 많다.

효과적인 리더십을 배양하기 위해서는 끝없는 실험과 배움의 과정에서 조직이 도움을 주어야 한다. 조직은 효과적인 리더십을 훈련하는 과정에서 잘못을 범하거나 학습하거나 기술을 발전시키는 것을 적극적으로 허용하고 지원해 주어야 한다. 그러나 현실은 그러하지 아니하다.

요약

1. 리더십은 공동의 목표를 달성하기 위해 한 개인이 집단구성원에게 영향력을 행사하는 과정이다.
2. 조직의 성패는 효과적인 리더십의 발휘여하에 달려 있다. 리더의 철학은 조직의 문화가 되고, 리더의 말은 조직의 명분이 되며, 리더의 꿈은 조직의 비전이 된다.
3. 네프와 시트린은 성공리더의 행동특성을 열정 등 10가지를 제시하였다.
4. 리더십이 필요한 이유는 조직설계의 불안전성, 급격한 환경의 변화, 조직의 내부 역학관계, 조직구성원들의 특성에 의해서 나타난다.
5. 리더십을 위한 7가지 필수 능력은 정보력, 선견력, 판단력, 통솔력, 신뢰력, 교섭력, 회복력이다.
6. 리더십의 3대 구성 요소는 리더, 구성원, 상황이다.
7. 리더십의 변천 과정을 고대에서부터 현대에 이르기까지 핵심내용을 파악하였다.
8. 리더십의 다양한 속성을 파악하였다.
9. 리더십의 효과성은 추구하는 목적을 달성하고 원만한 내부를 조성하고 외부에 잘 적응하는 것이다.

Chapter 02 LEADERSHIP

추종자의 사명과 역할

"남을 따르는 법을 알지 못하는 사람은 좋은 지도자가 될 수 없다."
-아리스토텔레스

제 1 절 추종자란 누구인가?

1 부하의 특성

보통 리더가 팔로워(follower)보다 권력, 권한 영향력을 더 많이 갖고 있다는 사실이 명백하다 해도, 현재까지 리더의 중요성이 지나치게 과대평가하고 팔로워의 중요성은 과소평가되어 왔다. 리더와 팔로워가 각각 서로에게 필요한 존재로서 불가피하게 필요한 관계임에도 불구하고, 우리는 계속 리더만 중시하고 팔로워는 중요하게 생각하지 않았다.

그러나 현재는 리더에게 요구되던 카리스마적 권위는 점점 중요성이 약화되고 있는 반면에, 부하와의 협력과 협조는 점점 더 중요하게 나타나고 있다. 이제까지 이어온 전통적인 리더십은 바뀌어야 한다. 새로운 조직의 세계에서 권력은 한사람에게만 있지 않다. 즉, 민주적 사회에서 추종자의 역할이 점점 더 크게 증가하고 있다. 전통적인 리더십에서 거의 관심을 두지 않은 부분이 부하 또는 추종자[1)]들이다. 이것은 리더가 부하들보다 조명을 더 많이 받고 가시적으로 나타나기 때문이다. 그러나 리더십에서 부하는 조직의 효과성을 높이는 가장 결정적인 요인으로 간주하고 있다.

부하들이 리더십의 중요한 결정 인자로 인식되는 주된 이유는 그들이 리더를 수용하거나 거부할 수 있기 때문이다. 즉, 리더의 영향력과 권력을 실질적으로 결정하기 때문이다.

요즈음은 리더-부하의 관계가 매우 중요하게 인지되고 있다. 탁월한 리더는 부하를 존중하고 그들의 욕구를 충족시키고 부하의 특성을 잘 파악하여 대처할 때 더 높은 효과를 얻는다.

부하의 특성은 교육과 경험, 권력과 영향력, 지능과 퍼스낼리티(personality) 등으로 나누어 볼 수 있다.

1) 교육과 경험

조직 역할에서 부하들의 교육과 경험은 다양하다. 이런 교육과 경험 간의 차이가 부하들 간의 관계와 리더-부하 간의 관계에 커다란 영향을 미친다.

조직 성과를 높게 달성하기 위해서는 교육과 경험이 부족한 부하에게는 리더의 지속적인 지시와 지원이 필요하고, 오랜 경력을 지닌 부하에게는 일반적인 업무 지시만 하면 된다.

따라서 효과적인 리더는 이러한 부하들의 배경, 교육, 훈련, 기타 다양한 경험을 잘 이해할 수 있어야 한다. 리더는 또한 부하들의 정적인 특성뿐만 아니라 동적인 변화까지 잘 인식해야 한다. 예컨대, 부하들의 교육과 경험 등이 변화함에 따라 이에 적절한 역할, 기대, 감독 방식 등을 강구해야 한다.

최근에는 수직적 조직구조에서 수평적 조직구조로 변모하고 있다. 이런 상황에서 부하들의 교육과 경험이 중요하게 작용되고 있다.

2) 권력과 영향력

리더만이 조직의 권력과 영향력을 독점하는 것은 아니다. 부하들 역시 상당한 정도의 권력을 소유하고 동료 또는 리더에게 영향력을 행사할 수 있다.

---

1) 리더의 명령과 지시에 복종하면서 리더와 관계를 맺고 있는 사람들을 일반적으로 추종자라고 한다. 조직의 계층제적 상하관계에 따라 부하들이라는 좀 더 구체적인 개념을 사용하기도 한다.

일반적으로 부하들은 리더가 좋아서 본받으려고 하는 준거적 권력에 따르기도 하고, 교육과 경험의 수준이 높을수록 전문가적 권력을 선호하기도 한다. 그러나 일정한 상황에서는 부하들이 강제적 권력을 리더에게 행사할 수도 있다. 예컨대, 리더가 비리 등으로 크게 도덕성이 결여되어 있거나, 리더가 위험에 처해 있는 부하들의 신변을 잘 보호해 주지 못할 경우에, 부하들이 영향력을 리더에게 행사할 수도 있다. 따라서 리더는 부하들의 권력과 영향력을 잘 파악해야 한다.

3) 지능과 퍼스낼리티

일반적으로 지능이 성과에 영향을 미치는 동시에 부하들의 퍼스낼리티가 작업 성과와 관련되어 있는 것으로 나타난다. 특히, 리더의 퍼스낼리티와 부하의 퍼스낼리티가 잘 부합될 때 리더의 효과성이 향상될 수 있다.

내적 통제의 초점에 강한 부하는 참여관리를 선호하고, 외적 통제의 초점에 강한 부하들은 지시적인 관리를 선호한다. 이것은 결국 부하의 퍼스낼리티가 리더의 행태와 조직 성과에 영향을 미칠 수 있음을 의미한다.

2 리더와 팔로워의 관계 및 역할

리더십이 리더가 바람직한 목표를 달성하기 위하여 구성원에게 영향력을 행사하는 능력이라 한다면, 팔로워십(followership)은 리더가 성공적인 조직 목표를 달성할 수 있도록 최대한 지원해 주는 피지도자로서의 능력과 자질을 말한다.

요즈음은 수평적 관계로서 리더십이 성공적인 결과를 도출해 내기 위해서는 팔로워(follower)의 역할이 중요하게 인지되고 있다. 즉, 지배와 복종보다는 리더와 팔로워의 상호협조관계를 통하여 조직의 목표를 효과적으로 달성하여야 하는 것이다.

모든 조직은 리더와 팔로워로 구성되어 있으며, 조직 목표를 달성하기 위해서는 리더와 팔로워의 공동의 노력이 필요하다. 따라서 조직이 성공을 이루려면 리더와 팔로워의 기량이 최대한 발휘되어야 한다. 팔로워가 리더를 이해하지 못하고, 리더가 팔로워를 이해하지 못하는 조직은 성공할 수 없다.

성공한 리더에는 반드시 팔로워의 헌신적인 노력이 밑바탕에 깔려 있다. 따라서 리더의 탁월한 리더십도 중요하지만, 부하들이 리더를 잘 보좌할 수 있는 올바른 팔로워십을 육성하는 것도 매우 중요하다.

팔로워십에 관한 연구로 유명한 로버트 켈리(Robert Kelly) 교수는 조직이 실제 성과를 창출하는 데 중요한 요인은 리더보다 팔로워라고 주장하며, 조직의 성공에 있어서 리더가 기여하는 것은 많아야 80% 정도이고, 그 나머지 80%는 추종자들의 기여로 볼 수 있다고 하였다. 앞으로 효과적인 팔로워십의 중요성은 더욱 크게 나타날 것이다.

또 리더의 행동이 팔로워의 능력, 동기, 역할, 지각, 환경 요인을 통해 팔로워의 성과에 영향을 끼치는 것으로 나타난다. 대부분의 조직은 리더의 수보다 팔로워의 수가 많기 때문에 팔로워의 역할이 대단히 중요하다.

팔로워의 역할은 다음과 같다.

첫째, 소신과 주인의식을 가지고 리더의 목표나 행위를 비판적으로 검토하여야 한다. 이 과정에서 리더의 목표나 행동이 옳다고 생각하면 그 목표의 달성을 위해 혼신의 노력을 다해 보좌하여야 한다.

그러나 리더의 행위나 목표가 올바르다고 생각하지 않는다면, 리더가 올바른 방향으로 나아가도록 조언하고 논의하는 동반자의 역할을 수행하여야 한다.

둘째, 팔로워는 리더에게 자신의 진정한 마음을 알 수 있도록 심어주어야 한다. 그래서 팔로워는 리더의 마음을 얻어야 한다. 즉, 팔로워와 리더는 서로 마음의 문을 열고 함께 가는 동반자의 관계가 되어야 한다.

셋째, 팔로워는 리더에게 이끌려 가는 사람이 아니라 리더를 인도해 간다는 생각, 리더와 함께한다는 생각, 리더를 잘 보좌해야 한다는 생각을 가져야 한다. 따라서 팔로워는 리더의 조력자로서 리더를 잘 지원하고 보좌하는 능력을 지녀야 한다.

넷째, 팔로워는 리더에게 무조건적인 아부나 아첨보다는 잘못된 부분은 지적하고 잘한 부분은 칭찬을 함으로써 리더에게 더 큰 용기를 심어주어야 한다. 즉, 리더의 부적절한 행위에 문제점을 정확히 제시하여 리더가 올바른 길로 가도록 인도하여야 한다.

다섯째, 팔로워는 리더에게 목표의식을 강하게 주입시켜 주고, 도전 정신을 일깨워 주어야 한다. 팔로워의 역할에 관한 연구에서 팔로워의 개인적 특성이 팔로워의 초기 행동에 결정적인 요인으로 나타나며, 또한 팔로워의 심리적 요인도 관계설정에 주요한 요인으로 작용한다.

특히, 팔로워는 자신의 요구가 성취되면, 리더에게 더 많은 호의와 긍정적인 태도를 보임으로써 리더가 지향하는 목표에 더욱더 적극적으로 참여한다. 즉, 최고의 리더는 팔로워에게 요구를 잘하는 사람이 아니라 팔로워의 상황적 요구를 가장 잘 들어주는 사람이다.

즉, 리더의 존재는 팔로워 때문에 가능하다. 팔로워 없는 리더는 있을 수 없다. 이 둘의 관계에 의해 조직의 성패가 좌우되며, 일방적인 관계가 아닌 양자의 조화로운 관계가 리더십의 효과를 높이는 것이다.

어느 학자는 리더십의 99%는 팔로워십이라고 한다. 이와 같이 팔로워는 리더와 버금가는 역할을 하고, 능동적인 팔로워 없이는 효과적인 리더십을 발휘하기 어렵다고 하였다.

제2절 리더의 스타일에 적응하기

리더는 조직의 공식적 지위를 차지하고 있다. 공식적 지위에는 부하에게 명령과 지시를 부과할 정당한 권리가 되는 권위가 부여되며, 조직 목표를 달성할 의무가 주어진다. 부하들은 부당한 명령과 지시에는 저항할 권리를 가지나, 정당한 방법과 절차에 의한 명령과 지시에는 복종할 의무를 지닌다.

리더의 결점을 이용해 부하들이 업무에 대한 실질적인 권력을 행사할 수도 있는데 이를 상관 길들이기라고 한다.

부하들이 리더의 스타일에 잘 적응할 수 있는 일반적인 방법은 다음과 같다.

(1) 리더를 둘러싸고 있는 환경을 이해한다

리더의 목표, 리더의 장점과 약점, 리더의 정보, 공식성, 개방성 등을 리더에 대한 환경이라 한다. 이런 환경을 잘 파악하여 어떻게 하는 것이 리더나 조직의 목표를 위한 것인가를 알고 행동하여야 한다.

(2) 리더의 생활을 좀 더 쉽게 해주도록 노력한다

리더가 목표를 잘 성취하고, 평판을 높일 수 있도록 도와주어야 하며, 리더가 싫어하거나 익숙하지 못한 업무는 지원해 줌으로써 업무를 잘할 수 있도록 하여야 한다.

(3) 리더와 조직의 목표 달성에 기여하여야 한다

자신의 노력이 리더와 조직 목표를 성취하는 데 도움이 될 수 있다는 것을 인지시켜 주며, 나아가 자신의 열정과 혁신성을 보여 주어야 한다.

(4) 리더에게 자신이 일을 더 잘할 수 있는 방법에 관하여 평가하도록 요청한다

만약 리더가 평가에 관하여 불편해 하면 스스로 평가한 것을 제시한다. 평가는 더 바람직한 길로 나아가는 첩경이다.

(5) 리더에게 지속적으로 필요한 정보를 제공한다

리더가 선호하는 전달 방법, 내용의 정도, 형식에 따라 정보를 제공하여야 한다. 요즈음의 정보화 시대에 정보는 사업의 성공과 실패를 좌우하는 중요한 요소이다.

(6) 리더에게 자신의 신뢰성을 보여 준다

자신을 믿어도 된다는 확신을 심어 주고 언행일치를 보여 준다. 즉, 신뢰성은 책임이요, 믿음이요, 정직성이다. 리더에게 이런 것을 보여 주지 못하면 신뢰성은 무너지게 된다.

(7) 자신이 선호하는 방식에 리더가 부합할 때는 칭찬을 제공한다

리더에 대한 공적인 칭찬은 리더의 평판을 높이고 자원 획득에 도움을 얻을 수 있다(박우순, 1998: 13-19).

1 성공적인 추종자를 위한 전략

『위대한 이인자들』이라는 책에 의하면, 위대한 이인자들은 일인자를 위해 온갖 고생을 다하고 능력면에서는 오히려 일인자를 능가했던 분들도 많았다.

세계 제일의 마이크로소프트사의 빌 게이츠(Bill Gates) 회장을 충실히 보좌했던 스티브 발머(Stave Ballmer), 중국의 공산당 혁명의 불을 지핀 마오쩌둥(毛澤東) 국가주석을 위해 미련없이 주연의 자리를 내준 저우언라이(周恩來), 빌 클린턴(Bill Clinton) 대통령을 충실히 보좌했던 앨 고어(Al Gore) 부통령 등 이인자들이 리더를 따르는 충직한

협조가 없었더라면 분명히 리더가 원하는 목표를 달성하지 못했을 것이다.

대부분의 리더십 연구는 주로 리더에 초점을 맞추어 왔다. 그러나 추종자 없는 리더는 있을 수 없다. 즉, 추종자의 역할 없이는 리더십은 성공하지 못한다는 것이다. 조연이 없는 주연은 빛이 바랠 수밖에 없으며, 조연을 통한 주연으로의 성장이 존중되어야 한다.

중국 속담에 "유능한 사람 뒤에는 항상 다른 유능한 부하가 있다"라는 말이 있다.[2) 협력자로서 뛰어난 추종자가 없었다면 리더는 그 역량을 발휘하기 어렵다. 뛰어난 추종자들은 리더의 단점을 극복하고 성공적인 전략을 개발하여 리더의 리더십을 성공시킨다.

다프트(R. L. Daft)는 추종자들이 권위를 근간으로 하는 관계를 극복하고 그들의 리더들과 효과적이고 존경스러운 관계로 발전하는 전략을 다음과 같이 제시하였다.

(1) 리더를 위한 자원이 되어라

효과적인 추종자들은 자신들이 조직의 목적과 비전에 일치하도록 맞추는 행위를 한다. 그들은 리더에게 비전과 목적에 대해 묻고 그것들을 달성하도록 돕는다. 이러한 방법으로 추종자들은 리더를 위한 강점과 지원의 근원이 된다.

그러므로 성공적인 추종자들은 자신의 강점을 가지고 리더의 약점을 보완할 수 있다. 나아가 리더들과 추종자들이 그들의 일상적인 활동들과 서로의 장점과 단점을 알면 알수록 그들은 서로 좋은 자원이 될 수 있다.

(2) 좋은 리더가 되도록 도와주어라

리더의 지도력은 추종자들의 능력을 개발하는 데 도움이 될 수 있다. 만약 리더가 자신의 지도력을 추종자들이 잘 수용한다는 것을 인지한다면 그 리더는 효과적인 지도력을 발휘할 수 있다. 현명한 추종자들은 리더들이 무엇이 필요하다는 것을 말함으로써 그들의 리더가 유능한 리더가 되는 데 도움을 주어야 한다.

추종자들이 리더를 칭찬하고, 업무가 잘 이루어진 것에 대하여 그들의 리더들에게 감사함을 표할 때, 리더는 더 좋은 결과를 얻는다.

---

2) 마오쩌둥과 저우언라이, 클린턴 대통령과 엘 고어 부통령과 같이 리더는 이인자를 잘 활용하여 멋진 팀플레이를 창조하였다. 특히, 클린턴 대통령 당시 엘 고어 부통령은 환경, 과학기술, 인터넷, 우주탐사, 정부조직 개혁 등의 책임을 맡고 탁월한 능력을 발휘한 이인자로 높은 평가를 받고 있다.

(3) 리더와 좋은 관계를 구축하라

성공적인 추종자들은 신뢰를 쌓고, 신뢰를 토대로 정직하게 말하면서, 리더들과 순수한 관계를 구축하려고 노력하여야 한다. 리더와 좋은 관계를 구축하면, 추종자는 조직에 의미 있는 상호작용을 할 수 있다. 더욱더 이러한 관계는 권위나 복종의 관계보다는 상호 존중의 관계 속에서 발전할 수 있을 것이다.

추종자들은 리더의 정책에 건설적인 비판을 함으로써 더 좋은 정책을 만드는 데 기여할 수 있다.

(4) 리더를 현실적으로 보라

리더를 현실적으로 보라는 것은 리더들을 이상적인 이미지를 가지고 보지 말라는 것이다. 리더들도 틀릴 수도 있고, 많은 오류들을 범할 수도 있다.

추종자가 상관을 지각하는 방법 그 자체가 리더와의 관계를 형성하는 근본이 된다는 것을 잊어서는 안 된다. 이것은 추종자들이 그들의 리더들이 어떻게 되어야 한다는 것이 아니라, 사실 있는 그대로의 리더를 보는 것을 도와준다. 추종자가 리더를 정확히 읽을 수 있는지 자신들을 판단하지 않으면 안 된다.

(5) 추종자들의 리더에 대한 기대

추종자들은 그들의 리더가 정직하고 합리적인 사고를 가지고 있고, 감명을 주며 능력이 있기를 원한다.

리더와 추종자를 구별하는 요인은 권위, 지식, 권력 등이 아니라 추종자들에게 비전을 제시하고, 이 비전을 달성하도록 행동하고 감명을 주는 데 있다. 추종자들은 그들 자신이 권위에 종속되고 소외되며, 권위에 순응하는 자신들로 비추어지기를 원하지 않는다.

(6) 추종자들의 공동체를 구축

공동체의 의미를 구축하는 데 신뢰성과 협동성이 필요하며, 추종자들의 역할의 범위와 한계를 정의하여 주기 때문에 필요하다. 리더들은 그들의 조직에서 공동체 의식을 구축할 것을 장려하여야 한다.

공동체에서 사람들은 서로 공개적으로 소통하며, 그들의 특성을 유지하고 이기적인 이익보다는 더 큰 목적에 굳게 헌신할 수 있도록 해야 한다. 즉, 효과적인 집단은 공동체를 위한 기반을 형성하여야 한다.

(7) 신뢰는 리더의 생명이다

신뢰는 리더와 추종자들을 함께 묶는 감성적 접착제이다. 신뢰의 축적이 리더십의 정당성을 측정하는 기준이다. 신뢰는 모든 조직의 기본 요소로써 조직을 유지시키는 윤활유다. 신뢰가 생기면 다른 사람의 행동을 예견할 수 있는 예측성이 생긴다. 다시 말해서, 신뢰가 없는 조직은 효과적으로 업무를 수행하는 데 어려움이 많다(정우일 외, 2010: 614-619).

제3절 이인자로서 추종자

한국 사회는 이인자를 잘 키우지 않는 경향이 있다. 정부의 정책이나 기업을 보면, 아무리 전임자가 잘했어도 후임자는 전임자의 정책을 계속 이어 가려고 하지 않고, 또 이인자가 정책과 능력이 우수하여 업무를 잘 수행하면 리더는 이인자를 지원하고 도우려고 하지 않고, 흠집을 잡고 그 직에서 물러나도록 만드는 경향이 많다. 즉, 조연자의 능력을 활용하지 않고, 경쟁의 대상으로 삼는 경우가 많다.

우리 사회도 정책의 일관성과 지속적인 발전을 위하여 이인자를 제대로 받들고 키우는 문화를 조성하여야 한다. 이인자가 많은 경험과 학습을 통하여 리더로 성장할 수 있는 가능성을 높여 주어야 한다. 리더가 바뀔 때마다 정책이나 역사가 단절되는 손실은 이제는 없어져야 한다.

즉, 리더가 지나치게 이인자의 성장을 견제하고 모든 업적을 자신의 공으로만 돌리려는 아집에서 벗어나야 한다.

1 추종자로서 리더와의 관계

탁월한 리더십을 발휘하는 리더에게는 대부분 능력 있는 이인자가 있다. 추종자인 이인자로서 그들은 매우 재능이 있고 헌신적이며, 많은 갈채를 받는 리더보다 더 능력이 뛰어난 경우들을 역사를 통하여 많이 발견할 수 있다.

훌륭한 추종자로서 이인자 역할을 해낸 조지 마셜(George C. Marshall) 장군은 제2차 세계대전 초기에 많은 저항을 무릅쓰고 미군을 재정비하였고, 또 마셜 플랜을 계획하고, 국무장관, 국방장관을 역임하면서 트루먼(Harry S. Truman) 대통령의 오른팔 역할을 충실히 하였다. 그는 여러 번 대통령 출마를 권유받았지만 단지 이인자의 역할만을 하였다. 그는 군인으로서 노벨 평화상을 받았고, 미국의 트루먼 대통령과 아이젠하워(Dwight Eisenhower) 대통령, 그리고 영국의 처칠(Winston Churchill) 수상이 "마셜이야말로 최고의 능력을 갖춘 인물"이라고 말하였다(정우일 외, 2010).

리더의 자리는 외롭고 힘든 자리이다. 그래서 주변의 충실한 추종자 없이는 큰 업적을 달성하기 어렵다. 리더는 협력자로부터 편안함을 느껴야 한다. 그러나 개성이 강한 사람은 어떤 형태이건 추종자가 되기를 거부한다.

독재형의 리더들은 후계자들을 공식화하길 꺼려 한다. 오히려 이인자들의 업적이 뛰어나면 그들에게 위협을 느끼고 그들을 몰아낸다. 많은 리더들이 명예를 나누려고 하지 않는다. 이것이 이인자들의 현주소이다.

리더와 추종자와의 관계는 일반적으로 성격 차이로 인하여 정상에서 무너지며, 그들의 합쳐진 재능이 개개인의 능력보다 뛰어나고, 그로 인하여 성공이 두 사람이 합심한 결과인 것을 곧잘 잊어버리고 서로 적대적인 관계가 되기도 한다.

그러나 더할 나위 없이 완벽한 동료가 되는 경우도 있고, 외롭고 힘든 리더를 지켜줄 충직한 협력자도 있으나, 반면에 물과 기름처럼 겉도는 리더와 이인자의 관계도 있다.

리더가 추종자들과 좋은 관계를 갖는다는 것이 쉽지 않다는 것을 역사를 통하여 입증되어 왔다. 욕심이 없는 사람이 없듯이 리더는 리더대로 추종자는 추종자대로, 리더의 자리를 유지한다든지 또는 그 자리를 빼앗으려는 욕구가 불행한 결과를 가져오곤 하였다. 반면에, 서로 진정한 동반자로서 추종자와 리더가 철학과 생각을 공유하는 좋은 관계를 유지하면서 커다란 업적을 내는 경우도 많이 있다.

2 이인자들의 역할[3)]

1) 너 자신을 알라

이인자가 되는 것은 일인자가 되는 것처럼 어렵다. 성공한 이인자는 자신이 만든 최고 작품의 영예가 다른 사람에게 돌아가는 것을 조용히 지켜 볼 수 있을 만큼 포용력을 가진 사람이 되어야 한다. 그건 결코 쉬운 일이 아니다. 또 이인자는 상황에 따라서는 다른 사람들의 무관심과 대중의 냉담함에도 의연히 자신의 길을 걸어가야 한다. 저우언라이(周恩來)는 마오쩌둥(毛澤東)의 가정부라는 놀림을 받았고, 그 외에도 이인자들이 무시당하는 예는 역사적으로 무수히 많다. 이인자로 성공하기 위해서는 리더의 돈독한 신뢰를 받고, 또 이인자가 일인자를 치고 올라갈 것이라는 위험을 갖지 않도록 주의를 하여야 한다.

2) 리더를 잘 알아야 한다

일인자가 당신을 받아들일 준비가 되어 있는지 검토하라. 일인자는 이인자를 여러 방법으로 파멸을 가져오게 할 수 있다는 것을 알아야 한다. 이인자가 뛰어난 능력을 보이면 점점 불안해 하는 일인자가 있다는 것을 알아야 한다. 그런 리더는 이인자가 빛을 발하기 시작하는 순간부터 부하의 기를 꺾는다. 아무리 이인자가 재능이 축출해도 일인자의 지원이 없으면 성공에 한계가 있다.

그래서 리더와 이인자는 매우 밀접한 공생관계에 있다. 진정한 파트너로서 그들의 운명은 항상 서로 연결되어 있다. 그러므로 리더가 이인자를 선택할 때만큼 이인자도 리더를 선택할 때 신중하게 하여야 한다.

3) 리더가 원하고 필요한 것을 제공하라

이인자들의 가장 중요한 임무 중의 하나는 권력을 가지고 있는 사람에게 진실을 말하는 것이다. 이인자는 권력을 갖고 있는 일인자에게 유일하게 접근이 가능한 사람인 만큼 비록 감정이 상하는 부분이 있어도 진실을 말하여야 한다. 여기에는 진정한 용기

---

3) Heenan & Bennis(2000). CO-Leaders(위대한 이인자들), 최정규 옮김, pp.300-312.

가 필요하다.

맥아더(Douglas MacArthur) 장군이나 마셜(George C. Marshall) 장군이 루스벨트(Franklin Roosevelt) 대통령의 의견에 반대하며 자신의 의견을 관철하는 과정에서는 많은 용기가 필요하였다. 주위의 많은 사람들이 이 상황에 불안해하였지만 루스벨트 대통령은 현명한 리더였고, 그들의 의견을 받아 들였다. 그러나 모든 리더들이 다 현명한 것은 아니며, 냉혹한 현실을 받아들이는 것은 이인자들이 터득해야 할 지혜이다.

4) 개인 생활을 망치지 마라

야심이 많은 부관들은 최고의 리더를 위해 모든 것을 희생한다. 조직의 목표 달성에만 온 정성을 쏟으므로 가정과 자신의 취미생활을 거의 하지 못한다. 즉, 진정으로 만족을 가져올 수 있는 일에 등을 돌리고 기업이나 리더의 목표 달성에만 모든 시간을 허비한다. 즉, 취미나 가정일을 등한시하게 되며 나아가 친구들도 하나둘 떨어져 나가게 된다.

이들은 겉으로는 성공한 것처럼 보일지 모르나, 자신의 삶을 제대로 살지 못한 것이며 가까운 사람들과 소원해진다.

그래서 유명한 이인자들이 조직에 합류하는 조건으로 사생활이나 가족 간의 시간을 너무 허비해서는 안 된다.

5) 성실성을 유지하라

훌륭한 이인자는 충성과 용기, 그리고 신뢰를 보여 준다. 그리고 리더로서 재능과 특성도 있다. 조직에서 이인자는 다른 사람의 귀감이 되어야 한다. 그는 아첨하지 않고 상관의 필요를 만족시키는 법을 안다. 그는 조직이 잘못되었거나 부도덕한 일을 하면 그것을 바로잡기 위해 필요한 일은 무엇이든지 한다. 그 노력이 실패하면 훌륭한 이인자는 지위를 잃더라도 개인의 성실성을 지켜 나가는 것이 미래를 위해 현명한 것이다.

6) 물러날 때를 알아라

이인자들은 리더의 지시가 올바르지 않을 때 '아니오'를 할 줄 알아야 한다. 리더가 불법적이거나 부도덕한 일에 개입되어 있을 때 이인자는 리더에게 충고해야 하고, 만약 실패하면 그만두어야 한다.

어떤 리더들은 이인자에게 너무나 많은 것을 요구하고, 요구가 너무 많아 육체적 · 정신적 건강을 위협한다면 이인자는 제동을 걸어야 한다. 이인자의 지위를 떠나는 경우는 이인자가 다른 조직에서 우두머리가 되고 싶어서 가는 경우도 있고, 또는 본인이 이인자의 역할을 충실히 할 수 없는 경우에 조직을 떠나는 경우도 있다.

리더와 이인자 사이에서는 서로 신뢰하고 성격이 맞아야 한다. 그럼에도 불구하고 시대는 변화하고 또 문제가 나타날 수도 있다. 이런 경우, 이인자는 언제 떠나는 것이 바람직한 것인가를 잘 인식하여야 한다.

이상 6가지와 같이 리더와 이인자 사이에는 역할이 중요하며 나아가 신뢰와 조화가 잘 어우러져야 한다.

아인슈타인(Albert Einstein)의 말처럼 "성공하기 위해 노력하기보다는 가치 있는 사람이 되기 위해 노력하라"라는 말의 의미를 잘 알아야 한다.

권력은 사람의 됨됨이를 보여 준다. 훌륭한 리더들은 권위를 다른 사람에게 맡김으로써 더 높은 명예와 권위를 얻는다고 한다. 또 권력을 공유하는 데에는 조화가 필요하다. 권력이 너무 적으면 명목상의 우두머리가 되고 너무 많으면 팀의 창의력이 말살된다. 하여튼, 리더와 이인자와의 공유체제를 잘 만들어 가는 것이 효과적인 리더십을 발휘하는 데 매우 중요하다.

3 성공적인 추종자의 자질[4)]

추종자들은 리더들이 자질이 부족함에도 불구하고, 리더의 장애를 극복하고 리더들과 효과적이고 존경스러운 관계로 발전하는 자질을 잘 숙지하여 활용하여야 한다.

1) 헌신

"대장부는 자신을 알아주는 사람을 위해 죽는다"라는 말이 있다. 즉, 자신을 알아주는 사람을 위해서라면 기꺼이 자신의 목숨을 버릴 수도 있다는 것이다. 헌신에 있어서

4) 신인철(2007). 팔로워십, 리더를 만드는 힘, 서울: 한스 미디어. pp.149-232.

이보다 더 높은 경지는 없을 것이다. 무엇이 사람들로 하여금 조직을 위해 헌신할 수 있도록 만들 수 있을까? 그것은 조직의 명확한 목표 제시와 성과에 대한 보상에 있다.

마이크로소프트사의 빌 게이츠(Bill Gates) 회장은 직원들에게 세상을 바꿔보자는 사업전략을 세우고 강하게 추진했으며, 직원들에게 막대한 보상을 지급하였다. 그 결과, 직원들은 온 정열을 다 받쳐 조직의 목표 달성을 위해 헌신적인 노력을 다하였다.

2) 다양성의 존중

평상시 조직에서 일상적인 업무를 수행할 때 다른 반론이나 다른 시각을 수용하지 않고 모든 조직원들이 한 방향으로만 나아간다면 이것은 뿔뿔히 다른 방향으로 달리는 조직보다 더 위험할 수 있다.

즉, 서로 간의 다양성을 존중해 주고 최말단의 추종자라 하더라도 리더의 결정에 다시 한 번 의문을 갖고 보다 나은 방법이 없는지 꾸준히 토론하고 올바른 방법을 찾아야 한다. 그러나 회사가 위기상황에 닥치면 구성원은 일사분란하게 방향성을 통일하여야 한다. 그리고 주인의식을 갖고 적극적인 대처를 하여야 한다.

3) 몰입

효과적인 팔로워는 자신이 맡은 일에 몰입하여야 한다. 몰입은 그 자체로서 엄청난 에너지를 발휘하여 높은 성과를 창출한다.

한 예로, 사람들은 세상을 바꾼 마이크로소프트사의 활약을 빌 게이츠라는 리더의 천재성에 기인한 것으로 생각하지만, 진정 세상을 바꾼 주인공은 자신의 역할이 세상을 바꿀 수 있다고 생각한 마이크로소프트사의 직원들에 있었다. 그 직원들은 마이크로소프트사에 소속되어 일을 하는 것이 아니라 마이크로소프트사의 정신과 그 가치에 모든 것을 몰입하였기 때문이다.

즉, 그들은 자신이 만드는 제품을 돈을 벌기 위해서 한다는 생각보다는 세상을 바꾸는 보다 가치 있는 일을 하고 있다고 스스로에게 인식시키면서 자신의 업무를 수행하고 있기 때문에 더욱 몰입한 것이다.

4) 표현기술

한국인의 경우는 리더에게 웬만한 문제가 있어도 꾹 참고 견디다가 한계에 도달하면 사표를 내지만, 서양인은 리더에게 불만이 있거나 고쳐야 할 사항이 있으면 면담을 요청해서 그 부분이 해결되지 않으면 최종적으로 이직을 고려한다. 서양인처럼 효과적인 팔로워는 자신이 원하는 바를 정확하고 즉시에 리더에게 알려주고 표현하여야 한다. 즉, 진정으로 필요한 팔로워가 되기 위해서는 다양한 문제와 애로사항을 즉시 리더에게 건의하고 대화로 풀어야 하며, 리더 또한 권위의식에서 벗어나 다양한 건의를 받아들여 모든 문제를 대화로 풀어 해결하여야 한다.

5) 대안제시

유능한 팔로워는 리더의 지시나 의견에 대해 반대할 부분이 있으면 기본적인 예의를 지키고, 리더를 예우하면서 명확하게 반대하되 냉철하고 올바른 대안을 제시하여 리더가 채택할 수 있도록 하여야 한다. 대안제시를 잘하는 팔로워를 육성하기 위해서 리더는 팔로워를 비판이나 비난보다는 수용과 수긍을 더 많이 해야 한다. 나아가 의도적으로 대화의 문을 넓히고 창의적 제안에 대해서는 적극 반영하고 그 결과에 대하여 보상해 주어야 한다.

6) 리더의 보완

유능한 팔로워는 리더의 부족한 점, 또는 보지 못한 부분을 보완해 주어야 한다. 리더가 팔로워에게 바라는 것은 자신의 부족한 점을 보완해 주는 적극적인 참모활동이다. 리더의 약점을 보완해 주는 팔로워의 역할은 상당히 어렵다. 너무 돋보이지 않으면서 리더의 부족한 부분을 보완해 주는 팔로워의 역할은 매우 중요하며, 또한 복잡한 현실에서 꼭 필요한 일이다.

즉, 진정한 추종자라면 리더가 고려하지 못한 사항을 보완하여 자신의 리더를 일인자로 만듦과 동시에 자신도 유능한 팔로워가 되도록 노력하여야 한다.

4 유능한 팔로워를 얻기 위한 기술

올바른 팔로워십을 발휘하는 부하가 없는 리더는 성공하기 어렵다. 팔로워가 효과적인 팔로워십을 발휘하도록 만들기 위해서는 러더 스스로가 변화함으로써 효과적인 팔로워십을 이끌어내야 한다.

이를 위해서 리더는 다음과 같이 부하들이 올바른 팔로워십을 하도록 해야 한다.

1) 감동

사람을 움직이는 것은 감동이고, 감동의 힘은 사랑이다. 부하들이 감동을 받을 때 진정으로 리더를 따르고 움직인다. 부하에게 감동을 줄 수 있는 방법은 다음과 같다. 섬김과 사랑을 통한 감동, 희생을 통한 감동, 열정을 통한 감동, 무한한 책임감과 헌신감을 통하여 부하를 감동시켜야 한다.

2) 권한과 책임

부하들에게 보다 많은 권한과 책임을 주면 부하들은 보다 더 능동적인 참여의식과 주인의식을 가지고 조직을 위해 헌신한다. 다만, 권한과 책임을 주되 잘못된 방향으로 가면 올바로 인도해 주어야 한다.

3) 부하 신뢰

리더가 부하에게 무한한 신뢰를 보일 때 부하는 리더에게 모든 것을 바치게 되고, 더 많은 주인의식과 책임의식을 가지게 된다. 즉, 인간은 대부분 자신이 신뢰를 받고 있다고 느낄 때 그 무엇과도 바꿀 수 없는 만족감과 보람을 얻게 되어 열정적으로 업무에 매진한다.

4) 올바르게 따르는 방법

리더는 항상 부하에게 올바르게 따르는 방법에 대한 노하우를 알려주고 가르쳐 주어야 한다. 무작정 하라는 대로만 따라 하는 부하들이나, 아무리 능력이 있어도 자기 마음대로 하는 부하들은 효과적인 목표 달성에 어려움을 준다. 어려움과 난관이 있어도 리더는 구성원에게 용기와 희망을 주어 구성원이 잘 따라오도록 하여야 한다. 특히, 부하를 사랑하는 것이 리더를 잘 따르게 하는 큰 비결이다.

5) 적절한 피드백

능력에 따라 대우해 주고 업무성과에 따른 적절한 피드백을 해주어야 한다. 적절한 금전적 보상과 함께 부하의 권리와 능력을 인정해 주고, 항상 대화와 소통의 창구를 열어두어야 한다.

6) 역지사지의 자세

부하의 행위를 나무라고 꾸중하기에 앞서 부하의 입장에서 생각해 보고, 자신의 모습을 먼저 뒤돌아보는 자세를 가져야 한다. 대개 다툼을 잘 풀지 못하는 것은 나의 입장이나 주장만을 지나치게 강하게 표출하였기 때문이다.

7) 새로운 조직문화 창조

직원들이 신나서 일할 수 있는 조직문화를 만들어야 한다. 특히, 부하의 공적이 최고경영자에게 제대로 신속하게 알려질 수 있는 업무시스템이 확립되어야 한다. 그리고 리더는 모범을 보여야 한다. 그래야만 부하들이 리더를 잘 따르고 여기에서 새로운 조직문화가 창조되는 것이다.

요약

1. 부하의 특성에는 교육과 경험, 권력과 영향력, 지능과 퍼스낼리티 등 다양한 요소가 있다.
2. 조직이 성공을 이루려면 리더와 팔로워의 관계가 좋고 기량이 최대한 발휘되어야 한다.
3. 성공적인 추종자를 위한 전략으로는 리더를 위한 자원이 되고, 좋은 리더가 되도록 도와주고, 리더와 좋은 관계를 구축하며, 리더를 현실적으로 보며, 공동체를 구축하고, 서로 신뢰하며, 리더는 구성원에게 비전과 감명을 주어야 한다.
4. 이인자들의 역할은 자신과 리더를 잘 알고, 리더가 원하는 것을 제공하고, 지나치게 사생활을 허비하지 말고, 성실성을 유지하며, 바른말을 하며 떠날 때를 잘 알아야 한다.
5. 성공적인 추종자의 특성으로는 헌신, 다양성의 존중, 몰입, 표현기술, 대안제시, 리더의 보완이 있다.
6. 유능한 팔로워를 얻기 위한 기술로는 감동, 권한과 책임, 부하 신뢰, 올바르게 따르는 방법, 적절한 피드백, 역지사지의 자세, 새로운 조직문화를 창조하여야 한다.

PART 02

전통적 리더십 이론

LEADERSHIP

Chapter 03 L E A D E R S H I P

리더십의 특성이론(자질론)

"Know yourself"(너 자신을 알라).
-소크라테스

제1절 특성이론의 전개

리더십 연구 중에서 가장 먼저 진행된 연구는 리더십 특성이론이다.

1900년대 초에 무엇이 사람들로 하여금 위대한 리더가 되게 만드는가를 알아보기 위해 리더십 특성을 연구하기 시작하였다.

그 후 1920년대 리더십 연구에 가장 많이 사용되었던 접근법이 자질론 접근이며, 약 30년 동안 리더십의 자질에 초점을 두고 있다. 이 접근법은 성격, 동기, 가치, 기술과 같은 리더가 갖고 있는 자질을 강조한다.

리더십 특성이론은 어떤 특성을 지닌 사람들이 리더가 될 가능성이 높은 것인지에 근거하여 그 특성과 기술들을 찾아내려는 이론이다. 즉, 리더가 되기 위해 갖추어야 할 특성이 무엇인지에 대한 해답을 제시해 주는 것이다.

자질론은 다른 사람에 비해 우월적으로 보유하고 있는 리더 개인의 독특한 특성에 주목한다. 즉, 리더는 보통 사람들보다 우수하고 남다른 자질과 능력을 갖고 태어나거나 발휘해야 한다는 위대한 사람 이론이다.

"영웅들은 특별한 자질을 갖고 있다"라는 영웅주의나, "역사는 위대한 사람들에 의해 이뤄진다"라는 영웅주의적 역사관이 바로 이 자질론에서 비롯된다.

타고난 리더들은 다른 사람들을 이끄는 데 특별한 재능을 가지고 있다고 생각했다. 이러한 특별한 재능들은 상황에 관계없이 리더들에게 리더십을 갖게 한다고 가정했다.

초기의 리더십 특성이론은 리더와 평범한 사람들을 구별하는 특성이 무엇인가를 확인하는 연구였다. 그 후 리더십 특성연구는 수정을 거듭하여 최근의 카리스마적 이론, 변혁적 리더십을 통하여 더욱 발전된 연구로 이어지고 있다.

역사적 및 근대적 관찰에서 위대한 사람들은 다소간 선천적인 리더로서 나타난다고 보는 경향이 있었다. 나폴레옹, 징기스칸, 처칠, 히틀러, 간디, 케네디와 같은 사람들이 상당한 권력을 장악할 수 있는 어떤 자질들은 가지고 있는 것으로 판단했다. 이런 자질을 밝혀내는 것이 특성이론의 목적이다.

제2절 리더의 특성

특성 연구는 오로지 리더에만 초점을 맞추고 있고, 추종자들이나 상황 변인들에는 관심을 두지 않은 것이다. 특성이론(trait theory)은 개인의 타고난 자질과 특성이 리더로서의 지위와 기능을 좌우한다고 했으며, "리더로서의 특성(trait)과 능력(ability)이 무엇인가"라는 문제가 주된 연구 대상이다.

훌륭한 리더는 선천적 · 유전적으로 일반인과 다른 보편적 특성을 지니고 있기 때문에 지도자가 될 수 있다고 생각하는 사고 방식이다.

여러 학자의 리더의 특성에 대한 내용을 기술하면 다음과 같다.

바너드(C. I. Barnard)는 리더십의 자질적 요소로 박력과 지구력, 결단력, 설득력, 책임감, 지적 · 기술적 능력이 있어야 한다고 했다.

또 특성이론의 대표적인 연구가인 스톡딜(R. M. Stogdill)은 신체적 특성(활동성, 정력), 사회적 배경(교육, 사회적 지위), 지능 능력(지식, 화술), 성격(적응성, 객관성, 창조성, 강한 신념, 열성), 과업지향성(성취욕구, 책임감, 끈기), 사회적 특성(환경 적응, 관리 능력, 대인관계 기술)이 있어야 한다고 하였다.

다음은 베니스(Bennis, 1989: 39-41)의 성공한 리더의 특성과, 진정한 성취 리더십에 대해 알아보고자 한다.

1 베니스의 성공한 리더의 특성

1) 비전

리더는 개인적으로나 직업적으로 자신이 원하는 목표에 대하여 확신(guiding vision)을 가지며, 난관은 물론 실패의 경우에도 좌절하지 않는다. 리더가 자신이 어디로 가고 있는가를 알지 못하면 목적지에 도달할 수 없는 것은 자명한 일이다.

비전이란 한 사회, 조직, 집단이 추구해 나아가야 할 지향점이다. 리더는 비전을 구상·설계하고 구성원에게 제시하여야 한다.

2) 열정

열정(passion)은 맡은 업무에 혼신의 노력을 다하는 것이다. 열정에는 인생에 대한 열정뿐만 아니라 직업과 일, 그리고 일정한 행동 방향에 대한 열정이 포함된다.

리더는 자신이 하는 일에 대해 깊은 애정을 가진다. 깊은 애정이 열정이며, 이러한 열정을 전달할 수 있는 리더는 다른 사람들에게 희망과 영감을 불러일으키고, 나와 생각이 다른 사람을 자기 편으로 만드는 데 결정적인 역할을 한다. 즉, 열정은 모든 것을 변하게 한다.

3) 성실성

성실성(integrity)이란 한결같이 변함이 없이 꾸준히 하는 것이다. 성실성에는 지기(知己), 솔직함, 그리고 성숙성이 포함되어 있다.

리더는 자신의 장점과 약점을 알지 못하고는 자기가 원하는 바를 성취하고 어렵다. 또한 리더는 결코 자신에게 거짓말을 하지 말아야 하며, 자신의 강점과 약점을 정면으로 받아들이는 자세가 필요하다. 그래서 자신의 장점은 더욱 계발하고, 단점은 최소화할 수 있도록 노력해야 한다. 이런 과정에서 성실성이 매우 중요하다.

4) 신뢰성

신뢰성(trust)은 믿음을 주는 것이다. 또 신뢰성은 인간관계의 기초를 이룬다. 신뢰성은 혼자 힘으로 얻을 수 있는 것이 아니라 다른 사람들과의 관계에서 얻어지는 것이다. 신뢰성은 동료나 부하로부터 얻을 수 있는 것이며, 신뢰가 없는 리더는 효과적으로 리더십을 발휘할 수 없다.

5) 용기

용기(daring)는 불가능의 상태에서도 포기하지 않는 것이다. 리더는 모든 일에 궁금증을 가지며, 위험을 부담하려는 의지와 새로운 일을 시도하려는 용기를 가진다. 리더는 실패할 것에 대한 염려를 하지 않으며, 오류를 끌어안고 그로부터 자신이 배울 수 있는 가능성을 중요하게 여긴다.

히말라야 산맥의 8,000m 이상의 봉우리를 14개나 정복한 박영석 산악대장은 "단 1%의 가능만 있어도 도전하라"라고 하며 도전의 중요성을 강조했다. 끝없이 도전하는 자가 과업을 성취한다.

2 성취 리더십

인성 계발 전문가 보던(Tom Butler Bowden)은 인생에서 진정한 성취를 이루기 위한 중요한 키워드를 제시했다.

세상에서 진정한 성취를 찾는 것은 우리 스스로에게 달려 있으며, 자신에게 내재된 무한한 능력의 원천을 발굴해 이를 용기 있게 실천에 옮김으로써 자신의 삶과 타인의 삶을 풍요롭게 하는 것이야말로 진정한 성취라고 했다.

진정한 성취를 이루는 성공하는 사람들의 특성으로 다음 일곱 가지의 요소가 있다.

1) 원대한 목표

성공하는 사람들은 원대한 목표를 수립하고 반드시 이를 달성하려는 신념을 갖고 전력투구하는 집중력을 발휘한다.

세계적인 동기부여의 대가인 브라이언 트레이시(Brian Tracy)는 "성공을 원하면 목표설정의 전문가가 되라"라고 하였다.

또 잭 웰치(Jack Welch)는 그의 자서전 『잭 웰치, 끝없는 도전과 용기』에서 늘 거대한 목표를 추구했다. 그는 우리에게 "자신이 얼마나 멀리 갈 수 있는지를 결코 과소평가해서는 안 된다"라는 중요한 교훈을 남겼다. 즉, 과녁(목표) 없는 명중은 없다.

2) 낙관주의 사고

절망적인 상황에서도 결코 희망을 잃지 않는다. 최초의 남극 횡단에 나섰던 섀클턴(Ernest H. Shackleton)은 탐험선이 얼음에 갇혀 침몰하는 순간에도 끝까지 낙관적 태도의 리더십을 발휘해 같이 탐험에 나섰던 28명 전원을 무사 귀환시켰다.

섀클턴[1]은 조난을 극복하기 위해 수많은 도전을 했고, 난파된 배 위에서도 책을 읽었으며 배를 포기하기 전날까지 웃는 얼굴로 선상 파티를 열 정도로 낙관적이었다. 그리고 극한 상황에서도 공정성을 보여 준 위대한 리더자였다. 어떤 상황에서도 리더인 자신이 동요하지 않으면 대원들도 낙담하지 않을 것이라는 사실을 알았던 것이다. 낙관적 사고와 불굴의 정신은 무에서 유를 창조한다.

3) 열정

성공인은 자신의 일을 사랑하고 강한 열정을 갖는다. 성공하기 위해서는 자신이 좋아하는 일을 하여야 한다.

꿈을 꿈으로 끝낼 것인가, 아니면 꿈을 성공으로 실현할 것인가의 차이는 열정에 의해서 좌우된다고 한다. 성공하고 싶다는 강한 열정을 가질 때 이미 반은 성취된 것이나 마찬가지라고 한다. 진정한 성공을 위해서는 자신이 하고자 하는 일에 열정을 쏟아야 한다.

---

1) 그는 지난 천 년 동안 가장 위대했던 탐험가로 손꼽히는 인물이며, 지금도 미국과 유럽에서는 "신 다음으로 가장 위대한 지도자"라고 평가받는 리더이다. 영화 89.2도까지 내려가는 혹한에서도 탁월한 리더십을 발휘하여 28명 전원이 634일의 긴 조난기간 동안 단 한 명의 사망자도 없이 모두 살아 돌아 왔다.

4) 변화 대처

성공하는 사람들은 변화를 기꺼이 수용하고 기존의 사고에 얽매이지 않는다. 변화의 흐름을 읽지 못하고 적극적으로 대처하지 못하는 사람은 도태된다.

스펜서 존슨(Spencer Johnson)의 『누가 내 치즈를 옮겼을까?』라는 책을 보면, 변화를 어떻게 받아들여야 하는가를 분명하게 보여 주고 있다. 영원히 그 자리에 있을 것 같았던 치즈가 어느 날 갑자기 사라졌을 때 생쥐들은 적극적으로 치즈를 찾아 나선 반면에, 꼬마 인간들은 눈앞에 직면한 현실에 두려움을 느끼며 미래를 절망적으로 생각했다.

외부적 상황이 변했을 때 우리들 역시 변화하지 않으면 오로지 멸망만이 있을 뿐이다. 이 책의 저자 존슨은 결국 변화란 무엇의 끝이 아니라 새로운 시작이라고 하였다. 즉, 변하면 반드시 기회가 온다는 사실을 알려 주었다.

5) 기다림

성공의 정상에 오른 사람들 모두 평탄한 길만 걸은 것이 아니다. 어쩌면 그들은 보통 사람들보다 훨씬 더 힘든 고난과 시련을 경험했을 것이다. 그러나 그들은 미래에 대한 희망을 품고 자신에게 주어진 고난과 시련을 묵묵히 견디어 냈기 때문에 성공의 정상에 오를 수 있었다.

그라시안(Balthasar Gracian)은 『세상을 보는 지혜』라는 책에서 "인내야말로 헤라클레스(Heracles)의 강철봉보다 더 많은 일을 할 수 있다"며 인내의 중요성을 강조했다. 벼는 하루아침에 익을 수 없는 것처럼, 성공한 리더는 기다리는 법을 안다.

6) 성실과 근면

성공하는 사람은 성실하고 근면하다. 성공하기 위해서는 근면하고 다른 사람과의 관계에서도 열린 마음과 신의와 성실로 일관해야 한다. 성실은 모든 사물의 기초이며, 근본이다.

『중용』에 불성무물(不成無物)이 있는데, 이것은 "성실하지 않으면 아무것도 이루지 못한다"라는 뜻이다.

7) 많은 독서량

성공한 사람은 엄청난 독서가다. 나폴레옹(Napoléon)은 전쟁 중에도 책을 읽을 만큼 열렬히 책을 읽어 무한한 상상력을 지닌 리더였고, 마오쩌둥(毛澤東)은 독서로 공산주의 씨앗과 결실을 이룬 인물로 평가받고 있다. 김대중 대통령은 오랜 감옥생활 중에서 독서로 일관해 결국은 대통령이 되었고, 빌 게이츠(Bill Gates)는 오늘의 성공은 독서를 통해 이루어졌다고 했고, 청나라의 강희제(康熙帝) 국왕은 목에서 피가 나오도록 독서를 하였고, 세종대왕은 밤을 새워 독서를 하여 역대 왕중 총명하기로 유명한데, 이것은 독서의 습관에 의한 것이며, 다산 정약용(茶山 丁若鏞)은 실천적 행동력을 지닌 독서광이었다.

좋은 책은 필요한 정보와 지식, 그리고 지혜와 용기를 얻을 수 있게 해준다. "지도자들은 독서가들이다"라는 말을 가슴에 새겨야 한다. 호기심과 학습 능력은 성공하기 위한 필수불가결한 요소다.

발전을 추구하는 사람은 카네기(Dale Carnegie)가 말했듯이, 책이라고 하는 염료통에 자신의 정신을 깊이, 그리고 부단히 담가 물을 들여야 한다. 이상에서와 같이 진정한 성취는 결코 우연히 이뤄지지 않는다(김재득, 2008: 203-209).

3 특성이론(종합)

여러 가지의 특성이론을 많은 학자가 제시했다. 이 내용을 종합해 보면 중심이 되는 내용은 지능, 자신감, 결단력, 성실성, 사교성이며, 이를 설명하면 다음과 같다.

1) 지능

지능(intelligence), 즉 지적 능력은 리더십과 정적(正的)인 관계를 가지고 있다. 자카로(S. J. Zaccaro)는 "리더들은 비(非)리더들보다 더 높은 지능을 가지고 있다"는 사실을 발견했다. 강력한 언어 능력, 지각 능력, 추리력을 가지고 있으면 좀 더 유능한 리더가 될 수 있다는 것이다.

따라서 리더의 지능은 "복잡한 문제 해결 역량"과 "사회적 판단력"에 큰 영향을 미치는 특성으로 효과적인 리더십을 위한 개인 역량에 있어 매우 중요하다.

2) 자신감

자신감(self-confidence)은 개인을 리더가 되게 하는 데 도움을 주는 또 하나의 특성이다. 자신감은 자신의 유능성이나 역량을 확신하는 것이다. 즉, 자신감은 자신의 능력에 대한 신뢰, 해낼 수 있다는 믿음 등으로서, 자아 존중감, 자기 효능감,[2] 자기 확신이다. 이것은 리더로 하여금 영향을 미치려는 자신의 시도가 적정하고 옳다는 것을 확신하게 만든다.

3) 결단력

결단력(determination)[3]이란 일을 완성하겠다는 욕망과 의지를 가리키는 말이다. 결단력에는 진취성, 지속성, 지배성, 추진력 등과 같은 특성이 포함된다. 결단력이 있는 사람은 자신있게 자기 주장을 내세운다. 또 어려운 상황에 직면해도 이겨내고 극복하는 능력을 가지고 있다.

4) 성실성

성실성(integrity)은 마음이 솔직하고 맑고 깨끗하며 거짓이 없는 것을 의미한다. 즉, 성실성은 일련의 강력한 원칙을 지키고 자신들의 행동에 책임을 진다. 그래서 타인으로부터 신뢰를 얻는다. 즉, 성실한 리더는 매사에 충실하며, 신뢰할 수 있고 거짓이 없는 사람들로 인식된다. 최근 우리 사회에서 리더들에게 높은 수준의 성실한(정직한) 품성을 요구하고 있다.

5) 사교성

사교성(sociability)이란 즐거운 사회적 관계를 추구하는 리더의 성향을 가리키는 말이다. 사교성(社交性)이 있는 리더는 친절하고 개방적이고 예의 바르고 재치가 있으며

---

2) 자기 효능감이란 무슨 일에 직면하여 자기 스스로 이룩해낼 수 있는 능력을 가지고 있다는 자기 확신이다.

3) 음식점에 갔을 때 무엇을 먹을까 망설이며 시키지 못하는 사람은 결단력이 부족한 사람이다. 결단력이 있는 리더는 자신있게 자신의 주장을 말하는 것이며, 결단력이 강한 리더를 구성원은 좋아한다(한국인재개발원, http://www.bestpdc.com).

외교적이다. 또 사교적인 리더는 좋은 대인관계 기술을 가지고 있으며, 추종자들과 협동적인 관계를 만들어 간다.

이상에서 보는 것과 같이 "리더는 훌륭한 리더십을 발휘하기 위해 일반인과 다른 특출한 능력은 갖고 태어나거나, 학습하여 능력을 배양함"을 전제로 한다.

즉, 자질이론에 의하면, 리더는 성격, 역량, 동기의 세 측면에서 훌륭한 품성과 능력을 갖추어야 한다. 적극성 · 친화성 · 개방성을 가진 리더는 사람들과 더 잘 가까워진다. 또 전문지식 · 판단력· 추진력 · 통합조정력을 갖춘 리더는 공동의 과업을 현명하게 효과적으로 잘 이끌어 갈 수 있다. 그리고 사회적 동기와 성취동기는 리더에게 도전의 힘과 의욕을 북돋아 준다(하미승, 2018: 79).

4 특성이론의 강점

첫째, 특성이론 연구는 직관적으로 흥미를 끈다. 그것은 리더들은 남들보다 훨씬 앞서가는 사람들이고, 우리 사회에서 우리를 이끄는 사람들이라는 생각과 잘 조화되기 때문이다.

둘째, 1세기 동안의 특성이론 연구처럼 그 연구의 넓이와 깊이를 자랑할 만한 이론은 없다. 이같이 오랜 기간에 걸쳐 이룩된 풍성한 연구에서 "다양한 성격특성이 리더십 과정에서 중요한 역할을 한다는 것"을 강조하는 많은 연구 결과가 나타났다.

셋째, 리더의 특성이론 연구는 리더십 과정의 구성 요소인 리더, 부하, 그리고 상황 중에서 첫 번째 요소인 리더에만 초점을 맞추고 있다. 이것은 리더십 과정에서 오로지 리더의 역할만을 강조함으로써, 리더에 대하여 좀 더 깊고 심오한 이해를 제공할 수 있게 되었다.

넷째, 리더가 되고 싶은 경우 특성이론 연구는 "리더가 되기 위해 갖추어야 할 특성이 무엇인가"를 알게 해주는 지표를 제공해 주고 있다는 점이다. 즉, 특성이론 연구는 리더가 되기 위해 무슨 특성을 가지고 있어야 하고, 또 우리가 가지고 있는 특성이 어떤 것인가를 잘 확인해 준다.

5 특성이론의 한계점

첫째, 과연 모든 면에서 우수한 자질을 겸비한 사람이 현실적으로 존재할 수 있는가 하는 것이다.

둘째, 아무리 우수한 자질과 특성을 갖고 태어났어도 그것을 배우지 않는다면 그 능력이 충분히 발휘될 수 있을까 하는 것이다.

셋째, 자질이 풍부하더라도 각각의 상황에 충분한 리더십을 잘 발휘할 수 있을까 하는 것에 많은 회의를 느낀다.

넷째, 리더십 특성 연구는 가장 중요한 리더십 특성의 결정에서 매우 포괄적이고 광범위하기 때문에, 연구 결과에서 얻은 자료의 의미에 대한 해석이 매우 주관적이다. 예를 들면, 어떤 학자는 리더의 특성으로 지능이나 자신감이 중요한 리더십이라고 한 반면에, 다른 학자는 결단성과 성실성이 가장 중요한 리더십 특성이라고 한다. 이러한 경우에 리더십 특성은 연구자마다 자신의 주관적인 경험과 관찰에 기반을 두었기 때문이다.

다섯째, 리더십 특성 연구는 리더십 성과와의 관계에 대해서는 구체적으로 연구가 이루어지지 않았다. 리더십 특성 연구가 리더의 특성들의 확인을 강조했을 뿐 리더십 특성이 집단구성원의 업적에 어떤 영향을 미치고 있는지에 대해서는 제대로 검증하지 않고, 또 검증이 어렵다는 것이다. 즉, 리더십 특성과 생산성 혹은 구성원들의 만족 등과 같은 성과와 영향을 미치는 요소 간의 관계를 규명하는 데 어려움이 많다.

여섯째, 리더십 특성 연구는 리더십 훈련이나 개발을 위해 유용한 것이 못된다는 점이다. 개인의 특성은 쉽게 변하지 않는다. 예를 들면, 한 개인의 성격은 고정되고 안정된 심리 구조이기 때문에, 교육이나 리더십 훈련의 효과에 의해서 쉽게 변화되지 않는다. 이런 다양한 요소로 인해 특성론은 한계점을 지닌다.

요약

1. 특성이론은 다른 사람에 비해 우월하다고 생각하고 있는 리더의 자질을 강조한 이론이다.
2. 베니스는 성공한 리더의 특성으로 비전, 열정, 성실성, 신뢰성, 용기를 주요 요소로 하였다.
3. 성취 리더십의 요소로는 원대한 목표, 낙관주의 사고, 열정, 변화 대처, 기다림, 성실과 근면, 많은 독서량을 주요 요소로 하였다.
4. 특성이론(종합)은 지능, 자신감, 결단력, 성실성, 사교성을 주요 요소로 하였다.
5. 특성이론의 강점으로는 흥미를 유발하는 면이 있으나, 한계점으로는 모든 면에서 우수한 자질을 겸비한 사람이 현실적으로 존재할 수 있는가에 대한 회의감도 있다.

Chapter 04 LEADERSHIP

리더십의 행동이론

"리더는 희망을 파는 상인이다."
-나폴레옹

제1절 행동이론

이 이론은 리더십의 효과를 좌우하는 것은 리더 개인의 특성이 아니라 조직원에게 보여 주는 리더의 행동이다. 즉, 조직의 목표 달성이나 집단 유지를 위해 구성원들의 자발적인 참여를 유도해 내는 지도자의 행태적 능력을 강조한 이론이다.

리더의 특성은 타고난 면이 강하지만, 행동은 후천적으로 훈련 등을 통해서 습득된다. 개인적으로 어떤 특성을 갖고 있든지 간에 리더의 행동은 습득되고 행사될 수 있다는 것이 행동론이 갖는 큰 특징이다.

리더십 행동이론은 리더십 특성 연구에서 "누가 효과적인 리더인가?"의 관점을 "효과적인 리더는 어떻게 행동하는가?"로 연구 초점을 전환시킨 것이다.

행동을 수행하는 데 필요한 기술을 리더십 스킬이라고 하는데, 이에는 커뮤니케이션 기술, 성격, 상황 등 여러 요인이 작용한다.

리더십 행동이론에 의하면, 리더십이란 기본적으로 일반적인 두 가지 종류의 행동으로 이루어지는데, 두 가지 종류의 리더십 행동이란 과업 행동과 관계성 행동을 말한다.

과업 행동은 성과를 중시하여 목표 달성을 촉진하는 행동이다. 즉, 집단구성원들이 그들의 과업 목표를 달성하도록 도와주는 행동이다. 그리고 관계성 행동은 인간을 중시하고 배려하는 리더십으로 구성원들이 서로 간에 좋은 인간관계를 갖도록 하며, 직장에서 만족을 느끼도록 도와주는 것이다.

리더십 행동 유형의 주요한 목적은 리더가 어떻게 하면 이들 두 가지 유형의 행동을 조합해 구성원들이 성과를 잘 얻고, 더욱 좋은 관계를 유지하는 데 영향을 미칠 것인가를 설명하는 데 있다.

행동에 대한 강조는 자질 접근보다 다음과 같은 장점을 가지고 있다.

첫째, 행동은 자질보다 객관적으로 잘 관찰할 수 있다.

둘째, 행동은 자질보다 더 세부적으로, 그리고 정확하게 측정될 수 있다.

셋째, 자질이 타고난 것이나 혹은 생의 초기에 발전한다는 것과 반대로 행동은 학습이 될 수 있다.

1) 행동이론의 특징

리더십 행동 연구는 리더와 관리자 양성을 위해 효과적인 리더의 행동 유형에 비추어 부족한 부분의 행동을 교육훈련할 수 있는 지표를 제공하고 있다. 행동이론의 특징을 요약하면 다음과 같다.

첫째, 리더십 행동이론의 연구 초점은 리더의 행동과 관련이 있다.

둘째, 리더십 행동이론의 행동 유형은 과업지향적 행동과 관계지향적 행동으로 분류할 수 있다.

셋째, 리더십 행동 연구에 의해 리더십 행동 유형을 측정한 후 부족한 리더십 행동 유형을 개선할 수 있는 훈련개발이 가능하다.

넷째, 리더십 행동 연구는 특정상황에 효과적인 리더십 행동 유형을 찾지 못한 것이 한계점으로 지적되고 있다(Yukl, 2006).

2) 행동이론의 유형

(1) 과업지향적 행동

이 행동은 조직과 집단의 공동 목표를 달성하기 위해 과업 목표와 관련되어 있다. 효과적인 리더십을 발휘하는 데 3가지 과업지향적 행동은 계획수립, 역할과 목표의 명료화, 운영 및 성과에 대한 점검들이 있다.

계획수립은 누가, 언제, 무엇을, 어떻게 수행할 것인지를 결정하는 것을 포함한다.

역할과 목표의 명료화는 계획, 방침, 역할기대를 전달하는 과정이다. 구성원들에게 업무상 책임을 규정해 주고, 성과 목표를 설정하고, 과업을 할당하는 것이다. 명료한 행동의 목적은 업무활동을 안내하고 조정하며, 구성원들에게 무엇을 어떻게 수행해야 하는지를 알도록 하는 데 있다.

역할과 목표의 명료화를 위한 지침으로는 직무책임의 정의, 과업의 할당, 성과목표의 수정을 들 수 있다.

운영 및 성과에 대한 점검은 관리자가 관찰하는 집단의 운영에 대한 정보를 수집하는 것과 관련된다. 핵심 성과지표의 확인 및 측정, 핵심 과정 변수점검, 계획과 예산을 고려한 진행 상황 측정, 정기적인 평가 등을 점검하는 것이다.

리더의 과업지향적 행동

- 효율성을 높이기 위한 계획 세움
- 업무를 집단이나 개인에게 효율적으로 할당
- 역할기대와 과제목표의 명료화
- 규칙, 방침, 표준 운영절차를 설명
- 집단의 활동상황을 점검하고 지휘하고 조정
- 효율성, 생산성, 품질의 중요성을 강조
- 집단의 수행에 높은 기준을 설정

(2) **관계지향적 행동**

이 행동은 상호 신뢰의 증가, 협력, 직무 만족 및 조직구성원의 만족도를 최우선으로 한다. 효과적인 리더십과 관련되는 3가지의 관계지향적 행동은 지원, 개발, 인정을 들 수 있다.

지원은 배려, 수용 등 다른 사람의 욕구와 감정에 대한 관심을 보여 주는 폭넓은 행동이 포함된다.

개발은 개인의 능력을 증진하고 직무에 대한 적응과 경력개발을 촉진하기 위해 사용하는 여러 행동을 포함한다. 즉, 코칭, 멘토링, 경력 상담 등을 들 수 있다.

인정은 리더가 부하의 공헌과 성취를 알아주며, 그것을 승진이나 승급에 반영시키는 행동을 포함한다.

리더의 관계지향적 행동

- 지원과 격려를 해줌
- 공헌과 성취를 인정하고 모범적인 행동모델
- 코치와 후견인 역할을 하며 갈등해결을 위해 도움을 줌
- 도전적인 목표를 달성할 수 있다는 자신감을 심어 줌
- 관계를 구축하기 위해 사람들과 친목 도모
- 사람에게 영향을 미칠 행동에 대해 정보를 제공
- 팀 상징, 의식, 행사 등을 사용하여 팀 정체성을 구축

자료: 강정애 외(2011: 52-56). 리더십론 변형.

1 오하이오대학교의 행동론

오하이오대학교의 리더십 연구는 인간의 자질보다는 리더의 업적과 행태를 조사하고 측정하는 것이다. 이 연구는 리더십 활동에 초점을 두었다.

오하이오대학교의 리더십 연구에 의하면, 지도자의 행동이란 어떤 집단에 목표 달성을 지도하게 될 때 크게 두 가지로 나누어진다고 했다. 이것을 구조화(initiating structure)와 배려(consideration)라고 부른다.

구조화란 지도자와 종업원의 사이의 관계를 명확히 해주고 특정 과업의 할당, 절차의 구체화, 작업의 계획 등을 통해 구조화하는 것을 말한다. 즉, 리더가 과제 중심적이고, 그리고 목적 달성을 위해 부하들의 업무를 지시하는 정도를 말한다. 이것은 생산에 관심을 둠으로써 조직원들에게 생산성 향상을 강요하게 되는 과업지향적 특성을 지닌다.

배려는 우호적인 분위기, 상호 신뢰, 존경, 구성원의 복지 등에 관심을 둠으로써 좋은 인간관계 형성에 초점을 둔 종업원지향적인 특성을 지닌다. 즉, 리더가 직원들에게 따뜻하고 협조적이며 존경하는 행태를 가지고 있는 것이다.

[그림 4-1]에서와 같이 구조화 성향이 높은 리더는 생산성과 성과 증진을 유도하는 영향력이 크고, 배려가 높은 리더는 조직의 안정과 지속적인 생산성 유지에 기여할 수

그림 4-1 오하이오대학교의 리더 유형

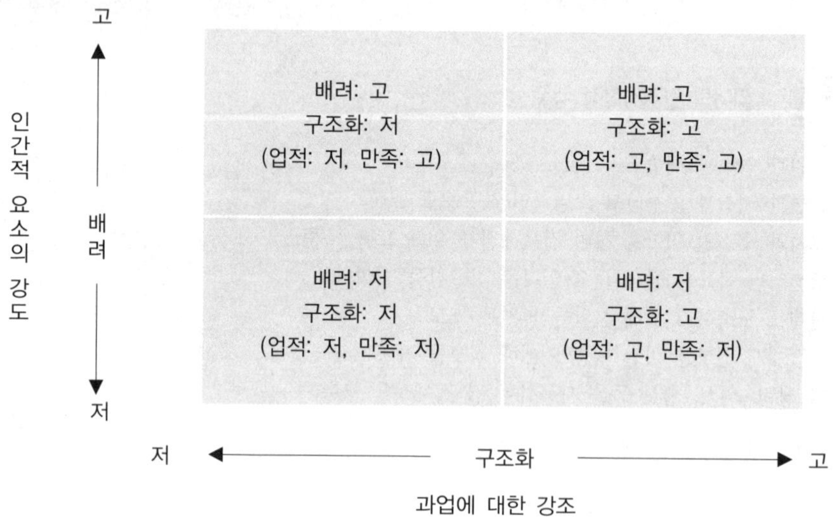

있는 것으로 나타났다. 그러나 가장 효과적인 스타일로는 '배려 고(高), 구조화 고(高)'의 스타일이다. 다만, 연구모형이 단순하여 모든 리더십 상황에 보편타당하게 적용될 수 없다는 한계가 있다.

2 블레이크와 모튼의 행동론

블레이크(Robert B. Blake)와 모튼(Jane S. Mouton)은 생산에 대한 관심(concern for production)과 사람에 대한 관심(concern for people)이라는 두 가지 행동 차원을 전제로 리더십 행동을 연구함으로써 오하이오대학교의 연구와 유사한 접근 방식을 취하고 있다.

그들은 '관리 격자(managerial grid)'의 두 축에 생산 중심의 리더십 유형과 인간 중심의 리더십 유형을 위치시킴으로써 '리더십 격자(leadership grid)'라는 개념을 제시했다.

이 격자는 각 축을 9개 등분으로 나누고 2차원의 리더십 스타일에 대한 무수한 조합의 수 중 5개의 스타일을 표시하고 있다. 각 리더십 스타일을 살펴보면 [그림 4-2]와

그림 4-2 리더십 격자(leadership grid)

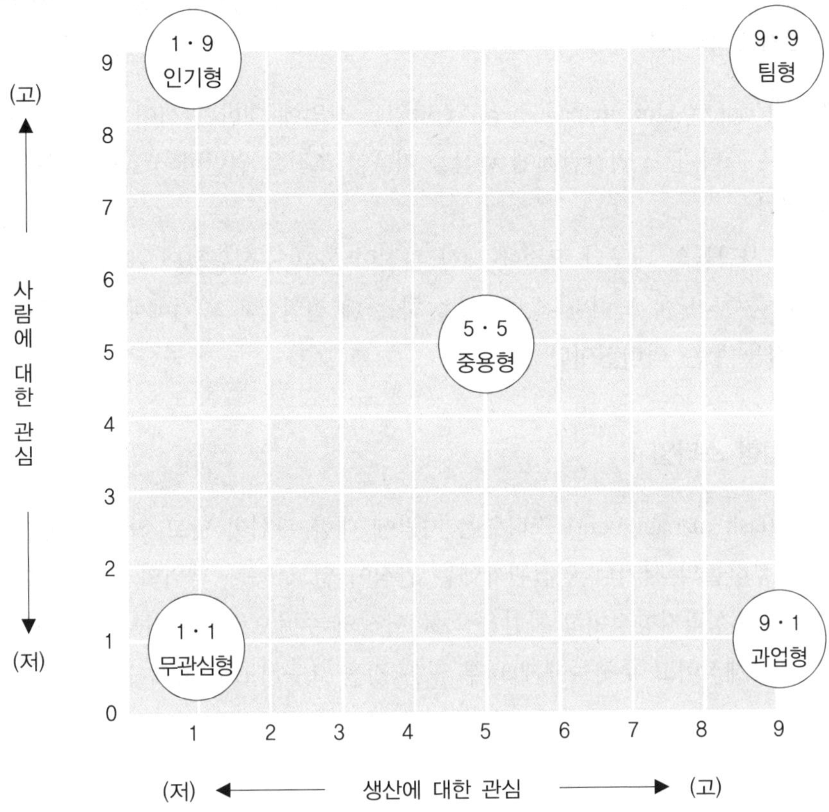

같다.

1) 무관심형 스타일

무관심형(unconcern management) 스타일은 인간에 대한 관심과 작업에 대한 관심이 모두 낮은 유형의 리더로 최소한의 노력만을 수행하며 안일한 사고에 안주하는 형이다.

이 같은 유형의 리더는 과업수행이나 대인관계 어느 쪽에도 거의 힘쓰지 않으며. 그냥 리더 시늉은 하지만 일에 상관하지도 않고 소극적이며, 한 걸음 물러나 있는 스타일이다.

2) 인기형 스타일

인기형(country club management) 스타일은 작업에 대한 관심이 낮고 사람에 대한 관심이 높은 스타일로, 인간관계에 관심을 기울여 조직은 원만한 상호작용 속에 작업을 행하게 한다.

리더는 사람들의 태도와 감정에 대한 관심이 높고 구성원들의 개인적 욕구와 사회적 욕구가 충족되도록 노력한다. 즉, 일을 하는 데 편안함과 화기애애한 분위기를 만드는 데 중점을 두는 리더십이다.

3) 과업형 스타일

과업형(task management) 스타일은 사람에 대한 관심이 낮고 작업에 대한 관심은 높으므로, 부하들의 사기나 인간관계에는 관심이 없고 능률 본위의 작업을 수행한다.

이 유형은 성과지향적이고 사람을 목표 달성의 수단으로 여긴다. 그래서 이런 유형의 리더는 통제적이고 부하들에게 너무 많은 것을 요구하고 강하게 몰아붙이며 고압적으로 대한다.

4) 중용형 스타일

중용형(middle of the road management) 스타일은 사람에 대한 관심과 작업에 대한 관심이 모두 중간 정도이므로, 작업 성과와 부하들의 사기가 동시에 균형을 이루게 된다.

이런 형태의 리더는 갈등을 피하고 적당한 정도의 생산활동과 대인관계를 유지한다. 그래서 이런 유형의 리더를 적당주의 리더 혹은 편의주의자라고 한다.

이런 리더는 중간 입장을 선호하며 의견 불일치가 있어도 표현을 완곡하게 하고, 진보 · 발전을 위한 확고한 신념도 부족하다.

5) 팀형 스타일

팀형(team management) 스타일은 사람과 일에 대한 관심이 모두 높으므로, 작업의 성취도가 높고 신뢰와 존경의 인간관계가 이루어진다. 블레이크와 모튼은 관리자 개발 프로그램(management development program)의 개발을 통해 (9 · 9)형 리더십 스타일을 최적의 것으로 제시했다. 즉, 높은 정도의 참여와 팀워크를 중시하며 종업원의 욕구를 충족시키는 데 혼신의 노력을 기울인다.

블레이크와 모튼의 리더십 격자이론은 행동이론의 한계점을 지니고 있다. 다른 행동론과 같이 리더의 능력이나 집단의 환경 등을 고려하지 못하고 있다. 그러나 이런 한계점에도 불구하고 리더십 격자이론은 팀형으로 변화시키기 위한 관리자 개발 및 교육훈련의 도구로 널리 활용된다.

이 행동이론은 리더의 행동 패턴에서 보편타당한 유일 최선의 리더십 유형을 찾고자 했으나, 보편타당하게 받아들일 수 있는 유일 최선의 유형은 존재하지 않는 것으로 나타났으며, 특정 상황에서 적합한 리더십이 반드시 다른 상황에서도 적응(adapt)되지는 않는다는 것을 알게 되었다.

3 행동이론 리더십 설문지

1) 작성 요령

다음의 각 문항을 주의 깊게 읽고 귀하가(귀하가 평가하고 있는 그 사람이) 어느 정도로 자주 그 같은 행동을 하고 있는가를 생각해 보십시오.

그리고 나서 각 항목의 오른쪽에 있는 1부터 5까지의 숫자 중 해당되는 숫자 위에 ○표를 하십시오.

각 숫자는 다음과 같이 그 정도를 나타내고 있습니다.

1=전혀 그렇지 않다　　2=좀처럼 그렇지 않다　　3=때때로 그렇다
4=자주 그렇다　　5=항상 그렇다

1. 집단구성원들에게 그들이 해야 할 일이 무엇이가를 구체적으로 말해 준다.	1 2 3 4 5
2. 집단구성원들을 친절하게 대한다.	1 2 3 4 5
3. 집단구성원들에게 업적 기준(업적 목표)을 설정해 준다.	1 2 3 4 5
4. 다른 사람들을 도와주어 집단 내에서 만족을 느끼도록 한다.	1 2 3 4 5
5. 문제 해결을 위해 제안을 한다.	1 2 3 4 5
6. 다른 사람들이 내놓은 제안에 대해 호의적인 반응을 한다.	1 2 3 4 5
7. 자신의 생각이나 관점을 다른 사람에게 분명히 제시한다.	1 2 3 4 5
8. 다른 사람들을 대할 때 불편부당하지 않고 공정하다.	1 2 3 4 5
9. 자신이 직접 집단을 위해 행동계획을 작성한다.	1 2 3 4 5
10. 집단구성원들이 예측가능하게 행동한다.	1 2 3 4 5
11. 집단구성원 각자에게 역할 책임을 확정해 준다.	1 2 3 4 5
12. 집단구성원들과 적극적으로 의사소통한다.	1 2 3 4 5
13. 집단 내에서 자신의 역할이 무엇이라는 것을 분명히 한다.	1 2 3 4 5
14. 다른 사람들의 개인적 복지에 대한 관심을 보인다.	1 2 3 4 5
15. 작업이 어떻게 수행되어야 하는가에 대한 계획을 세운다.	1 2 3 4 5
16. 의사결정에서 융통성을 보인다.	1 2 3 4 5
17. 집단의 업적기대치나 업적 기준을 설정해 준다.	1 2 3 4 5
18. 집단구성원들에게 자신의 생각이나 감정을 털어놓는다.	1 2 3 4 5
19. 집단구성원들이 작업의 질을 높이도록 고무한다.	1 2 3 4 5
20. 집단구성원들이 서로 간에 잘 지내도록 도와준다.	1 2 3 4 5

2) 채점 방법

행동이론 리더십 설문지는 리더십의 두 가지 주된 행동 유형인 과업행동과 관계성 행동을 측정하기 위해 설계된 것이다. 설문지 채점 요령은 다음과 같다.

① 홀수 문항들의 점수를 합산한다. 이것이 귀하의 과업 행동점수다.

② 짝수 문항들의 점수를 합산한다. 이것이 귀하의 관계성 행동점수다.

총점: 과업 행동(점) 관계성 행동(점)

3) 채점 결과의 해석

45~50 매우 높은 범주
40~45 높은 범주
35~39 중간 정도의 높은 범주
30~34 중간 정도의 낮은 범주
25~29 낮은 범주
20~24 매우 낮은 범주

요약

1. 리더십의 효과를 좌우하는 것은 리더 개인의 특성이 아니라 조직원에 대한 리더의 행동 또는 행동 패턴에 관심을 두는 것을 행동이론이라 한다.
2. 행동이론의 유형으로는 과업지향적 행동과 관계지향적 행동으로 나눌 수 있다.
3. 오하이오대학교의 행동론 연구에 의하면, 리더가 어떤 집단에게 목표 달성을 지도하게 될 때, 구조화와 배려의 요소에서 선택한다.
4. 블랙이크와 모튼의 행동론에는 무관심형 스타일, 인기형 스타일, 과업형 스타일, 중용형 스타일, 팀형 스타일의 5가지가 있다.
5. 행동이론 리더십 설문지는 과업지향성 행동과 관계지향성 행동을 측정할 수 있다.

Chapter 05 LEADERSHIP

리더십의 상황이론

"리더란 사자의 용맹함과 여우의 지혜로움을 지녀야 한다."
-마키아벨리

제1절 상황이론

상황이론(situational theory)은 리더가 구성원에게 주는 영향력이나 효과는 상황에 따라 상이하다는 개념에 기초한다(André, 2008). 즉, 어떤 상황에서는 리더의 특성이나 행동유형이 구성원의 성과나 만족에 영향을 주지만 다른 상황에서는 영양을 주지 않는 것을 의미하며, 서로 다른 개인이나 집단은 서로 다른 리더십 유형을 선호한다는 점을 강조한다(Satora, 2007).

이 상황이론은 상황적 요인을 중시하는 것으로, 요즈음 리더십 연구에서 포괄적인 지배적 이론으로 인정받고 있다.

젠킨스(W. O. Jenkins)는 상황이론에 대해 "리더십은 특정의 상황에 대해 독특한 의미를 지니게 된다"라는 것으로 적응력을 중시했다.

효과적인 리더십은 상황에 따라 다른 것으로, 어떤 상황에서나 유효한 유일 최선의 리더십 유형을 부정하고, 리더십 스타일이 그때그때 상황에 잘 부합할 때 리더십이 효과적으로 발휘될 수 있다는 이론이다. 리더십 상황연구는 리더에 초점을 두는 것이 아니라, 리더와 구성원, 그리고 조직이 처해 있는 상황에 초점을 두는 것이다(Drft, 2008).

상황이론의 리더십은 세 가지 변수의 상호작용 관계에 의해 결정된다는 것이며, 성공적 리더십은 리더, 부하, 상황이 잘 조화를 이룰 때 가능한 것이다.

상황이론의 대표적 이론으로는 피들러(F. E. Fiedler)의 상황이론, 하우스(R. J. House)의 경로-목표이론, 허시(P. Hersey)와 블랜차드(K. H. Blanchard)의 상황이론과 커(S. Kerr)와 저미어(J. Jermier)의 대체이론 등이 있다.

1 피들러의 상황이론

피들러는 리더가 효과적인 리더십을 발휘하기 위해서는 리더와 구성원의 관계, 과업의 구조화 및 리더의 지위력(권력)의 세 가지 상황적 요인에 대하여 적합한 관계중심적 리더십과 과업중심적 리더십에 의해 결정된다고 주장했다. 즉, 리더의 고유한 행동에 따라 리더십의 효과가 결정되는 것이 아니라 리더의 행동이 세 가지 상황적 요인의 결합과(8요인) 적합한가 그렇지 않는가에 의해 리더십의 효과가 나타난다는 것이다. 즉, 이 이론의 핵심은 리더가 자신의 리더십을 상황에 잘 적응해야 한다는 것이다.

1) 리더-구성원 관계

집단의 분위기, 신뢰의 정도, 충성도, 구성원들의 리더에 대한 호감(매력)이다. 즉, 리더와 구성원의 관계가 우호적이고 협조적인 정도, 그리고 근로자들이 리더를 믿고 충성하는 정도, 리더와 집단 간의 개인적 혹은 애정적 관계의 질이다. 이런 관계가 좋은 리더는 좀 더 효과적인 리더십을 발휘할 수 있다.

2) 과업구조

과업의 내용이 명확하고 그 과업 수행의 절차가 일일이 기록되어 있는 정도다. 즉, 과업구조가 명확하고 구체성을 갖고 분명한 목적과 절차를 가지고 있으며, 쉽게 평가되는 과업구조가 구조화되지 않은 과업구조보다 더 좋은 리더십을 발휘할 수 있다.

그리고 리더들이 과제들에 대한 경험을 가지고 있다면 리더들은 그 과제를 구조화되었다고 지각할 수 있으며, 그렇지 않으면 구조화되지 않는 것으로 생각할 수 있다.

3) 지위 권력

리더가 구성원에게 상과 벌을 줄 수 있는 권한이다. 리더의 공식적 권력과 영향력은 임명, 해고, 보상 혹은 처벌할 수 있는 것을 의미한다. 즉, 리더가 구성원을 채용·해고할 수 있는 권한을 가지고 있고, 승진이나 급여 인상의 권한을 가지고 있다면, 이 같은 리더의 지위 권력은 매우 강하다고 할 수 있다. 이 권력이 높을수록 리더십을 좀 더 잘 발휘할 수 있다.

이 이론을 적용하기 위해서는 <표 5-1>에 나타나 있는 것과 같이 세 가지의 상황변수와 LPC 척도에 의해 리더십을 파악할 수 있다.

(1) 상황통제

피들러의 모형에서는 리더와 구성원의 관계(leader-member relations), 과업구조(task structure), 리더의 지위 권력(leader's position power)을 세 가지의 변수로 놓고 측정했다.

(2) LPC 척도

리더가 업적의 완성을 위해 과업지향적 행동과 관계지향적 행동을 하게 되는데, 어떤 행동이 더 효과적인지는 상황에 따라 달라진다고 하였다. 리더의 행동특성을 평가하는 도구로 LPC(Least Preferred Co-worker Score: 가장 일하고 싶지 않는 동료 한 사람의 리더 평가) 평점을 개발했다. 피들러는 리더-구성원 관계, 과업구조, 지위 권력의 각 요소를 2개로 나눈 후 8가지의 상황을 만들었고, 각 상황에 맞는 리더십의 유형을 제시하였다.

이때 [그림 5-1]에서와 같이 LPC가 낮은 과업지향적 리더는 1~3과 7, 8에서 우수한 성과를 내며, LPC 점수가 높은 관계지향적 리더는 4~6에서 효과적이라는 결과를 얻었다.

표 5-1 피들러 이론의 상황변수

상황변수	정의
리더-구성원 관계	집단 분위기, 리더에 대한 신뢰 정도, 호감도, 충성도
과업구조	과업내용의 명확도, 수행절차의 공식화, 구조화 정도
지위 권력	리더가 고용, 해고, 징계, 승진, 임금 상승 등의 변수에 영향력을 행사하는 정도

그림 5-1 피들러의 상황이론

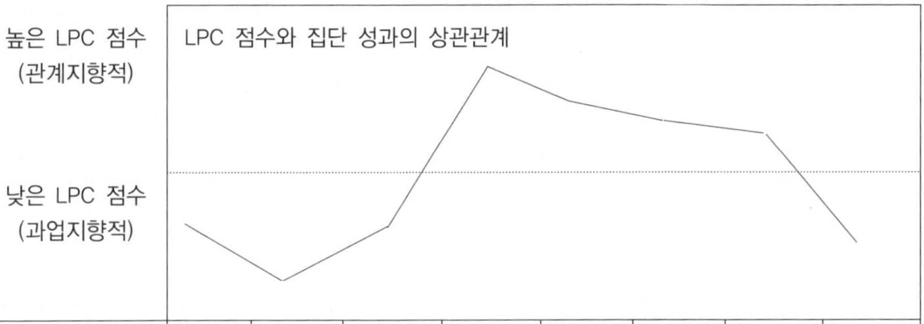

상황	1	2	3	4	5	6	7	8
리더-구성원 관계	좋음	좋음	좋음	좋음	나쁨	나쁨	나쁨	나쁨
과업구조	구조적	구조적	비구조적	비구조적	구조적	구조적	비구조적	비구조적
리더의 지위 권력	강	약	강	약	강	약	강	약

2 LPC 척도 설문지

1) 작성 요령

각자 여러분 자신의 경험을 돌이켜보면 여러분 자신은 여러 다양한 사람들과 함께 어떤 목표를 달성하기 위해 일해 본 경험이 있을 것입니다.

직장의 직무 수행에서, 사교집단에서, 교회에서, 어떤 봉사단체에서, 운동경기팀이나 그 밖의 많은 상황에서 어떤 동료들은 함께 일하기가 매우 즐겁고 쉬웠지만, 어떤 동료들은 함께 일하기가 매우 어렵고 불유쾌했던 경험이 있을 것입니다. 그러면 지금 여러분들은 함께 일한 경험이 있는 사람들을 모두 생각해 보십시오.

그리고 그 중에서 함께 일하기가 가장 싫었던 사람들을 생각해 보십시오. 그 사람이 지금 함께 일하는 사람이라도 좋고, 과거에 함께 일한 경험이 있는 사람이라도 좋습니다.

그러나 그 사람이 개인적으로 또는 감정적으로 가장 싫어한 사람일 필요는 없고, 다만 함께 일을 수행하기에 가장 어려웠거나 어려운 사람이어야 합니다. 다시 말해서, 함께 일을 가장 잘할 수 없었던 사람이나 어려웠던 사람을 생각하면 됩니다.

그래서 그 사람의 여러 가지 측면에 대해 다음 설문의 해당된 곳에 ✓표를 하면 됩니다. 예를 들어, 여러분이 생각하기를 함께 일을 가장 잘할 수 없는 사람이 '상당히 단정치 못한' 사람이라면 다음 표와 같이하면 됩니다.

매우 단정하고 깔끔함	8	7	6	5	4	3	②	1	매우 단정치 못함
	매우 단정함	상당히 단정함	꽤 단정함	약간 단정함	약간 불단정함	꽤 불단정함	상당히 불단정함	매우 불단정함	

그리고 하나 주의할 점을 척도(scale)의 양쪽에 있는 말을 먼저 읽고 적당한 곳에 ✓표를 해야 하고, 각 문항을 하나도 빠뜨리지 말고 가능한 빠른 속도로 답해야 합니다.

각 문항에 대한 맨 처음 생각난 답이 가장 정확한 답일 가능성이 많기 때문입니다. 그러면 다음 LPC 척도의 각 문항을 답해 보기로 합시다.

2) 채점과 해석

최종 LPC 점수는 18개의 척도상에 있는 숫자 위에 표시를 하고, 그 표시된 숫자들을 모두 합계한 것이다. 최종 점수가 57점이나 그 이하라면, 그 점수는 낮은 LPC 점수이고, 그것은 그가 과업지향적(task motivated)이라는 것을 의미한다.

최종 점수가 58점과 63점 사이에 있으면 그 사람은 중간 정도의 LPC 점수이고, 그것은 그 사람이 독립적이란 것을 의미한다.

그리고 점수가 64점이나 그 이상인 사람은 높은 LPC의 사람이라 부르고, 그 사람은 좀 더 관계지향적(relationship motivated)이라는 의미다.

LPC는 성격 측정(personality measure)이기 때문에 LPC 척도상에서 얻은 점수는 시간이 경과되어도 꽤 안정적이고 쉽게 변하지 않는 경향이 있다. 그래서 낮은 LPC는 그대로 낮은 채로 남아 있고, 중간 정도의 LPC는 중간 정도 그대로 남아 있는 경향이 있으며, 높은 LPC는 높은 채로 그대로 지속되는 경향이 있다.

피들러의 상황이론에 의하면, 리더는 모든 상황에서 효과적일 수 없다는 사실을 지적하고 있는 것은 매우 중요하다. 만약 리더의 유형이 그가 일하고 있는 상황과 적합하다면 그 리더는 효과적으로 직무수행을 잘하게 될 것이고, 그의 유형이 상황과 잘 적합하지 않으면 리더의 직무수행의 효과는 낮게 나타난다.

LPC 척도 [LEAST PREFERRED CO-WORKER(LPC) SCALE]									
쾌활한 사람	8	7	6	5	4	3	2	1	쾌활하지 못한 사람
친절하고 다정한 사람	8	7	6	5	4	3	2	1	불친절하고 다정하지 못한 사람
거부적인 사람	1	2	3	4	5	6	7	8	수용적인 사람
긴장하고 있는 사람	1	2	3	4	5	6	7	8	긴장을 풀고 여유 있는 사람
거리를 두는 사람	1	2	3	4	5	6	7	8	친근한 사람
냉담한 사랑	1	2	3	4	5	6	7	8	다정한 사람
지원적인 사람	8	7	6	5	4	3	2	1	적대적인 사람
따분해 하는 사람	1	2	3	4	5	6	7	8	흥미가 있어 하는 사람
싸우기 좋아하는 사람	1	2	3	4	5	6	7	8	화목하고 잘 조화되는 사람
우울한 사람	1	2	3	4	5	6	7	8	늘 즐거워하는 사람
서슴지 않고 개방적인 사람	8	7	6	5	4	3	2	1	주저하고 폐쇄적인 사람
험담을 잘하는 사람	1	2	3	4	5	6	7	8	너그럽고 관대한 사람
신뢰할 수 없는 사람	1	2	3	4	5	6	7	8	신뢰할 만한 사람
사려 깊은 사람	8	7	6	5	4	3	2	1	사려 깊지 못한 사람
심술궂고 비열한 사람	1	2	3	4	5	6	7	8	점잖고 신사적인 사람
마음에 맞는 사람	8	7	6	5	4	3	2	1	마음에 맞지 않은 사람
성실하지 않은 사람	1	2	3	4	5	6	7	8	성실한 사람
친절한 사람	8	7	6	5	4	3	2	1	불친절한 사람
								총점	

자료: F. E. Fiedler & M. M. Chemers, *Improving Leadership Effectiveness: The Leader Match Concept* (2nd ed.). Copyright ©1984.

3 하우스의 경로-목표이론

이 이론은 부하의 동기부여에 관심을 두고, 리더는 구성원들이 직무에서 만족감을 향상시키며, 실적을 증가하도록 노력해야 한다는 것이다.

즉, 리더가 어떻게 구성원들을 동기부여시켜 설정된 목표를 달성하도록 할 것인가에 관한 이론이다.

리더는 부하의 개인적 특성(욕구와 성향, 능력 등)과 환경적 특성(과업특성, 공식적 권한관계, 작업집단)에 따른 상황적 변수에 적합한 리더십 유형을 사용해야 한다. 즉, 경로-목표이론은 리더가 어떻게 하면 종업원들의 요구와 그들의 작업 상황에서 가장 적합한 리더 행동을 선택함으로써, 그들이 목표 달성의 경로를 잘 가도록 도울 수 있는가를 설명하기 위해 설계된 이론이다.

하우스는 구성원들이 효과적으로 목표에 도달하기 위해서는 목표를 명확하게 제시하고, 도달할 수 있는 경로를 올바르게 하며, 목표 달성 과정에서 나타나는 장애를 제거해 주고, 지시나 지원 등을 제공하는 것이 리더의 직무라고 강조하였다.

이 이론은 리더의 행동 유형과 상황변수로서의 부하의 특성 및 환경의 특성 간의 관계를 강조하고 있다.

1) 리더십 유형

(1) **지시적 리더십**(directive leadership)

종업원들은 자신들에게 기대되는 것을 정확히 알고, 지도자는 종업원들에게 구체적인 지침을 제공하며 종업원에 의한 참여는 이루어지지 않는다.

지시적 리더 행동의 특성은 다음과 같다.

① 구성원들에게 과업 수행을 위한 작업 지시를 한다.

② 그들에게 기대되고 있는 것이 무엇이고, 그 과업이 어떻게 수행되어야 하는가에 대해 말해 준다.

③ 과업이 완성되어야 할 기한을 제시한다.

④ 분명한 업적 기준을 설정하고 구성원들이 따라야 할 규칙이나 규정을 명확히 알려 준다. 특히, 역할이 모호한 경우에는 구체적으로 역할을 명확하게 제시하여야 한다.

(2) **지원적 리더십**(supportive leadership)

종업원의 욕구, 작업환경 및 복지에 관심을 갖고 종업원의 상호 만족스러운 인간관계를 강조한다.

이 리더의 행동은 구성원들의 복지와 욕구에 관심을 갖고, 리더는 의도적으로 구성원들의 작업이 즐거운 것이 되도록 하고, 모든 종업원을 평등하게 대하며 그들을 인격적으로 존중한다.

부하가 단조로운 과업을 수행하는 경우나 과업이 어렵고 실패에 대한 두려움을 느낄 때, 리더의 지원적 행동은 두려움을 극복하고 자신감을 갖게 함으로써 직무에서 긍정적 결과를 가져온다.

(3) **참여적 리더십**(participative leadership)

종업원과 정보를 교환하고 공동의 의사결정을 추구하는 유형이다. 이 리더는 구성원들과 상의하고 그들의 아이디어나 의견을 구하고, 그들의 제안을 받아들여 집단이나 조직이 일들을 어떻게 진행시킬 것인가에 관한 의사결정에 반영한다.

특히, 비구조화된 과업을 수행하는 과정에서 구성원을 과업목표 · 과업절차 등의 의사결정 과정에 참여시키는 것은 구성원의 직무만족 수준을 높이는 데 영향을 준다. 또 부하가 자존의 욕구와 성장의 욕구가 강할 때도 참여적 리더 행동은 부하의 동기부여에 긍정적 영향을 미친다(George Manning & Kent Cortis, 2009)

(4) **성취지향적 리더십**(achievement-oriented leadership)

도전적인 목표의 설정과 이의 달성을 위한 종업원의 독려 및 종업원에 대한 신뢰를 바탕으로 업적 향상을 추구하는 유형이다. 즉, 구성원들에게 높은 목표 수준을 설정해 주고 지속적인 개선을 추구한다.

구성원들로부터 많은 것을 기대하는 것 외에도 성취지향적 리더는 구성원들이 도전적인 목표를 설정하게 하고, 그것을 달성할 수 있다는 강한 신뢰를 보여 준다.

이 이론의 특성은 리더는 이들 네 가지 행동 유형의 일부나 혹은 모두를 상이한 상황에 따라, 그리고 상이한 구성원에 따라 해볼 수 있다는 것이다. 따라서 경로-목표이론은 리더를 어느 한 가지 리더십에 한정시키는 리더 특성이론과는 다르다. 따라서 리더는 자신의 리더 행동을 상황이나 구성원의 동기부여를 위한 요구에 적응시켜야 한다는 것이다.

리더는 필요(구성원의 특성과 과업의 특성)에 따라 자신의 리더십 유형을 변경시킬 수 있다는 것이다.

이상 [그림 5-2]에서와 같이 경로-목표이론은 부하의 특성 및 환경의 특성을 잘 파악해 이에 맞는 리더십 유형을 사용할 때 리더십의 효과가 크게 나타난다. 경로-목표이론의 상황 요인은 부하의 특성과 환경의 특성이 있다.

그림 5-2 경로-목표이론

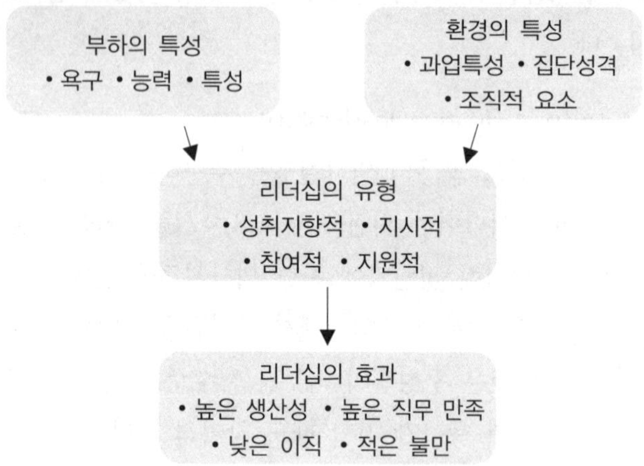

2) 부하의 특성과 환경의 특성

(1) 부하의 특성

리더십 유형에 영향을 미치는 부하의 특성으로는 능력, 통제의 위치, 욕구 등을 대표적으로 들 수 있다.

첫째, 능력은 부하 자신이 자기의 능력을 어떻게 평가하느냐에 따라 리더에 대한 태도가 달라진다는 것이다. 즉, 능력이 있다고 판단되는 부하들은 지시적 리더보다는 성취지향적 리더를 선호한다.

둘째, 통제의 위치에서 내재론자들은 참여적 리더에 호의적인 경향을 보이며, 외재론자들은 지시적 리더에 만족감을 보이는 경향이 있다.

셋째, 욕구에서는 친교 욕구가 강한 부하들은 지원적 리더나 참여적 리더에 호의적인 반응을 보일 것이며, 성취 욕구가 강한 부하들은 성취지향적 리더에게 호의적인 경향을 나타낼 것이다.

(2) 환경의 특성

리더십 유형에 영향을 미치는 환경적 요인에는 과업의 구조화 정도, 작업집단의 성격, 조직의 요소 등이 있다.

첫째, 과업의 구조화 정도로서, 부하의 과업이 구조적인 성격을 지니고 있을수록 지원적 또는 참여적 리더 행동이 만족스러울 것이고, 과업 성격이 비구조적일수록 지시적인 리더를 받아들일 것이다. 또 부하의 욕구 동기와 과업이 잘 맞는 경우에는 성취지향적이고 참여적인 리더 행동이 만족스러울 것이며, 상호 간에 마찰이 있는 경우에는 지시적인 리더 행동이 더 만족스러울 것이다.

둘째, 작업집단의 성격으로서, 집단의 형성 초기에는 비교적 지시적 리더가 효과적이겠지만, 집단행동이 안정되고 상호 간의 신분 서열이 정착된 상태에서는 집단의 범위에 따라서 지원적이고 참여적인 리더가 더 만족스러울 것이다.

셋째, 조직의 요소로서, 이것은 방침, 규율, 절차, 시간적 압박, 불확실성 등 과업환경에 영향을 주는 요소들을 포함한다. 방침, 규율, 절차가 이미 명백하고, 이에 따라서 모든 과업이 수행되는 경우에는 지시적 리더가 요구되지 않는다.

그 반면에, 비상사태나 시간적 압박이 클 때에는 참여적 리더보다는 지시적 리더 행동이 요구된다. 그리고 불확실성 상황에서는 의사결정 과정에서 참여적 리더 행동이 더욱 많이 요구된다.

3) 경로-목표이론의 평가와 한계점

경로-목표이론은 두 가지 관점에서 높게 평가된다.

첫째, 피들러의 리더십을 두 가지 차원에서 분류한 데 비해, 경로-목표이론은 네 가지 차원에서 분류하고 있으며, 이것은 라더의 다차원적 개념을 통해 경영자의 직무 성격을 명확하게 구분할 수 있게 해준다.

둘째, 경로-목표이론은 목표로 가는 경로를 구성원에게 분명히 제시해 주고 목표로 가는 경로에 놓인 장애물들을 제거해 준다.

이처럼 경로-목표이론은 리더십의 효과성을 높이기 위해 구성원들의 특성과 그들이 수행하는 과업의 특성을 근거로 하여 리더가 여러 상황에서 어떻게 행동해야 하는가에 대한 지침을 제공해 준다. 다시 말해서, 어떤 경우에 지시적 리더십 행동을 해야 하고 어떤 경우에 지원적 행동을 해야 하며, 어떤 상황에서 참여적 행동과 성취지향적 행동을 해야 하는가를 잘 알려 주는 것이다.

그러나 경로-목표이론의 한계점으로 이 이론은 개념적으로 꽤 복잡하고 리더십의 많은 상이한 측면들을 통합하고 있기 때문에 해석하는 데 혼돈을 야기한다.

둘째는 그 타당성을 검증하기 위해 실시된 많은 실증연구에서 단지 부분적으로 검증 지지되고 있다는 점이다(House & Mitchell, 1974).

셋째는 리더십 행동과 작업자의 동기유발 간의 관계를 적절하게 설명하지 못하고 있다는 점이다. 즉, 리더십이 그같은 주장들과 어떻게 연관되는가에 대해 명백하게 설명하는 데까지는 나아가지 못하고 있다는 이유 때문에 비판을 받고 있다(Northouse, 2013: 203-205).

4) 경로-목표 리더십 설문지

(1) 작성 방법

이 설문지는 경로-목표 리더십의 상이한 리더십 유형에 관한 문항들을 담고 있다. 각 문항을 읽고 그 문항이 귀하 자신의 행동을 어느 정도로 잘 나타내고 있는지 해당되는 숫자를 각 문항 앞의 위에 적어 넣으십시오.

1부터 7까지의 숫자는 다음과 같이 그 정도를 나타내고 있습니다.

1=결코 그런 적이 없다	2=거의 그런 적이 없다
3=좀처럼 그러지 않는다	4=때때로 그렇게 한다
5=가끔 그렇게 한다	6=보통 그렇게 한다
7=항상 그렇게 한다	

1. 나는 구성원들에게 '그들에게서 기대하고 있는 것이 무엇인지'를 알려 준다.
2. 나는 구성원들과 우호적인 '작업상의 관계'를 유지하고 있다.
3. 어려운 문제에 봉착했을 때 나는 구성원들과 상의한다(구성원들의 자문을 구한다).
4. 나는 수용적인 자세로 구성원들의 아이디어나 제안을 경청한다.
5. 나는 구성원들에게 무슨 일을 어떻게 수행해야 하는지에 대해 알려 준다.
6. 나는 구성원들에게 최고 수준의 업무 수행을 기대한다고 말한다.
7. 나는 나의 구성원들과 상의 없이 내 나름대로 결정하고 행동한다.
8. 나는 우리 집단의 구성원이 된 것을 즐겁고 행복하게 느끼도록 하기 위해 할 수 있는 일들을 다한다.
9. 나는 구성원들에게 표준적인 규칙이나 규정을 따르도록 요구한다.
10. 나는 꽤 도전적인 '구성원들의 업적 목표'를 설정하고 있다.
11. 나는 구성원들의 개인 감정을 상하게 할 만한 말들을 하곤 한다.
12. 집단 과업을 어떻게 수행할 것인지에 관한 제안이나 아이디어를 제출하도록 구성원들에게 요청한다.
13. 나는 구성원들에게 그들의 업무 수행에서 계속적인 개선을 위해 노력하도록 고무한다.
14. 나는 구성원들에게 '그들에게서 기대하고 있는 업적 수준'이 어느 정도인가에 대해 설명(말)해 준다.
15. 나는 구성원들을 도와 그들의 과업 수행에 방해가 되는 문제들을 극복하도록 해준다.

16. 나는 구성원들에게 그들의 목적 달성 능력에 대한 나의 의심을 나타내 보인다.
17. 나는 구성원들에게 업무 할당을 어떻게 해야 하면 좋은지에 대한 제안을 하도록 요청한다.
18. 나는 구성원들에게 직무상 그들에게서 기대하고 있는 것이 무엇이라는 것을 적당하게(대충) 설명해 준다.
19. 나는 일관되게 구성원들에게 도전적인 목표를 설정해 준다.
20. 나는 구성원들의 개인적인 욕구(요구)의 총족을 위해 한결같이 마음을 쓴다.

자료: Adapted from A path-Goal Theory Investigation of Superior Subordinates Relationships, by J. Indvik, unpublished doctoral dissertation, University of Wisconsin-Madison, 1985. & Indvik(1988). Bassed on the work of House & Dessler(1974) & House(1976) cited in Fulk & Wendler(1982). Used by permission.

(2) 채점 방법

문항 7, 11, 16, 18의 점수를 뒤바꾼다(예: 1↔7, 2↔6, 3↔5).

지시적 유형: 문항 1, 5, 9, 14, 18의 점수를 합산한다.

지원적 유형: 문항 2, 8, 11, 15, 20의 점수를 합산한다.

참여적 유형: 문항 3, 4, 7, 12, 17의 점수를 합산한다.

성취지향적 유형: 문항 6, 10, 13, 16, 19의 점수를 합산한다.

(3) 채점 결과의 해석

- 지시적 유형: 중간치의 점수는 23, 28점 이상은 높은 점수, 18점 이하는 낮은 점수
- 지원적 유형: 중간치의 점수는 28, 33점 이상은 높은 점수, 23점 이하는 낮은 점수
- 참여적 유형: 중간치의 점수는 21, 26점 이상은 높은 점수, 16점 이하는 낮은 점수
- 성취지향적 유형: 중간치의 점수는 19, 24점 이상은 높은 점수, 14점 이하는 낮은 점수

표 5-2 경로-목표이론 설문지 결과 해석 표

구분	낮음	중간	높음
지시적 리더 유형	18 이하	23	28 이상
지원적 리더 유형	23 이하	28	33 이상
참여적 리더 유형	16 이하	21	26 이상
성취지향적 리더 유형	14 이하	19	24 이상

경로-목표 리더십 설문지(the path-goal leadership questionnaire)에서 받은 점수는 귀하가 어느 유형을 가장 빈번하게 사용하고, 또 어느 유형을 덜 빈번하게 사용하는가에 대한 정보를 제공해 준다.

그 밖에도 이 점수들은 귀하가 각 유형의 사용을 다른 유형의 사용과 대비해 측정하는 데 사용될 수 있다(김남현, 2011: 198-200).

4 허시와 블랜차드의 상황이론

허시(P. Hersey)와 블랜차드(K. H. Blanchard)의 상황이론은 부하의 성숙도 수준에 따라 리더십 유형을 달리해야 한다는 이론이다. 어떤 특정 상황에 어떤 리더십 유형이 요구되는가를 결정하려면, 리더는 그 부하를 평가하고 그가 특정한 과업의 수행을 위해 어느 정도로 유능성과 헌신성이 있는가를 측정해야 한다.

즉, 리더의 행동 유형은 구성원의 유능성과 헌신성의 정도에 적합해야 한다는 것이다. 따라서 유능한 리더는 종업원들에게 요구되고 있는 것이 무엇인가를 부하의 유능성 및 헌신성 수준에 비춰 확인하고 나서 자기 자신의 리더십 유형을 거기에 맞추는 사람이다.

1) 리더십 유형

리더십 유형은 다른 사람에게 영향을 미치려고 시도하는 한 개인의 행동양식으로 지시적 행동과 지원적 행동으로 이뤄진 개념이다.

지시적 행동은 지시를 하고 목표를 설정하며, 평가 방법을 고안하고 근무 시간 및 작업 시간 등을 설정하며, 역할을 확정하고, 목표 달성의 방법을 말해 주는 등 집단구성원들이 목표 달성을 위해 매진하게 하는 행동이다.

지원적 행동은 집단구성원들을 도와주어 구성원들 자신에 대한 만족은 물론 동료 작업자들이나 일하고 있는 상황에 대해 만족을 느끼도록 하는 행동이다. 지원적 행동은 쌍방적 의사소통을 통해 이뤄지며 집단구성원에게 사회적 지원과 정서적 지원을 하는 행동들로 이뤄진 구성 개념이다.

지원적 행동에는 문제 해결을 위한 행동이나 아이디어의 제출 요구, 칭찬, 정보 공유, 적극적 경청 등을 들 수 있다. 리더십 유형은 더 나아가 지시적 행동과 지원적 행동을 조합해 네 가지 범주의 행동으로 분류된다.

첫 번째 유형(S_1)은 '높은 지시적-낮은 지원적 행동 유형'으로서 모형상의 지시적 리더십 유형을 가리킨다. 여기에서는 대부분의 의사소통의 초점이 목표 달성에 맞춰져 있으며, 지원적 행동을 사용하는 리더는 집단구성원들이 무슨 목표를 어떻게 달성해야 하는가에 대한 작업 지시를 하고 구성원들의 작업활동을 주의 깊게 감독한다.

두 번째 유형(S_2)은 코치형 접근법으로서 '높은 지시적-높은 지원적 행동 유형'이다. 여기에서 리더는 의사소통의 초점을 목표 달성과 사회 정서적 지원 양쪽에 두고 있다.

코치형 리더는 종업원들의 참여를 고무해 아이디어의 제출을 권유함으로써 자신과 구성원들이 모두 참여하는 팀 정신을 촉구한다.

세 번째 유형(S_3)은 지원적 접근법으로서 '높은 지원적-낮은 지시적 행동 유형'이다. 여기에서 리더는 목표에만 초점을 맞추지 않고 지원적 행위를 통해 구성원들이 달성해야 할 과업을 위해 능력을 발휘하도록 동기유발을 시도한다.

지원적 유형은 리더의 의사결정 과정에서 부하들과 정보 및 아이디어를 공유하고, 경청, 칭찬 및 피드백의 제공 등을 포함하는 구성 개념이다.

S_3의 리더는 일상적인 의사결정의 책임을 구성원에게 넘기지만 문제 해결을 촉진하는 책임은 그대로 리더 자신이 가지고 있다. 그리고 S_3의 리더는 구성원들의 우수한 업적에 대한 신속한 피드백 및 인정과 사회적 지원을 제공한다.

네 번째 유형(S_4)은 '낮은 지원적-낮은 지시적 행동 유형'으로 위임적 접근법이라고 부른다. 이 접근법에서는 리더가 과업 완수를 위한 지시적 행동을 덜하고 사회적 지원도 덜 제공한다. 그러나 과업과 관련해 자신감이나 자율성 및 동기부여를 촉진한다.

위임적 접근법을 사용하는 리더는 계획, 세밀한 통제 및 목표를 명확히 하는 활동을 줄인다. 수행해야 할 업무에 대한 합의가 이루어지고 나면 그 업무 수행 방법의 결정과 업무 완성의 책임을 구성원에게 위임한다.

그리고 S_4의 리더는 통제권을 구성원에게 넘기고 불필요한 사회적 지원을 하지 않는다(변상우, 2011: 150-153).

2) 구성원의 발달 수준

허시와 블랜차드의 상황 요인은 곧 구성원의 발달 수준이다. 초기 연구에서는 능력과 의지를 가지고 구성원의 성숙도를 측정했으나, 이후 상황적 리더십 모형에서는 유능성과 헌신성 정도를 측정했다.

유능성은 특정 과업을 수행하기 위해 필요한 기술이나 역량을 가지고 있는 정도이다.

헌신성은 과업 수행을 하는 긍정적 태도와 자신감, 그리고 동기부여 여부로 설명할 수 있다(Northouse, 2007: 94).

유능성과 헌신성을 중심으로 구성원들은 네 가지 범주의 발달 수준으로 분류될 수 있다.

[그림 5-3]의 아랫 부분에 있는 D_1~D_4는 성숙도 또는 발전 단계를 나타낸다. 즉, 어떤 특정한 과업 수행에서 구성원들은 낮은 발달 수준 D_1에서 높은 발달 수준 D_4까지 네 가지로 <표 5-3>과 같이 정리할 수 있다.

그림 5-3 상황적 리더십 모형

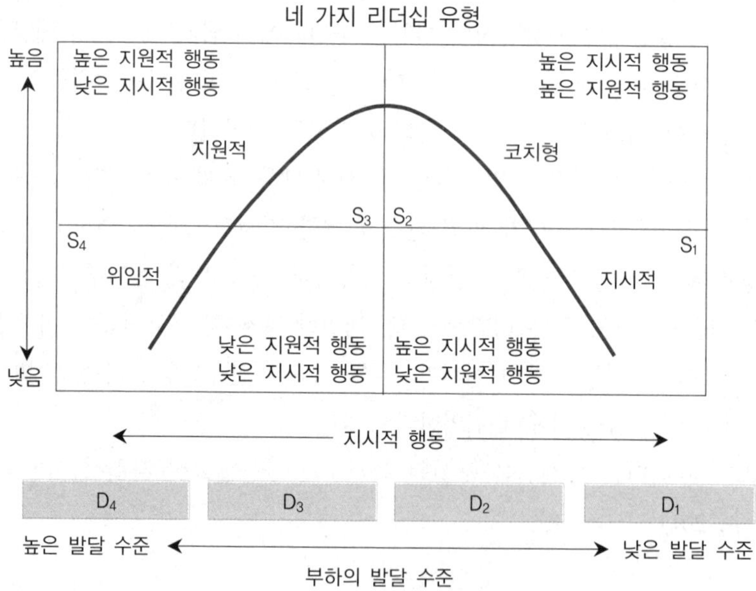

자료: K. Blanchard, P. Zigarmi & D. Zigarmi(1985). *Leadership and the One Minute Manager: Increasing Effectiveness Through Situational Leadership*, New York: William Morrow, Used with permission.

표 5-3 구성원의 발달 수준

D_4	D_3	D_2	D_1
유능성 높음 헌신성 높음	유능성 중간~높음 헌신성 낮음	약간의 유능성 헌신성 낮음	유능성 낮음 헌신성 높음

D_1에서의 구성원은 유능성은 낮고 헌신성은 높은 경우다. 주어진 과업에 미숙하고 과업의 수행 방법을 정확히 모르지만 과업 수행에 도전감과 흥미를 가지고 있다. 이러한 경우에는 높은 지시-낮은 지원의 리더가 적합하다.

D_2에서의 구성원은 약간의 유능성과 낮은 헌신성을 갖고 있는 경우다. 직무 수행 방법을 배워 약간의 유능성은 있지만 처음의 일에 대한 도전감과 흥미를 잃고 동기부여 수준이 낮은 상태다. 이러한 경우에는 높은 지시-높은 지원의 코치형 리더가 적합하다.

D_3에서의 구성원은 중간 정도에서 높은 정도의 유능성은 있으나 아직 헌신성이 부족한 경우다. 직무 수행 기술 수준은 높으나 과업 완성에의 자신감은 결여되어 있다. 이러한 경우에는 낮은 지시-높은 지원의 지원형 리더가 적합하다.

D_4에서의 구성원은 최고 수준의 유능성과 직무 완성을 위한 높은 헌신성을 갖고 있는 경우다. 이러한 경우에는 낮은 지시-낮은 지원의 위임형 리더가 적합하다.

리더가 효과적인 리더십을 발휘하려면 구성원들의 발달 단계가 어느 정도인가를 진단해 자신의 리더십 유형을 발달 수준에 적합시키는 것이 중요하다.

즉, 상황의 특성을 진단해 그의 리더십 유형을 상황적 리더십 모형에서 처방하고 있는 리더십 유형에 적응시키는 것이다(Blanchard, 2007: 89).

3) 상황이론의 특성

(1) 상황이론의 강점

첫째, 강한 실용성이다. 이 이론은 이해하기 쉽고 객관적으로 알아차릴 수 있으며, 다양한 상황에 쉽게 응용될 수 있다.

그래서 기업뿐 아니고 학교, 가정 등 다양한 상황에서 응용될 수 있다는 점이다.

둘째, 리더의 융통성과 적응성을 강조하고 있다.

리더가 구성원의 발달 수준을 알아내고 상황에 따라 리더 행동을 적응시켜야 한다는 점을 강조하고 있다. 즉, 유능한 리더는 과업의 요구상황과 구성원의 요구상황에 따라 자신의 리더 행동 유형을 변경시킨다는 것이다.

셋째, 리더 행동을 처방하고 있다.

여러 상황에서 지향해야 할 행동을 말해 주고 있다. 구성원의 유능성이 낮은 경우에는 지시적 행동을, 유능성은 있으나 헌신성이 낮은 경우에는 지원적 행동을 제시하고 있다.

넷째, 구성원이 하고 있는 과업에 따라 다르게 지도해야 한다.

또 구성원을 도와 새로운 기술을 학습할 수 있도록 하여 과업수행에서 보다 더 자신감을 갖도록 해야 한다.

즉, 이 이론의 특징은 구성원들은 나름대로 특유한 유능성의 수준과 헌신성의 수준이 다르기 때문에, 거기에 따라 리더십 행동의 유형을 달리하고 더 나은 업무 수행을 하도록 그들을 도와 유능성과 헌신성을 증진시켜야 한다는 것이다.

(2) 상황이론의 비판점

첫째, 성숙도라는 단지 하나의 상황변수에 의존한 점과 구성원들의 성숙도에 대한 모호한 개념화다. 유능성과 헌신성을 기준으로 어떻게 네 가지 발달 수준이 형성되는가에 대한 명확한 설명이 없다. 각각의 요소에 가중치가 어떻게 부여되고, 또 그 요소들이 어떻게 결합되었는지에 관한 기준이 없다.

둘째, 이 접근법의 가설이나 명제를 증명하기 위한 실증 연구가 부족하다. 이 이론에 대한 체계적인 연구가 결여되고 있다는 것은 이 접근법의 이론적 기반에 관한 의문을 제기한다(Fernades & Vecchio, 1997; graeff, 1997).

셋째, 네 가지 리더십 유형과 구성원의 발달 단계의 결합에 대한 타당성 문제다.

이후 베치오(R. P. Vecchio)의 연구 결과는 리더십 모형에서 제시하는 기본적 적합의 타당성을 입증하는 데 실패했다.

넷째, 많은 상황 요인과 교육, 경험, 나이, 성별 등의 인구통계적 변수를 무시하고 있다(강정애 외, 2011: 86-87).

5 커와 저미어의 대체이론

커(S. Kerr)와 저미어(J. Jermier)는 리더십 행동의 효과성을 대체 또는 소멸시키는 대체이론으로 발전시켰다. 이 이론은 기존 리더 행동의 효과가 제한되는 상황을 찾아내는 것에 주목한다.

이 요인은 리더십의 중요성을 감소시키는 상황적 요인을 대체물과 중화물로 나누어 설명하고 있다.

대체물이란 리더의 행동을 필요 없게 하는 부하의 특성, 과업 및 조직의 특성 같은 상황 요인이다. 즉, 어떤 상황 요인이 존재하는 경우 부하는 리더의 지시 없이도 자신의 직무를 성공적으로 수행할 수 있다는 것이다.

중화물이란 리더가 취한 행동의 효과를 약화 내지 중화시키는 상황 요인이다. 이 이론은 많은 상황에서 리더의 행동이 그다지 중요하지 않다고 주장한다.

리더가 취하는 행동을 필요 없게 하거나 행동의 효과를 약화 내지 중화시키는 부하의 특성으로는 부하의 능력, 경험, 훈련, 지식, 독립에 대한 욕구, 전문가지향 성향, 조직이 제공하는 보상에 대한 무관심 등이 있다. 예를 들면, 자신의 직무를 수행할 능력과 기술을 가지고 있으면서 독립에 대한 욕구가 강한 부하는 리더의 지시가 거의 필요 없고, 나아가 그러한 지시를 싫어할 수도 있다는 것이다.

수행하는 과업이 일상적이면서 구조화되어 있고, 결과에 대한 환류가 빈번하게 되며, 과업 그 자체로 만족감을 느끼는 경우도 리더의 행동을 중요하게 생각하지 않는다. 예를 들어, 과업 그 자체를 통해 부하들이 어느 정도 만족을 느낀다면, 리더의 지원적 행동이 불필요할 수도 있다는 것이다.

리더의 행동을 대체하거나 그 효과를 약화 내지 중화시키는 조직의 특성으로는 조직 내의 명확한 계획과 목표, 규칙과 규정, 응집력이 높은 업무집단, 리더가 통제할 수 없는 조직의 보상 체계, 리더와 부하의 공간적 거리 등을 들 수 있다. 예를 들어, 과업의 목표가 명확하고 업무 수행에 필요한 규칙과 규정이 많다면, 리더의 지시가 불필요할 수도 있다는 것이다.

또한 리더의 직위 권력이 부족해서 부하들에게 제공하는 보상에 대해 통제권을 행사하지 못하는 상황은 리더가 부하들의 효과적 작업 성과에 대해 보상을 약속함으로써 동기를 유발시키고자 하는 행동의 효과를 약화 내지 중화시킨다고 한다(이창원 외, 1999: 275-276).

대체이론은 리더십의 영향력이 특정한 상황변수에 의해 어떻게 대체되거나 중화될 수 있는지를 보여줌으로써 리더의 중요성을 낮추는 요인이 되었으나, 조직에서의 다양한 상황적 변수에 따른 리더십의 작동 과정을 이해하는 데 새로운 관점을 제시하였다는 점에서 의의가 있다(박계홍 외, 2014: 128).

요약

1. 상황이론은 어느 상황에서나 유효한 유일 최선의 리더십을 부정하고, 각각의 상황에 적합한 리더십을 발휘할 때 효과가 극대화된다는 것이다.
2. 피들러의 상황이론은 리더와 구성원의 관계가 좋고, 과업구조가 명확하고 지위 권력이 높으면 보다 효과적인 리더십을 발휘할 수 있다.
3. 하우스의 경로-목표이론은 리더는 부하의 개인적 특성과 환경적 특성에 따른 상황적 변수에 적합한 리더십(지시적, 지원적, 참여적, 성취지향적) 유형을 사용하여야 효과성이 크게 나타난다.
4. 허시와 블랜차드의 상황이론은 리더는 부하의 유능성과 헌신성의 정도에 적합하게 리더십의 유형을 달리해야 한다는 이론이다.
5. 커와 저미어의 대체이론은 부하의 특성이나 과업에 따라 리더의 리더십이 그다지 중요하지 않다는 이론이나, 다양한 상황적 변수에 따라 리더십 작동 과정을 이해하는 데 새로운 관점을 제시하였다는 차원에서 의의가 있다.

PART 03

현대 리더십 이론

제 6 장 거래적 리더십과 변혁적 리더십
제 7 장 카리스마적 리더십
제 8 장 윤리적 리더십과 정직한 리더십
제 9 장 감성 리더십과 여성 리더십
제10장 서번트 리더십
제11장 셀프 리더십과 코칭 리더십
제12장 리더–구성원 교환이론

LEADERSHIP

Chapter 06 L E A D E R S H I P

거래적 리더십과 변혁적 리더십

"삼류 리더는 자기 능력만을 사용하고, 이류 리더는
남의 힘을 사용하고, 일류 리더는 남의 지혜를 사용한다."
–한비자

제1절 거래적 리더십

1 거래적 리더십의 개념

거래적 리더십은 리더가 조건적 보상을 근거로 하여 구성원에게 영향력을 행사하는 과정이다. 즉, 거래적 리더십이란 리더가 행동, 보상, 인센티브를 사용해 구성원들로부터 바람직한 행동을 만드는 과정이다(Burns, 1978: 319). 거래적 리더 행위는 종업원의 노력에 대한 대가로 리더가 보상을 제공하는 교환 과정에 그 기반을 두고 있다.

거래적 리더십은 리더가 어떤 행동이나 보상 또는 인센티브 등을 사용함으로써 구성원으로부터 바람직한 행동을 이끌어내는 과정이다. 본질적으로 교환이나 거래가 리더와 부하 간에 발생하게 되어 부하가 동의된 목표를 달성했을 때 리더로부터 보상을 받고, 리더는 부하의 목표를 달성하도록 돕는 것이다.

거래적 리더는 부하들의 성과에 대한 보상의 교환을 통해 동기부여시킨다. 이러한 리더십은 부하들이 자기 이익보다는 초월적인 목표나 자아 실현과 같은 고차원적인 욕구를 추구하도록 함으로써 부하들을 동기부여시키는 리더십과는 구분된다.

거래적 리더십에 대해 배스(B. M. Bass)는 다음과 같이 정의를 내렸다.

첫째, 거래적 리더는 부하들이 작업의 결과로 얻고자 하는 것이 무엇인가를 인식하고, 부하들이 과업을 완수했을 때 부하들이 원하는 바를 제공해 준다.

둘째, 거래적 리더는 부하들의 노력에 대해 보상 혹은 보상에 대한 약속으로써 교환을 한다.

셋째, 거래적 리더는 부하들이 과업을 수행하고, 그에 따른 즉각적인 자기 이익을 추구할 때 그것에 보답한다.

이런 관점에서 볼 때, 거래적 리더십에서 리더의 역할은 원하는 결과가 무엇인가를 부하에게 명확하게 주지시키는 일이며, 다른 하나는 결과 달성에 따라 구성원이 어떤 보상을 받게 되는지를 명확히 하는 일이다. 즉, 리더는 부하들이 높은 성과를 달성할 때 그들이 원하는 보상을 받을 수 있다는 사실을 강조한다. 그러기 위해 리더는 구성원들의 욕구가 무엇인지를 파악해야 한다. 즉, 리더가 원하는 결과와 부하들이 원하는 보상이 거래되는 것이다.

2 거래적 리더십 과정

첫째, 구성원들이 원하는 보상을 얻기 위해 무엇을 해야 하는지 인정하고 구성원들의 역할을 명확히 한다.

둘째, 구성원의 욕구를 인식해 구성원들이 노력을 기울일 때 그러한 욕구가 어떻게 충족될 것인지, 즉 어떠한 보상이 주어질 것인지를 명확히 인식시켜 준다.

거래적 리더십 과정은 이러한 두 과정을 통해 구성원 자신들에게 기대된 성과가 달성되도록 하는 것이다.

거래적 리더십을 요약하면 [그림 6-1]과 같다.

3 거래적 리더십의 특성

거래적 리더는 구성원들의 욕구를 개별화하지 않고, 구성원들의 개별적 발전에도 주위를 기울이지 않는다. 오직 거래적 리더십에서는 구성원과 자신의 일상적인 일정계

그림 6-1 거래적 리더십 모형

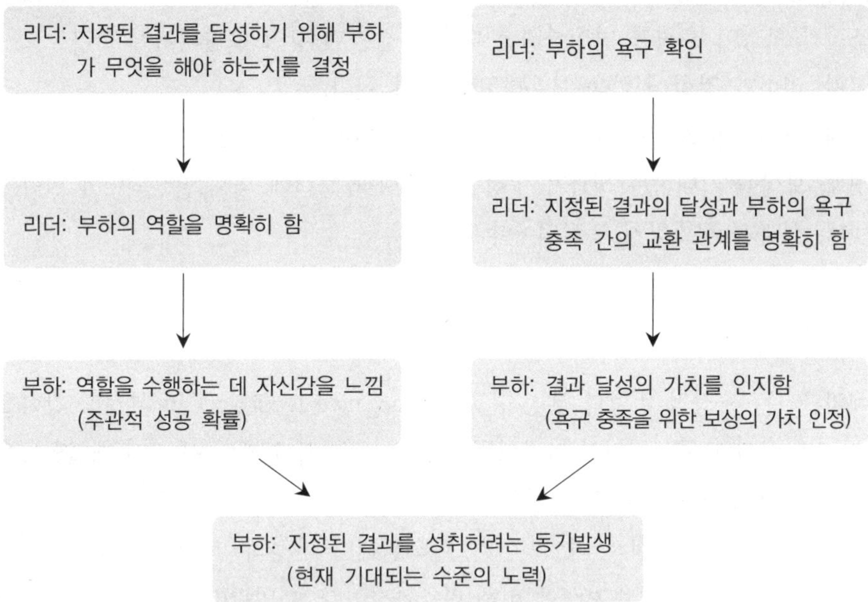

자료: Bass(1985).

획을 추진하기 위해 업적의 달성과 그것에 따른 대가를 주고받는 거래적 교환이 이루어진다(Kuhnent, 1994).

거래적 리더가 영향력이 있는 것은 리더가 원하는 대로 하는 것이 구성원에게 최대의 이익을 주기 때문이다(Kuhnert & Lewis, 1987). 즉, 거래적 리더는 구성원들에게 자신이 원하는 일의 결과가 무엇인지를 명확하게 알려주며, 결과 달성 수준에 따라 보상의 차이를 명확하게 제시한다.

거래적 리더십의 특성으로는 조건적 보상과 예외관리가 있다.

조건적 보상은 리더가 제시하는 기준을 달성하는 경우에 보상하는 적극적인 반면에, 예외관리는 기준에 미치지 못하는 경우에만 피드백을 하는 소극적인 면을 지닌다.

1) 조건적 보상

조건적 보상은 리더가 제시한 수준에 맞게 구성원이 성과에 도달했을 때 동기부여를 위해 인센티브나 보상을 제공하는 것이다. 조건적 보상은 바람직한 성과에 대한 시기적절한 긍정적 보상이며, 지식 창출보다는 주로 효율적 관리 과정에 초점을 맞춘다.

조건적 보상이 효과를 발휘하려면 다음과 같은 상황이 수반되어야 한다.

첫째, 리더가 강한 권한을 보유하고 있어야 한다.

둘째, 구성원이 보상을 받기 위해 리더에게 의존해야 한다.

셋째, 보상을 기대하는 성과가 구성원의 노력과 능력에 의해 달성되어야 한다.

넷째, 성과가 정확하게 측정되어야 한다.

2) 예외관리

예외관리는 교정적 비판과 부정적 피드백(negative feedback) 및 부정적 강화를 수반하는 리더십이다. 즉, 예외적 사건이 발생했을 때 리더가 개입하며, 이 개입활동은 때때로 부정적 피드백이나 부정적 강화가 따른다.

조건적 피드백이 긍정적 피드백이며, 예외관리가 부정적 피드백에 해당된다. 대체로 부정적 피드백은 조건적 보상에 비해 비효과적이다. 예외관리의 대상은 구성원 자신이 아닌 업무 수행에 관한 것이며, 잘못된 것이 구체적으로 무엇인지를 제시하고, 리더가 원하는 것을 분명히 전해 주어야 한다.

해터(J. J. Hater)와 배스(B. M. Bass)는 예외관리를 적극적 예외관리와 소극적 예외관리로 구분했다(Hater & Bass, 1988).

적극적 예외관리는 문제가 발생하지 않도록 미리 리더가 구성원을 점검해 효율적 과업을 수행하도록 수정 조치를 한다.

소극적 예외관리는 수용가능한 성과 기준에서 명백하게 이탈했을 때 개입, 처벌, 교정한다. 그러므로 적극적 예외관리는 잘못을 찾고 구성원의 성과를 과정 중에 점검하며, 소극적 예외관리는 문제가 심각해진 후에야 개입하는 것이다.

결론적으로, 거래적 리더는 현재에 초점을 두고 조직을 순조롭게 능률적으로 운영하는 데 탁월하다. 즉, 기획 및 예산과 같은 전통적 관리 기능에 익숙하며 일상적인 업무 성과 측면에 관심을 집중한다. 이러한 상황에서 거래적 리더는 아주 효과적이다. 즉, 거래적 리더십은 규칙을 준수하기 때문에 변화하는 것보다는 오히려 안정을 추구한다(강정애 외, 2011: 145-147).

3) 거래적 리더십의 한계점

성과-보상 연계 체계를 바탕으로 하는 거래적 리더십 이론의 한계점은 다음과 같다.

첫째, 순응형 하급자를 양산하기 쉽다.

둘째, 양적 목표 달성에 집착해 질이 희생될 우려가 있다.

셋째, 복잡한 보상 체계는 모호성을 가중시키고, 의미 없는 기록 갱신 게임을 유발할 수 있다.

넷째, 구성원들이 적의를 갖게 되거나 이탈하게 되는 결과를 가져올 수 있다.

다섯째, 불공평을 야기할 수 있다.

여섯째, 당근으로 유혹하고, 채찍으로 위협하는 방법이므로 구성원들이 자기 존중성을 잃고 비참한 기분을 가질 수 있다(서병인 외, 2000: 353-354).

제2절 변혁적 리더십

21세기를 변화의 시대라고 한다. 급변하는 환경에 잘 대처하기 위해서는 새로운 리더십이 요망된다. 이 새로운 리더십이 변혁적 리더십이다.

배스는 구성원들로 하여금 개인적 이해관계를 넘어서 기대 이상의 성과를 달성하도록 하는 과정이 변혁적 리더십이라고 했다.

변혁적 리더십이라는 용어는 1973년 다운튼(J. V. Downton)이 처음 제시했으며, 미국의 정치사회학자 번스(J. M. Burns)가 1978년 미국을 변화시킨 리더들을 분석한 저서 『변혁적 리더십』을 통해 변혁적 리더십이 새로운 접근법으로 대두되었으며, 최근 많이 연구가 이뤄지고 있는 분야로 리더십 연구에서 각광을 받고 있다.

이 리더십은 부하의 정서, 가치관, 윤리, 행동규범, 그리고 장기적 목표 등을 바꿔줌으로써 개인을 변화시키고 변혁시켜 기대 이상의 성과를 얻도록 하는 이론이다. 이 같은 변혁적 리더십의 과정에는 부하들의 개인적 동기를 평가하고, 그들의 욕구를 충족시키며 부하들을 완전한 인격체로 대우하는 것이 포함된다.

또한 변혁적 리더십은 부하들이 기대 이상의 업적을 성취하도록 하는 특별한 형태의 영향력이다. 변혁적 리더는 특히 부하들의 동기와 욕구에 관심을 기울이며, 그들의 능력을 최대한 발휘할 수 있도록 도와주는 데 최선을 다한다.

번스는 변혁적 리더십의 모델로 미국의 엘리엇(Charles W. Eliot) 하버드대학교 총장을 제시하였다. 그는 40년 동안 하버드대학교의 총장으로 재직했다. 재직하는 과정에서 교수들의 급료를 3천 달러에서 4천 달러로 파격적으로 인상해 훌륭한 교수진을 모셨으며, 그 당시 대학교의 관행이던 의무적인 예배모임을 폐쇄하고, 필수 과목 제도에서 학생들에게 강좌 선택의 자유를 주는 선택 과목 제도를 과감히 도입했다. 그래서 그는 그 당시 타파하기 어려운 많은 일을 추진해 변혁적 아이디어 창안 분야에서 미국에서 가장 존경받고, 많은 사람의 본보기가 되는 하버드대학교의 총장이 되었다.

1 변혁적 리더십의 내용

변혁적 리더십은 기대한 것 이상의 성과를 창출해 내도록 하는 리더의 영향력으로 리더는 부하들에게 비전 공유를 통해 조직 몰입도를 높여 부하들로 하여금 평소 기대했던 성과 이상을 달성할 수 있도록 부하들의 동기를 유발시키는 것이다.

변혁적 리더는 부하들에게 조직 성과의 가치와 의미, 성과 달성 방법 등에 대한 인식 수준을 높이고, 집단이나 조직의 이익이 개인의 이익보다 우선시하며, 또한 개인의 욕구 수준의 범위를 향상시킴으로써 조직 목표에 기여할 수 있게 한다.

변혁적 리더십은 부하들의 업적과 관련이 있으며, 부하들이 가진 잠재력을 최대한 개발할 수 있도록 하는 것이다. 변혁적 리더는 강한 내적 가치관과 이상을 가지고 있으며, 부하들이 자신의 이익보다는 먼저 공동체의 이익을 위해 헌신하도록 하는 데 뛰어난 자질을 보인다.

1) 배스의 변혁적 리더십 구성 요소

(1) 카리스마(이상적 영향력)[1]

카리스마는 변혁적 리더십의 가장 핵심적인 구성 요소다. 즉, 구성원들이 리더가 제시한 비전을 따르도록 하는 특별한 능력을 의미한다. 배스는 카리스마 리더란 구성원에

1) 많은 사람을 휘어잡거나 심복하게 하는 능력이나 자질, 대중을 따르게 하는 초자연적 또는 초인간

게 직무에 몰입하고 조직에 충성심을 갖도록 만드는 것이라고 정의했다. 즉, 부하들에게 강력한 역할모델이 되는 리더이다.

리더는 조직구성원 모두가 조직 변화의 필요성을 인지하고 변화에 동참할 수 있게 할 새로운 비전을 제시해야 하며, 부하에게 비전과 사명감을 부여하여 자긍심을 심어주고, 매우 높은 도덕적 · 윤리적 행동 기준을 가지며, 항상 올바른 일을 하는 것으로 여기기 때문에 부하들로부터 존경과 신뢰를 받는다.

본질적으로 카리스마 요인은 다른 사람들로 하여금 리더 자신이 제시한 비전을 따르도록 만드는 특별한 능력을 가진 사람을 설명하는 데 사용한다.

카리스마 요인을 지닌 리더의 실례를 들면, 남아프리카공화국의 만델라(Nelson R. Mandela) 대통령을 들 수 있다. 그는 높은 도덕성 수준을 가진 리더라고 평가받고 있으며, 남아프리카공화국 국민들을 지도하는 데 기념비적 변화를 가져온 명확한 비전을 제시한 리더로 인정받고 있다. 그의 카리스마적 자질과 그에 대한 국민들의 호응은 결국 국가 전체를 변혁시키는 결과를 초래한 것이다.

(2) 영감적 동기부여

구성원에게 비전을 제시하고, 열정을 불러일으키며, 격려를 통해 에너지를 북돋워주고 업무에 매진하도록 만드는 행동이다. 이 요소는 부하들에게 높은 기대를 표시하며, 조직구성원들 간에 공유된 비전을 실현하는 데 최선을 다하도록 동기부여를 통해 부하들의 의욕을 끊임없이 고무시키는 것이다.

리더는 바람직한 목표를 제시하고 이를 달성할 수 있는 수단들을 제공함으로써 부하들이 스스로 능력을 가지고 있다고 느끼도록 한다. 사실상 리더는 부하들이 그들 각자의 이익 추구를 넘어 집단구성원으로서의 노력을 집단의 목표 달성에 초점을 맞추도록 하기 위해 때로는 정서적 호소를 하거나 상징적인 행동을 한다. 그 대표적인 유형이 팀 정신을 증진시키는 것이다(배정훈, 2009).

적 재능이나 힘이다(국어사전). 카리스마라는 말은 독일의 사회학자 베버(Max Weber, 1864~1920)에 의해 학술적인 용어로서 본격적으로 사용하기 시작했다. 베버는 그의 저서 『경제와 사회(*Wirtschaft und Gesellschaft*)』(1921)에서 카리스마적 권위를 전통적 · 법률적 권위와 구별되는 형태의 권위로서 정식화했으며, 이런 권위가 변형되는 과정을 '카리스마의 일상화(routinization of charisma)'라고 표현했다. 일반적인 의미로는 대중적이고 사람을 끌어당기는 힘을 가진 사람들을 카리스마적이라고 하지만, 원래의 뜻에 의하면 예수나 나폴레옹처럼 비범한 인물들만을 카리스마적이라고 규정할 수 있다(브리태니커 백과사전).

(3) 개별적 배려

구성원 개개인의 이질적 욕구를 인정하고 수용하며 각자의 문제에 관심을 갖는 등 개별적 차원에서 도전적인 조언과 지도를 하고, 과업과 권한 위임을 통해 동기를 부여한다. 특히, 리더는 부하들의 개인적인 욕구에도 세심한 관심을 기울이고 지원을 아끼지 않는다. 그래서 변혁적 리더는 부하가 자신이 맡은 일에 완전히 익숙하도록 돕는 코치와 조언자로서 역할을 수행한다.

또한 리더들은 부하들의 도전을 받아 성장해 가도록 돕기 위해 수단으로서 권한위임을 활용하기도 한다.

개별적 배려의 대표적인 사례는 구성원 한 사람 한 사람을 돌보는 데 많은 시간을 할애한다. 이러한 리더십을 발휘하는 리더는 종업원들에게 매우 구조적이고 구체적인 지시를 내리는 반면, 어떤 종업원들과는 강한 우호관계를 가지고 있다. 그래서 구성원을 그들의 욕구 수준보다 높은 수준으로 끌어올리며, 구성원으로 하여금 높은 성과를 올릴 수 있도록 잠재력을 개발해 준다.

(4) 지적 자극

구성원들로 하여금 업무 수행의 과거 관습에 대해 의문을 제기하고 새로운 방식을 사용하도록 지원한다.

구성원의 신념과 가치뿐만 아니라 리더와 조직의 신념과 가치까지도 새롭게 바꿔 나가려고 노력하는 리더십이다. 즉, 구성원들의 창의성과 혁신성을 자극하고, 기존의 사고에서 새로운 사고를 가질 수 있도록 다양한 방법을 개발하도록 지원하며, 구성원 스스로 판단을 내리고 보다 신중히 문제 해결에 임하도록 만든다.

표 6-1 변혁적 리더의 특징

요소	특징
카리스마	비전과 사명감을 제공하며 자긍심을 불어 넣어 주며, 높은 도덕성을 바탕으로 존경과 신뢰를 얻음
영감적 동기부여	비전을 제시하고, 열정을 불러일으키며, 격려를 통해 에너지를 북돋워 주고 업무에 매진토록 함
개별적 배려	개인적 관심을 보이고, 각 부하들을 개별적으로 다루며, 코치하고 조언함
지적 자극	창의성, 혁신성, 그리고 세심한 문제 해결을 촉진시킴

자료: Stephen & Rimothy(2008).

이 리더십은 부하들이 조직의 문제점을 다루는 데 있어서 혁신적인 방법을 개발하도록 하고 새로운 접근을 시도하도록 부하들을 지원하는 것이다.

즉, 카리스마란 비전과 사명감을 제공하여 긍지심을 불어 넣어 존경과 신뢰를 얻는 것이며, 영감적 동기부여는 비전을 제시하고 격려를 통하여 업무에 매진하도록 하는 것이다. 개별적 배려는 각 개인의 특성에 맞추어 조언과 지도를 하며, 높은 성과를 성취할 수 있도록 잠재력을 개발시켜 주는 것이며, 지적 자극은 혁신과 창조성을 바탕으로 새로움을 추구하며 많은 독서를 하도록 하는 것이다.

이상과 같이 변혁적 리더십에는 카리스마, 영감적 동기부여, 개별적 배려, 지적 자극 등 네 가지가 중요한 구성 요소다.

2) 베니스와 나누스의 변혁적 리더십

베니스(W. G. Bennis)와 나누스(B. Nanus)는 경영혁신을 시도하고 있는 90명의 변혁적 리더에게 질문한 내용을 바탕으로 다음 네 가지의 공통적인 전략을 발견했으며, 내용은 다음과 같다.

첫째, 변혁적 리더들은 그들의 조직 미래 상태에 대한 명확한 비전을 가지고 있었다.

비전은 매력적, 현실적이고 신뢰할 만한 미래의 이미지를 담고 있다(Bennis & Nanus, 1985: 89).

그 비전은 일반적으로 단순하고 이해할 만하며, 유익하고 에너지를 창조하는 것이다. 이 강력한 비전은 부하들의 경험을 촉진하고 조직을 지지하게 만든다. 조직이 명확한 비전을 가질 때, 조직 내의 사람들은 조직의 전반적인 방향, 그리고 심지어는 사회에 적응하는 것을 배우기가 더욱 쉽다.

조직이 성공을 이루려면 비전어 조직 전체의 요구에서 나와야 하고, 조직구성원들이 진정으로 원하는 것이어야 한다.

둘째, 변혁적 리더들은 조직을 위한 사회적 건축가다. 이것은 조직 내부의 구성원들 사이에 공감대를 새롭게 형성시켜야 한다.

변혁적 리더들은 조직의 가치와 규범의 변혁 방안을 전달한다. 나아가 리더들은 사람들로 하여금 자신들의 조직을 위한 새로운 이념이나 집단의 정체성을 수용하도록 한다.

셋째, 변혁적 리더들은 자신의 입장을 명확히 알리고 자기 자신으로부터 그것에 충실함으로써 조직 내에 신뢰를 구축한다.

구축된 신뢰는 불투명한 상황에서까지도 예측이 가능하도록 하거나 서로 믿을 수 있도록 한다. 조직에서 리더는 조직이 나아갈 방향을 명확히 제시하고, 비록 그 비전에 고도의 불확실성이 수반되고 있을지라도 일관되게 실행에 옮김으로써 신뢰를 구축한다.

넷째, 변혁적 리더들은 긍정적인 이기심을 발동하면서 창의력을 시도한다.

리더들은 자신의 강점과 약점을 알고, 그들은 자신의 약점에 안주하기보다는 오히려 강점을 강조한다.

효과적인 리더는 자신의 역량에 대한 인식을 바탕으로, 조직의 궁극적 목표와 자신의 업무에 몰입한다. 나아가 부하들에게도 강한 자신감과 높은 기대 심리를 갖도록 하며, 리더도 학습을 많이 하고, 부하들의 교육에도 지속적으로 관심을 갖고 몰입하도록 한다.

3) 쿠제스와 포스너의 변혁적 리더십

쿠제스(J. M. Kouzes)와 포스너(B. Z. Posner)는 1,300명의 중간 관리자와 고위 관리자들이 겪었던 최상의 경험을 바탕으로 내용분석을 하여 리더십 모형을 개발했다.

쿠제스와 포스너의 모형은 리더로 하여금 훌륭한 업적을 완성하게 하는 다섯 가지 기본적이고 실제적인 행동으로 구성되어 있다는 것을 제시했다(Kouzes & Posner, 1993).

이 리더십 모형은 모든 사람이 할 수 있는 행동이며, 어떤 특별한 능력을 가진 사람에게만 가능한 행동이 아니다. 특히, 이 모형은 성격이 아니라 행동에 관한 것이다.

(1) 모범

모범이 되기 위해 리더들은 자신의 가치관과 철학을 분명히 한다. 모범적인 리더들은 할 말을 신중히 선택하고, 행동은 다른 사람의 모범이 되고, 약속을 철저히 지키며, 다른 사람과 공통적인 가치를 공유하는 것을 확실히 한다.

(2) 가치공유

리더들은 사람들의 행태를 인도할 수 있는 강력한 비전을 창조한다. 즉, 미래의 긍정적인 결과를 상상하게 할 수 있고, 그것을 다른 사람에게 전달한다.

리더들은 다른 사람들의 꿈을 청취하고, 그들의 꿈이 조직의 비전과 연계되어 어떻게 실현되는지를 보여 주어야 한다. 영감 있는 비전을 통해, 리더들은 현상을 초월하여 일할 수 있게 한다.

(3) 미지로의 도전

전진하도록 도전한다는 것은 현상 유지를 변화시켜 미지의 세계로 기꺼이 진입하는 것을 의미한다. 이것은 기꺼이 개혁하고, 성장 · 발전하며, 그리고 개선하는 것을 말한다. 모범적인 리더는 실수를 두려워하지 않으며 실수를 통해 교훈을 얻는다.

(4) 타인 행동 유발

탁월한 리더는 사람들과 같이 일을 하는 데 효과적이다. 그들은 다른 사람과 신뢰를 구축하고 협조를 증진한다. 팀워크와 협동은 리더들에게는 매우 중요한 요소이다.

리더는 다양한 견해와 관점에 대해 세밀히 경청하고 다른 사람을 대할 때 존엄과 존경으로 대한다. 즉, 리더는 사람들이 자신들의 일에서 행복을 느낄 수 있고, 자신들의 일이 좀 더 큰 공동체를 위해 어떻게 공헌할 수 있는가를 느낄 수 있는 환경을 조성한다.

(5) 마음 감동

리더는 구성원들의 성과에 따라 보상함으로써 그들의 마음을 움직인다. 구성원들이 지지를 받고 인정받으려 하는 것은 아주 자연스러운 일이다. 뛰어난 리더들은 칭찬에 많은 관심을 가지고 있으며, 부하들이 업무를 성공적으로 달성하면 칭찬을 아끼지 않는다. 이 같은 칭찬은 보다 큰 집단 정체성과 공동체 정신을 낳게 한다. 이 이론은 성격에 관한 것이 아니고 실제적 행동에 관한 것이다.

2 변혁적 리더의 원칙

21세기 사회는 끊임없이 변하며, 변화하지 않으면 결국은 도태된다는 의식을 공유한다. 그러므로 이 시대에 요구되는 리더십 유형 중 하나는 변혁적 리더십이다. 조직의 변화를 성공적으로 이끌어낼 수 있는 변혁적 리더십은 오늘날 어느 조직의 리더든지 반드시 갖추어야 할 요소이다. 변혁적 리더십을 소유하는 방법은 여섯 가지의 원칙을 겸비하는 것이다.

1) 환경에서 주파수를 찾아라

리더가 모든 것을 알 수는 없다. 리더는 새로운 방식을 제시해 줄 수 있는 정보를 적극적으로 수집해야만 하며, 조언을 해줄 수 있는 네트워크를 형성해야만 한다.

리더를 둘러싼 환경이 무엇인지 살펴보고, 활용할 수 있는 자원과 환경으로 어떤 것이 있는지 찾아보자.

2) 조직의 관행을 깨뜨려라

물이 고이면 썩는 것처럼, 변화를 추구하는 리더는 조직의 모든 부분에 문제 의식을 갖고 의문을 제기해야 한다. 모든 문제마다 다양한 해결책이 존재한다는 사실도 인정하며, 또 다른 시각으로 문제를 조명하면, 새로운 방식의 해결책을 발견할 수 있다. 경우에 따라서는 조직의 관행을 타파해야 한다.

3) 변화의 동맹관계를 구축하라

변화를 추구하는 리더는 변화에 필요한 자원과 정보를 소유하고, 실제적인 영향력을 끼칠 수 있는 사람들이 절대적으로 필요하다. 그들은 각 분야의 전문가이며 오피니언 리더들이다. 그들과 관계를 구축해야 한다.

4) 책임을 전가하는 유혹에서 벗어나라

변화의 성공 여부는 개인과 팀의 능력과 그 팀에 적절한 지원의 제공 여부에 달려 있다. 팀의 정체성을 확립하고 역할을 분담하며, 외부의 압력을 거부할 수 있으려면 적절한 지원은 필수적이다. 팀구성원들에게 과도한 책임을 부여하지 말고 자신의 책임에 전력을 할 수 있도록 지원해야 한다.

5) 인내를 배워라

모든 변화는 도중에 실패하는 것처럼 보이는 순간을 맞이한다. 이때 변화의 과정을 중단하면 결국에는 실패한다. 리더는 초기의 저항을 극복하고 상황이 호전될 때까지 인내해야 한다. 장시간 걸리는 조직 변화를 완성하기 위해서는 끈기 있는 리더십이 필요하다.

6) 모든 사람을 영웅으로 만들어라

구성원들의 성취를 인정하고 보상하는 것도 리더십의 중요한 요소다. "칭찬에는 돈이 들지 않는다"라는 말이 있듯이 칭찬에는 한계가 없다. 칭찬은 구성원들에게 기대를 불어넣어 고차원의 욕구를 갖게 만드는 힘이 있다. 성공의 성과를 구성원들과 공유해야 변화가 계속 지원된다.

위의 6가지를 원칙을 지킨다면 변혁적 리더십을 갖추었다고 할 수 있다(서성교, 2003).

3 변혁적 리더십의 측정도구

1) 작성 요령

이 설문지는 귀하의 리더십 스타일에 대해 기술하고 있습니다. 21문항을 읽고 귀하에게 해당하는 정도를 평가하세요. 다른 사람이라는 말은 귀하의 구성원이나 고객 혹은 집단구성원을 의미합니다.

0=전혀 그렇지 않다　　　1=이따금씩 그렇게 한다
2=때때로 그렇게 한다　　　3=꽤 자주 그렇게 한다
4=항상은 아니지만 빈번하게 그렇게 한다

응답은 0에서 4까지 중 하나를 선택한다.

---

1. 나는 다른 사람들이 자기 주위에 있는 것을 기분좋게 느끼도록 한다.
2. 나는 우리가 무엇을 할 수 있고 또 무엇을 해야 하는지를 몇 마디 짧은 말로 명확하게 표현한다.
3. 나는 우리에게 지금까지 해오던 문제들을 새로운 방식으로 생각하고 새로운 시각으로 보도록 한다.
4. 나는 다른 사람들이 자신을 스스로 개발해 가도록 돕는다.
5. 나는 다른 사람들이 자신의 업무 성과에 따른 보상을 받기 위해 무엇을 해야 하는지를 말해 준다.
6. 나는 다른 사람들이 합의된 업적 기준을 충족시켰을 때 만족한다.
7. 나는 다른 사람들이 항상 같은 방식으로 계속 일하도록 하는 것에 만족하고 있다.
8. 다른 사람들도 나(리더)를 완전히 신뢰한다.

9. 나는 우리가 할 수 있는 가능성에 대해 호소력 있고 감동적인 표현을 한다.
10. 나는 다른 사람들에게 복잡하고 어려운 문제를 새로운 시각으로 보는 방법을 제공한다.
11. 나는 다른 사람들로 하여금 자신들이 하고 있는 일에 대해 내가 어떻게 생각하고 있는지를 알도록 한다.
12. 나는 다른 사람들이 그들의 목표에 도달했을 때 그 목표 달성을 인정해 주고 보상을 제공한다.
13. 일들이 잘되어 가고 있는 한, 나는 어떤 것도 바꾸려고 시도하지 않는다.
14. 다른 사람들이 무엇을 하려고 하든 나에게는 좋다.
15. 다른 사람들은 나와 함께 근무하고 있는 것을 자랑스럽게 생각한다.
16. 나는 다른 사람들이 자신의 일에서 의미를 찾도록 돕는다.
17. 나는 다른 사람들로 하여금 자신이 이전에 전혀 의문을 갖지 않았던 일들에 대해 새로운 시각에서 다시금 생각하게 한다.
18. 나는 소외당하고 있는 듯한 사람들에게 개인적인 관심을 보인다.
19. 나는 사람들이 그들의 업적에 따라 보상을 받고 있는가에 대해 주의를 기울인다.
20. 나는 다른 사람들에게 그들이 자신의 일을 수행하기 위해 알아야 할 원칙들을 말해 준다.
21. 나는 다른 사람들에 꼭 필요한 것만 원한다.

자료: Bass & Avolio(1992) 참조; 김남현(2013: 271-274). 리더십. 재인용.

2) 채점 요령

MLQ-6S는 변혁적 리더십과 관련된 7개의 요인에 따라 귀하의 리더십을 측정하는 것이다. 각 요인에 대한 점수는 설문지상의 세 가지 문항들의 점수를 합산함으로써 결정된다.

예를 들어, 요인 1(이상적 영향력)에 대한 점수는 항목 1과 8, 15에 대한 응답을 합산하면 된다. 7가지 요인 모두에 대해 이 같은 방식으로 채점한다.

리더십 요인	리더십 요인명
요인 1	이상적 영향력(항목 1, 8, 15)
요인 2	영감적 동기부여(항목 2, 9, 16)
요인 3	지적 자극(항목 3, 10, 17)
요인 4	개별적 배려(항목 4, 11, 18)
요인 5	조건적 보상(항목 5, 12 ,19)
요인 6	예외관리(항목 6, 13, 20)
요인 7	자유방임적 리더십(항목 7, 14, 21)
점수 범위	높음: 9~12, 중간: 5~8, 낮음: 0~4

리더십 요인	해석
요인 1 이상적 영향력	귀하가 구성원의 신뢰를 받고 있는지, 구성원들로부터 믿음과 존경을 받고 있는지, 부하들에 대한 헌신을 보고 있는지, 부하들의 꿈과 희망에 호소하는지, 그리고 부하들의 역할모델로서 행동하는지의 여부를 가리킨다.
요인 2 영감적 동기부여	리더가 비전을 제시하고, 다른 사람들이 자신의 일에 몰두하도록 돕기 위해 노력하며, 다른 사람들이 자신의 일에서 의미를 느끼도록 하기 위해 노력하는 정도를 측정한다.
요인 3 지적 자극	리더가 다른 사람들로 하여금 낡은 문제들을 창조적이고 새로운 시각으로 볼 수 있도록 용기를 북돋워 주고, 겉으로 보기에 극단적인 입장에 대해서도 너그럽게 관용하는 환경을 조성하며, 자기 자신 및 조직이 추구하는 가치에 대해 의문을 제기할 수 있는 사람들을 양육적으로 육성하고 있는 정도를 말한다.
요인 4 개별적 배려	다른 사람들의 복지에 관심을 나타내 보이고 개별적으로 프로젝트를 배정하며 집단에서 어울리지 못하는 듯한 사람들에게 관심을 보이는 정도를 가리킨다.
요인 5 조건적 보상	보상을 받기 위해 무엇을 해야 하는지를 말해 주고, 기대하는 것이 무엇인지를 강조하며, 사람들이 어떤 것을 성취했을 때 그것을 인정해 주고 보상해 주는 정도를 가리킨다.
요인 6 예외관리	리더가 사람들에게 직무 수행상 필요한 원칙들을 말해 주는지의 여부, 그리고 합의된 업적 기준을 충족시켰을 때 그것에 만족하고, 기준 미달이나 원칙을 어겼을 때만 개입하고 있는지 등의 여부를 측정한다.
요인 7 자유방임적 리더십	리더가 다른 사람들에게 무엇인가를 하도록 거의 요구하지 않는 정도, 일이 될 대로 되어 가는 데 만족하고 있는 정도, 사람들이 자신의 일을 알아서 하도록 내버려두는 정도 등을 측정한다.

* 1에서 4요인의 합은 변혁적 리더십을 평가하는 것이고, 5와 6의 합은 거래적 리더십을 평가하는 것이며, 7은 자유방임적 리더십을 측정하는 것이다.

요약

1. 거래적 리더십은 부하들의 성과에 대한 보상의 교환을 통하여 동기부여를 시킨다. 즉, 일한 만큼 대가를 지불한다.
2. 거래적 리더십은 조건적 보상과 예외관리에 의해 리더십을 발휘한다. 조건적 보상은 리더가 제시하는 기준을 달성하는 경우에 인센티브나 보상을 제공하는 것이고, 예외관리는 업무가 잘못되어 가고 있을 때 올바른 방향으로 잡아주는 것을 말한다.
3. 변혁적 리더십은 리더가 부하의 정서, 가치관, 윤리, 행동규범, 그리고 장기적 목표 등을 바꿔줌으로써 개인을 변화시키고, 기대 이상의 높은 성과를 달성하도록 하는 것이다.
4. 배스의 변혁적 리더십 구성 요소는 카리스마, 영감적 동기부여, 개별적 배려, 지적 자극이 있다.
5. 베니스와 나누스는 변혁적 리더십의 요소로 명확한 비전, 공감대 형성, 신뢰 구축, 창의력을 제시하였다.
6. 쿠제스와 포스너의 경험을 바탕으로 한 변혁적 리더십의 구성 요소는 모범, 가치공유, 미지로의 도전, 타인 행동 유발, 마음 감동이 있다.
7. 변혁적 리더가 되는 원칙은 환경에서 주파수를 찾아라, 조직의 관행을 깨뜨려라, 변화의 동맹관계를 구축하라, 책임을 전가하는 유혹에서 벗어나라, 인내를 배워라, 모든 사람을 영웅으로 만들어라 등 6가지이다.

Chapter 07 L E A D E R S H I P

카리스마적 리더십

"리더십은 비전을 현실로 바꾸는 능력이다."
-웨렌 베니스

제 1 절 카리스마적 리더십의 개념

카리스마적 리더십은 구성원에게 사명의식과 리더에 대한 강한 몰입을 표출하는 능력으로 최근에 관심을 받게 된 이론이다. 1980년대 들어서면서 급변하는 기업 환경 속에서 조직의 변화와 혁신이 화두로 등장하면서 구성원에게 지대한 영향을 주고 기대 이상의 행동을 유도할 수 있는 새로운 형태의 리더십이 필요하게 되었다.

카리스마적 리더들은 보통 사람들이 할 수 없는 일을 거뜬히 해낸다. 케네디(John F. Kennedy)는 달에 사람을 보냈고, 징기스칸(Chingiz Khan)[1]은 전체 지구 땅의 절반을 정복하였고, 모세(Moses)는 바다를 가르고, 박정희 대통령은 유래 없는 고도성장을 이루어 우리 대한민국을 경제 후진국에서 선진국의 문턱에 도달하게 하였다.

역사는 이처럼 원대한 꿈을 가진 카리스마적 리더들의 원대한 꿈과 비전을 통하여 많은 변화를 가져 왔다.

---

1) 1995년에 미국의 <워싱턴 포스트>지는 과거 1천 년 동안 인류 역사사에 가장 큰 영향을 끼친 인물로 징기스칸을 선정하였다. 그는 비전을 중시하였고, 그것을 달성하려고 끊임없이 고민했으며, 규칙을 중시하고 지략을 겸비하였고, 이민족에게 개방적 자세를 취하였다.

사람들은 살아가면서 보통의 사람을 능가하는 초인적 존재를 그리워 한다. 카리스마는 성과와 깊은 인연이 있고, 다른 리더들보다 현저히 눈에 띄기 때문에 초월적 존재로 인식된다.

카리스마적 리더십은 비전 제시와 근본적인 변화 추구를 핵심 내용으로 다루고 있다는 점에서 리더십의 효율성을 증대하기 위한 방안으로 중요성을 갖는다.

1 카리스마의 개념

카리스마는 신이 주신 재능이라는 뜻의 그리스어의 'charisma'에서 유래된 말이다. 보통 사람들이 갖지 못하는 천부적인 어떤 능력이나 힘, '사람의 마음을 끄는 개인적인 독특한 힘' 등을 의미한다. 특별한 천부적인 재능을 설명하기 위해 사용되었다.

베버(Max Weber)는 처음으로 카리스마라는 용어를 사용했는데, 그는 "카리스마는 사람에게 초인적(超人的)이거나 혹은 비범한 힘이 부여된 특별한 성격적 특성"이라고 말했다. 이것은 보통 사람이 갖지 못하는 천부적인 능력이나 힘을 말한다.

이런 카리스마는 극소수의 사람만이 가지고 있고 천부적인 것이며, 이 같은 카리스마를 가진 사람은 리더로 대우를 받는다. 카리스마적 리더는 일종의 사명과 소명을 느끼기 때문에 카리스마적 권한은 과거의 전통을 타파하는 혁명적인 힘을 갖고 있다는 것이다.

하우스(R. J. House)는 카리스마적 리더의 개인적 특성으로 지배적이며 자신감에 차 있고 다른 사람들에게 영향을 미치려는 강한 욕망을 가지고 있으며, 도덕적으로 옳다는 강한 신념을 지녔다고 하였다.

2 카리스마적 리더십의 세 가지 접근 방법

카리스마적 리더십 접근 방법은 카리스마적 리더의 특성을 탐색하는 연구, 사회 교환 관계적 관점의 연구, 카리스마적 리더에 대한 인식론적 연구로 나누어진다.

1) 카리스마적 리더의 특성을 탐색하는 연구

카리스마를 리더의 특성으로 보는 관점은 리더십 특성이론과 연결된다.

베버는 카리스마적 리더의 특성을 예외적 · 혁명적 · 신비적 · 영웅적인 것으로 파악했으며, 원대한 목표, 능력, 결단력 등을 제시했다.

하우스는 카리스마적 리더십에 영향을 주는 개별 특성으로 고도의 자기 확신, 지배경향이나 다른 사람들에게 영향을 주고자 하는 욕구, 자기 믿음에 대한 강한 확신 등을 들었다.

표 7-1 카리스마 리더들의 특성

신체적 특성	심리적 · 행동적 특성
매력적 외모 강렬한 눈빛[2] 매혹적인 목소리 위용[3](presence)	에너지 자신감 지구력 지배성향 권력 욕구 청중의 욕구를 감지하는 능력 자신의 주장이 옳다는 것에 대한 강한 신념 고도의 커뮤니케이션 기술

카리스마 형성에 관계되는 다양한 심리적 또는 신체적 특성들이 지적되었다. 남다른 자신감, 뛰어난 웅변력, 지칠 줄 모르는 에너지, 열정 등이 제시되는가 하면, 지배성향과 끈기를 내세우는 학자도 있다. 또한 외모에서 풍기는 위용이나 매력 같은 것도 카리스마 형성에 작용한다는 학자도 있다. 하지만, 구체적으로 어떤 특성이 카리스마와 관계되는가에 대한 엄격한 검증 결과나 뚜렷한 한계는 없다.

2) 사회 교환 관계적 관점의 연구

카리스마적 리더와 구성원은 상호 의존적인 관계를 갖는다. 리더는 구성원의 지원

2) 린드홀름(Lindholm)은 "타는 듯한 응시력"을 가진 눈이라거나, "자석같은 흡인력"이 있어야 한다고 하였다.

3) 점잖고 엄숙하여 위엄이 있는 모양이나 행태.

표 7-2 카리스마적 리더 추종자들의 특징

- 리더에 대한 높은 존경심
- 리더에 대한 충성과 헌신
- 리더에 대한 애정
- 고도의 성과 기대감
- 무조건적인 복종

과 적극적인 복종을 필요로 하고, 구성원은 리더가 자신의 욕구를 해결해 주고 혜택을 가져다 줄 것으로 기대하므로, 카리스마적 리더의 영향력을 수용한다는 것이다.

하우스는 카리스마가 리더와 구성원의 특수한 관계에서 발생한다고 했다. 즉, 구성원이 리더의 사상을 옳다고 생각하고 애정을 갖게 되며, 리더가 내세우는 조직의 사명에 감정적으로 몰입하게 되면 리더가 카리스마를 갖게 된다는 것이다.

3) 카리스마적 리더에 대한 인식론적 연구

콩거(J. A. Conger)와 카눙고(R. N. Kanungo)는 카리스마가 귀인(歸因)[4] 현상의 하나라는 가정에 근거한 카리스마적 리더십을 주장했다. 구성원이 리더 행동의 관찰에 근거하여 그 원인을 추론하는 것으로, 카리스마적 리더와 비카리스마적 리더는 호감성이나 전문성, 미래의 목표, 행동이나 신뢰성, 리더와 구성원의 관계 등에서 차별을 보인다는 것이다(강정애 외, 2011: 118-121).

제2절 카리스마적 리더십의 연구

1 베버의 카리스마적 리더십

베버(Max Weber)는 권한을 법적 권한, 전통적 권한, 카리스마적 권한의 세 가지로

4) 어떤 일이 무엇 때문에 일어났는지 그 원인을 추론하는 것이다.

구분했다. 그 중 카리스마적 권한은 리더가 특출한 능력을 지니고 있다는 신념 때문에 복종이 이루어지는 권한을 말한다.

초인적·초자연적 상식을 뛰어넘는 특성을 갖고 있다는 믿음이 명령을 따르고, 본받으려 하며, 리더가 세운 규칙을 지키고 받들게 된다. 베버는 이런 비범한 속성을 가진 사람이 리더로 인정받는다고 하였다.

1) 카리스마의 핵심사항

베버는 카리스마의 핵심사항을 다섯 가지로 열거하였다. 이것은 사명에 대한 구성원의 신뢰, 비범한 성과의 입증, 카리스마 집단 형성, 카리스마의 일상화, 가치중립성이다.

(1) 사명에 대한 구성원의 신뢰

리더는 항상 숭고한 사명을 내세우며, 구성원이 자신을 믿도록 하는 능력이 뛰어나다. 자신의 운명과 사명을 동일시하고 구성원의 욕구와 꿈을 내용으로 사명 달성을 위한 복종을 요구한다. 리더의 사명은 조직원들이 간절히 바라는 욕구와 꿈을 대부분의 내용으로 하는 경우가 많다.

(2) 비범한 성과의 입증

리더는 비범한 성과나 사건을 창출함으로써 자신의 카리스마를 구성원에게 수시로 입증해야 한다. 리더에 대한 능력과 힘을 적절히 공급하고, 구성원에게 사명 달성에 대한 혜택을 줌으로써 카리스마적 리더라는 인식이 소멸되지 않도록 해야 한다.

(3) 카리스마 집단 형성

리더가 이끄는 집단의 구성원 중 일부는 리더에 준하는 카리스마를 갖게 된다. 카리스마적 리더를 중심으로 질서를 유지하며 카리스마 집단을 형성한다. 종교 집단 내의 집단처럼, 카리스마적 리더를 정점으로 질서를 가지게 되며, 이를 베버는 '카리스마 집단'이라 칭한다.

(4) 카리스마의 일상화

리더의 영향력은 시간이 지나면서 카리스마의 일상화를 통해 대체된다. 신비스런 리더의 존재에 대한 집단적 흥분이 시간의 흐름에 따라 일상적 과업 속으로 침전하기 시작한다.

(5) 가치중립성

카리스마는 가치중립적이다. 카리스마의 결과는 긍정적일 수도 부정적일 수도 있다. 간디(Mahatma Gandhi), 알렉산더(Alexander)뿐만 아니라 히틀러(Adolf Hitler), 무솔리니(Benito Mussolini) 역시 카리스마적 리더의 범주에 포함시키고 있다.

2 하우스의 카리스마적 리더십

하우스(R. J. House)는 카리스마적 리더십이란 구성원에게 카리스마적 효과를 주는 리더십이라 정의했다(House, 1977).

그는 카리스마적 리더는 부하들에게 특별한 카리스마 영향이 미치게끔 유일한 방법으로 행동한다고 제시했다. 그는 리더의 카리스마적 특징을 설명했는데, 개인적 성격은 지배적이고 다른 사람에게 열망을 주고자 하는 강렬한 열망이 있고, 자신감이 강하며, 그리고 자신의 도덕적 가치가 확고하다고 했다.

그는 카리스마적 리더를 "개인적인 특출한 능력을 통해 부하들에게 특별한 영향력을 미칠 수 있는 리더"로 정의했다.

1) 카리스마적 리더 특성

카리스마적 리더의 특성은 ① 남을 지배하려는 우월성, ② 높은 자신감, ③ 자신의 신념의 도덕적 정당성에 대한 강한 확신, ④ 영향을 미치고 싶은 욕구이다. 즉, 카리스마적 리더는 우월감을 가지고 지배적이며, 자신감에 차 있고, 다른 사람에게 영향을 미치려는 강한 욕구를 가지고 있으며, 자신의 신념이 도덕적으로 옳다는 강한 확신을 가지고 있다.

즉, 기존의 관습에 얽매이지 않는 행동과 명확한 비전과 표현을 통해 자신감을 갖고 위험한 상황에 도전하며, 때에 따라서는 자신의 희생도 감수한다.

2) 카리스마적 리더의 행동특성

하우스는 리더의 카리스마적 행동을 강조했다. 카리스마적 리더의 다섯 가지 행동특성으로는 역할 모델링, 이미지 구축, 명확한 목표 제시, 높은 기대 전달 및 신뢰 표현, 선별적 동기부여가 있다.

(1) 역할 모델링

카리스마적 리더는 역할 모델링을 통해 구성원이 매진해야 할 가치관과 신념을 전달한다. 구성원이 리더를 숭상하고 동일시한다면, 구성원은 리더의 가치체계를 모방하고 수용하는 과정을 통해 성과를 향상시킨다.

(2) 이미지 구축

카리스마적 리더는 자신이 능력 있고 성공을 거둘 수 있는 사람이라는 인상을 구축함으로써 구성원이 자신을 호의적으로 지각하게 하고, 이를 통해 리더에 대한 신뢰, 충성심, 무조건적 수용, 그리고 자발적 복종 등을 이끌어낸다.

(3) 명확한 목표 제시

카리스마적 리더는 도덕성을 내포하고 있는 이념적 목표를 명확히 제시한다. 미래에 대한 비전 제시와 구성원의 과업 수행에 의미를 부여하는 행동을 통해 카리스마적 효과를 얻는다. 킹(Martin Luther King) 목사의 연설 중 "나는 꿈이 있습니다"라는 표현은 이러한 카리스마적 행동의 한 사례이다.

(4) 높은 기대 전달 및 신뢰 표현

카리스마적 리더는 구성원이 높은 성과를 달성할 것이라는 기대감을 전달함과 동시에 구성원이 자신에게 부여된 높은 목표를 달성할 수 있는 능력을 지니고 있다는 신뢰감을 표출한다. 이러한 행동은 구성원에게 직무에 대한 자신감과 자기 효능감을 증대시키며, 결국 성과 향상으로 이어진다.

(5) 선별적 동기부여

카리스마적 리더는 자신이 제시한 사명의 완수와 관련된 동기를 선별하여 동기 요인을 자극시킨다.

예를 들면, 케네디(John F. Kennedy) 대통령의 "국가가 당신을 위해 무엇을 해줄 것인가를 묻지 말고, 당신이 국가를 위해 무엇을 할 수 있는지를 물어라"라는 연설을 통해 미국 시민의 인간적 가치관에 호소하였다.

3) 카리스마적 리더십의 효과

카리스마적 리더십이란 일반적으로 리더가 구성원에게 미치는 영향 또는 리더와 구성원들과의 관계의 측면에서 설명된다. 따라서 카리스마적 효과의 특징은 다음과 같다.

첫째, 카리스마적 리더십의 효과는 구성원들이 열성적으로 리더에 대해 의심하지 않고 복종하며, 충성하고, 몰입하며, 헌신하도록 동기부여시킨다는 점에서 계산적이라기보다는 감성적이다.

둘째, 카리스마적 리더는 구성원들이 리더의 가치관, 목표, 그리고 행동을 모방하는 동일시의 대상으로 간주한다. 따라서 카리스마적 리더의 효과는 구성원들이 리더를 따라서 자신의 행동, 느낌, 그리고 인지를 모방하도록 하는 것이다.

셋째, 카리스마적 리더는 상당히 높은 목표를 정확히 제시하고 자신에 대해 자신감을 표현할 뿐 아니라 구성원들의 능력에 대해서도 자신감을 표현함으로써 구성원들을 동기부여시킨다.

넷째, 카리스마적 리더는 이미 구축된 질서와는 다른 믿음과 가치관에 의해 급진적 변화를 일으키는 변화 대리인의 역할을 수행한다.

이상의 특징으로 볼 때, 카리스마적 리더십의 효과는 긴장이 심한 상황(stressful situations) 또는 위기상황에 닥쳤을 때 그 효과가 더욱 커진다.

왜냐하면, 어렵고 곤혹스러운 상황에서 구성원들은 리더가 그 어려움으로부터 자신을 구해 주길 바라기 때문이다.

하우스의 카리스마적 리더십 모델에서 제시하고 있는 카리스마적 리더의 특성과 리더의 행동으로 카리스마가 형성되고, 이로 인하여 카리스마 효과가 나타난다. 그림으로 나타내면 [그림 7-1]과 같다.

그림 7-1 House의 카리스마적 리더십 모형

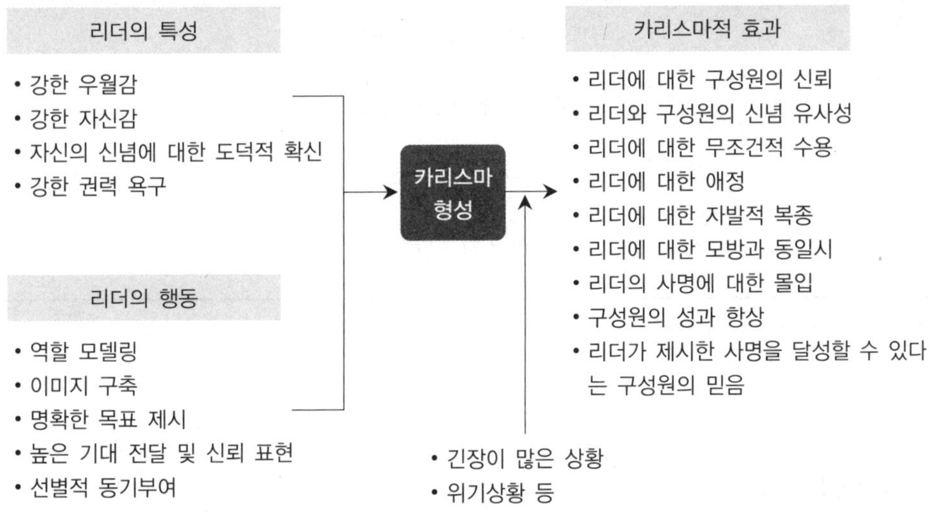

자료: R. J. House(1977). A 1976 theory of charismatic leadership. In J. G. Hunt & L. L. Larson(eds.), *Leadership: The Cutting Edge*. Carbondale: Southern Illinois university Press.

3 콩거와 카눙고의 카리스마적 리더십

콩거와 카눙고(Conger & Kanungo)는 카리스마를 특정 상황에서 구성원이 리더의 행동을 관찰해 카리스마라고 귀인한 결과로 나타나는 현상이라 했다.

조직행동론적 관점에서 행동의 관찰을 통해 행동의 원인을 이해하고 찾아가는 과정을 귀인(歸因)이라 했으며, 카리스마적 리더십 과정은 다음과 같다.

1) 카리스마적 리더십 과정

이 과정은 [그림 7-2]와 같이 비전 창출, 비전 전달, 신뢰 구축, 비전 달성의 4단계로 이루어진다.

(1) 비전 창출

리더는 현상태에서 부족한 것을 찾아 창출한다. 비전은 구성원의 조직체의 일원으

그림 7-2 카리스마적 리더십의 4단계

카리스마적 리더십의 4단계
1단계: 비전 창출(기회포착)
2단계: 비전 전달(결의 명확화)
3단계: 신뢰 구축
4단계: 비전 달성(방법 제시)

자료: J. A. Conger & R. N. Kanungo(1987). *Charismatic Leadership*. San Fransisco: Jossey-Bass. p.27 수정.

로서 자아 가치를 느끼고, 목적 의식을 갖게 되어 높은 동기가 유발된다.

(2) 비전 전달

리더가 구성원에게 비전에 전념해야 한다는 확신을 갖게 한다. 카리스마적 리더는 효과적으로 강력한 언변을 구사하고, 자신이 주장하는 가치관과 신념을 확대시켜 전달한다.

특히, 카리스마적 리더는 현상의 본질과 결함, 미래의 비전, 비전이 현재의 결점을 제거하는 과정, 부하들의 희망을 성취하는 방법, 비전을 실현하기 위한 행동계획 등을 효과적으로 제시해야 한다.

(3) 신뢰 구축

리더가 비전을 달성할 수 있는 능력, 비전의 달성에 전념하는 인상의 구축이 구성원에게 신뢰감을 갖도록 하는 것이다.

즉, 카리스마적 리더는 자신의 업적 부과, 뛰어난 통찰력, 전문성과 자신감이 있다는 것을 구성원에게 잘 인식시켜야 한다.

(4) 비전 달성

리더는 구성원의 역량 강화를 통해 구성원이 비전을 달성하는 데 적극적인 역할을 하고 있다는 자기 효능감을 증가시켜야 한다.

카리스마적 리더는 부하와 공유하는 공동의 명분에 부하들의 욕구가 전체적으로 이바지하고 몰입할 수 있도록 관심을 기울여야 한다. 이 과정에서 카리스마적 리더는 개인의 위험, 희생, 에너지를 투입해 부하들에게 모범을 보여야 한다.

2) 카리스마적 리더십 특징

카리스마적 리더십 유형을 측정하여 설문을 개발한 결과, 카리스마적 리더는 다른 리더보다 더 전략적 비전, 환경 민감성, 구성원 욕구 민감성, 위험 감수 행동, 비관습적 행동 등 다섯 가지 차원의 행동을 보이는 것으로 나타났다.

(1) 전략적 비전

구성원이 수용할 만한 전략적 비전을 제시하고 구체화하는 행동이다. 즉, 부하들의 행동을 고무시키고 미래를 창조하도록 도움을 주는 것으로, 이것은 조직의 미래 청사진이다.

(2) 환경 민감성

주변 환경이 부여하는 제약 조건과 기회를 현실적으로 평가하는 행동으로서 상황에 잘 대처하는 것이다.

(3) 구성원 욕구 민감성

구성원에게 호소력 있고 혁신적으로 비추어지는 비전을 제시하기 위한 전제조건으로 구성원의 욕구와 가치관 및 포부에 대한 관심을 보이는 행동이다.

(4) 위험 감수 행동

자신이 주장하는 비전을 달성하기 위한 위험을 감수하며 값비싼 대가를 치르는 것을 마다하지 않는 행동이다. 즉, 과감성 있고 용감하게 행동한다.

(5) 비관습적 행동

과거의 관행을 타파하고 혁신적인 방식을 추구하는 행동이다. 즉, 변화와 혁신을 추구한다(강정애 외, 2011: 122-128).

4 카리스마적 리더의 긍정적인 결과와 부정적인 결과

부하들에 대한 카리스마적 리더의 강력한 감정적 지배를 참작한다면, 카리스마적 리더들은 권력을 쉽게 남용하거나 혹은 부적절한 목적으로 권력을 사용할 수 있다.

역사적 리더들을 상기해 볼 때 어떤 리더는 역사에 남길 만한 훌륭한 일을 한 반면, 어떤 리더는 스탈린(Iosif V. Stalin)과 히틀러(Adolf Hitler)와 같이 수천만, 수백만 명의 사람을 죽음으로 몰아넣는 사례들을 보면 긍정적 카리스마와 부정적 카리스마를 구별하는 논리가 리더십 연구에서 중요하다고 할 수 있다.

일반적으로 부정적인 리더들은 개인화된 권력지향을 가지고 있으며, 이상보다는 자기 자신에 헌신할 것을 의도적으로 강조한다.

유클(G. Yukl)은 카리스마적 리더의 부정적 결과 및 긍정적인 결과를 다음과 같이 제시했다.

(1) **카리스마적 리더의 부정적인 결과**

① 부하들은 리더를 두려워해서 좋은 제안을 하지 못하게 된다.
② 부하들은 리더에게 인정을 받고자 비판을 억제한다.
③ 부하들은 리더를 숭배해 리더들에게 무오류성의 착각을 일으킨다.
④ 리더는 과도한 자신감과 낙관주의에 사로잡혀 실제 위험에 눈멀게 된다.
⑤ 문제와 실패를 부정해 조직학습이 감소된다.
⑥ 위험하고 거창한 계획은 실패할 가능성이 높다.
⑦ 충동적이고 불합리한 행동은 신봉자뿐만 아니라 적들을 만들어 낸다.
⑧ 리더에게 지나치게 의존함으로써 유능한 후계자의 개발을 저해한다.
⑨ 후계자 개발의 실패는 궁극적으로 리더십 위기를 유발한다.

(2) **카리스마적 리더의 긍정적인 결과**

① 부하들은 리더를 모델로 삼아 심리적으로 성장을 경험하고 자신의 능력을 개발한다.
② 조직은 역동적인 환경에도 잘 적응을 할 수 있다.
③ 성취지향적 문화를 창조한다.
④ 참여와 가치지향적 조직을 창조해 부하들에게 활력을 준다.
⑤ 의사소통은 개방적이고 정보를 공유한다.

비윤리적 카리스마 리더들은 조직의 목적보다는 개인적 목적에 치우치고, 그들의 개인적 비전을 진척시키며, 부하들을 착취하기 위해 선물이나 특별한 관계를 유지하려고 한다. 이와 반대로, 윤리적 카리스마 리더들은 그들의 권력을 다른 사람을 위하고, 부하들을 발전하게 하며, 나아가 공동의 비전을 달성하려고 한다.

비윤리적 카리스마 리더들은 반대 의견을 통제하고 일방적인 의사소통을 고집하는 반면, 윤리적 카리스마 리더들은 비판을 수용하고, 부하들에게 의사소통을 개방하며, 환류를 적극적으로 받아들인다(정우일 외, 2010: 389-390).

요약

1. 카리스마는 개인에게 초인간적이거나 혹은 비범한 힘이나 능력에 대한 경외심이 자발적 복종의 근거가 되는 것으로 강력한 영향력을 행사할 수 있는 리더의 능력이다.
2. 카리스마적 리더의 특성은 지배적이며 자신감이 차 있고, 도덕적이며 다른 사람을 이끌려는 강력한 요망을 가진 사람이다.
3. 베버의 카리스마적 리더십의 핵심사항으로 사명에 대한 구성원의 신뢰, 비범한 성과의 입증, 카리스마 집단 형성, 카리스마의 일상화, 가치중립성을 제시했다.
4. 하우스의 카리스마적 리더십의 특성은 생각과 다양한 행동특성(역할 모델링, 이미지 구축, 명확한 목표 제시, 높은 기대 전달 및 신뢰 표현, 선별적 동기부여)으로 다양한 효과를 제시하였다.
5. 콩거와 카눙고는 카리스마적 리더십 과정으로 비전 창출, 비전 전달, 신뢰 구축, 비전 달성의 4단계로 제시하였다.
6. 콩거와 카눙고는 카리스마적 리더십의 특징으로 전략적 비전, 환경 민감성, 구성원 욕구 민감성, 위험 감수 행동, 비관습적 행동을 제시하였다.
7. 윤리적 카리스마 리더들은 비판을 수용하고, 부하들에게 의사소통을 개방하며 환류를 적극적으로 지지한 반면, 비윤리적 카리스마 리더들은 반대 의견을 통제하고 일방적인 의사소통을 하고 조직의 목적 달성보다는 개인적 목적 달성에 주안점을 둔다.

Chapter 08 LEADERSHIP

윤리적 리더십과 정직한 리더십

"리더십이란 모범을 보이는 것이다."
-리 아이아코카(크라이슬러 회장)

제1절 윤리의 정의와 구성 요소

1 윤리의 정의와 ESG

윤리의 개념은 사람으로서 마땅히 행하거나 지켜야 할 도리로서 개인이나 사회가 바람직하고 적절하다고 여기는 가치나 도덕을 의미한다. 특히, 윤리는 개인의 도덕성과 그의 행동 동기의 도덕성과도 관련이 있다.

윤리이론은 특정한 상황에서 무엇이 옳고 그른지, 또 무엇이 좋고 나쁜지를 판단하는 데 지침이 되는 법칙과 원칙의 체계를 제공해 준다. 또한 도덕적으로 고결한 인간이란 무엇을 의미하는지에 대한 이해의 토대를 제공하기도 한다.

스탈린(Iosif V. Stalin)과 히틀러(Adolf Hitler)는 20세기 가장 큰 영향력을 행사한 권력자다. 스탈린은 소련 국민 2,000만 명을, 히틀러는 유태인 600만 명을 죽였다. 실로 도덕과 윤리 의식이 없는 리더가 엄청난 죄악을 범할 수 있다는 사실을 극명하게 보여준 사례다.

우리 사회뿐만 아니라 세계 도처에서도 노블리스 오블리주(noblesse obilge)가 재삼

강조되는 분위기다.[1)]

싱가포르의 리콴유(李光耀) 총리는 1965년 아시아에서 가장 가난하고 더러웠던 싱가포르를 30년 만에 가장 살기 좋은 나라로 만들었다. 반면에, 필리핀의 마르코스(Ferdinand E. Marcos) 대통령은 부패와 독재로 아시아에서 두 번째로 잘살던 필리핀을 빈곤국가로 전락시켰다.

이런 상황에 비추어 도덕적 리더십이 얼마나 중요한가를 알 수 있다.

간디(Mahatma Gandhi)의 비폭력 무저항 운동, 27년 동안 수감생활을 하면서 인종차별 철폐를 주장한 만델라(Nelson R. Mandela), 킹(Martin Luther King) 목사의 인권 운동, 테레사(Mother Teresa) 수녀의 빈민 구제활동은 대표적인 도덕적 리더십의 사례들이다.

윤리적 리더들이 갖는 공통적인 특징은 다음과 같다.

첫째, 추종자들이 리더를 존중한다. 리더가 추종자들의 필요와 열망을 동시에 충족시켜 주기 때문이다.

둘째, 윤리적인 리더는 훌륭한 교육자다. 성숙한 대화를 통해 추종자들을 안내하기 때문이다.

셋째, 리더와 추종자 사이에는 신뢰가 있다. 도덕적 신뢰감을 통해 추종자들로부터 깊은 충성심을 이끌어낼 수 있다.

넷째, 가치와 비전을 공유한다. 간디는 세계를 변화시키려는 가치를 가졌다. 그리고 그 가치를 추종자들과 철저히 공유했다.

요즈음 크게 부각되는 ESG는 지속가능 경영 관련 개념으로 등장하여 코로나19 이후 국가, 공공기관은 물론 일반기업의 핵심 경영 패러다임으로 가속화되고 있다.

ESG라는 용어가 유엔 글로벌 콤펙트(UN Global Compact, 2004)의 보고서[2)]를 통하

---

1) 노블리스 오블리주(noblesse oblige)는 프랑스어로서 '가진 자의 도덕적 의무'를 의미하는 뜻으로 쓰이는 말이다. 이 말은 귀족의 역사가 긴 유럽 사회에서 유래되었으며, 오늘날 유럽 사회 상류층의 의식과 행동을 지탱해 온 정신적인 뿌리라고 할 수 있다. 귀족으로 정당하게 대접받기 위해서는 '명예(노블리스)'만큼 '의무(오블리주)'를 다해야 한다는 뜻이다. 즉, 사회 상류층이나 지도자들이 높은 직위에 걸맞게 행동해야 할 의무를 말한다. 한국의 지도층은 아직 이런 점이 많이 부족한 것이 현실이다.

2) UN Global Compact(2004). Who Cares Wins: Connecting Financial Markets to a Changing World. Global Compact. www.globalcompact.org. ESG라는 용어는 2003년 유엔환경계획 금융이니셔티브(UNEP FI)에서 처음 사용했으며, 2005년 유엔 글로벌 콤펙트(UNGC)에서 공식 용어를 사용하였다(매일경제 ESG팀, 2021).

여 처음 등장한 이래로, 전 세계적으로 ESG에 대한 관심과 투자가 급속히 확산되고 있다.

ESG의 개념은 환경(Envirnment), 사회(Social), 지배구조(Govereance)의 앞 글자를 딴 것으로, 기업의 비재무적인 요소인 환경관리, 사회적 책임, 지배구조를 고려한 기업의 투자 프레임으로서, 기업의 주요 의사결정과 장기적 차원의 기업 가치에 상당한 영향을 미치고 있다.

ESG는 이윤을 추구함에 있어 환경과 인류에 대한 배려를 핵심 가치로 삼는 경제 및 경영의 철학이자 행동원칙으로 이해할 수 있다.

앞으로 기업이나 공공기관은 윤리적 리더십에 바탕을 두고 ESG 경영 개념을 도입하여야 한다. ESG 경영은 기업의 사회적 책임을 넘어 기업생존을 위한 핵심 평가와 투자를 위한 중요한 요소로 인식되고 있다.

즉, ESG는 새로운 국제 경제 질서로 뿌리를 내리고 있으며, 투자자들로부터 시작되었지만 공공기관, 정책, 금융, 기업 경영, 소비자, 신용평가 등 경제 전반에 퍼져 나가면서 자본주의 변화의 물결로 자리잡아 가고 있다.

앞으로 기후 변화와 ESG는 윤리적 개념을 넘어 한국의 정부와 기업이 경제적으로 크게 발전하기 위한 중요 혁신 어젠다가 될 것이다.

2 윤리적 리더십의 개념

1) 윤리적 리더십의 개념

최근 기업의 사회적 책임과 윤리 경영이 강조되면서 기업 경영을 책임지는 최고경영자와 리더에 대해서도 윤리적인 역할과 책임의식이 크게 요구된다.

동시에 경영자 스스로도 지역사회와 이해관계자를 고려하지 않은 일방적 기업 이익 추구가 소비자의 외면을 받을 수 있으며, 기업과 경영자 자신의 윤리적 이미지를 제고하는 것이 기업의 성과에 긍정적인 영향을 미친다는 것을 인식하고 적극적인 자세를 보이고 있다.

기업 경영의 세계적인 추세 또한 효율성에서 윤리성, 신뢰성, 투명성, 사회책임성 등으로 강조점이 변화되고 있다.

브라운(Lord John Browne)과 그의 동료들은 윤리적 리더십(ethical leadership)을 "리더의 행동과 대인관계를 통해 규범적으로 적합한 행동의 모범을 보이며, 의사소통을 강화하고, 의사결정을 통해 부하 직원으로 하여금 적합한 행동을 촉진하도록 하는 것"이라고 했다. 즉, 윤리적 리더는 구성원들에게 정직성, 공정성, 배려와 같은 윤리적 행동을 실천하는 모델로서 역할을 수행하며, 대화를 통해 구성원들에게 적합한 윤리적 기준과 절차를 제시하고, 그에 따른 보상과 규제를 행사함으로써 조직 전체가 원칙에 부합하는 도덕적인 선택을 하도록 유도하는 역할을 한다(Brown, Trevino, & Harrison, 2005: 117-134).

윤리적 리더십은 리더가 기업 경영에 대한 윤리적 비전과 목표를 제시하고 경영 과정에서 윤리적 합리성을 추구하는 것이다.

윤리적 리더는 윤리적 가치에 대한 구성원과의 공유와 상호작용, 그리고 투명성에 대한 일관된 경향 등을 통해 도덕적 조직을 만들어 간다. 윤리적 기업 경영이 이루어지기 위해서는 무엇보다 중요한 것이 최고경영자를 비롯한 관리자의 윤리 경영에 대한 신념과 솔선수범이다.

리더십은 타인에게 비전과 목표 제시, 지휘·명령과 같은 영향력을 행사하게 되므로 도덕성을 기본으로 해야 한다. 조직구성원은 모두 다른 구성원들에 대한 윤리적 책임을 가지지만, 리더는 타인에 대한 중대한 영향을 미칠 수 있다는 특성상 더 큰 윤리적 책임을 져야 한다.

또 리더는 조직과 외부에 대한 윤리적 지향뿐 아니라 구성원들의 다양한 이해관계, 욕구, 양심적 견해에 대해서도 충분한 관심을 가져야 한다. 또한 리더는 구성원들의 사고와 행동이 어떤 영향을 미칠 것인지에 대해 민감하게 반응하여야 한다.

그리고 리더는 기업 윤리 수준의 향상이 기업의 장기적 이익과 부가가치를 창조하고 구성원의 자긍심을 향상시킬 수 있음을 인식하고, 그러한 신념을 기업 윤리강령(code of ethics conduct)으로 반영하는 것이 필요하다. 또한 기업 윤리 수준 향상을 기업 목표로 제시하고 성과 측정의 기준으로도 활용해야 하며, 윤리와 청렴 교육을 강화해 기업 윤리를 기업문화화하는 것이 필요하다(강정애 외, 2011: 264-267).

3 윤리적 리더십의 요건

윤리적 리더십이 조직 내에 형성되고 정착되기 위해서는 다양한 문화적·제도적 요건이 필요하다. 윤리적 리더십이 자리잡기 위해서는 아래의 요건이 충족되어야 한다.

1) 최고경영자의 의지

조직 경영의 도덕적 수준을 결정하는 가장 중요하고 강력한 기반은 최고경영자의 윤리적 경영 의지와 기업의 윤리적 문제에 대한 성실한 관여다. 조직의 리더는 구성원들의 중요한 역할 모델이 된다(한국경영학회, 1998: 100).

최고경영자는 윤리적 가치관과 행동 원칙이 조직문화에 잘 스며들 수 있도록 윤리적 기준을 제시하고 행동으로 실천해야 한다.

조직의 CEO는 기업 윤리의 중요성을 제대로 인식하고, 이를 실천하려는 의지를 대외적으로 천명해야 한다. 그리고 최고경영자는 윤리적 의사결정을 위한 제도적 절차를 구축하고 윤리적 경영을 관리할 전문 인력을 배치해야 한다.

윤리 경영을 위한 최고경영자의 역할

1) 윤리 경영의 필요성과 추진 의지에 대한 임원회의, 직원 대상 연설, 이메일 등을 발송해 윤리 경영 선포식을 개최함
2) 윤리 경영 전담자 혹은 전담부서에 대한 전폭적인 지원과 권한 부여
3) 윤리 경영에 대한 역할 모델 수행
4) 협력사에 대한 윤리 경영 의지 천명

2) 효율적이고 개방적인 커뮤니케이션

윤리적 리더십이 잘 전달되기 위해서는 조직 내 의사소통이 잘 이뤄져야 한다. 지나치게 권위적이거나 통제나 비밀이 많으면 커뮤니케이션이 원활히 잘 이루어지지 않는다.

특히, 역지사지(易地思之)의 입장에서 생각하고, 상대방과 대화 시 개방적이고 허심탄회하게 의사소통의 경로가 마련되어야 윤리적 이슈에 대한 논의와 실천이 확산될 수

있다. 경영진은 경영 윤리[3]의 중요성을 인지해 기업과 연관된 모든 사람에게 강하게 주지시킬 필요가 있다.

3) 윤리 경영 프로그램

윤리적 리더십은 그것을 뒷받침할 수 있는 별도의 제도적 장치와 프로그램을 필요로 한다. 경영자는 윤리 경영 전담 부서 또는 전담 인력을 선임해 윤리 경영 실천 시스템 운영, 교육, 홍보, 내부 윤리 감사 및 평가 등을 수행해야 한다(이홍일 외, 2009).

경영자는 윤리 경영 제도의 설계에 관심을 가지고 전담 부서의 직원을 독려할 필요가 있다. 관리부서로는 사내 감사과, 윤리 경영팀, 클린 경영 등을 들 수 있다.

4) 구체적인 윤리 경영 목표 설정

윤리적 리더는 직원들이 준수해야 할 명백한 윤리 기준을 수립하고 스스로도 이러한 기준을 따른다. 또한 다양한 상황에서 비윤리적 행동과 윤리적 규칙을 어겼을 때 어떤 문제와 처벌이 따르는지에 대해서도 알려야 한다.

5) 윤리 행동강령의 제정

기업은 윤리적 책임을 다하기 위해 행동강령을 제정해 운영하는 것이 필요하다. 윤리 행동강령은 기업 윤리에 대한 회사의 기본 방침을 체계적으로 정리한 것으로 윤리강령, 행동강령, 실천강령을 만들어서 실행해야 한다.

윤리 행동강령에 포함되는 내용으로는 기업의 윤리 철학, 윤리 경영 제도와 관리 절차, 각 이해관계 집단에 대한 바람직한 관계와 행동 기준, 회사 기밀과 고객 정보의 보호, 환경오염 방지를 위한 의무 사항, 뇌물·금품 수수, 부당한 혜택 제공의 예시 등 일반적 요소와 기업 업종이나 특수성에 맞는 세부적 요소가 포함된다.

윤리적 리더는 윤리적 기업문화를 형성하기 위해 경영자의 역할을 명확하게 인식하고, 비윤리적 행동은 개인과 조직 모두에게 불이익을 초래한다는 의식을 확산시키며,

---

3) 경영 윤리란 "윤리에 관계되는 기업문제를 사회적 가치관과 법규의 기본 취지를 지키면서 기업에 가장 유리한 방향으로 처리하도록 하는 기업의 의사결정 기준"이라 한다(이종영, 2011: 29).

표 8-1 윤리 행동강령의 체계

구분	내용
윤리강령	조직의 내부 구성원들이 기본적으로 지향해야 하는 가치를 담은 윤리지침
행동강령	윤리강령을 좀 더 구체화하여 그 조직이 지향하는 각 가치의 기준, 핵심적 내용, 절차 등 행동의 표준을 정한 지침
실천강령	행동강령을 좀 더 구체화한 것으로 각 행위 유형별로 구성원들이 따라야 하는 구체적 기준과 절차 등을 명료하게 규정하는 지침

이를 예방할 수 있는 제반 조치를 강구해 나가야 한다(박헌준, 2002: 100).

6) 내부 신고 장치의 구축

대규모 조직의 다양한 영역에서 은밀히 이루어지는 비리 행위에 대해 경영자나 윤리 경영 부서가 다 파악할 수 없는 경우가 많다. 따라서 조직 내부에서 일어나는 관리자를 포함한 직원들의 부패 행위에 대해 적극적으로 신고하도록 해야 한다.

내부자 고발 제도는 조직 또는 내부 구성원의 불법적이고 비윤리적인 행위에 대해 내부 임직원이 윤리 경영 전담 부서 혹은 전담자에게 신고·고발하도록 하는 제도다. 그러나 그런 제도가 있다 하더라도 보복이나 불이익에 대한 우려 때문에 내부자 고발은 상당히 어렵다(한국기업윤리경영연구원, 2002: 508). 따라서 내부자 고발을 유도하고 보호하기 위한 무기명 핫라인의 설치가 필요하다. 그 운영에서는 신고 접수와 처리 절차가 투명해야 하며, 신고를 활성화하기 위해 일정한 포상을 실시하는 것도 바람직하다.

윤리적 리더는 구성원들의 윤리적 행위에 영향을 미치기 위해 보상과 규제를 적절히 활용해야 한다.

7) 윤리교육 강화

윤리 경영은 의식 요소에서 비롯되는 것이 크기 때문에 구성원에 대한 윤리교육과 훈련이 중요하다. 조직구성원에 대한 전문적인 교육을 통해 개인이 행하는 각종 의사결정에는 윤리적 측면이 있다는 것을 이해시키고 윤리적 태도와 행동양식을 주지시켜야 한다.

교육에서는 이론과 지식, 다양한 사례에 대해 정보를 제공해야 한다. 일반 직원뿐만 아니라 관리자와 최고경영자에 대한 교육도 이루어져야 한다. 나아가 윤리 경영이 기업에는 장기적 경쟁력 확보의 원천이며, 반대로 비윤리적 경영은 기업과 개인을 한순간에 파멸하게 하는 일임을 널리 알려 위기의식을 조성하는 것이 필요하다. 나아가 기업이 투명하고 깨끗한 경영을 실현하기 위해서 자율적으로 내부 모니터링을 하는 윤리감사가 필요하다.

이상과 같이 정직하고 윤리적인 사고를 가진 리더는 기업을 장기적으로 책임지고 발전시킬 수 있다. 공급업자, 소비자, 주주, 노조, 지역사회, 자연환경 전반에 책임있는 행동과 윤리적 실천은 기업의 평판을 좋게 만들며, 기업의 가치를 증대시킨다. 결국, 고객과 사회를 위해 윤리적으로 배려하는 기업은 유·무형의 기업가치와 경쟁력을 확보하는 결과를 낳는다(강정애 외, 2011: 272-279).

4 윤리적 리더십의 구성 요소

레시크(C. J. Resick), 핸지스(P. J. Hanges), 딕슨(M. W. Dickson)과 미켈슨(J. K. Mitchelson)에 의하면, 윤리적 리더십은 신의성실, 윤리적 인식, 공동체 및 인간 중시, 동기부여, 권한위임, 윤리적 기준 제시로 구성된다. 각각의 내용은 다음과 같다(Resick, Hanges, Dickson, & Mitchelson, 2006).

1) 신의성실

신의성실은 리더에게는 가장 근본적인 요소로서 도덕적인 정의에 기반한 믿음이다. 리더의 신의성실은 리더의 의사결정과 행동을 결정하게 된다.

2) 윤리적 인식

윤리적 리더십을 행사하기 위해서는 의사결정에서 도덕적인 판단 역량을 가져야 한다. 윤리적 리더십에서의 윤리적 지각은 의사결정의 결과뿐 아니라 의사결정 과정에도 적용된다. 윤리적 리더십은 집단적인 이익에 대한 관심을 가지고, 수단과 결과를 모두 중시하며, 단기간보다는 장기적인 시각을 가지며, 다양한 이해관계자의 이해를 고려해야 한다.

3) 공동체 및 인간 중시

윤리적 리더십은 더 나은 선을 위해 봉사하는 것에 초점을 두며, 리더십이 타인에게 어떻게 영향을 미치는지에 대해 민감해야 한다. 윤리적 리더십은 리더가 가지는 권력을 개인적인 이익보다는 조직의 이익과 이타주의에 바탕을 둔 인간 중시 사상을 중요하게 여겨야 한다.

4) 동기부여

윤리적 리더십은 조직구성원들에게 조직 목표 달성을 위한 행동을 유발하고 고무하기 위해 정서적 유대감을 바탕으로 동기부여를 강화시킨다. 특히, 리더와 부하 간에 책임과 노력을 공유해 공통의 이익을 구축하도록 하는 정서적 유대감을 강조한다.

5) 권한위임

리더는 추종자들이 자신감과 자기 만족감을 가질 수 있도록 스스로 자율적 판단과 의사를 존중하는 권한위임에 적극적이어야 한다. 권한위임은 자율경영, 창조경영, 능동적 경영이 이뤄지도록 함으로써 동기부여와 시너지 효과를 가져 온다.

6) 윤리적 기준 제시

윤리적 리더십은 리더 개인의 도덕적 특성에 그치지 않고 구성원들이 준수해야 할 윤리적 기준을 수립하고, 그러한 행동을 유인함으로써 윤리 경영이 조직 전반에 정착하도록 관리하는 역할을 하게 된다.

제2절 윤리적 리더십의 행동특성과 강점

1 윤리적 리더십의 행동특성

윤리적 리더십을 발휘하기 위해서는 윤리적 가치의 소중함을 인식할 수 있어야 하며, 원칙의 중요성을 이해하고 이를 유지해야 한다.

가치를 설정하고 공유하며, 공감과 협력을 이끌어낼 수 있어야 한다. 또한 리더 스스로가 원칙을 실천하고, 모범을 보여야 하며, 감동과 신뢰가 바탕이 될 때 윤리적 리더십이 제대로 발휘될 수 있다.

윤리적 리더는 도덕적 용기를 필요로 한다. 이런 사람은 관습에 얽매이지 않으며, 옳다고 생각한 것을 행하고 구성원들의 존경을 받을 만한 인격체를 지닌 사람이다. 그는 모순된 내용과 두려움이 있는 곳에서 과감히 진실을 말하기 위하여 앞으로 나아간다.

윤리적 리십더의 행동특성으로는 [그림 8-1]처럼 존중, 봉사, 공정성, 정직성, 그리고 공동체 윤리 구축 등의 요건을 들 수 있다.

그림 8-1 윤리적 리더십 5원칙

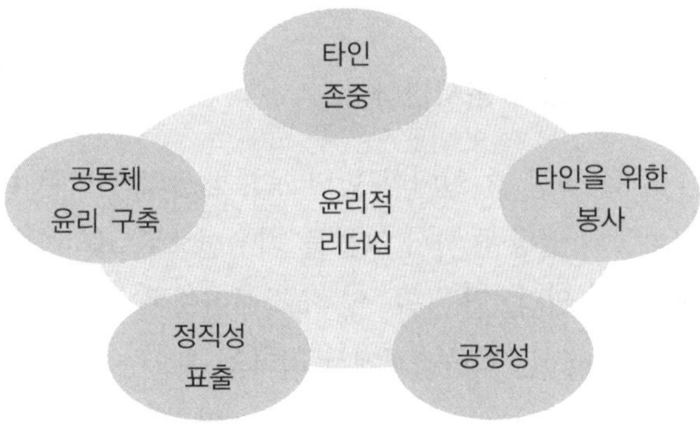

1) 윤리적 리더는 타인을 존중한다

철학자 칸트(Immanuel Kant)는 다른 사람을 대할 때 존경심을 가지고 대하는 것이 우리의 의무라고 했다. 그것은 그것 자체가 목적이어야 하고 수단이 되어서는 안 된다는 것을 의미한다.

다른 사람을 대할 때, 수단으로서가 아니라 목적으로 대하려면 다른 사람의 결정이나 가치를 존중해야 한다. 그렇게 하지 않으면 다른 사람을 자신의 목적 달성을 위한 수단으로 취급하기 때문이다. 따라서 타인을 존중하는 리더는 부하들 개개인을 그 나름의 절대적인 가치와 소중한 개인 차이를 가지고 있다고 믿기 때문에, 부하들의 창조적인 열망을 인정하고 존중하게 된다.

그리고 다른 사람을 존중한다는 것은 다른 사람의 생각을 신뢰하고, 그들을 한 인간으로 인정하는 것을 의미한다. 또 존중한다는 것은 리더가 그들과 관련된 결정을 그들에게 맡겨야 한다는 의미이기도 하다.

번스(J. M. Burns)는 "타인을 존중하는 리더는 부하들의 말을 수용적 자세로 경청하고 공감하며, 반대의 의견도 관대하게 받아들이는 것을 의미한다"고 했다.

또한 존중은 부하들의 신념이나 태도 및 가치관을 인정하는 것으로 리더가 부하를 존중할 때, 부하들은 자신이 맡은 분야에서 자신감을 가지고 최선을 다하게 된다.

결론적으로, 타인을 존중하는 리더는 부하들을 존경할 만한 가치가 있는 한 인간으로 대하는 리더이다.

2) 윤리적 리더는 타인에게 봉사한다

윤리적 리더는 타인을 섬길 줄 알아야 한다. 즉, 섬김의 리더는 이타적이다. 그래서 계획을 수립할 때 부하들의 입장에 서서 그들을 최우선으로 고려하며, 작업 현장에서도 리더와 부하의 관계, 권한 위임, 팀 구축 및 조직시민행동 등의 행동을 하여야 한다.

피터 센게(Peter M. Senge)는 학습조직에서 리더의 중요한 과업 중 하나는 조직의 비전을 위한 청지기(비전을 만들어 섬기는 사람)가 되어야 한다고 주장한다. 청지기(steward)가 되어야 한다는 것은 자기 자신의 것보다 더 중요한 조직의 비전을 교육해야 한다는 것을 의미한다.

이것은 자기 중심적이 아닌 조직 내의 다른 사람들의 비전과 자신의 비전을 통합하는 것을 의미한다. 즉, 더 큰 목적을 향해 자신을 헌신하는 것이다. 결국, 섬김의 배후에는 타인들의 더 큰 이익을 위해 공헌해야 한다는 것이다.

섬김의 원칙을 실천하는 데 윤리적 리더는 기꺼이 부하 중심적이 되어야 하고, 그들의 이익에 최우선을 두어야 하며, 그들에게 이익이 되는 방향으로 행동해야 한다.

3) 윤리적 리더는 공정하다

윤리적 리더는 공정성과 정의에 관심을 기울여야 한다. 부하들을 평등하게 대하는 데 최우선으로 해야 한다. 조직 내의 어느 누구도 차별적 대우를 받거나 특별한 배려를 받아서는 안 된다. 만약 예외적인 경우에는 합리적이며 건전한 도덕적 가치에 근거해 그 이유를 분명히 밝혀야 한다.

성경에 "남에게 대접을 받고자 하는 대로 너희도 남을 대접하라"라는 말처럼, 내가 남에게 공정하게 대접받기를 원하면, 나도 남을 먼저 공정하게 대해 주는 것은 인간관계의 황금률이다.

대부분의 조직은 재화나 자원이 한정되어 있고, 그 한정된 재화를 확보하려는 경쟁은 불가피하다. 자원의 희소성 때문에 공평한 배분의 방법을 둘러싸고 개인 간, 조직 간, 집단 간 갈등이 일어난다. 이때 리더는 보상에 관한 명확한 규칙을 확립하고, 그 규칙과 규정에 의해 항상 공정하게 처리해야 한다. 리더의 공정한 처리는 조직의 정의를 확립하는 것이며 윤리적 기초가 된다.

4) 윤리적 리더는 정직하다

윤리적 리더는 정직해야 한다. 리더가 정직하지 못하면 부하들은 리더를 더 이상 신뢰하지 않는다. 또한 그의 주장도 더 이상 믿지 않으며, 리더에 대한 존경심이 사라진다. 추종자들의 리더에 대한 존경심이 사라지면 결국 리더의 영향력도 함께 사라진다.

그러나 정직은 단지 진실만을 말하는 것만을 의미하는 것은 아니다. 정직은 다른 사람들에게 마음의 문을 열고 진실을 있는 그대로 완전히 표현하는 것이다. 그러나 정직은 말처럼 쉬운 일은 아니다. 때로는 완전한 진실함이 오히려 파괴적이고 역효과를 낳는 결과를 초래할 수도 있기 때문이다. 따라서 리더는 특정 상황에서 무엇을 말하는 것이 적절한 것인지 항상 주의하는 동시에 개방적인 것과 솔직한 것 간에 균형을 이루는 것이 중요하다.

코스타(D. J. Costa)는 리더의 정직함이란 "지킬 수 없는 일을 약속하지 않고, 상황을 왜곡해 전달하지 않으며, 숨기거나 변명하지 않으며, 책임을 회피하지 않는 것, 또한 조직이 생존하기 위해 구성원의 권리와 인격을 희생할 수밖에 없다는 논리를 펴지 않는 것"이라고 했다(Costa, 1998).

5) 윤리적 리더는 공동체를 구축한다

윤리적 리더는 공동의 이익을 추구한다. 윤리적 리더는 집단에 참여하는 모든 구성원의 목적을 고려해 공동의 이익에 주목해야 한다. 윤리적 리더는 다른 사람의 의사를 존중하면서 모든 구성원에게 양립할 수 있는 유익한 목표를 탐색하고 제시해야 한다.

또한 윤리적 리더는 그 집단에 참여하는 모든 구성원의 목표를 고려하고, 공동체와 그 공동체 문화의 이해관계에 세심한 배려를 해야 한다. 특히, 리더는 리더와 부하들 양쪽 모두에게 이익이 되는 공동의 목표를 지향하면서 리더나 부하들 양쪽 모두 변화를 겪게 마련이다.

윤리적 리더는 높고 광범위한 도덕적 목표의 확립을 추구해야 한다. 모든 개인의 목표와 조직의 목표는 공동의 선과 공적 이익의 테두리 안에서 추구되어야 한다. 따라서 윤리적 리더는 공동선이나 공중의 이익에 관심을 두어야 한다.

표 8-2 윤리적 리더의 행동특성 요약

구분	내용
타인 존중	• 구성원의 다양한 관점과 의견을 수용한다. • 자신과 반대되는 견해도 받아들이는 경향이 있다.
타인을 위한 봉사	• 구성원들의 복지와 이익에 관심을 가지며, 조직의 비전을 명확히 하고 구성원을 설득한다.
공정성	• 구성원을 동등하게 대하는 것을 중요한 임무로 여긴다.
정직성	• 지킬 수 없는 약속을 하지 않고 상황을 왜곡해 전달하지 않으며, 숨기거나 변명하지 않으며, 책임을 회피하지 않는다. • 조직 생존을 위해 구성원의 권리와 인격을 희생할 수밖에 없다는 논리를 펴지 않는다.
공동체 윤리 구축	• 타인의 의사를 존중하며 양립할 수 있는 유익한 목표를 탐색하고 제시해야 한다.

자료: 변상우(2011: 272).

2 맥스웰의 윤리적 리더십

맥스웰(John Maxwell)의 윤리적 리더십은 다음과 같은 행위를 권유한다.

1) 자신의 행동에 책임을 져라

변명만 늘어놓아서는 안 되며, 확고한 책임의식을 갖고 업무에 임하여야 한다. 실천하지 못하는 말을 한다거나 무책임한 행위를 해서는 안 된다.

2) 절제력을 길러라

절제력을 자기 관리이며, 이를 지키지 못한 사람들은 자주 속임수의 유혹에 넘어가기 쉽다. 특히, 극한 상황에서 평정심을 가져야 하며, 지나친 술은 자신을 망가뜨리는 요인이 된다. 술은 적당히 자신의 주량의 범위에서 마셔야 한다.

3) 자신의 약점을 깨달아라

루스벨트(Franklin Roosevelt) 대통령은 어렸을 때부터 몸이 허약해 병에 잘 걸렸고, 천식이 있었으며, 체중 미달이었다. 그는 그런 사실을 알고 몸을 튼튼하게 만들려고 권투를 배우고, 거친 사냥을 다녔으며, 기병 장교로 전쟁에 참여해 자신의 몸을 확 바꿨다.

자신의 약점을 아는 사람은 자신의 약점 때문에 쉽게 놀라지 않으며, 남들이 자신의 약점을 이용하도록 내버려 두지도 않는다. 반대로, 자신을 속이거나 자신의 약점을 감추며 강한 척하는 사람들은 스스로를 파멸의 구렁텅이로 내모는 것과 같다.

4) 중요하다고 생각하는 것을 먼저 하라

스스로 중요하다고 생각하는 가치가 무엇인지 정하고, 그것을 가장 먼저 하라. 모든 것에는 때가 있다. 일의 우선순위를 갖고 업무를 처리하라.

5) 잘못을 빨리 시인하고 용서를 구하라

최근에 일어나는 많은 대기업의 몰락에는 사실을 은폐함으로써 더 큰 화를 자아낸 경우가 대부분이다. 물론 이런 태도가 대기업에만 있는 것은 아니다. 어느 직업에 종사하든 나쁜 성품의 사람들은 비리를 고백하기보다는 은폐하기에 더욱 급급하다. 그러나 대부분의 사람은 실수를 저지른 사람이 진실을 털어놓으며 용서를 구할 때 오히려 너그러운 마음으로 상대방을 믿어 준다.

6) 돈 문제에는 신경을 써라

누군가의 성품에 대해 알고 싶으면 그 사람이 돈을 어떻게 다루는지를 보면 된다. 돈을 최우선으로 두는 사람은 그 때문에 모든 것을 잃는 경우가 많다. 돈을 잘못 취급하면 커다란 해를 입을 수도 있다. 그러나 돈에 대한 태도를 바르게 유지할 수 있다면 돈은 파괴적인 것이 아니라 건설적이고 유용한 도구가 될 것이다.

7) 일보다 가족을 소중히 여겨라

불행하게도 오늘날 많은 사람은 가족을 도외시하는 경향이 있다. 사회적으로 성공하기 위해 어쩔 수 없다고 한다. 그러나 가족은 장기적으로 볼 때 방해가 되지 않는다. 오히려 더 큰 힘이 될 수도 있다. 소중한 것을 먼저 하라. 가정이 안정되면 자신이 원하는 것을 무엇이든 이룰 수 있다.

8) 사람에게 높은 가치를 부여하라

사람들이 명성을 쌓을 때 어떤 사람이 되어야지, 어떤 것이 좋은 것인지에만 관심을 집중한다. 왜냐하면, 그것이 성공의 과정에서 중요한 부분을 차지하기 때문이다. 하지만, 진정한 황금의 기회를 잡으려는 사람들은 그 이상의 일을 해야 한다. 그것은 다른 사람을 존중하는 것이다. 이것이 황금률의 법칙이다(정우일 외, 2010: 558-560).

3 윤리적 리더십의 강점

윤리적 리더십의 강점을 다음과 같이 요약할 수 있다.

첫째, 윤리적 이슈들에 대한 시의적절한 연구의 체계를 제공하고 있다. 오늘날 우리의 사회는 더 높은 수준의 도덕적 리더십을 요구하고 있기 때문이다. 윤리적 리더십이 부재한 시기에 우리에게 윤리적 리더십에 대해 어떻게 생각해야 하고, 어떻게 그것을 실행해야 할 것인가에 대한 방향을 제시하고 있다.

둘째, 윤리는 리더십의 광범한 범위 속에서 빠뜨릴 수 없는 필수적인 구성 요소가 되어야 한다는 것을 제기하고 있다. 리더십은 다른 사람에게 영향을 미치는 과정이다. 그것이 다른 형태의 영향력인 강압이나 독재적인 포악한 리더와 구별되는 중요한 특징이 도덕적 차원이다.

리더십은 가치가 실린 개념이다. 구성원들에 대한 존중, 그들에 대한 공정한 대우, 공동체의 확립 등이 포함하는 개념이다. 이것들은 우리의 윤리적 가치관 없이는 나타내 보일 수 없는 과정이다.

셋째, 윤리적 리더십의 개발에 중요한 몇 가지 원칙을 강조해 설명하고 있다. 이 논의의 특성들은 2000년 동안 내려온 것을 재검토함으로써 리더들에게 매우 가치 있는 주목의 대상이 되었다.

4 윤리적 리더십에 대한 비판

첫째, 이 연구는 발전의 초기 단계에 있으며, 따라서 그것을 실증할 수 있는 전통적인 연구 방법에 의한 연구의 결과가 매우 부족하다는 것이다.

둘째, 오늘날의 리더십 윤리는 주로 몇몇 학자의 논평이나 리더십 윤리의 본질에 대한 그들의 개인적인 의견, 그리고 그들의 세계관에 의해 상당히 영향을 받는 문헌 등에 의존하고 있는 형편이다. 즉, 리더십 윤리는 인간의 행동에 관한 이론들이 수반하고 있는 전통적인 실증적 검증이 미약한 편이다. 이러한 약점에도 불구하고 윤리적 리더십 분야는 미래 연구를 위한 무한한 가능성이 열려 있으며, 리더십 과정에서 윤리의 역할에 대한 이해를 증진시킬 수 있는 연구의 필요성이 높아지고 있다(김남현, 2011: 534-536).

5 리더의 성실성 인지 척도(Perceived Leader Integrity Scale: PLIS)

1) 작성 요령

다음의 항목들은 당신의 직속 상관과 관련된 사항들입니다. 당신의 직속 상관은 당신이 느끼기에 당신의 일터에서 일상적인 활동에 가장 큰 영향을 미치는 사람이라고 생각하면서 다음 각각의 항목들이 당신의 직속 상관에 대해 어느 정도로 잘 표현(설명)하고 있는지 숫자 위에 ○표 해보세요.

1=전혀 그렇지 않다	2=약간 그렇다
3=매우 그렇다	4=전적으로 그렇다

1. 나의 실수를 가지고 나를 개인적으로 공격하는 데에 사용하곤 한다.	1 2 3 4
2. 언제나 손해를 안 본다.	1 2 3 4
3. 특정 종업원들만 편애하고 나에게는 관심도 없다.	1 2 3 4
4. 나에게 거짓말을 하곤 한다.	1 2 3 4
5. 작업 상황에서 자신을 보호하기 위해 나를 위험에 빠뜨리기도 한다.	1 2 3 4
6. 종업원들 사이에 반목을 고의적으로 심화시킨다.	1 2 3 4
7. 인간성이 사악한 것 같다.	1 2 3 4
8. 나의 업적평가를 '나를 개인적으로 흠잡고 비난하기 위해' 사용하기도 한다.	1 2 3 4
9. 나에 대한 사적 감정을 가지고 있다.	1 2 3 4
10. 리더 자신의 잘못인데도 내가 그로 인해 비난받도록 내버려 둔다.	1 2 3 4
11. 자신의 일에 도움이 된다면 문서 기록을 왜곡하기도 한다.	1 2 3 4
12. 높은 도덕 의식이 부족하다.	1 2 3 4
13. 내가 잘못을 저질렀을 때 내가 일을 더 잘할 수 있도록 지도하기보다는 조소하는 것이 보통이다.	1 2 3 4
14. 나의 업적을 상관에게 보고할 때 나의 잘못을 더 과장해 나를 나쁘게 보이도록 한다.	1 2 3 4
15. 매우 보복적이다.	1 2 3 4
16. 자신의 잘못을 가지고 나를 비난한다.	1 2 3 4
17. 내가 실패하기를 원하기 때문에 나를 지도하기를 꺼린다.	1 2 3 4
18. 만약 내가 자기와 같은 지연이나 학연이 있었다면 내게 더 잘해 주었을 것이다.	1 2 3 4
19. 내가 말하는 것을 고의적으로 왜곡해 해석하는 경향이 있다.	1 2 3 4
20. 의도적으로 직원들 서로 간에 반목하도록 만든다.	1 2 3 4
21. 위선적이다.	1 2 3 4
22. 내가 승진하는 것을 막기 위해 나의 교육 기회를 제한한다.	1 2 3 4
23. 어떤 일의 책임을 면할 수 있다고 생각되면 직원들에게 협박 공갈까지 하곤 한다.	1 2 3 4

24. 나의 요구를 거절하는 것을 즐긴다.	1 2 3 4
25. 내가 눈 밖에 날 경우 날 곤경에 빠뜨리곤 한다.	1 2 3 4
26. 나의 아이디어를 그의 공적(실적)으로 돌리는 경우가 있다.	1 2 3 4
27. 회사 내 공공물품 · 공금을 도용하기도 한다.	1 2 3 4
28. 내가 누군가에게 앙갚음을 당할 곤경에 빠지게 한다.	1 2 3 4
29. 회사의 이익에 반하는 태업 등의 행위에 관여하곤 한다.	1 2 3 4
30. 자신의 책임을 면하기 위해 단지 싫어한다는 이유만으로 사람들을 해고한다.	1 2 3 4
31. 회사의 정책에 반하는 일을 하고는 하부 직원들이 자신을 보호해 주기를 기대한다.	1 2 3 4

자료: *Leadership Quarterly* 9(2)에 수록된 한 PLIS에서 인용. S. B. Craig & S. B. Gustafson(1998). "Perceived Leader Integrity Scale: An Instrument for Assessing Em-ploy Perception of Leader Integrity," pp.143-144.

2) 채점 및 해석

PLIS는 조직 상황에서 리더의 성실성(정직성)에 대한 구성원들(부하들)의 지각을 측정하고 있다. 따라서 PLIS에 대한 귀하의 응답은 귀하가 귀하의 직속 상관의 행동들이 얼마만큼 윤리적이라고 생각하고 있는지 알 수 있다.

설문지는 다음과 같은 방법으로 채점한다. 31개 문항의 응답을 모두 합산한다. 각 문항의 낮은 점수는 귀하가 귀하의 상관을 매우 윤리적이라고 인식하고 있는 것이며, 반대로 높은 점수는 귀하가 상관을 매우 비윤리적이라고 생각하고 있는 것이다. 그 점수가 무엇을 나타내는가에 대한 좀 더 정확한 해석은 아래의 지침에 따른다.

3) 총점: 점수(채점 결과의 해석)

귀하의 점수는 귀하가 귀하의 상관의 윤리적 성실성(정직성)에 대한 귀하의 지각을 측정한 것이다. 연구 결과에 기초하여(Craig & Gustafson, 1998), 귀하의 총점은 다음과 같이 해석될 수 있다(김남현, 2011: 543-545).

31~35	매우 윤리적	만약 귀하의 총점이 이 범주 안에 들어 있을 경우, 이것은 귀하가 귀하의 상사를 매우 윤리적이라고 지각하고 있음을 나타낸다. 귀하의 상사에 대한 인식은 그가 매우 신뢰할 만하고 도의적이라는 것이다.
36~66	보통	이 범주에 드는 총점은 귀하의 상사가 적당히(중간 정도로) 윤리적이라고 지각하고 있다는 것을 보여 준다. 귀하의 상사에 대한 인상은 상사가 가끔씩 비윤리적인 행동을 보인다는 것이다.

67~124	매우 비윤리적	이 범주는 상사가 매우 비윤리적으로 지각되고 있음을 나타낸다. 귀하는 귀하의 상사가 매우 정직하지 못하고 공정하지 못하며, 도의적이 아니라고 생각한다.

제3절 정직한 리더십의 개념과 정의

리더의 정직성은 인간의 의미와 가치를 판단하는 근원적 요소로서 리더십 효과를 좌우한다고 할 수 있다. 왜냐하면, 리더가 진실하지 않으면 그 조직에 긍정적인 영향을 끼칠 수 없으며, 구성원들이 리더가 진실하다고 생각하지 않으면 리더의 행동을 수용하고 따르는 측면이 미약하거나 부정적인 측면이 강할 수밖에 없다(박연임 외, 2012: 157).

정직한 리더십(authentic leadership)은 진성 리더십, 진정추구 리더십, 진실의 리더십 등으로 다양하게 사용되고 있다.

정직한 리더십은 최근에 나타난 이론으로서 "꾸밈이 없고 진실한가, 그리고 현실에 맞는 실질적인 것인가"에 초점을 맞추고 있다. 즉, 정직한 리더십이란 그 리더의 정직성과 그가 발휘하고 있는 리더십의 정직성에 관한 것이다(Northouse, 2013: 354).

정직한 리더십은 정의하기가 쉬운 것 같지만, 실제적으로 그 특성을 기술하기가 매우 어렵고 복잡하나, 정직한 리더십은 투명하고 도덕에 근거를 두고 사람들의 필요와 가치에 민감한 리더십이라 할 수 있다. 정직한 리더십을 보다 잘 파악하기 위해서는 개인 내부의 시각(intrapersonal), 상호관계적 시각(interpersonal), 발달적 시각(developmental)의 세 가지 관점에서 정의하려고 한다. 각 정의는 정직한 리더십의 의미를 명백히 하는 데 도움이 될 것이다.

1 개인 내부의 시각에서 본 정의

리더 개인과 그 개인 내부에 무엇이 내재해 있는가에 초점을 맞춘다. 그것은 리더의 자기 인식, 리더의 자기 조정, 리더의 자아 개념을 포괄하고 있다.

샤미르(B. Shamir)와 엘람(G. Eilam)에 의하면, 정직한 리더는 꾸밈없는 진실한 리

표 8-3 정직한 리더의 특성

리더 개인의 내부적 관점
• 정직한 리더들은 꾸밈없는 진실한 리더십을 보인다.
• 정직한 리더들은 올바른 신념에 바탕을 두고 리더십을 발휘한다.
• 정직한 리더들은 독창적이고 모방하지 않는다.
• 정직한 리더들의 행동은 그들의 가치관에 근거한다.

자료: Shamir, B. & Eilam, G.(2005). "What is your story?": A life-stories approach to authentic leadership development, *Leadership Quarterly*, 16, pp.395-417.

더십을 보이고, 바른 신념을 가지고 독창적인 리더십을 발휘하며 모방하지 않는다. 더 나아가 정직한 리더십의 발전은 그 리더의 인생 역정이나 그 인생 역정의 중대 사건의 경험과 거기서 얻은 의미를 통해서 발전되어 나온다고 하였다.

개인 내부의 시각에서 본 관점은 구성원(followers)들도 역시 정직한 리더십의 발전에 일정한 역할을 한다는 점도 인정한다. 정직한 리더십이 가능하려면 구성원들이 리더의 진정성에 대한 실제적인 지각이 필요하고 동시에 리더와 리더행동을 신뢰해야 하기 때문이다(Shamir & Eilam, 2005: 401).

2 상호관계적 시각에서 본 정의

이 관점은 이글리(A. Eagly)가 주장하는 것으로서, 정직한 리더십이란 관계적인 것이고 리더와 구성원들이 함께 만들어 가는 것이다. 그것은 리더의 단독적인 노력에서 뿐만 아니라 그에 대한 구성원들의 반응에서 기인된다. 정직성이란 리더와 구성원들 간의 상호작용에서 나오는 것이다. 리더십은 부하들에게 영향을 미치고 부하들은 리더에게 영향을 미치기 때문에 상호관계적인 과정이다.

상호관계적 시각에서 보면 정직한 리더는 강한 가치관을 표현하고, 다른 사람들과 관계를 가지고 협력하는 것만으로는 충분하지 않다. 효과적인 정직한 리더십이 되려면 정직한 리더는 구성원들의 의견을 받아 들여야 하고, 리더가 주장하고 옹호하는 가치를 구성원이 옳다고 수용할 때에만 의도한 성과가 얻어질수 있다는 것을 믿어야 한다. 리더가 어떤 변화를 시도할 때 그 변화의 메시지가 구성원의 믿음과 가치에 부합되어야 한다(박계홍 외, 2014: 233).

3 발달적 시각에서 본 정의

이 시각에서의 리더십은 선천적으로 타고난 특성이 아니라 점차 학습되고 형성된 것이라고 본다. 그래서 정직한 리더십은 일생에 걸쳐 내부에서 발전되고 큰 어려움을 겪는다거나 어떤 중대한 경험 등과 같은 생애의 중요한 사건들에 의해 발달된다는 것이다.

발달적 시각으로 정직한 리더십에 접근하고 있는 와름브와(F. O. Walumbwa)와 그의 연구 동료자들은 그 리더의 행동패턴으로 개념화하였다. 그런데 리더의 행동패턴은 그 리더의 정적인 심리적 특성에서 발전되어 나오고, 또 그 정적인 심리적 특성 속에 존재하고 있다는 것이다.

그들의 주장에 따르면, 정직한 리더십은 서로 관련된 네 가지의 별개의 요소들인 자기 인식(self-awareness: 가치 있는 인간으로서의 자각), 내면화된 도덕적 시각(internalized moral), 균형 잡힌 정보처리 능력(balanced processing), 관계의 투명성(relational transparecy)으로 구성되어 있다(Avolio et al., 2009).

정직한 리더는 이들 네 가지 유형의 행동들을 전 생애를 통해 발전시켜 나간다.

4 조지의 정직한 리더십 접근법

조지(B. George)에 의해 개발된 정직한 리더십 접근법은 정직한 리더의 특성에 초점을 맞추고 있다. 조지는 실무적인 방식으로 정직한 리더십의 필수적인 자질들을 설명하고 있으며, 사람들이 정직한 리더가 되고 싶다면 이 같은 필수적인 자질들은 어떻게 개발할 수 있는가를 설명하고 있다.

기업경영자로서 성공한 125명의 리더들과 인터뷰한 연구 자료에 의하면, 정직한 리더들은 다른 사람들을 섬기려는 순수한 열망을 가지고 있고, 그들은 자기 자신에 대해 잘 알고 있으며, 자기의 핵심가치에 근거하여 자유롭게 리더십을 발휘한다는 것이다.

구체적으로 말해서 정직한 리더들은 다섯 가지의 기본적인 특성을 가지고 있는데, 목표를 잘 이해하고, 리더가 해야 할 올바른 일에 대한 강한 가치관을 갖고 있으며, 타인과의 신뢰관계를 잘 확립하고, 어떤 상황에서도 자제력을 갖고 올바른 가치관에 따라 행동하며, 사명감을 갖고 열정적이고 충실히 행동한다.

즉, 조지는 정직한 리더십을 목적(purpose), 가치관(values), 관계(relationship), 자제(self-discipline), 동정심(heart)의 5가지 차원으로 나누었고, 이 5가지와 관련된 특성들도 열정(passion), 행동(behavior), 연결관계(connectedness), 일관성(consistency), 측은지심(compassion)으로 제시하였다.

조지가 연구한 바에 의하면, 첫 번째 특성으로 정직한 리더들은 진정한 목표의식을 갖고 있으며, 그들은 해야 할 일이 무엇이고 어디를 지향하고 있는지를 잘 알고 있다. 즉, 확고한 목표의식을 갖고 열정을 갖고 추구하며 자신이 하는 일을 소중히 여긴다.

한 예로, 암을 극복한 테리 폭스(Terry Fox)를 들 수 있는데, 그는 다리를 절단하고 골수암에서 회복되었다. 폭스는 암 연구 기금조성을 위하여 인공의족을 한 채로 캐나다 대륙 횡단 달리기를 시행하였다. 대서양에서 태평양까지 암에 대한 대중들의 관심을 불러일으키고 암 연구를 위한 기금모금을 위해 달렸다.

비록 폭스는 달리기를 끝내기 전에 사망하였지만 그의 용기와 열정은 수백만 명의

그림 8-2 정직한 리더십의 특성

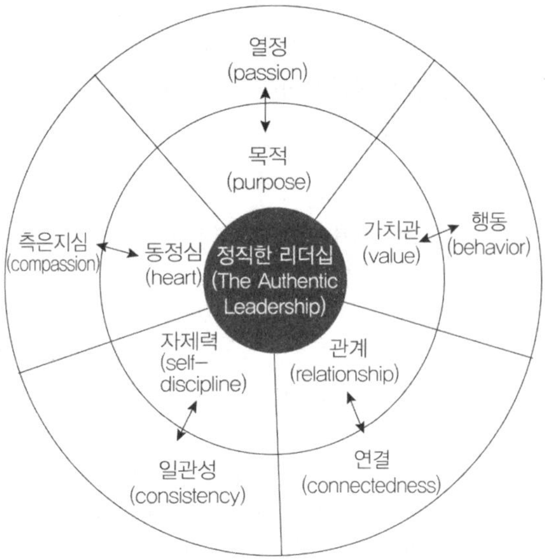

자료: From *Authentic Leadership: Rediscovering the Secrets to Creating Lasting Value* by Bill George, copyright © 2003. Reproduced with permission of John Wiley & Sons, Inc.

사람들의 삶에 큰 영향을 주었으며, 암에 대한 인식 제고와 암 연구를 위한 4억 달러(캐나다 달러) 기금의 목표를 달성하였다.[4)]

이처럼 폭스는 [그림 8-2]의 정직한 리더십의 특성 중에서 목적과 열정을 분명히 보여 주었다.

두 번째 특성으로 정직한 리더는 자신의 가치관을 이해하고 있고, 그 같은 가치관에 근거하여 다른 사람을 상대한다. 다시 말해서, 정직한 리더들은 자신들이 누구이고, 어디로 가고 있으며 해야 할 올바른 일이 무엇인가를 명확히 알고 있다. 어떤 상황에서 시련을 당하고 있을 때에도 정직한 리더들은 자신들의 가치관을 양보하거나 타협하지 않고, 오히려 그와 같은 상황을 이용하여 자신들의 가치관을 더욱 강화시킨다.

예를 들면, 노벨 평화상 수상자인 넬슨 만델라(Nelson R. Mandela)를 들 수 있다. 만델라는 확고한 철학과 양심을 가진 세계인권운동의 상징이 되었다. 그는 남아프리카공화국의 인종차별 정책의 철폐를 위하여 투쟁하는 과정에서 불의와 타협하지 않으며, 정의와 평등을 추구하였다.

그는 무기징역을 선고받고 인종차별에 대한 그의 생각을 포기하는 조건으로 조기 석방을 제의받았으나, 자기 입장을 양보하거나 협상하기보다는 투옥된 채로 감옥에 남아 있기를 선택하였다.[5)] 만델라는 이 과정에서 자기가 누구인가를 알고 있었고, 그의 올바른 가치관을 지켰으며, 불의와 타협하지 않았다.

세 번째의 특성으로는 강한 유대관계이다. 정직한 리더들은 자신의 마음의 문을 활짝 열어 놓고 다른 사람들과의 인간적 관계를 맺는다. 즉, 리더들은 자신의 이야기를 다른 사람들과 잘 나누고, 다른 사람의 이야기에도 귀를 기울여 경청한다. 상호 간에 자신들의 견해와 이야기를 나눔으로써 리더와 구성원 간의 신뢰와 돈독한 친근감을 유지하게 된다.

리더와 구성원 관계는 고도의 질 높은 의사소통을 통해 두드러지게 나타난다. 즉, 리더와 구성원이 상호 간에 높은 신뢰관계를 보이고, 각각의 상대방에 대한 존경과 책

---

4) 캐나다의 1달러는 2018년 12월 31일 현재 기준으로 약 816원이다. 한국 돈으로 약 3,300억 원 정도나 되는 어마어마한 돈이다. 자세한 내용은 http://www.terryfoxrun.org를 참조하기 바란다.

5) 넬슨 만델라(Nelson R. Mandela)는 27년 간의 옥고를 치루었으며, 남아프리카공화국의 제8대 대통령이자 세계 최초의 흑인 대통령, 아프리카민족회의(ANC)의 회장, 1993년 노벨 평화상 수상자로서 UN에서는 만델라의 뜻을 기리기 위해 그의 생일인 7월 18일을 국제 넬슨 만델라의 날로 지정하였으며, 95세에 사망하였다.

임감을 바탕으로 질 높은 의사소통에 의하여 그들의 관계가 돈독해진다. 이처럼 돈독한 리더와 구성원의 관계는 상호 간의 더 큰 이해와 높은 생산성을 얻게 된다.

네 번째 특성인 자제력(self-discipline)은 리더가 목표를 달성하는 데 도움이 되는 특성이다. 자제력은 리더에게 초점과 결단력을 제공하며, 리더가 목표나 탁월성을 높이는 데 기여한다. 더 나아가 자제력은 정직한 리더에게 자신들의 가치관에 합치된 일들을 수행할 수 있는 활력을 제공한다.

즉, 도전적인 상황에서도 리더는 자신의 내부적 한계에 귀를 기울이고 자신을 채찍하여 앞으로 나간다. 높은 스트레스 상황에서도 자제력은 정직한 리더로 하여금 냉정하고 차분하며 변함없이 일관성을 유지하게 한다. 그래서 정직한 리더들의 행동은 예측가능하기 때문에 타인들과 의사소통하기가 쉽다. 리더가 자신의 방향을 스스로 결정하고 예정된 방향으로 나아가고 있을 때 다른 사람들에게 안정감을 제공해 준다.

다섯 번째 특성은 측은지심과 동정심이다. 측은지심은 다른 사람의 어려움에 민감하게 배려하며, 자신의 것을 아끼지 않고 다른 사람을 기꺼이 돕는 것이다.

조지의 주장은 리더가 측은지심을 개발해 감에 따라 정직하게 된다는 것이다(George, 2003: 40).

리더가 측은지심을 개발하는 노력의 방법으로는 다른 사람들의 인생담을 듣고, 지역사회를 위한 봉사를 하며, 다른 인종이나 종족집단들과 어울리며 저개발 국가들도 여행을 해보는 것이다. 이 같은 활동은 타문화나 그 사람들의 배경, 그리고 다양한 생활환경에 대하여 리더가 더욱 잘 이해하도록 한다.

조지의 정직한 리더십 접근법은 정직한 리더의 다섯 가지 중요한 특성을 강조하고 있다.

결론적으로, 이 같은 특성들은 사람들이 그들의 리더십 상황에서 정직하게 되기 위해 무엇을 해야 하는지에 대한 실무적인 그림을 제시하고 있다. 정직한 리더십은 생애에 걸친 개발 과정으로 그것은 한 개인의 인생 경험에 의해 더 깊고 넓어지기 때문이다(김남현, 2011: 291-295).

제4절 정직한 리더십의 이론적 접근법

정직한 리더십은 사회과학 문헌에서 관심이 증가하고 있으며, 이 절에서는 정직한 리더십의 기본적인 구성 요소를 확인하고, 이 같은 구성 요소들이 어떻게 관련되어 있는가를 설명하고자 한다.

1 정직한 리더십의 구성 요소

정직한 리더십에 관한 연구는 매우 최근의 일로서, 그것에 관한 연구논문이 처음 발표되었던 것은 2003년부터였다.

정직한 리더십의 이해의 폭을 넓히기 위한 노력으로 와름브와(W. O. Walumbwa)는 정직한 리더십을 다음과 같이 정의하였다.

정직한 리더십이란 긍정적인 심리적 능력을 유도하고 긍정적인 윤리적 풍토를 촉진하는 리더행동의 패턴이다. 이처럼 심리적 능력을 유도하고, 윤리적 풍토를 촉진하여 구성원들과 함께 일하는 일터가 자기 인식 능력을 키우고, 내면화된 도덕적 시각을 키우며, 균형 잡힌 정보처리 능력 및 관계의 투명성을 높이고, 나아가 긍정적인 자기 개발을 촉진하는 것이다.

와름브와는 다음과 같은 4가지 구성 요소를 확인하였다.

자기 인식(self-awareness), 내면화된 도덕적 시각(internalized moral perspective), 균형 잡힌 정보처리 능력(balanced processing), 관계의 투명성(relational transparency)이다.

[그림 8-3]과 같이 이들 네 가지 구성 요소들이 '정직한 리더십 이론'의 기초를 이루고 있다.

자기 인식(self-awareness)은 리더 자신에 대한 통찰을 의미하는 것으로 그것은 결과가 아니라 과정이다.

다시 말해서, 리더가 자기 자신을 이해하고, 또 다른 사람들에게 미치게 될 영향을 이해하는 과정이다. 그리고 '자기 인식'의 개념은 자신의 핵심적 가치관, 목표, 정체성,

그림 8-3 정직한 리더십의 구성 요소

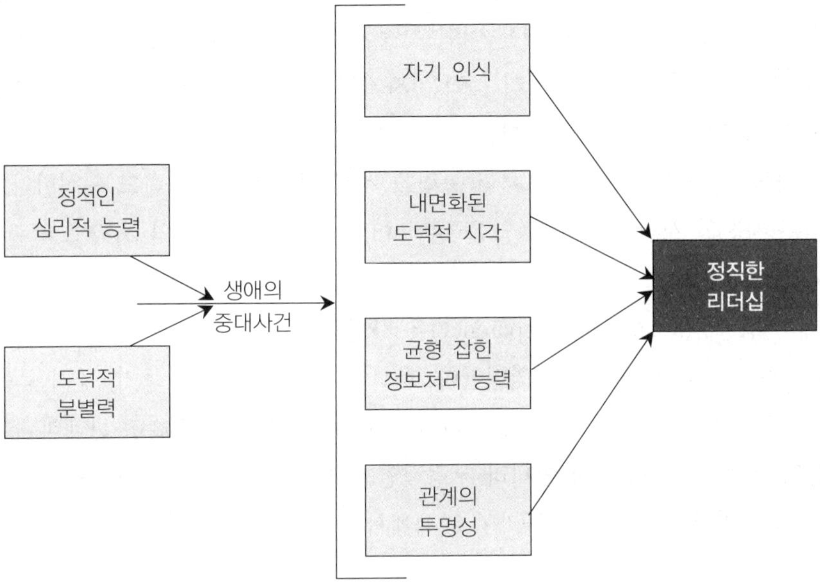

자료: Adapted form Luthans, F. & Avolio, B. J.(2003). Authentic leadership development. In K. S. Cameron, J. E. Dutton & R. E. Quinn(eds.), *Positive organizational scholarship* (pp.241–258). San Francisco: Berrett–Koehler, 2003; and W. L. Gardner, B. J. Avolio, F. Luthans, D. R. May & F. O. Walumbwa, (2005). "Can you see the real me?" A self–based model of authentic leader and follower development. *Leadership Quarterly*, 16, pp.343–372.

감성, 동기 및 자신과의 싸움 등을 반영하는 것이다. 그리고 자기 인식은 자기의 감정을 인식하고 신뢰하는 것도 반영하고 있는 개념이다(Kernis, 2003). 리더가 자기 자신을 알고 있고, 자신이 누구이며, 무엇을 위하여 일하고 있는가에 대한 뚜렷한 인식을 하고 있을 때, 그것은 리더의 결정과 행동이 표류하지 않게 하는 강력의 닻의 역할을 한다. 사람들은 자기 인식이 강한 리더들을 보다 정직한 리더로 인식한다.

내면화된 도덕적 시각(internalized moral perspective)은 자기 조절의 과정을 가리키는 말로서, 리더는 자기 조절을 통해서 자신의 내면적 도덕 기준과 가치관을 행동의 지침으로 삼는다. 그리고 외부의 집단 또는 사회적 압력이 자신을 통제하지 않게 한다. 사람들은 내면화된 도덕적 시각을 가진 리더를 정직한 리더로 인식한다. 그 같은 리더의 행동은 그가 말하는 신념, 그리고 그가 말하는 도덕 기준과 일치하기 때문이다.

균형 잡힌 정보처리 능력(balanced processing)도 역시 자기 조절의 과정이다. 이것은 결정을 내리기 전에 정보를 객관적으로 분석하는 능력이며, 나아가 다른 사람의 의견을 검토하는 능력이다. 이 능력은 어떤 특정한 문제에 대한 선입견이나 편견이 없는 것을 의미한다. 그리고 이 정보처리 능력은 자기와의 의견을 달리하고 있는 사람들에게 의견을 제시하도록 하여 자신이 행동을 취하기 전에 그들의 입장을 고려하는 것도 포함한다. 사람들은 균형 잡힌 정보처리 능력을 가진 리더를 정직하다고 인식한다. 이 같은 리더는 자신의 시각을 숨기지 않을 뿐만 아니라 다른 사람들의 시각도 객관적으로 고려하기 때문이다.

관계의 투명성(relational transparency)은 자신의 참된 모습을 다른 사람들에게 공개적으로 정직하게 나타내는 것을 의미한다. 자신의 감정의 응어리, 동기, 성격 등을 적절한 방식으로 다른 사람들과 나눌 때 나타나는 현상이다(Kernis, 2003). 관계의 투명성에는 자신의 긍정적인 측면뿐만 아니라 부정적인 측면도 다른 사람들에게 보이는 것이다. 즉, 관계의 투명성은 다른 사람들과의 관계에서 진실된 사실들을 공개적으로 의사소통하는 것이다.

기본적으로 정직한 리더십은 자기 인식, 내면화된 도덕적 시각, 균형 잡힌 정보처리 능력, 관계의 투명성을 포함하고 있으며, 이들 요인들이 정직한 리더십의 기초를 형성하고 있다(김남현, 2011: 297-300).

2 정직한 리더십에 영향을 미치는 요인들

[그림 8-3]에서와 같이 정직한 리더십의 네 가지 구성 요소 이외에 정직한 리더십에 영향을 미치는 또 다른 요인이 있다. 이 요인은 정적인 심리적 능력(positive psychological capacities), 도덕적 분별력(moral reasoning), 생애의 중대사건(critical life event)이다.

정적인 심리적 능력(positive psychological capacities)에는 자신감, 희망, 낙관주의, 복원력이 있다. 이들 네 가지 요인들은 실증심리학이나 실증적 조직행동 분야에서 끌어들인 개념이다(Luthan & Avolio, 2003). 이들 네 가지 정적인 속성들은 앞에서 설명한 정직한 리더십의 구성 요소들을 개발하는 리더의 능력을 증대시킨다.

자신감은 자기유능감을 갖고 있는 것을 말한다. 자기유능감이란 어떤 특정한 과업을 성공적으로 완수할 수 있는 능력을 가지고 있다는 믿음이다. 자신감을 가지고 있는 리더는 성공을 위해 더욱 더 동기유발하고 장애물이 나타나도 지속성을 유지하고 도전을 기꺼이 받아들인다(Luthan & Avolio, 2003).

희망은 의지력과 목표계획에 근거한 정적인 동기부여이다. 희망이나 기대를 가지고 있는 리더는 자신의 목표가 달성될 수 있다는 것을 알고 있고, 구성원들을 격려하여 리더를 믿게 만들고 목표의 달성을 확신하게 만든다.

낙관주의는 상황을 긍정적 견지에서 보는 인지 과정이고, 미래에 대한 순조로운 기대를 하는 것이다. 낙관주의적인 생각을 갖고 있는 리더는 자신의 능력과 그가 달성할 수 있는 결과에 대하여 긍정적이다. 낙관주의적인 리더는 인생살이를 결핍감 내지는 부족감보다는 풍요로움을 가지고 접근한다(Covey, 1990).

복원력은 불리한 상황에서도 잘 적응하는 능력이며 평상심을 되찾는 능력이다. 어려운 시기에도 복원력을 가지고 있는 리더는 곧 회복할 수 있고, 그 결과로 보다 더 활기를 느끼고 기량이 풍부해진다.

도덕적 분별력(moral reasoning)은 옳은가, 그른가 또는 좋은가, 나쁜가에 대한 윤리적 결정을 내릴 수 있는 능력이다. 도덕적 분별력의 개발도 평생 계속해야 할 과정이다.

보다 더 높은 수준의 도덕적 분별력은 정직한 리더로 하여금 개인차를 초월하게 하고 개인들이 공동 목표를 지향하게 하는 의사결정을 가능하게 한다. 그리고 리더로 하여금 이타적이 되게 하고, 집단이나 조직 및 지역사회에 보다 더 큰 유익함에 도움이 되는 판단을 내릴 수 있게 한다. 도덕적 분별력은 정직한 리더로 하여금 정의와 공정성을 촉진하게 하고 지역사회를 위해 올바른 업적을 성취하게 한다.

생애의 중대사건(critical life event)은 사람들의 삶에 큰 영향을 미치는 사건이다. 이 같은 사건들은 기대하지 않았던 승진, 아이의 출생, 중요한 책을 읽어서 큰 감동을 받는 긍정적인 사건들일 수도 있고, 암 발명이나 가까운 사람의 죽음 같은 부정적인 사건일 수도 있다. 생애의 중대사건은 변화의 촉매제 역할을 한다. 정직한 리더십은 사람들이 그들의 인생 경험에서 얻는 통찰에 크게 의존한다. 리더가 자신의 인생담을 이야기할 때 자기 인식을 더 하게 되고, 자신이 누구인가를 더 명확히 알게 되며, 자신의 역할을 더 잘 이해하게 된다. 자기 자신의 인생 경험을 이해함으로써 리더는 보다 더 정직하게 된다. 생애의 중대사건은 개인의 성장을 촉진하고 강력한 리더가 되는 데 도움을 준다(박계홍 외, 2014: 239-242).

정직한 리더십 이론(the theory of authentic leadership)에는 자기 인식, 내면화된 도덕적 시각, 균형 잡힌 정보처리 능력, 그리고 관계의 투명성을 바탕으로 정적인 심리적 능력, 도덕적 분별력, 생애의 중대사건에 의해 영향을 받는다.

제5절 정직한 리더십 이론의 평가

1 정직한 리더십의 의미

지금까지 정직한 리더십의 정의와 이론적 시각에서 정직한 리더십에 대해 논의해 보았다. 두 시각 모두 정직한 리더십을 시간의 경과와 더불어 리더 내부에서 이루어지는 발달 과정으로 설명하였다.

정직한 리더십의 개념과 정의는 어떻게 하면 진정성 있는 리더가 될 수 있으며, 정직한 리더십을 개발할 수 있는가를 설명하고 있다. 예를 들어, 조지(B. George)의 접근법에서는 정직한 리더가 되기 위해 리더가 개발해야 할 5가지 특성에 초점을 맞출 때 정직한 리더십의 과정이 효과적이라고 한다.

구체적으로 말하면 조지의 주장은 리더가 보다 더 목적지향적이고 가치중심적이며, 좋은 관계를 하며, 자제력을 발휘하고 측은지심을 가져야 한다는 것이다. 따라서 정직한 리더십의 요체는 위의 5가지의 특성을 강하게 나타내는 것이다.

이 같은 단순한 설명들과는 다르게 이론적 접근법은 무엇이 정직한 리더십이고, 정직한 리더십에 영향을 미치는 요인들이 무엇인가를 설명한다. 리더가 자기 인식, 내면화된 도덕적 시각, 균형 잡힌 정보처리 능력, 관계의 투명성을 나타내 보이기 때문에 정직한 리더십이 효용성이 있다는 것이다. 연구문헌들에도 정적인 심리적 특성들과 도덕적 분별력이 정직한 리더십에 중대한 영향을 미치는 것으로 되어 있다.

정직한 리더십은 리더가 부하들에 의해 신뢰할 만하고 믿을 만한 사람으로 지각되게 하는 특성의 개발을 강조하는 복잡한 과정이다. 리더의 직무는 이 같은 특성을 개발하고 그 특성들을 다른 사람들을 섬기면서 공동선을 위해 적용하는 것이다.

2 정직한 리더십의 장점

정직한 리더십의 장점은 다음과 같다.

첫째, 우리 사회가 요구하고 있는 신뢰할 만한 리더십의 요구를 충족하고 있다. 해방 이후 70여 년 동안의 최고 지도층의 리더십의 실패가 사람들의 불신을 가져왔다. '정직한 리더십'은 리더십에 실망하고 있는 사람들의 공허한 마음을 메꾸는 데 도움이 되고, 오늘날과 같은 불확실성의 세상에서 건전한 리더십을 추구하는 사람들에게 해답을 제공해 주고 있다.

둘째, '정직한 리더십'은 정직한 리더가 되고자 하는 사람들에게 풍부한 지침을 제공하고 있다. 정직한 리더십의 개념과 정의나 이론적 접근법 모두 정직한 리더가 되기 위해서 리더가 무엇을 해야 하는가를 명확하게 알려 주고 있다. 사회과학 연구문헌들은 정직하게 되기 위해서 리더가 자기 인식, 내면화된 도덕적 시각, 균형 잡힌 정보처리 능력, 관계의 투명성을 갖는 것이 중요하다고 강조하고 있다. 이런 접근법은 정직한 리더가 되려는 사람들에게 올바른 길잡이 역할을 하고 있다.

셋째, 변혁적 리더십이나 서번트 리더십과 마찬가지로 '정직한 리더십'도 명확한 도덕적 차원을 가지고 있다. 즉, 정직성은 리더로 하여금 부하들에게나 사회를 위해 올바르고 유익이 되는 것을 찾아 실행할 것을 요구한다. 그리고 정직한 리더는 자신의 가치관을 명확히 이해하고, 구성원들의 요구를 자신이 추구하는 것보다 우위에 놓고 보다 큰 공동의 선(common good)을 위해 자신의 관심사를 부하들과 조정한다.

넷째, '정직한 리더십'에서 정직한 가치관과 정직한 행동은 장시간에 걸쳐 리더의 내부에서 발전될 수 있다고 강조한다. 그래서 정직한 리더십은 단지 몇몇 사람들만 나타내 보이는 것이 아니라 누구나 정직성을 개발할 수 있고, 보다 더 심화시킬 수 있는 것이다. 예를 들면, 리더는 보다 더 자기 인식을 잘할 수 있고, 보다 더 투명해질 수 있으며, 보다 더 관계적이고 타인지향적이 될 수 있다. 그리고 리더는 도덕적 분별력을 개발할 수 있으며, 자신감, 희망, 낙관주의 및 복원력과 같은 정적인 심리적 능력도 개발할 수 있고, 또 다양한 능력들을 활용하여 정적인 조직 풍토를 조성할 수 있다.

다섯째, '정직한 리더십'은 정직한 리더십 설문지를 사용하여 측정될 수 있다. 이 설문지는 그 타당성이 검증된 것이고, 정직한 리더십의 네 가지 요인들을 측정하는 16개 문항으로 이루어진 측정도구이다(Avolio et al., 2009; Walumbwa et al., 2008). 정직한 리더십의 이론의 엄밀성을 높이기 위한 연구가 진행됨에 따라 이 같은 이론에 근거한 구성 개념의 측정을 위해 검증된 측정도구를 갖는다는 것은 매우 중요하고, 미래의 연구에서 그 같은 도구를 사용하여 정직한 리더십을 측정할 수 있다는 것은 매우 바람직한 일이다.

3 정직한 리더십의 한계

정직한 리더십은 아직도 발전단계에 있다. 그리고 아직도 이론과 관련하여 다루어야 할 과제가 있다.

첫째, 실무적 접근법에서 제시되고 있는 개념이나 아이디어(George, 2003)는 아직도 충분히 검증되지 않고 있다. 이 접근법은 흥미롭고 정직한 리더십에 대해 통찰할 수 있게 하지만 아직 폭넓은 실증적 기반이 없고, 그 타당성이 검증되지 않고 있다. 실증적 연구의 뒷받침이 없다면 실무적 접근법에서 제시하고 있는 아이디어를 가지고 정직한 리더십 과정을 설명할 때 신중해야 한다.

둘째, 정직한 리더십의 도덕적 구성 요소는 충분히 설명되고 있지 않다. 그래서 정직한 리더십이 의미하는 정의라든지 지역사회의 유익과 같은 높은 수준의 가치에 의하여 동기유발된다는 것이고, 정작 이 같은 가치가 정직한 리더십에 영향을 미치는 방법이 명확하지 않다. 예를 들어, 리더의 가치관이 리더의 자기 인식과 어떻게 관련되어 있는가? 도덕적 가치관이 정직한 리더십의 다른 구성 요소에 영향을 미치는 경로나 과정은 무엇인가? 등과 같은 의문에 대한 완전한 대답을 제공하는 데에는 한계점으로 지적되고 있다.

셋째, 정적인 심리적 능력을 정직한 리더십의 구성 요소 중의 하나로 포함시킬 수 있는가에 대한 의문을 제기하고 있다. 정적인 심리적 능력을 정직한 리더십의 한 부분으로 포함시켜야 하는 이론적 근거를 설명하지 못하고 있다. 정직한 리더십의 현 단계에서는 정적인 심리적 능력의 정직한 리더십 이론에서의 역할은 더 많은 명확화 작업을 요구하고 있다.

넷째, 정직한 리더십이 어떻게 조직의 정적인 성과를 이어지게 하는 점이 명확하게 밝혀지지 않고 있다. 정직한 리더십은 매력적이긴 하지만 의문들이 남아 있다. 정직성은 좋은 리더십에 중요하고 가치 있는 것이지만 그 같은 정직성이 효과적인 리더십과 어떻게 관련되어 있는가는 아직 알려지지 않고 있다. 그래서 미래의 연구는 정직한 리더십이 조직의 성과와 어떻게 관련되어 있는가를 규명하기 위한 것이 되어야 한다(김남현, 2011: 303-307).

제6절 정직한 리더십-자기 측정을 위한 설문지

1) 작성 요령

이 설문지는 정직한 리더십을 자기 측정하는 것이다. 옳고 틀리는 것은 없다. 자신의 생각을 정직하게 응답해 주면 된다. 1부터 5까지의 숫자는 정도를 나타내고 있는 것이다.

1=결코 그렇지 않다　　2=대체로 그렇지 않다
3=중간 정도이다　　4=대체로 그렇다
5=확실히 그렇다

1. 나는 세 개의 가장 큰 나의 약점들을 적어 볼 수 있다.	1 2 3 4 5
2. 나의 행동에는 나의 핵심적 가치관이 반영되어 있다.	1 2 3 4 5
3. 나는 나의 마음을 정하기 전에 다른 사람들의 의견을 구한다.	1 2 3 4 5
4. 나는 나의 감정을 공개적으로 다른 사람과 나눈다.	1 2 3 4 5
5. 나는 세 개의 가장 큰 나의 강점들을 적어 볼 수 있다.	1 2 3 4 5
6. 집단 압력이 나의 행동에 영향을 미친다.	1 2 3 4 5
7. 나와 의견을 달리하고 있는 사람들의 아이디어(생각)에 대해 주의깊게 경청한다.	1 2 3 4 5
8. 나는 한 개인으로서 내가 누구인지를 다른 사람들이 알도록 한다.	1 2 3 4 5
9. 한 개인으로서 내가 누구인지를 이해하기 위해 다른 사람들의 나에 대한 피드백을 구한다.	1 2 3 4 5
10. 논쟁거리가 되고 있는(논쟁이 붙고 있는) 사안에 대한 나의 입장을 다른 사람들이 알도록 한다.	1 2 3 4 5

11. 나는 다른 사람들의 의견을 무시하고 나의 견해만 강조하지 않는다.	1 2 3 4 5
12. 나는 나의 옳지 못한 점을 다른 사람들 앞에 좀처럼 내놓지 않는다.	1 2 3 4 5
13. 나는 나 자신에 대한 나의 느낌이나 감정을 그대로 수용한다.	1 2 3 4 5
14. 나의 도덕성이 리더로서 내가 하고 있는 일의 지침이 되고 있다.	1 2 3 4 5
15. 나는 의사결정을 하기 전에 다른 사람들의 생각(아이디어)에 매우 주의 깊게 경청한다.	1 2 3 4 5
16. 나는 다른 사람들 앞에서 나의 잘못을 인정한다.	1 2 3 4 5

2) 채점 요령

1. 문항 1, 5, 9, 13의 점수를 합산한다(자기 인식).
2. 문항 2, 6, 10, 14의 점수를 합산한다(내면화된 도덕적 시각).
3. 문항 3, 7, 11, 15의 점수를 합산한다(균형 잡힌 정보처리 능력).
4. 문항 4, 8, 12, 16의 점수를 합산한다(관계의 투명성).
5. 모든 문항의 접수를 합산한다(정직한 리더십).

3) 각 구성 요소의 점수 및 총점

1. 자기 인식: (점)
2. 내면화된 도덕적 시각: (점)
3. 균형 잡힌 정보처리 능력: (점)
4. 관계의 투명성: (점)
5. 정직한 리더십: (점)

4) 채점 결과의 해석

이 자기 측정 설문지는 자신의 '정직한 리더십'을 측정하기 위해 설계된 것이다. 따라서 정직한 리더십 과정의 네 가지 구성 요소들인 자기 인식, 내면화된 도덕적 시각, 균형 잡힌 정보처리 능력, 관계의 투명성을 바탕으로 정직한 리더십을 측정하는 것이다. 각 구성 요소에 대한 자신의 점수를 비교함으로써 전체적인 정직한 리더십 점수와 관련하여 어느 구성 요소가 상대적으로 강하고, 어느 구성 요소가 상대적으로 약한가를 알아 볼 수 있다. 정직한 리더십의 점수(총점)는 다음의 평가가 의해서 해석할 수 있다.

5) 평가

정직한 리더십이 매우 높음(65~80), 높음(49~64), 낮음(33~48), 매우 낮음(16~32)이다. 보다 높은 범주의 점수는 보다 더 강한 정직한 리더십을 나타내고 있고, 낮은 범주의 점수는 보다 더 약한 정직한 리더십을 나타낸다(김남현, 2011: 318-320).

요약

1. 윤리적 리더십은 리더의 행동과 대인관계를 통해 규범적으로 적합한 행동의 모범을 보이며, 의사소통을 강화하고 의사결정을 통해 부하 직원으로 하여금 적합한 행동을 촉진하도록 하는 것이다.
2. 윤리적 리더십의 요건으로는 최고경영자의 의지, 효율적이고 개방적인 커뮤니케이션, 윤리 경영 프로그램, 구체적인 윤리 경영 목표 설정, 윤리 행동강령의 제정, 내부 신고 장치의 구축, 윤리교육 강화이다.
3. 윤리적 리더십의 구성 요소로는 신의성실, 윤리적 인식, 공동체 및 인간 중시, 동기부여, 권한위임, 윤리적 기준 제시이다.
4. 윤리적 리더십의 행동특성으로는 타인 존중, 타인을 위한 봉사, 공정성, 정직성, 공동체 윤리 구축이다.
5. 맥스웰은 윤리적 리더십의 행위를 다음과 같이 제시하였다.
   자신의 행동에 책임을 져라, 절제력을 길러라, 자신의 약점을 깨달아라, 중요하다고 생각하는 것을 먼저 하라, 잘못을 빨리 시인하고 용서를 구하라, 돈 문제에는 신경을 써라, 일보다 가족을 소중히 여겨라, 사람에게 높은 가치를 부여하라.
6. 정직한 리더십은 투명하고 도덕에 근거를 두고 사람들의 필요와 가치에 민감한 리더십이다.
7. 정직한 리더십 이론(The theory of authentic leadership)에는 자기 인식, 내면화된 도덕적 시각, 균형 잡힌 정보처리 능력, 그리고 관계의 투명성을 바탕으로 정적인 심리적 능력, 도덕적 분별력, 생애의 중대사건에 의해 영향을 받는다.
8. 정직한 리더의 5가지 기본적인 특성은 목표를 이해하고, 올바른 일에 대한 강한 가치관을 갖고, 신뢰관계를 확립하고, 자제력을 갖고 사명에 대해 열정적으로 하는 것이다.
9. 조지(B. George)는 정직한 리더가 되기 위해서 개발해야 할 5가지는 더 목적지향적이고 가치 중심적이며, 좋은 관계를 하며, 자제력을 발휘하고 측은지심을 가져야 한다는 것이다.
10. 정직한 리더십에 대한 설문지를 제시하였다. 65점 이상은 매우 높은 정직한 리더이며, 32점 이하는 정직한 리더십이 매우 낮은 리더이다.

Chapter 09 L E A D E R S H I P

감성 리더십과 여성 리더십

리더십은 테크닉이 아니라 마음이다.
리더십은 부하의 마음을 아는 데서 출발한다.
–링컨

제1절 감성 리더십이란?

1 감성 지능의 개념

훌륭한 리더는 모든 분야에서 뛰어나야 하지만 기본적으로 지적 능력이 뛰어나야 한다. 그러나 진정으로 리더가 갖추어야 할 능력은 바로 감성 지능이다. 집단과 조직구성원들의 감성을 좌우할 수 있는 영향력을 가지고 있어야 한다. 위대한 리더는 사람들의 마음을 쉽게 움직이고 열정을 불어 넣는다. 그래서 위대한 리더는 자신의 감성을 통하여 리더십을 발휘한다. 감성 지능이 높은 리더는 조직을 더 효과적으로 이끌어갈 수 있기 때문이다.

훌륭한 리더는 구성원들의 감성을 올바른 방향으로 이끌어갈 수 있는 능력을 가지고 있어야 한다. 감성 리더는 자신의 감성을 바탕으로 자신이 맺고 있는 여러 관계를 조직 목적을 달성하는 방향으로 집결시킬 수 있다.

감성 지능은 마음과 연관된 것으로서 감정 조절, 동기부여, 타인의 감정 인식, 원만한 대인관계와 같은 능력이며, 성공적인 조직생활에서 매우 중요한 요소다.

골먼(Daniel Goleman) 교수는 감성 지능이란 “좌절 상황에서도 개인을 동기화시키고, 자신을 지켜낼 수 있게 하고, 충동의 통제를 가능하게 하며, 기분 상태나 스트레스로 인해 합리적인 사고를 억누르지 않게 하고, 타인에 대해 공감할 수 있으며 희망을 버리지 않는 능력”이라고 정의했다.

즉, 감성의 힘으로 사람들의 마음을 이끄는 것이다. 리더는 사람들의 마음을 긍정적인 방향으로 이끌고 해로운 감정이 야기시킨 오염 물질을 제거하는 것이다.

메이어(John D. Mayer)와 샐러비(Peter Salovey)는 감성 지능을 “감정을 정확히 지각하고 인식해 표현하는 능력, 감정을 생성하거나 이용해 사고를 촉진시키는 능력, 감정과 감정 지식을 이해하는 능력, 감정 발달과 지적 발달을 촉진시키기 위해 감정을 조절하는 능력”이라고 정의했다.

미국 하버드대학교의 교수이며 행동심리학자인 골먼 박사는 감성지수를 마음의 지능지수라고 했다. 그는 인간의 총명함을 결정하는 것은 IQ가 아니라 EQ(Emotional Quotient)라고 말함으로써 커다란 반향을 불러일으켰다.

최근 우리 인간에게 중요한 것은 IQ가 높은 것이 아니라 감성지수인 EQ가 높은 것이 더욱 중요하다고 알려졌다.

연구 결과에 의하면, IQ가 높은 것이 그 사람의 성공적인 삶과 행복을 누리는 삶에 기여하는 정도는 불과 20%에 미치지 못한다는 것이다. 나머지 80%는 EQ가 결정한다는 것이다. 그런데 중요한 것은 IQ는 부모로부터 물려받은 것이기에 본인이 바꾸거나 더 발전시켜 나갈 수 없다. 그러나 EQ는 자신의 노력과 주위 사람들의 도움으로 개선·발

감성(emotion) 리더란?

1. 감성 지능(emotional intelligence): 감성 지능이 높은 사람이다.
2. 동기부여(motivate): 타인에게 동기를 부여할 수 있는 사람이다.
3. 행동, 기회(opportunity): 타인들이 자신의 능력을 발휘할 수 있도록 항상 기회의 문을 열어놓고 있는 사람이다.
4. 사려 깊음(thoughtful): 모든 일에 사려가 깊은 사람이다.
5. 친밀함(intimate): 다양한 사람들과 친밀하게 지낼 수 있는 사람이다.
6. 열린 마음(open-minded): 어느 누구와도 허심탄회하게 대화할 수 있는 사람이다.
7. 화제가 풍부함(newsy): 사람들에게 들려 줄 이야깃거리가 풍부한 사람이다.

자료: 안병용 외(2008: 294-295).

전시켜 나갈 수 있다는 점이다(변상우, 2011: 218-220).

2 감성 조절

그로스(J. J. Gross)는 감성을 적응적인 행동적 · 생리적 반응이라고 정의하고, 감성은 조절될 수 있는 반응 성향이기 때문에 조절되고 관리될 수 있다고 보았다(Gross, 1998).

감성 조절이란 자신이 가진 감성을 경험하고 이런 감성들을 표현하는 것으로 감성 지능의 개념과 비슷하다. 사람들은 우선 감성을 조절하기 전에 자신이 가지고 있는 감성을 잘 이해해야 한다. 대부분의 감성적 반응은 다른 사람들로부터 기인되기 때문에 자신의 감정을 이해하는 것은 다른 사람의 감성을 이해하는 능력과 관련이 있다.

그로스는 감성적 반응 성향은 얼마든지 시스템적 관점에 투입물을 변화시킴으로써 조절되거나 그 결과물을 변화시킴으로써 조절될 수 있다고 한다. 감성 조절의 단계에 대해 구체적으로 살펴보면 다음과 같다.

첫 번째는 감성적 충격을 고려해 어떤 상황이나 사람을 회피하거나 선택적으로 접근하는 상황을 선택한다.

두 번째는 감성적 영향을 변화시키기 위해 환경을 변화시킨다.

세 번째는 감성을 조절하기 위해 어떤 것으로부터 주의를 철수시키거나 주의를 기울이게 되는 주의 배치가 이루어진다.

네 번째는 자신의 감성을 변화시키기 위해 자신이 처해 있는 상황을 관리하는 능력이나 상황 자체를 재평가하게 되는 인지적 변화가 일어나게 된다.

이 모형은 조직적 맥락에 적용하면 종업원들은 작업환경에 대한 그들의 인식을 조절할 수 있다. 이러한 인식은 자신과 상호작용하게 될 사람을 선택하고, 그들의 작업환경을 변화시키고, 작업환경이 특정 부분에 초점을 맞추고, 작업환경에 대한 그들의 평가를 변화시키는 등 선행 요인 중심으로 감성을 조절함으로써 자신들의 감성에 영향을 미치게 된다.

직원들은 특정 감정을 강화, 감소, 연장, 단축함으로써 반응 중심의 감성 조절을 할 수 있는데, 이를 통해 작업환경으로부터 감성 자극의 효과를 조절할 수 있다. 이때 감성 지능이 높은 사람은 감성 조절 기제를 효과적으로 사용해 긍정적인 감성을 유발하고 동시에 감성적 · 지적 성장을 촉진하게 된다. 반면, 감성 지능이 낮은 사람은 선행요인 중심의 감성 조절이나 반응 중심의 감성 조절을 효과적으로 사용하지 못하기 때문에 감성 조절이 어렵게 된다.

3 감성 지능의 핵심 요소

골먼은 감성 지능의 핵심 요소를 자기 인식, 자기 관리, 자기 동기화, 공감, 사회적 기술의 다섯 가지 요소를 제기했는데, 그 내용은 다음과 같다.

1) 자기 인식

자기 인식이란 자신의 감정에 대한 강점, 약점, 필요, 동인 등에 대한 깊은 이해를 말한다. 즉, 자신이 느끼는 감정을 재빨리 인식하고 알아차리는 능력이다. 자기 인식이 높으면 지나치게 비판적이지 않고, 비현실적으로 희망적이지도 않다. 자신과 다른 사람에 대해 정직하기 때문에 자신의 감정이 자신과 다른 사람의 직무 성과에 영향을 주게 되는지 이해하게 되며, 시간 계획을 세우고, 주어진 시간 내에 일을 완수하려고 한다.

또한 자기 인식은 개인의 가치와 목표를 이해하는 능력이다. 자기 인식 수준이 높은 사람은 자신이 어디를 향해 가고 있는지, 왜 가고 있는지를 명확하게 이해할 수 있다.

자기 인식이 높은 사람은 자신의 강점을 잘 알고 그것을 말하는 데도 불안해하지 않으며, 종종 건설적 비판도 표출하고, 자기 확신에 따라 주변을 이해하려고 하며, 자신의 역량에 대한 충분한 이해가 뒷받침되기 때문에 쉽게 실패하지 않는다.

반면에, 자기 인식이 낮은 사람은 자신을 향상시키는 데 필요한 외부의 메시지를 위협이나 실패의 증거로서 받아들이기 때문에 긍정적인 성과를 달성하기가 어렵다.

특히, 자기 인식은 직무 성과와 관계가 깊다. 자기 인식은 자신을 둘러싼 감정을 정확하게 측정하고, 흐트러지기 쉬운 감정을 관리하며, 스스로를 동기부여시키고, 일과 연계된 바람직한 감정적 기술을 개발하는 등 작업환경에서 요구되는 기본적인 감성 지능을 갖출 수 있다.

2) 자기 관리

자기 관리는 자신의 감정이나 기분을 효과적으로 통제하는 것으로, 감정의 노예가 되지 않도록 만들어 주는 감성 지능의 한 요소다. 자기 관리는 자신의 감정을 균형 있게 조절해 걱정, 근심, 두려움, 노여움을 드러내서는 안 될 때 감정을 억제하게 한다. 만약 리더가 구성원의 사소한 실수에도 쉽게 흥분하고 감정을 통제하지 못해 구성원에게 모욕적인 언사를 자주 한다면 구성원의 사기뿐만 아니라 창의성을 저해하는 결과를 초래할 수 있다. 이와 반대로, 자신의 감정을 효과적으로 관리하는 리더는 자제력과 참을성이 강하고 구성원에게 기분을 상하게 하는 부정적인 감정을 쉽게 노출시키지 않는다. 따라서 자기 관리는 리더가 목표를 성취하기 위해 갖추어야 할 좀 더 구체화된 힘이다.

자기 관리는 긍정적인 주변 효과를 발생시킨다. 예를 들어, 리더가 침착한 성격인 경우 조직구성원들은 누구도 자신이 성미가 급하다고 인식되는 것을 원하지 않는다. 그러므로 자기 관리는 개인적인 가치 향상뿐만 아니라 조직의 강점을 높이는 역할을 담당하기 때문에 리더십의 측면에서 매우 중요한 요소다.

특히, 중요한 것은 스트레스를 피하고 화가 나 있다면 당신의 감정을 솔직한 이메일을 써보고, 절대 센드(send) 버튼은 누르지는 마라.

자기 관리 방법

- 스트레스 줄이기
- 내면의 대화 시도하기
- 좋은 대화 상대자 찾기
- 자신에게 타임아웃[1] 선언하기
- 보내지 않는 편지나 이메일 써보기
- 적절한 유머 사용하기
- 자신 챙겨 보기

---

1) 자신의 행동을 되돌아보게 해서 스스로 개선할 기회를 주는 훈육 방법.

3) 자기 동기화

자기 동기화는 어려움을 참으면서 자신의 성취를 위해 타인의 감정을 읽어내는 능력이다. 대부분의 사람이 외재적 요소인 높은 연봉, 직위, 근로 조건 등에 동기부여가 되지만, 자기 동기화가 높은 사람은 자신이 수행한 직무에 대한 성취 자체를 위해 마음속 깊은 곳에 있는 욕구를 통해 동기부여가 된다.

이러한 리더를 판단하는 방법은 리더가 자신이 수행하는 일 자체에 대한 열정의 소유 여부로 판정할 수 있다. 이런 리더들은 창조적인 도전적인 일을 찾고, 학습을 즐기며, 직무를 제대로 잘 수행하는 것에 큰 긍지를 갖고, 상황을 개선하는 행위에 불굴의 의지와 노력을 기울인다. 또한 끊임없는 질문을 통해 다른 새로운 방법을 찾아내고, 새로운 접근 방법을 모색하며, 항상 성과 기준을 높이고 그 기준을 달성하려고 노력한다.

4) 공감

공감은 타인이 느끼는 감정을 자신의 것처럼 느끼고, 타인의 감정을 읽어 내는 능력이다. 즉, 다른 사람의 감정, 욕구, 관심사, 관점 등을 아는 것으로 다른 사람이 말하지 않는 감정에 적절히 응대하는 것을 의미한다.

공감의 정도가 높은 사람은 전문적인 조직에서 다른 사람과 협조하는 능력이 뛰어나다. 따라서 공감은 다양한 종류의 사람들이 일하면서 발생되는 문제 해결을 위한 의견 조정에 필수적이다. 이런 공감을 감정이입이라 한다.

감정이입은 타인의 입장이 되어 말하지 않아도 타인의 느낌을 감지할 수 있는 능력이다. 다른 사람의 관점에 귀를 기울이고 받아들이는 감정이입을 통해 리더는 사람들의 감성적 채널에 초점을 맞추게 되고, 그리하여 공감을 불러일으킨다.

특히, 최근에 조직에서 단행하고 있는 구조조정의 경우에도, 공감이 높은 리더는 자신의 의사결정과 관련된 사항에 대한 걱정과 고민을 솔직하게 말하고, 모든 사람에게 공개적으로 대하며 공정하게 처리할 것을 약속하기 때문에, 실제 우수 인력들은 지속적으로 머물게 되어 변함없이 조직이 유지될 수 있도록 한다.

그러나 공감이 낮은 리더는 불투명하게 공지하고 몇 명의 인력이 곧 해고될 것이라고만 강조해 인력 유지 차원에서 어려움을 겪게 된다.

공감이 리더십에서 중요한 요소가 되는 이유는 다음과 같다.

첫째, 팀 활용성의 증대다. 팀의 리더는 조직원 각각의 관점을 감지하고 이해할 수 있어야만 소규모 인원이라도 협력이 정착되고 의제에 대한 의견 충돌이 소거된다.

둘째, 오늘날 경영환경이 국제적 글로벌 경영환경으로 재편됨에 따라 범문화적인 의견 교환 중에 종종 오해가 유발될 수 있는데, 공감은 이런 경우에 문제를 해결할 수 있는 해독제와 같은 역할을 하게 된다.

셋째, 공감은 우수 인재의 유지 측면에서 기여하게 될 것이다. 리더는 항상 공감을 통해 효과적으로 우수 인재를 유지하고 개발해야 하는데, 그렇지 못하면 우수 인재뿐만 아니라 회사의 지적 재산도 함께 유출될 수 있다.

넷째, 공감은 갈등 조정에 필수적이다. 성공적인 협상가는 역지사지(易地思之)의 입장에서 생각해 상대방이 가장 중요한 초점이 무엇인지를 감지하고 솔직히 인정하면서, 감정적인 부분을 배제한 후에 실질적인 양보를 요구한다.

다섯째, 공감은 유연성 확보에도 도움을 준다. 조직의 성과를 향상시키기 위해서는 조직 내 다른 사람들로부터 주어지는 미묘한 사회적 암시와 신호를 정확하게 읽는 능력이 필요하다.

5) 사회적 기술

사회적 기술이란 타인의 감정에 적절하게 대처할 수 있는 능력을 말하며, 적절한 감성표현력이라 할 수 있다. 자기 인식, 자기 관리, 자기 동기화가 자기 관리 기법이라면 공감과 사회적 기술은 대인관계를 개선하고 유지하는 능력이다.

사회적 기술이 다른 요소에 비해 중요한 요소로 평가되는 것은 리더는 효과적인 대인관계를 기초로 다른 사람을 통해 일을 하기 때문이다.

사회적 기술에는 두 가지 요소가 있다. 첫째는 다른 사람에게 영향력을 미치는 것으로 합의와 지지를 구축하기 위한 복합적인 전략의 활용과 정교하게 조율된 표현을 포함한다. 둘째는 효과적인 의사소통을 하는 것으로 감정의 유연성, 어려운 문제를 직접적으로 다루기, 경청하기, 정보 공유, 솔직한 대화 등이 있다.

특히, 갈등의 조정은 다루기 힘든 중요한 기술이다. 갈등 해결을 위해서는 잠재적인 알력을 찾아 내고, 토론을 촉진시키며, 상생의 해법을 모색하도록 하며, 감정의 방향을 전환함으로써 합리적인 방법을 모색하는 능력이 요구된다.

4 감성 지능 향상을 위한 방안

감성 지능은 자신과 타인의 감성을 평가하고 변별해 사고와 행동을 인도하는 능력으로, 다른 사람들에게 영향력을 행사하는 리더에게는 필수적 요건이다.

효율적인 리더십을 발휘하기 위해서는 반드시 감성 지능을 바탕으로 한 감성 리더십이 전제되어야 한다. 감성 능력을 갖춘 리더는 선천적으로 타고나는 부분도 있지만, 후천적으로 학습되고 훈련해 개발할 수 있다.

골먼(Daniel Goleman), 보야트지스(Richard Boyatzis)와 맥키(Annie McKee)는 감성 지능을 향상하기 위한 방안을 다음과 같이 제시했다.

1) 감성적 현실 인식

리더는 조직구성원들의 행동에 영향을 미치는 조직문화와 감성적 현실에 대해 주의 깊게 관심을 기울여야 한다. 조직구성원 모두의 공감대가 형성된 감성 지능을 갖춘 조직체를 만들려면 구성원들이 조직문화에 대해 서로 의견을 나눌 수 있도록 대화의 장을 마련해 주어야 한다. 또한 감성 지능을 갖춘 조직으로 변화시키기 위해서는 구성원이 스스로 변화를 이끌도록 해야 한다.

감정은 억지로 누군가에 의해 강요되어서는 안 되며, 그렇게 되면 오히려 역효과로 나타난다. 리더는 구성원의 감정을 존중하고, 구성원 스스로 변화를 이끌도록 세심한 배려가 필요하다.

감성 리더는 조직의 감성적 현실에 대해 제대로 알고 이상적 전망에 대한 공감대를 형성해야 한다. 특히, 리더는 구성원들이 모두 다 함께 참여함으로써 그로 인해 얻을 수 있는 결과에 대해 수시로 언급함으로써 구성원들이 스스로 변화를 시도하도록 유도해야 한다.

2) 공감 형성

감성 리더는 구성원들의 공감을 불러일으키기 위해 자신의 감성과 구성원의 감정에 주의를 기울여야 한다. 따라서 리더는 구성원의 감성의 차원에서 살펴보고, 이를 바탕으로 의미 있는 조직의 비전과 목표를 수립해야 한다. 조직구성원들이 조직의 비전과 목표를 따르게 하기 위해서는 비전과 목표가 구성원의 마음을 움직일 수 있는 것이어야 한다. 그러므로 리더는 구성원이 진정으로 바라고 원하는 것이 무엇인지 주목하면서 조직 내의 건전한 조직 분위기를 연출하는 데 적합한 문화를 창출하며 그 가운데 관계를 형성해 나가야 한다.

리더가 구성원에게 관심을 가지게 되면 감성적 유대가 형성되고, 그것을 바탕으로 공감의 분위기가 만들어진다. 공감의 분위기가 조성되면 조직구성원은 서로에게 강한 유대감을 느끼게 된다.

3) 감성 지능 개발

감성 리더는 조직구성원들의 감성 지능을 육성하는 데 노력해야 한다. 조직구성원들의 감성 지능을 높이기 위해서는 먼저 자기 감성 능력을 갖출 수 있도록 도와주어야 한다. 이를 위해 먼저 리더는 조직의 감성적 기조가 어떤 상태인지를 확인하고, 조직구성원들로 하여금 그들에게 어떤 부조화가 존재하는지를 지각하게 하는 것이다.

조직구성원들이 자신들의 감성적 현실을 제대로 인식하게 되면 변화를 향해 마음을 움직이게 된다. 즉, 감성 리더는 자신의 감성뿐만 아니라 조직의 감정을 잘 다스림으로써 구성원의 감성적 에너지를 소모하지 않고 변화를 잘 극복할 수 있으며, 조직의 감성적 기조를 잘 관찰함으로써 긍정적 에너지를 포착하고 부정적 감성을 건설적으로 바꿀 수 있는 방안을 찾을 수 있게 된다.

이처럼 리더는 조직의 감성 지능이 높아질 수 있도록 구성원들의 감성을 살피고, 바람직한 방향으로 감성이 형성될 수 있도록 감성 지능 향상의 촉진자 역할을 해야 한다.

4) 감성 지능의 유지

조직을 감성적 분위기로 유지하기 위해 리더는 조직을 민주적인 방식으로 운영해야 한다. 그리고 조직구성원 상호 간에 신뢰하는 분위기를 정착시키며, 서로를 존중함으로써 인간적인 관계가 형성되도록 이끌어나가야 한다.

리더가 조직의 감성 지능을 유지시켜야 하는 중요한 이유는 구성원들이 긍지를 갖고 자신이 하는 일에 보람을 느끼게 해주기 때문이다. 또 감성 지능과 공감의 분위기를 뒷받침해 줄 수 있는 상징물을 통해서도 조직에 대한 긍정적인 감성을 견지할 수 있게 된다(변상우, 2011: 226-242).

5 감성 리더십 기법

토끼를 잡으려면 귀를 잡아야 하고, 고양이를 잡으려면 목덜미를 잡아야 하고, 닭을 잡으려면 날개를 잡고, 사람을 잡으려면 마음을 잡아야 한다. 그래서 리더십은 테크닉이 아니라 마음이라고 했다. 영국의 대처(Margaret Thatcher) 수상은 "공감 능력이 사람을 부른다"라며 감성의 중요성을 강조하였다.

감성적 리더십을 효과적으로 발휘하기 위해서는 무엇보다 리더 스스로가 감성 지능을 구성하는 다양한 감각적 역량을 갖추기 위해 노력해야 한다. 감성 리더십 기법은 다음과 같다.

1) 냉철하게 자아를 관찰하고 이해해야 한다

감성적 리더십을 발휘하는 첫 단계는 자기 자신을 냉철하게 평가하고 솔직할 수 있어야 한다. 즉, 자아 인식[2] 능력이 높아야 한다. 자아 인식이 높을수록 강한 신념과 자신감을 지닐 수 있으며, 자신의 실수에 대해서도 솔직히 인정하는 태도를 갖출 수 있다.

2) 자신의 감정을 통제할 수 있어야 한다

자기 자신의 감정이나 기분을 효과적으로 통제할 수 있는 자기 관리 능력이 필요하다. 만일 리더가 부하 직원들의 사소한 실수에도 쉽게 흥분하고 자신의 감정을 통제하지 못하면, 부하의 사기뿐만 아니라 창의성을 저해하는 결과를 가져올 것이다.

감성적 리더는 참을성이 강하고 성실성과 정직성이 뛰어나며 스트레스나 갑작스러운 변화에도 적응력이 뛰어나다. 이런 리더를 구성원은 믿고 존경하며 따를 것이다.

---

2) 자아 인식 능력을 갖춘 리더는 자기 자신의 감성 상태, 강점과 약점, 니즈, 지향점, 가치 등을 있는 그대로 파악해야 한다.

3) 타인에 대한 배려와 애정이 있어야 한다

감성적 리더는 타인에 대한 배려와 애정이 있을 때 효과를 발휘할 수 있다. 이를 위해서는 먼저 구성원의 감정이나 시각을 폭넓게 이해하고, 적극적으로 관심을 표현할 수 있는 타인 의식 능력이 필수적이다.

이것은 부하 직원을 배려와 애정으로 보살핌으로써 그들의 역량 향상과 성장을 돕는 인재 육성형 리더의 기본 덕목이라 할 수 있다. 더불어 리더에게는 따뜻한 말과 설득력을 갖춘 커뮤니케이션 능력도 중요하다.

4) 도전 정신과 열정이 뒷받침되어야 한다

최종적으로 감성적 리더십의 발휘의 원천은 높은 도덕 정신과 열정에 있다. 열정을 갖추지 못한 리더 밑의 부하들에게 어떻게 조직에 대한 충성심을 기대할 수 있는가? 리더가 샘솟는 열정과 끈기로 도전적인 목표를 향해 매진하는 모습을 보여 줄 때 비로소 구성원들은 리더를 믿고 따르게 된다.

이때 리더는 작은 실수는 너그럽게 봐주고 더 큰 목표와 성공을 위해 항상 낙관적인 태도를 유지하고 구성원을 독려하는 모습이 필요하다(김현기, 2002).

제2절 감성 리더십과 감성 리더의 사례

1 감성 리더십

감성 리더십은 자신의 내면을 깊이 성찰하고 부하의 감성 및 니즈(needs)를 이해하고 배려함과 동시에 공동의 선을 찾아 자연스럽게 구성원들을 이끌 수 있는 능력이다.

즉, 감성 리더십이란 자신과 상대방의 감성에 대한 이해를 바탕으로 관계 형성 및 유지를 통해 상대방으로부터 공감을 얻어냄으로써 공감을 받은 자들이 최선을 다해 직무에 몰입함으로써 높은 성과를 가능하게 하는 리더십이다. 따라서 감성 리더가 되려면 전문적 지식과 함께 감성 지능을 갖추고 사람들의 감성을 긍정적으로 이끌 수 있는 능력을 갖추어야 한다.

역사적으로 훌륭한 리더들은 기술적 · 인지적 능력과는 다른 감성 지능의 능력을 가지고 있다. 목표를 성취하기 위한 강한 추진력, 일을 주도적으로 이끌어나가는 진취력, 협동과 팀워크를 이끌어내는 능력 등은 감성 지능에 기초한 리더십이다. 따라서 감성 지능은 훌륭한 리더십을 발휘하기 위한 도구에 해당된다.

감성 리더십은 먼저 자신이 자신의 내면을 깊이 성찰하고, 나아가 부하 직원들의 감성 및 욕구를 이해하고 배려하는 속에서 공동의 목표를 달성해 내는 것이 감성 리더십의 본질적 핵심 내용이다.

즉, 감성 리더십이란 해박한 지식이나 논리적 설득이 아니라 감성 바이러스가 담긴 이야기를 통해 사람의 잠재된 욕망을 자극하여 공감을 이끄는 것을 말한다.

그래서 감성 리더십은 개인적 측면에서 조직구성원들이 열정을 다해 업무에 몰입하게 함으로써 높은 성과를 창출하는 것이며, 조직적 측면에서는 신명나게 일할 수 있는 조직문화를 형성할 수 있는 기반을 제공하게 된다.

2 감성 리더십의 영역

골먼, 보야트지스와 맥키 등이 저술한 『감성 리더십』에서 감성 리더십의 차원을 <표 9-1>과 같이 자기 인식 능력, 자기 관리 능력, 사회적 인식 능력, 관계관리 능력의 네 가지 영역으로 제시했다.

첫째, 자기 인식 능력은 자신의 감정이나 능력 등을 깊이 이해하는 것으로, 자신의 가치, 목표, 꿈이 무엇인지 제대로 알아야 한다. 즉, 자신들이 무엇 때문에 어디로 향해 가고 있는지를 아는 사람들이다. 반대로, 자기 인식 능력이 부족한 사람은 원칙을 잘 지키지 못하고, 곧잘 마음의 갈등을 초래하는 결정을 내리는 경우가 많다.

자기 인식 능력이 투철한 사람은 자신의 가치관에 부합하는 결정을 내리기 때문에, 자신들의 일에 그만큼 열정을 갖고 임한다. 이런 사람들은 직관력을 갖는데, 이것은 과거에 집착하지 않고 미래를 창조하면서 앞을 내다보는 혜안의 능력이다.

감성 지능을 갖춘 리더는 통찰력을 통해 축적된 삶의 지혜를 잘 이용한다. 자기 인

표 9-1 감성 리더십의 영역

개인적 능력	**1. 자기 인식 능력 – 자신의 감정, 능력, 한계, 가치, 목적에 대해 깊이 이해하는 것이다.** ① 감성적 자기 인식 능력: 자신의 감성을 읽고 그것의 영향력을 깨닫는 것, 결정을 내리는 데 본능적인 감각을 이용한다. ② 정확한 자기 평가: 자신의 평가를 통해 자신의 장점과 한계를 아는 능력 ③ 자신감: 자신의 가치와 능력에 대해 긍정적으로 생각하는 능력
	2. 자기 관리 능력 – 자신의 감정을 헤아릴 줄 알고 자신이 무엇을 하고자 하는지 분명히 아는 것이다. ① 자제력: 충동을 통제하고, 침착하고 냉철함을 잃지 않는 능력 ② 투명성: 자신의 감정, 믿음, 행동에 대해 진솔하게 개방하고 솔직하게 보여 주는 능력 ③ 적응력: 상황의 변화에 유연하고 기민하게 적응하고 대처하는 능력 ④ 성취력: 높은 목표를 설정하고 그 목표를 달성하기 위해 노력하는 능력 ⑤ 낙천성: 모든 사물을 긍정적으로 보는 것
사회적 능력	**3. 사회적 인식 능력 – 공감 능력으로 타인의 감정을 잘 파악하는 것이다.** ① 감정이입 능력: 다른 사람의 느낌, 욕구, 관심을 알아채는 능력 ② 조직적 인식 능력: 정치적으로 기민하며, 중요한 사회적 네트워크를 간파하고, 핵심적 권력 관계를 인식하는 능력 ③ 서비스 능력: 구성원과 고객의 욕구를 알아차리고 부응하는 능력 ④ 스피치 능력: 말하기와 듣기 등 원활한 커뮤니케이션 능력
	4. 관계관리 능력 – 다른 사람의 감정을 효율적으로 잘 다루는 능력이다. ① 감화력: 확고한 전망으로 구성원을 이끌고 공감을 유도해 일을 흥미 있게 만드는 능력 ② 영향력: 사람을 끄는 설득력과 매력을 지닌 능력 ③ 타인의 능력 개발: 타인의 목적과 욕구, 강점과 약점을 이해하고, 시의적절하고 건설적인 조언과 개발을 지원하는 능력 ④ 변화 촉진: 변화의 필요성을 절감하고 현상에 도전하며, 새로운 질서를 주창하면서도 반대에 직면하더라도 강하게 변화를 옹호하는 능력 ⑤ 갈등관리: 상이한 관점을 이해, 공동의 이상을 향해 에너지를 발휘하도록 유도하는 능력 ⑥ 팀워크 및 협력: 동료애 분위기 창출, 구성원의 집단적 노력에 능동적이고 열정적으로 헌신하도록 유도하며 긴밀한 관계를 맺도록 만드는 능력

식 능력은 감성적 자기 인식 능력과 정확한 자기 평가, 그리고 자신감이 있어야 한다.

둘째, 자기 관리 능력은 자신의 감정을 헤아릴 줄 알고 자신이 무엇을 하고자 하는지 분명히 아는 것이다. 즉, 자기 관리 능력은 리더가 목표를 성취하기 위해 갖추어야 할 구체적인 능력이다. 자신의 느낌을 이해하지 못한다면 스스로 감정을 통제하기 어렵다.

자기 관리 능력이 뛰어난 사람은 낙관적인 성격으로 다른 사람들과 심한 언쟁이나 갈등이 있을 때에도 정서적으로 쉽게 동요하지 않는다. 낙관적인 태도와 즐거운 기분을 유지할 수 있는 리더는 아무리 힘든 상황에서도 공감을 불러일으키는 긍정적인 감정을 발산한다. 즉, 자기 관리 능력은 자제력, 투명성, 적응력, 성취력, 낙천성을 바탕으로 한다.

셋째, 사회적 인식 능력은 공감 능력으로 타인의 감정을 잘 파악하는 것이다. 리더가 다른 사람의 마음을 움직이기 위해서는 자신의 메시지를 잘 표현하는 능력이 있어야 한다. 그리고 공감을 불러일으키는 능력은 자신의 감정에 확신을 갖고 표현할 수 있어야 한다.

특히, 감정이입 능력은 특정한 순간에 사람들이 느끼고 있는 것에 동조함으로써 리더가 그에 걸맞은 말과 행동을 할 수 있는 것이다. 이것은 다른 사람의 관점에 귀를 기울이고 받아들이는 것으로 사람들의 감성적 채널에 주파수를 맞추게 되고, 그리하여 공감을 불러일으키는 것이다.

사회적 인식 능력에는 원활한 스피치 능력, 감정이입 능력, 조직적 인식 능력, 서비스 능력이 갖추어 줘야 한다.

넷째, 관계관리 능력은 다른 사람의 감정을 효율적으로 잘 다루는 능력이다. 자기 인식, 자기 관리, 사회적 인식 능력의 세 요소는 감정 지능의 마지막 요소인 관계관리 능력에서 결국 하나로 엮인다. 관계관리 능력은 인생관계에서 나타나는 설득, 갈등관리, 협동 등에서 관계를 노련하게 한다는 것으로 이것은 사람의 감정을 잘 다룬다는 것이다.

즉, 리더는 자신의 감정을 자각하고 있어야 하며, 감정이입을 통해 자신이 이끄는 사람들의 감성에 파장을 맞출 수 있어야 한다. 그래서 리더는 자신의 관점과 가치관을 뚜렷하게 인식하고, 긍정적인 감성 영역에 확고하게 뿌리를 내린 후에 집단의 감정에 주파수를 맞춘다면 관계관리의 수완은 그들 사이의 교감을 낳아 더 큰 공감을 불러일으키게 된다.

뛰어난 사회적 능력을 갖춘 훌륭한 감성 리더가 되려면 무엇보다 먼저 구성원의 욕구를 잘 파악하여, 그들의 욕구를 충족하고 감동을 주어야 한다.

관계관리 능력은 감화력, 영향력, 타인의 능력 개발, 변화 촉진, 갈등관리, 팀워크 및 협력을 이끄는 능력이다.

결론적으로, 감성 리더는 풍부한 경험을 바탕으로 포용력과 설득력, 그리고 융화력을 바탕으로 사람들의 마음을 움직이는 리더라고 할 수 있다.

3 간디의 감성 리더십

감성을 다루어야 하는 리더의 과업은 그야말로 기본적이면서도 가장 중요한 것이다. 리더란 집단의 감성을 이끌고 가는 존재다. 리더는 조직이라는 공간을 따뜻한 곳으로 만들어 가는 노력을 해야 한다. 모든 조직에는 불편함과 부족함이 동시에 존재한다. 감성 리더는 우선 자신이 이러한 상황을 극복하고 인내해야 한다. 그리고 면밀히 조직 구성원의 아픔과 애로를 달래줄 수 있어야 한다.

간디(Mahatma Gandhi, 1869~1948)는 진정한 감성 리더이다. 간디를 통해 감성 리더가 갖춰야 할 핵심 조건은 다음과 같다.

1) 비폭력과 평화추구

간디는 20세기 가장 영향력 있는 리더 중 한 사람이다. 그의 메시지는 인도만을 위한 것이라기보다 세계를 위한 것이었다. 모든 사람을 위한 평화, 비폭력을 통한 변화, 그리고 정치적・종교적 믿음이 어떻든 인간 존재에 대한 존엄 그 자체였다.

간디는 인도만이 아니라 세계를 위한 '인권운동의 아버지'로서 손색이 없다. 그의 가르침과 연설, 저서들은 그를 인도의 정치가를 뛰어넘어 세계적인 위치에 올려놓았으며, 지금도 그에 대한 신뢰는 변함이 없다. 많은 사람이 간디 사진을 보는 것만으로도 많은 위로가 되며, 새로운 영감이 솟아오름을 느낀다고 한다.

감성 리더십이란 바로 이런 것이다. 간디는 전대미문의 연설로 군중의 마음을 움직이며 단식과 국토 종단의 행진, 인도와 인도인을 위한 자유 통치를 실현하려는 시도 속에서 영국의 리더들과 맞섰던 활동들이 사람들로 하여금 마치 그를 불사신인 것처럼 여기고 따르도록 하였다.

2) 끝없는 인내력

간디는 전 생애를 통해 엄청난 에너지를 쏟아냈으며, 이를 능가하는 거대한 인내심을 보여 주었다. 그는 곳곳에서 인종주의, 편향주의, 종교적이며 정치적인 열광주의에 부딪쳤다. 그럼에도 그는 인내심을 잃지 않았으며, 작은 좌절들을 겪으면서 오히려 더 큰 것을 성취했다. 그는 어떤 어려움이 있더라도 굴하지 않고 계속해서 전진하는 리더로서 자질을 갖추고 있었던 것이다.

간디는 자신의 종교적 이상을 삶의 지침으로 삼았다. 그는 깨달음이란 큰 가치를 인내를 통해 얻었다. 그는 인내라는 중요한 삶을 통해 영국인과 인도인, 힌두교와 회교도 등을 대상으로 협상회의를 주재해 왔기 때문에 탁월한 협상가가 될 수 있었으며, 많은 어려움은 끝없는 인내력으로 돌파하였다.

3) 자기 극복과 겸손함

간디는 무엇이든 손수 만드는 것을 즐겨 했고, 검소한 삶을 지향하였으며 겸손하였다. 그는 세계 속에서 인도가 부각되기 위해서는 독자적인 길을 가야 한다고 주장하였다. 대부분의 영국 리더가 그에게 비웃음을 보낼 때에도 그는 리더들에게 자신의 생각을 증명하고자 노력하였다. 그는 남아프리카공화국에서의 경험과 영국으로부터의 인도 독립을 위해서, 그리고 인도의 정치적 · 정신적 지도자로서 그는 언제나 말없는 우아함과 고상함을 보여 왔다.

4) 모범적인 삶

간디는 그저 명목상의 우두머리가 되려고 하지 않았다. 그는 자신의 확고한 신념을 달성하기 위해서라면 교도소 가는 것을 두려워하지 않았다. 간디는 자신이 체포됨으로써 더 많은 희생정신을 보여 주었다. 그래서 그의 감옥생활은 그를 지지하는 사람들을 더욱 강하게 규합하는 결과를 가져왔다.

리더는 간디처럼 모범을 보임으로써 동료들을 이끌어야 한다. 즉, 리더는 구성원들과 함께 최일선으로 내려가서 스스로 모범을 보여야 한다. 결론적으로, 감성 리더십은 풍부한 경험과 포용력, 그리고 설득력과 융화력이 있어야 한다(안병용 외, 2008: 295-297).

제3절 여성 리더십

1 여성 리더십의 특성

21세기는 여성의 시대라고 한다. 사회의 개방화와 더불어 여성의 사회 진출이 질적이나 양적으로 크게 늘어나고 있다. 여성의 사회 참여가 증가하면서 자연히 여성 리더십 문제는 중요하게 대두되고 있다. 특히, 여성은 감성이 풍부하고 자상하여 요즈음 새로운 리더십으로 각광을 받고 있는 실정이며, 한국 사회에서 여성 엘리트가 크게 늘어나 법조계, 교육계, 공무원, 정치계 등에서 크게 활약하고 있는 실정이다.

전체가 다 그런 것은 아니지만, 남성 리더와 여성 리더는 리더십의 성과와 부하에 대한 영향력을 발휘하는 방법에 있어서는 차이를 나타내고 있다. 남성 리더는 자신이 행사하는 리더십을 계약적이라고 하는 반면에, 여성 리더는 변형 리더십으로 특징 지우고 있다.3)

즉, 남성 리더는 업무 성과를 업무 수행에 대한 보상의 교환이나 바람직하지 못한 성과에 대한 제재 등으로 부하들과 계약으로 이루어진다. 따라서 남성 리더는 조직의 공식적 직위와 권위로부터 나오는 권력을 행사하는 경향이 많다.

반면에, 여성 리더는 변형 리더십의 속성이라고 할 수 있는 광범위한 목표에 대한 관심을 통하여 개인의 이익을 집단의 이익으로 변형시키도록 부하를 고무시킨다. 또한 권력의 원천을 공식적 직위와 권한보다는 배려, 인간관계기술, 열정적인 일 또는 개인적 접촉 등과 같은 개인적 특성에 두고 있다.

로제너(J. B. Rosener)는 여성 리더십을 상호작용적 리더십이라고 이름을 붙였다(Rosener, 1990: 119-125). 즉, 여성 리더는 부하들과 적극적으로 상호작용을 수행할 뿐만 아니라, 참여를 촉진하고 권력과 정보를 공유하며 부하들의 가치를 존중하고 일에 대한 열정을 진작시킨다는 것이다.

---

3) 변형 리더는 부하들의 욕구와 이익에 대한 관심, 신뢰의 확립, 조직문화의 변화를 통하여 전반적으로 부하들의 동기수준을 제고한다. 그 결과, 부하들은 가외적 노력을 유도하여 기대 이상의 높은 성과를 가져 온다(박우순, 1998: 281-282).

여성 리더십의 4가지 특성은 다음과 같다.

1) 참여의 촉진

참여 또는 관여는 여성 리더십의 핵심이다. 여성 리더는 구성원들을 조직의 일부로 느끼도록 하는 데 노력을 많이 한다. 그들은 여러 가지 방법으로 집단 정체성을 높이려고 한다. 예컨대, 부하들에게 성과 목표의 설정에서부터 정책결정에 이르기까지 업무의 모든 측면에서 발언권을 부여하여 적극적으로 참여토록 한다.

2) 권력과 정보의 공유

부하들의 참여는 리더에게 정보가 흘러 들어가는 것을 의미하는 동시에 양방향적인 개방적 커뮤니케이션을 의미한다. 상호작용적 여성 리더는 권력과 정보를 독점하기보다는 구성원들과 공유하려는 의지를 갖고 있다. 권력과 정보의 공유는 목표 달성을 보다 쉽게 달성할 수 있다.

구성원들이 신뢰받고 그들의 생각이 존중되고 있다는 것을 보여 줌으로써 더욱 충성심을 유발할 수 있다. 특히, 중요한 것은 리더가 문제에 대해 결정을 하기 전에 여러 가지 생각을 청취할 수 있는 기회를 갖게 된다. 또한 정보의 공유는 리더가 개방적이고 솔직하다는 평판을 얻을 수 있다.

3) 특권의식 배제

정보를 공유하고 참여를 촉진하게 되면 직원들은 스스로 중요하다는 느낌을 갖는다. 상호작용적 여성 리더는 부하들이 중요하다고 생각하게끔 그들을 신뢰하고 칭찬을 하며, 미약하지만 인정의 신호를 보내 주는 것이다. 특히, 중요한 것은 리더가 부하들의 열등성을 조성하여 자신의 우월성을 확인하려는 행위를 결코 하지 않는다는 점이다. 리더도 부하들과 구별되는 혜택을 선호하지 않는다.

즉, 리더는 특권을 갖는 독점적인 주차시설이나 분리된 식당을 거부함으로써 부하들과의 공동체 의식을 갖도록 노력한다.

4) 일에 대한 열정

상호작용의 여성 리더가 갖는 특성은 일에 대한 열정과 에너지를 확인시키는 것이다. 부하들에게 이러한 열정을 통하여 일을 신나고 재미있게 도전하도록 만든다. 특히, 여성은 몰입의 강도가 높아 회사에 열정을 갖게 되면 매우 높은 성과를 자아낸다.

로제너(J. B. Rosener)의 여성 리더십은 남성과는 다른 여성의 사회화와 경력체계에서 비롯된다고 하였다.

사회화 과정을 통하여 여성은 아내, 엄마, 자원봉사자, 교사, 간호사 등의 역할을 수행할 것으로 기대된다. 이러한 역할 속에서 여성은 협조적이고 지원적이며, 남을 잘 이해를 하고 부드러우며, 다른 사람에게 서비스를 제공을 잘한다.

바로 이러한 여성의 특성이 적자생존을 추구하는 남성 리더보다 훨씬 더 감성 능력이 뛰어나 탁월한 리더십을 발휘한다(박우순, 1998: 325-329).

여성 리더 중의 한 사람인 오프라 윈프리(Oprah Winfrey)는 미국을 움직이는 막강한 역량을 가지고 있다. 그녀는 유색인종에 대한 차별이 심한 미국 사회에서 모든 악조건을 극복하고 당당하게 성공하였다.

윈프리의 삶을 보면 까만 피부의 흑인으로서, 100kg의 뚱뚱한 몸매와 지독히 가난한 어린 시절을 보냈다. 그녀는 결혼하지 않은 부모 사이에서 태어났고, 아홉 살에 사촌 오빠로부터 강간을 당하였고, 열네 살에 출산과 함께 미혼모가 되고, 2주 후 아기의 죽음 등 불행한 과거를 지닌 사람이다.

그러나 그녀는 미국에서 가장 영향력 있는 사람 1위, 토크쇼의 여왕, 영화배우, 자산 15억 달러의 갑부이며, 미국의 시사주간지인 『타임(*Time*)』지는 윈프리를 20세기 탁월한 인물 중의 한 명이라고 선정하였다.

그녀가 어려운 환경에서도 성공할 수 있었던 배경에는 끊임없는 지적 탐구이다. 윈프리는 어린 시절 아버지가 성경을 암송시키고 꼭 일주일에 책 한 권을 읽게 할 정도로 독서를 중요시했다. 그녀는 "독서가 내 인생을 바꾸었습니다"라고 하며, 직접 북클럽을 진행하여 많은 미국인들에게 독서 열풍을 갖도록 하기도 하였다. 즉, 윈프리는 자신의 어린 시절의 어려움을 많은 독서와 여성 특유의 리더십을 발휘하여 극복하였다.

2 감성 리더십 테스트

다음 10문항에 대해, 각 문제마다 다음 중 하나를 [① 매우 아니다(1점), ② 아니다(2점), ③ 보통이다(3점), ④ 그렇다(4점), ⑤ 매우 그렇다(5점)] 선택하여 점수를 합해 감성 리더십을 조사해 보자.

1. 나는 다른 사람과 이야기할 때 그 사람의 기분이나 성격 등을 빨리 알아챈다.
2. 나는 나의 장점과 단점을 정확히 알고 내면의 소리에 귀를 기울이며 자신 있게 장점을 발휘한다.
3. 나는 나의 감정과 행동에 대해 다른 사람들에게 숨기지 않고 솔직하다.
4. 나는 진취적인 태도와 낙관적으로 자신의 감정을 통제하며 업무를 성취한다.
5. 나는 사람들과 함께 있는 것을 즐기며 그들의 말에 귀를 기울일 줄 알고 그들의 견해를 기꺼이 받아들인다.
6. 나는 사람들과 이야기할 때 설득력 있게 사람들의 마음을 잡아끄는 힘과 영향력이 있다.
7. 나는 인간관계를 조절하는 탁월한 능력으로 개인과 조직을 이끄는 힘을 가지고 있다.
8. 나는 다른 사람의 감정을 상하게 하지 않고 조언하거나 필요한 말을 할 수 있다.
9. 나는 다른 사람들과 공감대를 형성하는 것을 좋아한다.
10. 나는 뛰어난 대화, 발표 능력으로 사람들에게 명확한 의사전달을 한다.

나의 감성 지수는?

- 46~50점이라면 당신은 탁월한 감성 지도자다.
- 41~45점이라면 매우 우수한 감성 지도자다.
- 35~40점이라면 우수한 감성 지도자다.
- 31~35점이라면 보통 수준이다.

만약 30점 이하라면 감성 지도력 향상을 위해 더 많은 노력을 해야 한다.

요약

1. 감성 지능은 좌절 상황에서도 개인을 동기화시키고, 자신을 지켜낼 수 있게 하고, 충동의 통제를 가능케 하며, 기분 상태나 스트레스로 인해 합리적인 사고를 억누르지 않게 하고, 타인에 대해 공감할 수 있으며, 희망을 버리지 않는 능력이다.
2. 감성 지능의 핵심 요소는 자기 인식, 자기 관리, 자기 동기화, 공감, 사회적 기술이다.
3. 감성 지능 향상을 위한 방안으로는 감성적 현실 인식, 공감 형성, 감성 지능 개발, 감성 지능의 유지이다.
4. 감성 리더십 기법에는 냉철하게 자아를 관찰하고 이해해야 하며, 자신의 감정을 통제할 수 있고, 타인에 대한 배려와 애정이 있고, 도전 정신과 열정이 뒷받침되어야 한다.
5. 감성 리더십 영역으로는 자기 인식 능력, 자기 관리 능력, 사회적 인식 능력, 관계관리 능력이다.
6. 간디의 감성 리더십으로는 비폭력과 평화추구, 끝없는 인내력과 겸손함을 지니고 스스로 모범을 보임으로써 사람의 마음을 움직였다.
7. 여성의 리더십의 특성으로는 참여의 촉진, 권력과 정보의 공유, 특권의식 배제, 일에 대한 열정 등이 있다.
8. 자신의 감성을 감성 리더십 테스트를 통하여 확인할 수 있다.

Chapter 10 L E A D E R S H I P

서번트 리더십

"부하를 사랑하고, 경쟁자에게도 존경을 받으며,
지식이 풍부해 모든 부하가 따른다면 천하 만민의 지도자가 될 수 있다."
-제갈공명

제 1 절 서번트 리더십의 개념과 특성

1 서번트 리더십의 개념

리더의 솔선수범의 대표적 이론이 서번트 리더십(servant leadership)이다. 서번트 리더십의 창시자 그린리프(Robert K. Greenleaf)는 "서번트 리더십이란 타인을 위해 봉사에 초점을 두며 종업원, 고객 및 커뮤니티를 우선으로 여기고, 그들의 욕구를 만족시키기 위해 헌신하는 리더십"이라고 말했다.

우리는 누구나 타인에게 인정받고 싶어하고, 경쟁에서 이기기를 원하고, 리더가 되기를 원한다. 내 인생의 주인공은 어느 누구도 아닌 바로 '나' 자신이다. 원하든, 원하지 않든 내 삶의 리더라는 이야기이다.

나의 인격체가 소중하듯이 타인도 소중하다. 내가 인정받고 싶다면 타인을 인정하고, 명성을 얻고 싶다면 타인을 먼저 배려하고, 이익을 얻고 싶다면 먼저 베풀어야 한다.

서번트 리더십은 부하를 지휘하고 통솔하는 것을 기본으로 보아왔던 기존의 리더십 패러다임을 반박하고, 새로운 리더십인 부하 중심으로 상사와 부하의 관계 형성이 이뤄질 때 진정한 리더십이 작동될 수 있다고 본다.

서번트 리더십은 리더가 구성원을 존중하고 기회를 제공하며 그들의 능력과 창의성을 이끌어냄으로써 조직과 조직구성원이 성장하고 진정한 공동체를 이룰 수 있다고 보는 이론이다. 리더는 부하에 대한 배려, 봉사와 희생을 통해 부하로부터 신뢰를 얻음으로써 부하들을 목표지향적 행위로 유도하는 것이다.

따라서 서번트 리더십에서 가장 중요한 가치는 신뢰다. 리더십에서 신뢰란 "리더의 행동에 대해 믿고 따르고자 하는 구성원의 의지"로서 구성원들은 자신의 권리와 이해가 리더에 의해 악용되지 않을 것이라고 확신할 때, 리더의 영향력을 수용하게 된다.

리더가 신뢰를 구축하기 위해서는 능력을 보유하고, 개방적이고, 공정하며, 일관성을 보이고, 확신을 가질 때 가능하다(Robbins, 1988). 또한 높은 신뢰관계가 구축된 조직에서는 협동과 지원, 이타적 행동 등 자발적인 사회성을 촉진시킬 수 있다.

특히, '서번트 리더'의 중요한 덕목으로는 봉사, 약자에 대한 관심, 불평등과 불공정의 해소, 통제력 행사의 최소화, 구성원의 참여 유도 등이다.

서번트 리더는 부하를 섬기는 특성을 갖는 방향 제시자이며, 부하들이 목표지향적 행위를 지향하도록 유도하기 위한 수단으로서 섬김을 강조한다. 또한 서번트 리더는 도덕적 리더로서 자신이 누구보다도 먼저 그 구성원을 섬기고, 이를 실행에 옮김으로써 부하에게 감동을 주는 사람이다.

보이어(G. B. Boyer)는 서번트 리더십을 섬세하고 경청하는 리더, 부하와 동료의 발전을 장려하고 권한 부여를 중시하는 리더로 정의했다.

그는 부하의 역량을 개발하고 창의적 행동을 증대시키기 위한 수단으로 부하에 대한 임파워먼트(empowerment)를 강조한다. 리더의 역할은 리더와 부하 간의 신뢰를 바탕으로 부하를 동기부여시켜 의욕을 북돋워 주는 것이기 때문이다.

서번트 리더십은 리더가 구성원을 존중하고 그들에게 기회를 제공함으로써, 조직과 조직구성원이 성장하고 진정한 공동체를 이룰 수 있다고 보는 이론이다. 즉, 조직의 의사결정 구조를 수평적으로 변화시키고, 구성원의 창의성과 자율성, 공동체 의식, 주인의식을 고취시키며 구성원의 업무 만족도를 높이는 것이다. 즉, 서번트 리더십은 리더의 중요한 역할을 부하가 원하는 바를 읽고 해결해 주며, 부하를 지배하기보다는 보살피고 섬기는 것이다(강정애 외, 2011: 236-237).

2 서번트 리더십의 출현 배경

그린리프는 서번트 리더십의 기본 아이디어를 헤르만 헤세(Herman Hesse)의 『동방기행』이라는 작품을 통해 얻었다. 이 소설은 여러 사람이 여행을 하는데 그들의 허드렛일을 하는 레오(Leo)라는 인물에 초점을 맞추고 있다.

레오라는 사람은 매우 특이한 존재로 여행 중에 모든 어렵고 힘든 허드렛일을 묵묵히 맡아서 했다. 그런 레오가 사라지기 전까지 모든 일이 잘 진행되어 갔지만 레오가 갑자기 사라지고 난 이후로 일행은 혼란에 빠지게 되었다. 지금까지 여행의 모든 것을 도맡아 해왔던 레오가 없어지자 일행은 여행을 계속할 수 없게 되어, 각자가 뿔뿔이 흩어져 결국은 여행이 중단되었다.

사람들은 레오가 없어지고 난 뒤 비로소 그가 없이는 아무것도 할 수 없다는 사실을 깨닫게 되었고, 그 중 한 사람이 몇 년을 헤맨 끝에 레오를 찾아 마침내 그를 만나게 되었다.

거기서 놀라운 사실을 알게 되었다. 그저 심부름꾼으로만 알았던 레오가 그 교단의 책임자인 동시에 정신적 지도자이며, 훌륭한 리더라는 것을 알게 된다. 이러한 일련의 행동을 볼 때 레오는 서번트 리더의 전형적인 인물이라고 할 수 있다.

처음부터 리더로 시작하는 사람은 권력과 권위, 물질에 관심을 가지고 있지만, 섬김에서 시작하는 리더는 다른 사람의 필요를 확인하고, 그 필요를 채울 수 있도록 돕고자 한다.

동양에서 서번트 리더십을 발휘한 사람은 청나라의 강희제(康熙帝) 국왕이다. 그는 중국 역사상 최고의 성군으로 칭하고 있으며, 강희제[1] 국왕은 1661년부터 1722년까지 무려 61년을 왕위에 있었다.

그는 책을 보다가 피를 토했다는 기록이 있을 정도로 학구열이 높은 황제이다. 그의 좌우명은 국궁진력(鞠躬盡力)으로, 이 뜻은 "존경하는 마음으로 몸을 굽힌다"라는 것이다. 즉, 자신의 몸을 굽혀 국민을 받들고 섬긴다는 것이다.

---

1) 중국의 최고 지도자 장쩌민과 후진타오가 그를 존경하며, 어느 황제보다도 강희제를 배워 벤치마킹하려고 한다. 그는 덕승재(德勝才)를 강조했다. 이 뜻은 덕이 재주를 이긴다는 뜻으로, 힘으로 지키는 자는 홀로 영웅이 되고, 위엄으로 지키는 자는 한 나라를 지킬 수 있지만, 덕으로 지키는 자는 천하를 세울 수 있다고 하였다.

이처럼 섬김의 리더십은 다른 사람들을 섬기고 그들을 위해 봉사하는데 전력하고, 전체적인 접근법으로 임하며, 공동체 의식을 형성하고, 의사결정의 공유를 강조한 리더십이다.

3 서번트 리더십의 특성

서번트 리더십이 다른 리더십과 구별되는 중요한 특성은 리더의 인식에서 출발한다. 서번트 리더는 자신을 봉사자로 인식하고, 부하를 성공과 성장의 대상으로 인식하며, 리더와 부하의 관계가 지시나 통제의 관계가 아니라 섬기고 지원하는 관계로 여긴다. 이에 대한 내용은 다음과 같다(이관응, 2001).

1) 스스로 구성원들을 섬김

서번트 리더는 봉사를 리더의 기본적 임무로 여긴다. 봉사의 범위에는 시간, 에너지, 관용, 연민, 재정적 지출까지도 포함된다(Swindoll, 1981). 서번트 리더는 진실로 부하들의 삶에 관심을 가진다. 또한 부하들을 고용된 노동력이라기보다는 정서를 가진 존재로 여김으로써 이해심과 감사하는 마음, 친절, 용서, 연민을 그들에게 보여 준다.

이러한 이해와 존중의 태도는 리더들로 하여금 구성원에 대한 의심, 비판, 제한을 금하게 한다. 서번트 리더는 구성원에게 희망과 용기를 주며, 이러한 배려는 서번트 리더들의 개인적인 가치나 인성에서 비롯되는 것이어야 한다.

2) 구성원을 성공과 성장의 대상으로 간주

서번트 리더는 구성원의 성공과 성장에 책임을 가지려고 한다. 서번트 리더는 부하를 섬기는 마음가짐으로 그들의 성공과 성장을 바라며 현실적인 지원과 코칭을 행한다. 또한 부하들의 다양한 욕구를 해결해 주고자 노력한다.

서번트 리더는 구성원이 특정 지식이나 기술이 부족하고 성과가 창출되지 않았을 때 적극적으로 개입해 적절한 지도와 조언을 행한다. 즉, 인내심을 갖고 부하의 육성에 혼신의 노력을 다한다.

서번트 리더십은[2] 구성원의 내면에 있는 최고의 열정과 가능성을 끄집어낼 수 있는 원동력이다.

3) 리더와 구성원의 상호작용을 중시

서번트 리더는 부하 중심의 상호관계를 형성한다. 서번트 리더는 리더의 역할을 섬김을 행하는 자로 여기고, 다른 사람들을 섬기는 방식 중의 하나로 리더십을 선택하는 것이다.

서번트 리더십에서 리더십은 기술적 요소보다 내면의 태도와 마음가짐이 중요하다. 구성원을 섬김으로써 이끄는 것은 조직과 구성원의 모든 문제가 리더의 자신을 낮추는 태도와 구성원과의 원활한 의사소통에 의해 해결될 수 있다고 보는 것이다.

제2절 서번트 리더십의 행동특성

서번트 리더는 구성원들을 이해하고, 그들에게 방향을 제시해줄 뿐 아니라 판단력을 함양하는 데 도움을 준다. 또한 서번트 리더는 향후의 변화를 예측하고 비전을 제시하며, 알맞은 대처를 할 수 있도록 부하들을 이끌어야 한다.

여러 학자가 서번트 리더십의 행동특성을 많이 제시했는데, 여기서는 스피어스(Larry Spears)가 제시한 내용의 특성을 살펴보고자 한다(Spears, 1995).

1 경청

전통적으로 리더들은 커뮤니케이션[3] 스킬을 중시했고, 의사결정 스킬에 가치를 두

2) 스티븐 코비는 서번트 리더십이야말로 21세기의 기업을 움직이는 강력한 힘이라고 하였다. 이 리더십이 추구하는 기본철학과 원칙은 시장환경과 기술변화에 대응하는 조직의 역량을 강화시킬 수 있는 원동력이라고 하였다.
3) 스테판대학의 도널드 베트(Donald Bet) 박사의 연구에 의하면, 일과 시간 중 언어적 커뮤니케이션

었다. 이런 스킬(skill)은 섬김의 리더에게 매우 중요하다. 다른 사람의 이야기를 진심으로 들어줌으로써 이 같은 스킬은 더욱 강화한다. 즉, 다른 사람의 이야기를 경청하는 것이다.

경청은 서번트 리더의 행동에서 요구되는 가장 큰 특징으로서, 단순히 상대방의 이야기를 잘 듣는 것에서 벗어나, 상대방의 내용은 물론 사람의 의도, 욕구, 내면의 감정까지 이해하려는 적극적인 커뮤니케이션 활동이다.

길햄(D. J. Gillham)에 따르면, 경청하는 자세는 서번트 리더십의 질을 결정하는 핵심으로서 숙련된 경청자가 되지 않고서는 구성원에게 감정이입이나 부하들을 설득하고 훈련시키는 것이 불가능하다고 했다.

경청은 서번트 리더의 가장 기본적인 자질로서, 부하의 요구를 이해하고 집단의 방향을 올바르게 설정할 수 있게 만드는 원동력이다.

존슨 앤드 존슨(Johnon & Johnson)의 회장인 짐 버크(Jim Burke)는 "나는 재직 중 하루 일과의 40%를 회사의 핵심 가치와 믿음에 대해 직원들과 커뮤니케이션하는 데 할애했다. 그 중에서도 가장 중요한 것은 경청이다"라고 했다. 경청이 중요한 이유는 리더가 기계와 같이 일을 하는 것이 아니라 사람과 같이 일을 하기 때문이다.

2 공감

서번트 리더는 다른 사람을 이해하고 공감하기 위해 노력한다. 즉, 공감은 차원 높은 이해심으로서, 서번트 리더는 함께 일하는 동료가 선의에 기초해 행동하고 있다고 여긴다. 따라서 최고의 서번트 리더는 아주 숙련된 공감의 경청자라고 할 수 있다.

서번트 리더는 상대방의 행동이 선의에 기초할 것이라는 믿음에서 출발해 그의 행동을 진심으로 이해하려는 눈을 가짐으로써 상대방과 공감하려고 한다. 그리하여 상대방이 보여 주는 희로애락의 표현을 마음으로부터 함께하려고 노력한다. 사실 공감은 어떤 상황이나 사람을 논리적으로 분석하려는 것보다는 그 사람의 입장이 되어 그 사람이 경청한 것을 자신도 공유하고, 공통의 느낌을 느끼고자 하는 것이다.

은 쓰기가 4%, 읽기가 11%, 말하기가 22%, 듣기가 63%라고 한다. 이처럼 듣기에 많은 시간을 할애하기 때문에 말을 잘하는 것보다 잘 들어 주는 것이 성공적인 커뮤니케이션을 하는 것이라고 했다.

결론적으로, 공감이란 상대방의 입장에서 상황과 입장을 이해하려고 노력하는 행위다. 공감은 자신보다 다른 사람이 처한 상황에 부합하려는 정서적 반응으로 사람들의 다양성에 대한 포용도 포함된다.

3 통찰력

통찰력은 사물의 본질을 정확히 꿰뚫어 보는 것이다. 비전을 갖고 그것을 형상화시키는 능력과도 밀접하게 연관된다. 통찰력은 반드시 미래와 관련된 것만으로 국한하는 것은 아니다. 그것은 과거로부터의 교훈을 이해하는 능력이며, 현실상의 교훈을 정확히 파악하는 능력이다. 과거와 현재에 대한 명확한 이해와 파악이 곧 미래를 대처하는 의사결정을 가능하게 하는 것이다. 즉, 과거에 쌓은 경험과 직관을 가지고 미래를 내다보며, 현재와 미래의 결과를 예측할 수 있는 능력을 말한다.

즉, 통찰력은 문제의 뿌리를 찾아내는 능력으로서, 이를 위해서는 이성적인 사고뿐만 아니라 남다른 직관력도 필요하다. 즉, 근원이 되는 쟁점을 찾아 연구하고 고민해서 복잡한 문제를 쉽게 해결하는 것이다.

4 자기 인식

서번트 리더는 무작정 섬기지 않는다는 점에서 종(servant)과는 다르다. 서번트 리더는 상황에 대한 분명한 자기 인식을 기반으로 근거가 타당한 대안을 제시한다. 자각은 서번트 리더를 더욱 강하게 한다.

서번트 리더는 자기 자신이 서번트라는 인식에서 출발하고, 다른 사람에게 봉사하고 지원한다는 것을 인식한다. 또한 부하들에 대해서는 성공과 성장의 대상으로 인식하고 가장 중요한 자원이라고 인식한다. 서번트 리더는 주변 상황에 대해 잘 파악하는 것이 필요하다. 자기 인식은 더 나은 통찰력과 직관을 제시하는 바탕이 된다.

만약 당신이 서번트 리더가 되고자 한다면 매일매일 자아 성찰의 시간을 가져야 한다.

5 설득

서번트 리더는 다른 사람을 설득하는 힘을 가져야 한다. 이것은 일방적인 지시가 아닌 쌍방향적인 의사소통을 통해 영향력을 행사하는 행위다.

설득은 상호 존중과 이해를 전제로 구성원들의 합의를 이루는 과정을 포함한다. 이에 서번트 리더는 합의를 도출하는 데 매우 뛰어난 능력을 가진다.

모든 합의나 설득은 반드시 논리적이고 합리적인 내용으로 이루어지지 않는다. 논리적으로 맞는 내용이고 필요한 자료를 충분히 제공했다 하더라도 구성원의 감정과 정서가 고려되지 않는다면 그것은 설득에 실패할 수 있다. 설득은 상대방의 감정과 정서를 고려할 때 좀 더 효과적으로 목표를 달성할 수 있다.

6 비전 제시

서번트 리더는 비전 제시와 그 비전을 명확한 목표와 연결시켜 방향을 설정하는 역할을 해야 한다.

비전이란 조직이 달성하고자 하는 꿈을 구체화한 것으로, 미래의 가시화된 모습이다. 비전은 하루하루 일상생활이나 짧은 기간의 목표가 아닌 장기적인 관점에서 이루고자 하는 목표여야 한다.

즉, 비전은 호소력이 있고, 불확실성에 맞설 수 있는 확고부동한 의지로서 변화를 촉진하여야 한다. 또 비전은 구성원에게 믿음과 희망을 고취시켜 주는 것이고 높은 이상을 반영하는 것이며,[4] 구체적인 목표를 제시하여 성취하도록 하는 것이다.

대부분의 기업이 비전을 가지고 있지만 구성원들은 비전을 모두 동일하게 이해하고 받아들이지 못하고 있다. 그래서 리더는 비전을 형상화하여 사람들이 동일하게 이해하고 달성하고자 하는 목적으로 받아들이도록 노력해야 한다.

서번트 리더는 구성원들이 조직의 비전을 가슴속으로 느낄 수 있도록 노력해야 한

---

4) 케네디(John F. Kennedy) 대통령은 달에 인간을 보낼 수 있는 기술과 지식이 없을 때 "인간을 달에 보내겠다"는 비전을 발표하였다. 그 후 비전을 달성하기 위해 미국항공우주국(NASA)이 열심히 노력하고 헌신하여 1969년에 인간은 달에 착륙했다.

다. 그래야 강한 응집력이 형성되어 장기적 관점에서 전략적인 사고와 계획을 가능하게 하는 힘이 된다.

7 치유

서로의 관계를 치유할 수 있는 능력은 조직의 변화와 통합을 위한 아주 강한 힘이다.

치유는 업무와 경쟁 환경으로부터 발생하는 정신적·육체적 스트레스, 조직 내 상사, 부하, 동료들과의 관계 악화에서 비롯되는 구성원들의 정서적 불안정을 따뜻한 말 한마디와 애정 어린 관심을 통하여 경감시켜 주는 행위다. 즉, 구성원들의 정신적·심리적인 상처를 이해하고, 그들을 좀 더 밝고 긍정적으로 변화시키는 일은 서번트 리더의 중요한 역할이다. 특히, 사전에 구성원들이 혹시 문제가 없는지 관심을 가지고 살피는 것이 중요하며, 구성원들의 마음의 상처를 치유하는 것은 조직 전체를 변화시키고 하나로 통합하는 데 큰 힘이 된다.

8 공동체 구축

서번트 리더는 조직 목표 달성을 위해 구성원들끼리 활발한 의사소통과 협력을 촉진시켜 공동체 구축을 위해 노력해야 한다.

서번트 리더는 개인주의나 부서이기주의로 인해 팀 공동체가 무너지는 것을 경계해야 한다. 그리하여 자기에게 주어진 일만 완수하면 조직에서의 임무가 끝났다고 생각하는 이기심을 갖지 않도록 조직분위기를 가꾸어 나가야 한다. 또한 항상 조직구성원들이 서로의 관심 사항을 공유하고, 공동의 목표를 함께 인식하도록 격려해야 한다.

업무 추진 시 조직구성원들의 상호 관심사항을 공유하며, 공동목표의 수행을 위해 협력을 권장하며 상대방을 배려하고, 팀워크를 잘 발휘하여 공동체 의식을 강화시켜야 한다.

업무에 대한 평가 시 팀이 지켜나가는 기본적인 원칙과 윤리에 근거해 구성원 개개인의 행위를 평가한다. 개인의 성과보다는 팀의 성과를 앞세우며 조직 전체의 효율성에 기여한 정도를 더욱 중요하게 여긴다. 그것은 구성원 각자의 가치와 가능성을 믿는 것이며, 구성원들이 소속감을 느끼고 생활할 수 있도록 하는 것이다.

서번트 리더는 개인주의보다는 공동체를 지향하며, 공동체의 가치를 훼손시키는 사람에 대해서는 매우 엄격하게 대처한다.

9 청지기 정신

청지기 정신(stewardship)은 어떤 의사결정이나 행동을 할 때 그 결과가 구성원에게 미치는 영향을 먼저 고려하는 태도와 행위이다. 즉, 리더의 개인적 욕구에 앞서 다른 사람의 욕구를 먼저 생각하고 배려하는 것이다.

서번트 리더는 자신에게 부여된 지위와 권력은 조직의 목적을 달성하고 부하를 위하여 봉사하며 지원하기 위한 도구로서, 이를 달성하기 위하여 잠깐 위임받은 것이라고 인식한다.

또한 그 자리는 자신의 절대적인 자리가 아니기 때문에 언제라도 다른 사람에 의하여 대체될 수 있다고 생각하며, 자리에 연연하지 않는다. 서번트 리더는 부하가 우선이라고 생각하고 부하 위에 군림하는 것이 아니라, 부하의 성공과 성장을 지원하는 봉사에 자신이 있다고 생각한다.

청지기 정신을 가진 리더는 구성원들이 업무 효율을 최대한 높일 수 있도록 자신이 가지고 있는 권한을 구성원들에게 많이 위임하여 스스로 의사결정을 할 수 있도록 지원과 코칭을 강화해 나간다. 나아가 서번트 리더는 지역사회나 보다 큰 사회의 유익을 위해 자신이 맡고 있는 조직을 보호하고 관리한다. 또한 수행한 결과에 대하여 리더 자신을 포함한 모든 구성원들이 인정과 보상을 함께 받기 위해 노력한다.

10 구성원의 성장 지원

서번트 리더는 구성원들이 능동적으로 직무를 수행할 수 있도록 지원하며, 그들이 역량을 발휘하며 성장할 수 있도록 환경을 조성하고 기회를 제공하는 역할을 한다. 따라서 구성원들의 역량 발휘와 자기 성장이 일어날 수 있도록 환경을 조성하고 격려하며, 그들의 다양성을 존중하고 수용한다.

성장을 지원하는 수단으로서 구성원들에게 재량권을 주어 능동적으로 업무를 수행하도록 한다. 특히, 서번트 리더는 자신에게 부여된 권한을 최대한 활용해 지원해야 한다는 막중한 책임의식을 갖추어야 한다.

이상과 같이 서번트 리더는 경청, 공감, 통찰력, 자기 인식, 설득, 비전 제시, 치유, 공동체 구축, 청지기 정신, 구성원의 성장 지원을 통해 구성원들이 좀 더 안정된 상태에서 자신의 업무에 대한 가치를 발견해 몰입할 수 있도록 지원해야 한다.

리더십의 대가인 스티븐 코비(Stephen Covey)는 서번트 리더십이야말로 21세기 기업을 움직이는 강력한 힘이라고 하였다. 특히, 서번트 리더십이 추구하는 기본철학과 원칙은 시장환경과 기술변화에 대응하여 조직의 역량을 강화시킬 수 있는 원동력이다. 서번트의 리더십은 구성원의 내면에 있는 최고의 열정과 가능성을 끄집어낼 수 있는 원동력이며, 섬김의 리더는 전통적인 리더들과 달리 다른 사람의 성공과 성장에 관심을 가지고 있다. 따라서 서번트 리더십은 구성원들이 조직생활의 질을 높이는 데 절대적으로 필요한 가치라고 하였다.

학습조직의[5] 주창자인 피터 센게(Peter M. Senge)는 서번트의 리더십이야말로 현대인의 황폐한 영혼을 치유할 수 있는 유일한 리더십이라 하였다. 즉, 서번트 리더십은 일방적으로 만들어진 틀 속에서 부하를 움직이는 것이 아니라, 리더와 부하가 서로에게 지속적으로 영향을 미치면서 서로 성장하고 발전해 가는 과정이다(변상우, 2022: 314-317).

표 10-1 서번트 리더의 행동특성

행동특성	내용
1. 경청	상대방의 내용은 물론 의도, 욕구, 내면의 감정까지 이해하려는 적극적인 활동
2. 공감	상대방의 입장에서 상황과 입장을 이해하려고 노력하는 행위임
3. 통찰력	사물의 본질을 정확히 꿰뚫어 보는 것
4. 자기 인식	자기 자신이 서번트라는 인식에서 출발하고, 다른 사람에게 봉사하고 지원한다는 것을 인식함

5) 학습조직이란 일상적으로 학습을 계속 진행해 나가는 가운데 스스로 발전하며, 환경변화에 빠르게 적응하는 조직이다. 학습조직이란 단발성으로 끝나는 한계를 극복하며, 지속적인 혁신을 필요로 하는 것이다(변상우, 2022).

5. 설득	상호 존중과 이해를 전제로 구성원들의 합의를 이루는 과정임
6. 비전 제시	조직이 달성하고자 하는 꿈을 구체화하며, 명확한 목표와 연결시켜 나아가는 것
7. 치유	따뜻한 말 한마디와 애정 어린 관심으로 구성원의 정서적 불안감을 경감시켜 주는 것
8. 공동체 구축	조직구성원의 상호 관심사항을 공유하며, 공동목표 수행을 위해 구성원 간의 배려와 협력을 촉진시킴
9. 청지기 정신	의사결정이나 행동을 할 때 그 결과가 구성원에게 미치는 영향을 먼저 고려하는 태도와 행위임
10. 구성원의 성장 지원	구성원이 능동적으로 직무를 수행할 수 있도록 지원하며, 그들이 역량을 발휘하며 성장할 수 있도록 환경을 조성하고 기회를 제공하는 역할을 함

제3절 슈바이처의 서번트 리더십

서번트 리더는 봉사와 섬김을 실천하는 사람이다. 봉사와 섬김은 생명에 대한 끝없는 사랑이 그 바탕에 깔려 있으며, 믿음과 신뢰라는 큰 줄기를 타고 열매를 맺는 것이다.

우리가 너무나 잘 알고 있는 슈바이처(Albert Schweitzer, 1875~1965) 박사는 진정한 서번트 리더다. 여기에서는 슈바이처를 통해 서번트 리더가 갖추어야 할 핵심 조건에 대해 살펴보고자 한다.

1 봉사하는 사람이다

슈바이처는 "나는 최선을 다해서 봉사하겠다. 당신들이 나를 따르는 것은 선택 사항이다"라며, 섬기는 기능을 목적으로 설정하였다.

섬기려는 마음이 모든 것을 우선하는 리더다. 이 리더십은 사람에 대한 따뜻한 사랑을 요구한다. 근본적으로 인간 존중의 정신이 뒷받침되지 않고서는 서번트 리더를 견지하는 것은 불가능하다.

서번트 리더는 많은 것을 포용할 수 있는 넓은 도량과 인간 존중의 사랑을 갖고 있다. 서번트 리더는 직원들에게 주인의식을 가지라고 말하지 않는다. 다만, 직원들을 주인으로 섬길 따름이다.

슈바이처는 "나의 삶 속에도 때때로 근심과 고통과 슬픔이 심하게 닥쳐온다. 어쩌면 좌절하고 말았을지도 모른다. 나에게 부과된 책임과 피로의 짐을 감당해 나가는 것은 매우 힘든 일이었다. 나 자신만을 위한 시간, 나의 가족들에게 바치고 싶은 시간도 거의 찾기 힘들었다. 하지만, 나는 축복 속에 살고 있다. 나는 자비를 베푸는 일에 몸을 바칠 수 있다. 나는 많은 사랑과 친절을 경험했다. 자기 일처럼 나를 도와주는 많은 분도 만났다. 나에게 주어진 모든 것을 다만 운명이라고 생각하고, 최선을 다해 기꺼이 바치고자 했다. 이런 모든 것이야말로, 나에게 주어진 그지없는 축복이 아니고 또 무엇이겠는가?"라고 말하였다.

슈바이처는 "자신의 행복만을 위해서 살아서는 안 된다. 남에게 베푸는 인생을 살자. 그러기 위해서는 30세까지는 학문과 예술을 위해 살고, 그 이후에는 인류를 위해 살자"라고 결심한 자신의 목표를 이루기 위해 천천히 끊임없이 이루어 나갔다.

우리는 항상 성공을 꿈꾼다. 그리고 인정받고 존경받기를 원한다. 군림하는 리더와 서번트 리더 중 성공한 기업의 대부분은 서번트 리더다. 슈바이처 박사는 "진실로 행복한 사람은 섬기는 법을 갈구해 발견한 사람이다"라고 말하며, 봉사를 천직으로 생각하며 살았다.

2 타인과의 관계를 중요하게 여긴다

아무리 훌륭한 리더라 하더라도 혼자서 할 수 있는 일은 아무것도 없다. 리더가 조직을 이끌기 위해서는 관심과 격려의 눈을 가지고 계속적으로 조직구성원들과 교류해야 한다.

특히, 상대방의 이야기를 잘 경청하고, 그들을 이해하고 공감 능력을 갖추는 것이 서번트 리더의 빛나는 특성이다. 나아가 통제적이고 권위적인 면을 면을 버리고, 상대방을 인정하고 설득을 통해 이끌어야 한다.

슈바이처는 노벨상을 타기 위하여 아프리카에서 덴마크로 기차를 타고 갈 때도 퀴퀴한 냄새가 나는 3등칸에 타서 어려운 사람들을 치료해 주었다. 어느 기자가 슈바이처에게 "선생님, 어쩌자고 이렇게 냄새나고 불편한 곳에서 고생하며 가십니까?"라고 질문

했더니, 슈바이처는 이마의 땀을 닦으며 "저는 편안한 곳을 찾아다니는 게 아니라, 저의 도움을 필요로 하는 곳을 찾아다닙니다"라며, "특등실의 사람들은 저를 필요로 하지 않습니다"라고 대답했다.

인정을 받고 싶다면 먼저 인정해 주고, 성공하고 싶다면 상대방의 성공을 도와주고, 리더가 되고 싶다면 타인의 훌륭한 조력자가 되어야 한다. 진정한 서번트 리더란 타인과의 관계의 중요성을 알고, 그들과 함께 긍정적인 영향을 주고받을 줄 아는 사람이다.

3 인간 존중의 태도를 가진 사람이다

서번트 리더는 자신에게 도움이 되는 사람과 도움이 되지 못하는 사람의 구분이 없다. 서번트 리더에게 인간이란 "누구나 마땅히 존중받아야 할 소중한 존재"인 것이다.

인간은 되도록 모든 생명을 도와주고 살아 있는 어떤 생명이든 해치는 것을 삼갈 때 진정으로 윤리적이 된다고 슈바이처 박사는 말했다.

사람이 진정으로 윤리적으로 될 때 사람은 모든 생명에 대해 경외감을 가지게 되어 함부로 나뭇잎을 따지 않으며, 꽃을 꺾지 않으며, 벌레를 밟지 않도록 조심한다는 것이다.

슈바이처는 여름밤에 등불을 켜놓고 일할 때 벌레가 날아 들어와 불에 타 죽어 책상 위에 떨어지는 것을 보기보다는 차라리 창문을 닫고 답답한 공기를 참는 것을 선택하였다고 한다.

4 모범을 보이는 사람이다

서번트 리더는 스스로 모범이 되어야 한다. 21세의 청년 슈바이처는 편안하고 명예로운 앞날이 있었다. 그는 교수도, 목사도 될 수 있었으나, 그가 선택한 것은 명예도 경제적 자유도 아닌 무시당하고 버려진 아프리카 원주민들과 함께하는 삶이었다.

그러나 그는 자신이 누리는 행복을 다른 사람들도 누릴 수 있어야 한다는 일념으로 자신을 필요로 하는 곳으로 담담히 떠났다. 그를 그토록 강하게 만든 힘은 무엇이었을까? 그는 환자의 치료가 늦어진다는 이유로 노벨 평화상을 수상하는 자리에도 참석하지 않은 그를 우리는 어떻게 이해해야 할까?

슈바이처는 말보다 행동으로 실천하여 그 성실함과 봉사정신을 주위에 각인시켰다. 타인을 배려하고 신뢰하고 사랑하는 생활 속에서 행해지는 실천을 통해 나 자신이 행복해지고 삶의 이유를 찾게 되는 것, 나의 생활이 모범이 되어 가족과 이웃과 내 주변이 조금씩 변하는 것, 이것이 바로 서번트 리더로서 우리가 누리게 될 명예이고 가치인 것이다.

5 신뢰와 믿음을 바탕으로 한다

모든 리더십이 신뢰가 바탕이지만, 특히 서번트 리더십은 신뢰와 믿음이 뒷받침되어야 한다. 따뜻한 마음과 인간에 대한 깊은 애정이 필요하다.

슈바이처는 표범과 같은 맹수의 공격, 악어떼와 독사가 출몰하는 열악한 환경 속에서 37세 이후 죽음을 맞이할 때까지 그곳에서 원주민과 함께했다. 원주민과 함께 모기를 쫓으며 생활하고 생명의 위험을 무릅쓰고 살았다. 또한 늘어가는 환자 수와 어려워져 가는 병원 운영 속에서도 불평 한마디 하지 않으며 오히려 느긋하게 오르간을 치며 여유를 즐겼다.

이런 봉사에 대한 철저한 책임과 실천이 원주민들로 하여금 그를 '원시림의 성자(聖者)'로 부르게 했고, 유럽의 많은 사람이 그를 후원하게 했으며, 그를 돕고자 하는 전 세계의 봉사자들의 발길이 끊이지 않게 하였다(안병용 외, 2008: 315-326).

요약

1. 서번트 리더십이란 타인을 위해 봉사에 초점을 두며 종업원, 고객 및 커뮤니티를 우선으로 여기고, 그들의 요구를 만족시키기 위해 헌신하는 리더십이다.
2. 서번트 리더십의 특성으로는 서번트 리더는 자신을 봉사자로 인식하고, 부하를 성공과 성장의 대상으로 인식하며, 리더와 부하의 관계가 지시나 통제의 관계가 아니라 섬기고 지원하는 관계이다.
3. 서번트 리더십의 행동특성으로는 경청, 공감, 통찰력, 자기 인식, 설득, 비전 제시, 치유, 공동체 구축, 청지기 정신, 구성원의 성장 지원이다.
4. 슈바이처는 서번트 리더로서 봉사하는 사람이며, 타인과의 관계를 중요시 여기고, 인간 존중의 태도를 가지며, 모범을 보이고, 신뢰와 믿음을 바탕으로 평생을 살았다.

Chapter 11 LEADERSHIP

셀프 리더십과 코칭 리더십

"모두들 세상을 바꾸려고 하지만 스스로를 바꾸려는 생각은 하지 않는다."
-톨스토이

제1절 셀프 리더십의 개념과 전략

1 셀프 리더십의 개념

셀프 리더십(self leadership)이란 세상이 나를 지배하도록 방치하는 것이 아니라, 내가 내 스스로를 통제해 나아가도록 하는 것이다. 셀프 리더십은 "개인이 자기 자신에게 영향을 미치는 지속적인 과정"이라 할 수 있다.

여기서 셀프(self)는 '자아'의 개념으로 이해할 수 있는데, 이것은 인간 내부의 기본적인 성향인 '자율성'을 강조한 것으로, 타율적인 성향의 리더십이 아니란 점을 강조한 것이다. 셀프 리더십은 타고난 것이 아니라 학습을 통해 얻을 수 있다.

셀프 리더십은 과업이나 직무를 수행하기 위해 필요한 자기 주도와 자기 동기부여를 이루기 위해 스스로 자신에게 영향력을 행사하는 과정으로 자신의 개인적인 목적을 달성하는 데 스스로에게 동기를 부여할 수 있도록 자신의 틀을 개발하는 것이 중요하다. 즉, 리더가 부하에게 영향을 미치는 일반적인 리더십과는 다르게 개인 스스로 자신의 생각과 행동을 변화시켜 자신에게 영향력을 발휘하는 리더십으로서 세상을 바꾸려하지 말고 나 자신을 바꾸라는 것이다.

셸턴(Ken Shelton)은 셀프 리더십을 개인이 주도적으로 동기부여할 수 있도록 계획된 일련의 행동 및 인지전략이라 했다.

현대 사회의 조직은 조직구성원들이 더 높은 지식 수준과 기술 수준뿐만 아니라 높은 수준의 독립성, 자기 의존, 자아 신뢰와 주도권을 행사할 수 있는 능력, 즉 자존심을 갖추기를 원한다.

따라서 리더십을 바라보는 관점도 시대에 맞는 새로운 패러다임(paradigm)이 필요하게 되었다. 그 결과, 인간 내부, 즉 자기 자신으로부터 리더십을 발휘하도록 하는 새로운 리더십이 등장하게 되었다. 셀프 리더십은 우리가 정말로 하고 싶은 일을 하는 데에 자발적으로 스스로를 투입할 수 있도록 하는 것이다.

2 셀프 리더십의 발달 과정

1980년대 조직 환경의 급속한 변화와 개인의 가치관 변화로 전통적 리더십에 의해 조직 목표를 달성할 수 없다는 인식이 고조되면서 1986년에 맨츠(C. C. Manz)가 최초로 제안하였다.

셀프 리더십의 개념은 임상학자의 자기 통제 개념에 근간을 두고, 커(S. Kerr)와 저미어(J. Jermier)의 리더십 대체 개념 이후 자기 관리를 바탕으로 자기 스스로를 이끌어가는 리더십의 개념으로 1980년대 중반에 처음으로 이슈화되었다(Neck & Houghton, 2006: 270-295).

셀프 리더십은 참여와 권한 위임을 넘어서는 개념이며, 자기 관리를 포함하는 개념이다. 셀프 리더십은 자신을 변화시키고 기준을 평가하며 조직이 무엇을 해야 하고, 왜 해야 하며, 또 그것을 어떻게 할 것인지를 알 수 있게 한다.

3 셀프 리더십의 전략

셀프 리더십은 개인이 스스로 자신에게 영향력을 행사하는 방법에 대한 행동적·인지적 부분 모두를 포괄하는 좀 더 넓은 개념으로, 개인 유효성에 긍정적인 영향을 줄

표 11-1 셀프 리더십 전략

전략의 유형		구성 요소
행동전략	자기 목표 설정	자기 자신이 구체적이며 실현가능한 목표를 직접 설정한다.
	자기 연습	어떤 작업활동을 실제로 수행하기 전에 깊이 생각하고 중요한 부분은 미리 연습하는 태도이다.
	자기 존중	자신에 대해 갖고 있는 개인적 가치관이나 명성에 대해 자기 자신이 가치 있는 존재라고 인식한다.
	자기 보상	바람직한 행동을 하였을 때, 그것에 대해 자기 자신이 가치 있게 여기는 보상을 자기 스스로에게 제공한다(인정, 참가의 기회부여)
	자기 비판	바람직하지 못한 방법으로 행동했을 때 그것에 대해 자신을 비판한다.
	자연적 보상	달성하고자 하는 업무와 관련된 긍정적인 자각이나 경험을 중시하는 것이다.
	건설적 사고	어려운 상황이 닥쳤을 때 장애물로 여기기보다는 기회 요인으로 보는 사고 패턴이다.
내적 보상전략	자율적 과업 재설계	직무 내의 내적 보상수준을 높이기 위해 무슨 일을 어떻게 할 것인가를 자신이 재설계한다. 내적 보상은 과업 그 자체와 분리된 것이 아니라 그 일부이다.
	환경 여건의 재설계	인접한 작업환경에서 오는 내적 보상을 증진시키기 위해 인접한 작업환경을 재설계하거나 작업 시간과 장소를 변경하여 일의 능률을 향상시킨다.
인지적 전략	건설적 사고 패턴	자신이 생각 속에 건설적이고 효과적인 습관이나 패턴을 확립한다. 이 같은 건설적인 사고 패턴은 확고한 신념과 정신적 이미지, 자신과의 대화를 긍정적으로 생각함으로써 얻어질 수 있다.

자료: Mans, C. C., & Sims, H. P.(1991). "Uperleadership: Beyond the Myth of Heroic Leadership," Rganizational Dynamics; Spring 91, Vol.19, No.4.

수 있도록 설계된 구체적인 행위적 · 인지적 전략들로 구성되어 있다. 셀프 리더십의 전략은 행동전략, 내적 보상전략, 인지적 전략 등 세 가지의 일반적인 내용으로 이루어져 있다.

1) 행동전략

맨츠와 심스(Manz & Sims, 1991)에 따르면, 셀프 리더십의 행동전략으로는 자기 목표 설정, 자기 연습, 자기 존중, 자기 보상, 자기 비판, 자연적 보상, 건설적 사고 등을 들 수 있다.

(1) 자기 목표 설정

자기 목표 설정은 처리해야 할 일들의 목표와 장기적으로 달성하고자 하는 목표를 설정한 후, 이들의 우선순위를 정하고 자기 스스로에게 실행을 지시하는 것을 의미한다. 즉, 자기 목표 설정은 자신의 일에 대한 새롭고 구체적인 목표를 계속적으로 계발하는 것으로, 목표를 설정할 때 알아두어야 할 점은 최상의 효과를 얻기 위해서는 목표가 도전적이고, 반드시 달성가능한 것이며, 구체적이어야 한다는 것이다.

린 데이비스(Lynn Davis)는 "목표는 주의를 집중시키는 것이다"라고 하였다. 인간의 의식은 분명한 목적을 갖기 전에는 목표 달성을 향해 달리지 않는다.

목표를 설정했다면 성공은 이미 시작된 것이며, 성취하려는 힘이 현실화하는 것이다.

(2) 자기 연습

자기 연습은 효과적인 선행적 셀프 리더십 전략으로 행위 또는 과업의 체계적 연습을 의미한다. 즉, 어떤 일을 실행하기에 앞서 깊이 생각하고 중요한 부분을 미리 연습하는 태도다. 이때 정신적 예행 연습은 단호한 행동을 낳게 한다.

(3) 자기 존중

자기 존중은 자신에 대해 갖고 있는 개인적 가치관이나 긍정적인 평가로 나눠볼 수 있다. 다른 사람이 자기를 소중히 인정해서 생기는 명성, 존중, 지위 평가, 위신, 그리고 사회적인 성공에 기초를 두는 것을 외적 자기 존중감이라고 하고, 자기 자신이 가치 있는 존재라고 인식하고 내적으로 자기를 높게 평가함으로써 자신감과 안정감을 갖는 것을 자기 존중감이라 한다.

(4) 자기 보상

조직구성원들이 노력의 대가로 무엇을 받든지 간에 그것은 구성원의 동기부여와 미래 활동의 선택에 중요한 영향을 미친다. 자기 보상에서 가장 강력한 것은 금전적인 보상이 아니라 인정, 참가의 기회 부여, 도전에 대한 기회 및 중요한 일을 하고 있다는 느낌이다.

바람직한 행동으로 직무를 완수했을 때 개인적으로 가치 있는 보상을 자기 스스로에게 제공함으로써 일할 의욕을 북돋워 주고, 차후 행동을 선택하는 데 중요한 영향을 미치게 된다.

일반적으로 보상이라고 하면 조직이나 타인으로부터 받는 것에 관심이 집중되지만 자신에게 부여하는 보상 또한 중요하다.

(5) 자기 비판

행동의 결과에 대한 평가인 자기 비판이 필요하다. 이것은 자신의 바람직하지 못한 행동을 제거하기 위해 주변 환경을 의도적으로 정리하는 것이다.

바람직하지 못한 방법으로 행동했을 때, 자신에게 일정한 징계를 가함으로써 실수를 반복하거나 습관적인 실패에 빠지지 않도록 하는 것이다. 하지만, 지나친 비판은 의욕을 저하시키므로 조심해야 한다. 따라서 가장 바람직한 것은 실패의 원인을 분석하고, 그로부터 교훈을 얻으며 그것으로 만족하도록 노력하는 것이다.

(6) 자연적 보상

자신의 업무를 즐기며, 일 자체에 의해 동기유발되는 것을 추구하는 것이다. 즉, 자연적 보상은 달성하고자 하는 업무와 관련된 긍정적인 자각이나 경험에서 비롯된다.

정보화 시대에 직무가 의미 있고, 동기부여의 원천이 되려면 자연적 보상에 기초한 셀프 리더십이 필수적이다. 직무를 통해 자연적 보상을 얻고, 자연적 보상이 높은 성과의 동기부여가 될 수 있다. 자연적 보상은 사회인지 이론과 인지평가 이론, 내부동기 이론에 기초한다.

(7) 건설적 사고

셀프 리더십의 행동전략이 중요하고 유용하지만 개인의 사고 과정은 셀프 리더십의 핵심이다. 건설적 사고는 어려운 상황이 닥쳤을 때 장애물로 여기기보다는 기회 요인으로 보는 긍정적 사고 패턴이다. 즉, 장애 요인에 집착하기보다는 기회 요인을 찾음으로써 건설적으로 사고하도록 관리하는 것이다.

건설적 사고의 확립을 위한 기법으로 자기 자신의 믿음과 상상에 의한 체험, 자신과의 대화가 있다. 성과에 결정적인 영향을 주는 것은 문제에 대응하는 자신의 정신 자세에 있다.

셀프 리더십 10계명

셀프 리더십은 자기 스스로 자신의 인생의 방향을 설정하고 자기에게 주어진 일에 최선을 다하는 자기 경영 마인드다. 즉, 자신을 바꿈으로써 다른 사람도 변화시킬 수 있다는 것이다. 10계명은 다음과 같다.

- 자신의 구상과 상상하는 결과를 글로 적어 이유를 만들어라.
- 내 인생의 소중한 우선순위를 정하라.
- 목표를 자신이 정한 영역별로 분명하게 하고 구체적으로 글로 적어라.
- 정해진 목표를 이루어 낼 기간을 명시하고, 10가지 이상으로 잘게 나눠 실행 계획을 세워라.
- 시간을 정해 연습하고 반복하라.
- 주변 사람들에게 틈만 나면 자신이 원하는 결과를 이야기하라.
- 원하는 결과만을 생각하며 행동에 옮겨라.
- 결과를 보고 다시 시작하라.
- 포기하지 마라.
- 목표를 이루었다고 상상하며 하루에 3번 이상씩 15초씩 웃어라.

자료: 김세우(KS 자기계발교육원장).

2) 내적 보상전략

셀프 리더십이 지금까지 살펴본 다른 리더십과 구별되는 중요한 초점은 스스로 일 그 자체에서 나오는 자연적인 보상을 즐기고 활용하는 데 있다는 것이다.

자신이 맡고 있는 직무 그 자체를 수행함으로써 즐거움을 얻는다는 사실 그 하나만으로 충분히 동기부여가 될 수 있다. 이런 셀프 리더들은 Y이론적 성격을 가지고 있는 사람에게서 흔히 찾아볼 수 있다.

셀프 리더십의 내적 보상전략은 자율적 과업 재설계와 환경 여건의 재설계가 있다.

(1) 자율적 과업 재설계

자신이 하고 있는 과업을 재설계함으로써 내적인 보상 수준을 높일 수 있다. 한 개인의 내적 보상은 유능감, 자기 통제감, 목적 의식, 의미감을 가져다 줄 수 있는 업무에서 얻을 수 있다.

우선, 일 자체를 즐기기 위해서 업무에서 내가 스스로 즐길 수 있는 요소들을 투입하여 구축하는 방법이다.

(2) 환경 여건의 재설계

자신의 주변 여건을 변경함으로써 일의 능률을 향상시킬 수 있다. 반복되는 일상의 업무에서 탈피하기 위해 환경적 요인을 변화시키고, 작업 시간이나 장소를 변경한다면 새로운 마음으로 업무에 충실히 임할 수가 있다.

즉, 기존의 틀을 바꾸어 새로운 방법으로 바꿔 보는 것으로 회의 방식이나, 새로운 분위기를 조성하여 해보는 것이다.

3) 인지적 전략

인지적 전략은 바로 자신의 사고 패턴을 변화시키는 것이다. 이러한 인지적 전략은 셀프 리더의 건설적 사고 패턴을 관리하는 것으로, 어려운 과제 수행 시에 자신감을 가지고 문제를 해결해 나가는 데 도움을 준다.

평소 아무런 문제 없이 업무를 수행하던 사람이 난관에 부딪쳤을 때 제대로 대처하지 못하는 것은 바로 비합리적인 신념 때문이다. 건설적인 사고 패턴을 가지고 있는 사람은 성공과 실패라는 이분법적 사고를 피하고, 업무 수행 과정에서 더 큰 의미를 찾는다. 셀프 리더십의 가장 중요한 요소는 바로 자기 스스로에 대한 믿음이다. 이러한 자신에 대한 믿음이 성공의 가능성을 높여 준다.

건설적인 대화와 긍정적인 자기 대화를 하는 것을 습관적으로 즐겨야 한다.

4 트레이시의 목표 설정 훈련법

셀프 리더십은 스스로에게 영향을 미치는 것이다. "스스로 깨면 병아리요, 남이 깨면 프라이다"라는 말이 있다.

당신이 인생의 걸작을 이루기 위해서는 목표 세우기가 매우 중요하다. 트레이시(Brian Tracy)의 목표 세우기에 필요한 다섯 가지 주요 열쇠와 목표 달성하기 12단계를 설명하고자 한다.

1) 다섯 가지 주요 열쇠

첫째, 자신에게 무한한 잠재력이 있다는 것을 깨닫는 것이다. 행복과 목표는 바로 내 손 안에 있고, 내 발 밑에 있다.

둘째, 자신에게만 있는 재능, 즉 우수 영역을 찾아 그 분야의 최고가 되는 것이다.

셋째, 변화의 흐름을 읽어 목표지향적이 되는 것이다.

넷째, 균형 잡힌 목표를 세우는 것이다.

다섯째, 삶의 절대적 목적이 있어야 한다.

우리의 삶에서 목적이 무엇인가? 목표 세우기는 성공에서 아주 중요하다. 그러나 그것은 목표 달성하기 과정에서 시작일 뿐이다. 자신에게 무한한 잠재 능력과 타고난 재능이 있고, 게다가 뚜렷하고 훌륭한 목표가 있다고 할지라도, 목표 이루기로 나아가는 방법과 구체적인 행동계획이 따르지 않는다면 남을 능가할 수 없다.

2) 목표 달성하기 12단계

어떻게 하면 자신의 목표를 빠르게 달성할 수 있을까? 다음의 목표 달성하기 성공 시스템을 습관화한다면, 목표를 쉽게 달성할 수 있을 것이다.

(1) 불타는 열망이 있어야 한다

불타는 열망은 어떤 두려움과 장애도 뚫고 앞으로 나갈 수 있도록 해준다. 원하는 것은 꼭 달성하겠다는 강렬한 열정이 있어야 한다.

(2) 절대적으로 믿어야 한다

강한 믿음은 현실이다. 현실적이고, 믿을 수 있으며, 실행할 수 있는 그런 목표를 세워라. 할 수 있다고 생각하면 할 수 있고, 할 수 없다고 생각하면 할 수 없다. 부정적 마인드를 긍정적 마인드로 바꿔라.

(3) 목표를 적어라

겨우 성인 3%만이 목표를 글로 적는다. 그리고 나머지 97%가 3%를 위해 일한다. 그리고 명확한 목표를 적어라. 불명확한 목표는 연기나 바람처럼 희망 사항일 뿐이다.

(4) 목표를 달성하고 싶은 이유를 적어라

"나는 왜 이 목표를 달성하여야 하는가?"라는 이유를 적어라. 이것은 난로에 연료와 같은 역할을 한다. 확실한 이유가 많을수록 동기부여가 강화된다.

(5) 지금의 내 위치에서 분석하라

목표가 현실성이 있는지 없는지는 스스로 분석하라. 그리고 목표를 달성하려면 무엇을 어떻게 해야 하는지를 결정하라.

(6) 기한을 정하라

기한을 정하게 되면, 잠재 의식 속에서 촉진 시스템을 작동시킬 수 있다. 세상에 비현실적인 목표는 없다. 다만, 비현실적인 기한이 있을 뿐이다.

(7) 극복해야 할 장애물 목록을 만들어라

장애물의 80%는 내 자신에게 있다. 그리고 장애물 목록을 모두 적어라. 그 가운데 가장 커다란 장애물은 무엇인가? 그것이 바로 없애 버려야 할 핵심적인 장애물인 것이다.

(8) 목표를 달성하는 데 필요한 지식과 재능이 무엇인지 생각해라

목표를 달성하는 데 필요한 지식, 재능, 기술, 능력, 경험의 목록을 만들어서, 필요한 정보와 기술을 되도록 빨리 배워서 활용하라.

(9) 당신에게 필요한 지식이 있는 사람, 그룹, 조직을 생각해 봐라

당신이 목표를 달성하는 데 가장 많이 도와줄 수 있는 사람은 누구인가를 명확히 알아라. 그리고 필요한 지식을 사람이나 조직을 통해 배워라. 그리고 내가 먼저 베풀어라, 모든 것은 베푼 만큼 돌아온다. 세상에 공짜는 없다는 것을 명심하라.

(10) 목록을 만들어라

목표를 달성하려면 해야 할 모든 일의 목록을 만들어라. 그리고 우선순위와 기한, 그리고 계량화하라. 좋은 목록은 올바른 길로 인도하고, 목표를 달성할 가능성을 높여준다.

(11) 날마다 당신의 목표를 시각화하라

목표를 글로 적고 목표를 달성한 것처럼 행동하라. 목표를 이룬 모습을 시각화하면 할수록 욕구는 커지고, 목표를 달성할 수 있다는 믿음도 강화된다.

(12) 결코 포기하지 마라

목표와 계획은 끈기와 결단으로 뒷받침된다. 중도에 포기하지 않으면 언젠가는 성공한다. 자신이 원하는 목표를 세우고, 계획을 짜고, 그에 따라 행동하는 데도 목표를 달성하기가 쉽지 않다고 말하는 사람이 많다.

이제 이 12단계에서 자신이 무엇이 부족한지, 어떻게 강화시켜 나가야 할지를 알게 된다면, 목표 달성하기 기술은 강력한 성공 시스템이 될 것이다.

제2절 셀프 리더십의 핵심 조건

자신의 삶의 목표에 맞추어 성과를 올릴 수 있도록 이끌 수 있는 자는 바로 자신이다. 셀프 리더십은 자신에게 영향을 끼치는 지속적인 과정으로 셀프 리더가 되기 위한 핵심 조건에 대해 살펴보고자 한다.

1 자기 관찰을 통한 목표 설정

셀프 리더는 끊임없는 자기 관찰과 목표 설정을 통해 철저하게 자기를 관리하고 개선해야 한다. 이러한 행동전략은 구체적인 목표 설정에서 비롯된다.

맥케이(Harvey MacKay)는 "당신에게 목표 지점이 없다면, 결코 그곳에 이르지 못한다"고 말했다. 성공적인 셀프 리더들이 매우 구체적인 목표 목록을 가지고 있는 이유가 바로 여기에 있다.

당신이 변화하고 싶은 부분을 목록화하여 하나하나 목표를 세워야 한다. 목록화하기 위해서는 자기 관찰이 필요하다. 자기 관찰은 언제, 왜, 어떤 상황에서 우리가 특정한 행동을 보이는지를 관찰하는 것이다. 자기 관찰은 바람직하지 않는 행동이 어디서 유발되었는지 깨닫도록 도와주며 효과적인 개선 방법을 제시함으로써, 목표 설정에 매우 유리한 정보와 단서를 제공한다.

2 매 순간 상기하는 자신의 목표

목표를 설정했다면 그 다음 중요한 것은 이러한 목표를 한시도 잊어서는 안 된다. 셀프 리더는 자신이 무엇을 원하는지 늘 관심을 기울인다. 작심삼일이 걱정된다면 늘 기억할 수 있는 장치를 해둘 필요가 있다.

우선, 일의 우선순위를 매길 자신의 하루 일정표를 손에 들고 다녀라. 그리고 자신의 시야 곳곳에 목표를 상기할 수 있는 문구나 물건을 배치하는 것도 매우 효과적이다.

3 긍정적인 힌트

금연을 결심하는 사람들은 가장 먼저 자신의 호주머니 속에 들어 있는 담뱃갑을 쓰레기통에 버리는 일이다. 이처럼 자신이 원치 않는 행동을 유도하는 실마리를 당장 없애야 한다. 그리고 독서를 즐기고 싶다면 당신의 눈과 손이 가장 빈번히 머무는 곳에 책들을 놓아두어야 한다.

셀프 리더는 자신의 환경을 통제할 줄 알아야 한다. 긍정적인 행동을 유발할 수 있는 동기들로 자신의 환경을 채워야 자신이 기대하는 것보다 효과적인 성과를 올릴 수 있다. 부정적인 힌트를 줄이고 긍정적인 힌트를 늘리는 사이에 당신의 행동이 점차 변화될 것이다.

4 인생의 목적에 적합한 목표 설정

목적이란 당신의 인생 전체를 통해 달성하고자 하는 좀 더 추상적이고 근본적인 삶의 형태다. 그러므로 당신의 수첩에 적혀 있는 단기적인 목표들은 궁극적으로 인생의 최종 목적을 달성하기 위해 수립된 것들이어야 한다.

당신이 추구하는 인생의 목적에 부합하는 목표들을 신중하고 진지하게 수립하는 것은 셀프 리더에게 강한 신념과 확신을 심어 준다.

5 반복 연습

우리의 행동을 개선하는 가장 확실한 방법 중 하나가 바로 연습이다. 전 헤비급 세계복싱 챔피언인 무하마드 알리(Muhammad Ali)는 "경기의 승부는 눈에 보이지 않는 데서 결정된다. 조명 아래 내가 춤추기 전, 이미 링 밖에서, 체육관에서, 그리고 로드 연습에서 결정되는 것이다"라고 말했다.

중간에 포기하지 않고 끊임없이 연습에 매진하는 근성이야말로 셀프 리더의 빠뜨릴 수 없는 자질이다. 연습은 자신의 한계를 극복하기 위해 자신과 맞서는 고통스러운 시간이다. 하지만, 동시에 자신의 능력과 가능성을 키워나가는 가치 있는 것이다.

6 보상과 벌칙

셀프 리더는 목표 달성을 위해 적절한 보상과 처벌을 활용한다. 본인의 행동이 좀 더 의미 있게 개선되기 원한다면 자신의 특성을 반영한 효과적인 보상과 처벌 규칙을 세워두는 것이 좋다.

자신의 바람직한 행동에 대한 보상은 더욱 바람직한 행동을 유발할 수 있고, 처벌은 자신에게 가혹한 것이 되어야 한다.

셀프 리더는 자신과의 약속에 대해 그 누구보다도 철저한 사람이다. 자기 자신을 다스리고 통제할 수 있는 능력은 바로 자신과의 규칙에 대한 엄격한 실천에서 비롯된다. 그러므로 셀프 리더는 자신에게 내리는 철저한 보상과 벌칙의 적용이 큰 효과를 거두는 것이다.

7 긍정적인 셀프 토크

심리학자 버틀러(P. E. Butler)는 "우리 모두는 자신에게 말을 한다. 우리가 하는 말은 우리 삶의 방향과 질을 형성한다"라고 말했다. 그리고 우리 속담에 "말이 씨가 된다"라는 말이 있다.

이처럼 자신이 자신하게 하는 셀프 토크(self-talk)는 행복과 절망의 차이를 만들며,

자기 확신과 자기 의심의 차이를 결정한다.

힘들고 어려운 일이라도 긍정적으로 자신 있게 말하라. 이런 말이 부정적 사고를 없애는 데 매우 중요하며, 일의 성과를 크게 발휘할 수 있을 것이다.

"난 할 수 있어!"라고 스스로를 응원하듯 자신에게 던지는 다짐들이 실제 일에 미치는 효과는 대단히 크다. 늘 자신과 대화하라. 셀프 리더는 자신과의 대화 속에서 무력한 본인에게 힘을 주고, 자신감을 잃은 본인에게 누구도 해줄 수 없는 값진 충고와 희망을 던져 준다.

8 기회적 사고

20세기를 빛낸 위인 500명을 분석한 바에 의하면, 60% 이상이 매우 가난하였고, 20% 이상이 장애자였다. 스티브 잡스(Steve Jobs)는 고아로 입양되어 성장하였고, 아인슈타인(Albert Einstein)과 에디슨(Thomas A. Edison)은 학습장애자이며, 미국의 루스벨트(Franklin Roosevelt) 대통령은 소아마비였다.

기회적 사고란 상황이나 도전이 가진 기회와 가능성에 초점을 두는 사고 패턴이다. 반대로, 장애적 사고란 새로운 모험을 수행하는 데 걸림돌이 되는 장애물과 결점들에 초점을 맞춘다.

해저환경 보호의 대변자가 된 쿠스토(Jacques-Yves Cousteau)는 파일럿이 되기 위해 공군사관학교에 들어갔지만 26세에 치명적인 자동차 사고로 어깨를 다쳐 더 이상 비행기를 탈 수 없게 되었다.

그러나 그는 사고로 약해진 어깨를 단련하기 위해 바다 수영을 열심히 하다가 해저 탐험에 눈을 뜨게 되었다. 장애적 사고를 극복한 그의 기회적 사고가 아니었다면 그의 놀라운 해저 탐험은 존재하지 않았을 것이다.

우리는 자신의 결점과 단점에 집착하느라 자신의 장점마저 놓치는 오류를 범하게 된다. 셀프 리더는 기회적 사고를 통해 자신만의 독특한 세계를 창조하며 세계를 변화시키는 것이다.

9 슈퍼 리더십으로 확장

"내 최고의 잠재력은 바로 우리"라는 격언이 있다. 셀프 리더는 자신을 신뢰하는 만큼이나 타인을 존중하며, 독단적인 개인의 이익을 추구하기보다는 팀과 조화를 통해 시너지를 얻는다. 그러므로 셀프 리더는 자신의 리더십을 슈퍼 리더십으로 쉽게 확장시킬 수 있다.

슈퍼 리더십은 다른 사람들이 체계적이고 효과적인 셀프 리더십을 개발하고 수행하도록 돕는 과정이다. 즉, 다른 사람들이 스스로를 리드할 수 있도록 자신을 리드한다는 개념이다.

스스로를 리드하는 것에서 멈추지 않고 다른 사람들도 셀프 리더가 되도록 돕는 슈퍼 리더십을 기르는 것이야말로 셀프 리더십의 완성이라 할 수 있다(변상우, 2011: 296-300).

제3절 코칭의 개념과 특징

현대 사회는 불확실성의 시대이기에 예측이 불가능하다. 그래서 과거의 방식대로 조직을 관리하면 효과성을 얻는 데 한계점이 있다. 이에 대한 대안으로 선진국에서 활발히 이루어지는 것이 바로 코칭이다.

코칭(coaching)은 상대방의 자발적 행동을 촉진시키기 위한 커뮤니케이션 기능으로 대화와 질문을 통해 부하 직원의 자발적인 행동을 촉진하고, 자발적인 문제 해결을 도모하는 새로운 관리 및 교육활동이다. 리더는 단순히 지시하고 통제하는 것에서 벗어나 조직구성원의 능력을 발견하고, 그 능력을 더욱 개발시켜 주어야 한다.

코칭[1]은 21세기를 주도할 리더십의 과정이며, 조직의 경쟁력을 향상시킬 수 있는

1) GE사의 잭 웰치 회장은 코칭의 중요성을 강조하였다. 그는 변화의 시대에 관리자는 많은 노력을 기울이고, 팀원을 자신의 주요 지원세력으로 이해하고, 팀원들과 쌍방향 커뮤니케이션을 할 것을 강조하였다. 그는 관리자는 직원의 꿈과 능력을 최대한 펼칠 수 있도록 코칭이 필요하며, 직원의

중요한 수단이다. 즉, 코칭은 사람들로 하여금 자기팀의 성과에 기여하게 하고, 각 개인의 삶에 진실로 소중한 것이 무엇인지를 깨닫게 해주는 의사소통 과정이다.

1 코칭의 개념

요즈음의 리더는 부하 직원의 잠재력을 잘 이끌어내는 능력과 부하 직원의 업무와 상황을 이해하고 경청해 주는 태도를 중요시하고 있다. 즉, 부하 직원의 잠재력을 이끌어줄 수 있고, 경청의 자세를 가지고 있는 리더가 오늘날 사회에서 필요한 리더십이다.

글로벌 환경 변화의 물결 속에서 조직의 성과와 조직구성원들의 요구를 충족시키기 위한 리더들에게 조직구성원들의 가능성을 발견하고 키우는 코칭 기술이 필수 요소가 되었다.

1960~1970년대의 상의하달식 의사소통은 조직구성원들의 자발성과 창의성에 부정적인 영향을 끼치고 기업 성장의 핵심 요소로 작용할 수 없다는 시각이 코칭 등장의 배경이다. 코칭은 일반적으로 스포츠 분야의 지도 방식으로 알고 있지만, 1980년대 이후 미국을 중심으로 좀 더 포괄적으로 발전되어 현재에는 인재개발 방법론으로 급속하게 확산되고 있는 추세이다.

우리나라에서는 2000년대 초반에 코칭이라는 용어가 사용되기 시작하였으며, 인재가 기업의 성패를 좌우하리만큼 오늘날 코칭은 핵심 인재양성에 가장 효과적인 방법으로 인식되고 있다.

영국이나 미국, 일본 등의 선진국 기업들은 약 30년 전부터 코칭 기술을 활용하여 조직문화를 바꾸고, 새로운 차원의 조직성과를 달성하고 있다. 우리나라도 약 20년 전부터 코칭 기술, 코칭 경영, 코칭 리더십 등의 용어를 사용하여, 코칭의 기법을 도입하여 활용하고 있는 실정이다.

미국경영협회(AMA)는 코칭은 "코치나 팀 관리자 등이 팀 멤버의 과제와 목표 설정을 도와주고 적극적인 자세로 수행에 필요한 주의사항을 전달하면서 격려하고 도전의지를 촉구하고 현재의 업무성과를 개선하여 회사에 대한 공헌도를 높이는 동시에 장래의 가능성을 이끌어내는 방법"으로 정의하고 있다.

역량을 무한히 발휘하도록 끊임없이 동기부여하여야 한다는 것을 강조하였다.

즉, 코칭은 리더와 조직구성원과의 쌍방향 커뮤니케이션을 통해 조직구성원 스스로가 문제를 인식하고 그 해결책을 찾는 방법으로 리더는 조직구성원의 잠재력을 발견하고 신장시켜 주는 역할을 수행한다. 또한 1회성이 아니라 계속적으로 실행계획을 함께 점검하고, 그 결과를 체크하면서 인정해줌으로써 지속적 관계를 유지하면서 궁극적으로 높은 성과를 달성할 수 있게 하는 것이다.

코칭과 리더십은 불가분의 관계이며, 코칭은 리더십의 구체적인 실천기술이라 할 수 있다. 코치는 명령과 통제 감시로 선수를 훈련시키는 것이 아니라 서로의 신뢰를 쌓아가면서 그 선수의 능력을 발전시키며 숨은 잠재력을 끌어올리는 역할을 하는 것이다. 그래서 코칭은 누구에게나 필요성을 느끼게 된다.

코칭에 대하여 다양한 학자들의 개념 정의를 하고자 한다.

킴벌리와 닐슨(Kimberly & Nielson, 1975)은 코칭을 "구성원들의 혁신적인 사고와 개방적인 태도를 강화시키며, 집단행동을 개발하여 조직체의 문제 해결 능력을 향상을 도모한다"라고 하였고, 스토웰과 스타세비치(Stowell & Starcevich, 2002)는 코칭은 "구성원들에게 긍정적인 영향을 미치는 쌍방향의 커뮤니케이션으로서 지속적인 향상과 역량개발, 문제 해결 등을 추구하는 과정"이라 정의하였다.

또 스토웰(Stowell, 1986)은 코칭이란 "행동적인 프로세스로써 리더가 토의나 대화로 개입 혹은 중재되는 것으로 구체적인 기능이나 행동을 포함하는 프로세스"라고 정의하면서, 코칭은 구성원의 행동이나 태도를 변화할 수 있도록 긍정적인 영향력을 발휘하는 것이며, 구두나 행동으로 구성원들에게 대화를 통해서 역량을 개발하고 동기부여를 하며, 자발적으로 일을 할 수 있도록 지원하고 격려하며 수시로 피드백을 해주는 것이라 하였다. 즉, 코칭은 목표 설정, 방향제시, 동기부여, 피드백, 인간관계 등이라고 정의하고 있다.

이상에서와 같이 코칭의 정의를 종합해 보면, 리더와 구성원 간의 쌍방향 커뮤니케이션과 피드백을 통해 혁신적인 사고와 개방적인 태도를 발전·강화시켜 조직의 문제해결 및 성과 향상을 도모하는 과정으로 정의할 수 있다.

따라서 코칭 리더십은 구성원과의 신뢰 속에서 구성원들의 숨은 잠재력을 개발·향상시키고, 자신의 임무를 스스로 완수·해결할 수 있도록 구성원의 학습 능력을 키워 주는 과정이다.

이러한 코칭 리더십을 성공적으로 수행하기 이해서 가장 중요한 것은 먼저 코칭 리더와 피코치와의 상호 지지관계를 형성하는 것이다. 지지와 신뢰관계없이 코칭의 적용은 매우 어렵다(변상우, 2011: 306-328).

2 코칭의 특징

리더는 자신의 역할과 관점에서 구성원에게 어떤 요구와 기대가 존재하는지 명확히 알려 주어야 하며, 그에 관해서 조정하고 토론하여야 한다. 신뢰를 바탕으로 하는 코칭은 리더와 구성원 간의 원활한 대화가 필수적이며, 개방성, 파트너십, 그리고 자발성이 생길 수 있는 분위기가 조성되어야 한다.

즉, 코칭은 신뢰를 바탕으로 한 리더와 구성원 간 긴밀하고 단계적인 질문과 대화를 통해 구성원 내면의 자발적인 변화를 유도해 가는 특별한 과정이므로, 코칭을 실행하기 위해서는 사전에 진행 과정에 대한 깊은 이해와 상당한 준비가 필요하고 본격적인 진행 과정에서도 신중한 주의가 필요하다.

코칭의 특징[2)]을 9가지로 나누어 설명하였다.

첫째, 코칭은 객관적 데이터가 기반이 되어야 한다. 어떤 코칭이든 객관적인 사실에 바탕을 두어야 하며, 리더는 상황이나 사건을 객관적이고 실제적인 용어로 표현하여야 한다.

둘째, 코칭은 조직구성원의 행동 변화를 통해 성과 향상을 꾀한다. 코칭을 통해 얻어지는 능률 향상은 구성원에게 개인적인 이득이 되며, 조직의 성과 향상에도 크게 기여를 한다.

셋째, 코칭은 인간관계를 매우 중요시하며, 신뢰의 바탕 위에서 전개된다. 코칭의 좋은 결실은 서로 신뢰하는 깊은 믿음에서 출발한다. 이 과정에서 상호 존중과 긴밀한 유대감을 얻을 수 있는 의사소통이 매우 중요한 요소이다.

넷째, 코칭은 과정을 서두르지 않고 침착하게 나아간다. 코칭은 당면한 문제를 구성원 스스로 해결하는 과정을 중시한다. 따라서 구성원이 문제를 해결하고 능력을 발전시키는 형식으로 이루어져야 한다. 코칭은 공동발전 과정이며 리더에 의해 강요되어서는 안 된다. 서로가 신뢰의 바탕 위에서 상대방의 의견에 귀를 기울이는 법을 배우고, 서

2) Haberleither, E.(2002). 코칭 리더십, 이영희 역, 국일증권경제연구소.

로의 반발을 최소화하면서 문제를 스스로 해결하게 하는 분위기를 조성하여야 한다.

다섯째, 코칭을 대화를 중시한다. 리더의 일반적인 말, 선입견으로 구성원을 코칭하는 것이 아닌 피드백과 질문을 통해 최선안을 탐색하는 것이 코칭기술의 열쇠이다. 즉, 코칭은 개방적인 대화가 필요한데, 이 과정에서는 신뢰와 상호 존중이 밑바탕에 깔려 있어야 한다. 때에 따라서는 리더가 자신의 약점을 드러냄으로써 리더와 구성원 간의 높은 벽을 허무는 계기가 될 수도 있다. 이렇게 함으로써 구성원과 거리를 좁히고 허심탄회에게 이야기를 할 수 있다.

여섯째, 코칭은 열린 마음이 필요하다. 과거의 경험만으로 현 시대의 요구에 충족할 수 없다. 즉, 현 시대는 리더와 구성원 모두에게 잠재력과 가능성을 개발시켜야 한다. 리더는 구성원의 가치를 인정하고 평가하며, 열린 마음과 따뜻한 자비심을 갖고 겸허한 자세로 구성원 개개인을 대하여야 한다. 이것은 친밀감을 높이고 개방적인 분위기 유도에 좋은 밑거름이 되는 것이다.

일곱째, 코칭은 겸허해야 한다. 리더의 의견만을 고집하고 옳다고 생각하기 이전에 구성원의 의견을 반영하고 같이 비교·분석하는 자세가 필요하다. 코칭은 대화에 바탕을 두고 상호 간에 이해를 증진시키면서 자신의 주장을 내세우면서 배움의 과정을 갖는 것이다.

여덟째, 코칭은 조화와 균형을 요구한다. 즉, 리더와 구성원이 조화를 이루고 업무성과와 인간관계의 균형을 목표로 삼는다. 나아가 일을 잘할 수 있도록 건설적인 피드백을 통해 스스로 자신의 부족한 부분을 보충함으로써 균형을 유지하도록 도와주는 것이다. 또한 리더와 구성원은 각자의 욕구와 목표를 공개적으로 명확히 논의하여야 한다. 이런 바탕 위에서만 리더와 조직구성원은 서로 존중하는 조화 속에서 공정한 관계를 지속할 수 있다.

아홉째, 코칭은 자기 책임을 요구한다. 즉, 수동적인 대상이 아닌 적극적인 참여자가 되어 조직의 목표 달성을 위해 최선을 다하여야 한다. 이상의 9가지가 코칭의 특징이라 할 수 있다.

제4절 코칭 리더십

코칭은 성과를 유지하고 개선하기 위하여 동기부여를 유도할 수 있는 피드백을 제공하는 과정이다. 코칭은 부하들의 강점을 최대화하고 취약점을 최소화하기 위한 것으로, 코칭을 잘한다는 것은 업무 성과를 높인다는 것이다.

코칭 리더십(coaching leadership)은 구성원이 조직이 요구하는 역할 수행을 하는 데 장애가 되는 요인을 구성원 스스로 해결하도록 지원함으로써 조직 전체의 역량을 증대시킬 뿐만 아니라, 동시에 구성원의 잠재적 역량을 개발하고 육성함으로써 구성원 각자의 개인적 발전과 성장을 도와주는 것을 목적으로 하는 과정이다. 이 코칭 리더십은 리더와 구성원 간의 신뢰를 바탕으로 한 효과적인 커뮤니케이션이 주를 이루며, 상당부분 관리적 스킬이 중심이고 실행적인 방법론의 성격도 강하다. 코칭 리더십은 다음과 같다.

1) 후원적인 업무 관계를 개발한다

리더와 부하들은 개인적인 친분관계가 있거나 사회적인 측면에서 관계가 좋은 상황에서만 코칭이 이루어지는 것은 아니다. 상사는 종업원들에게 개인적으로 관심을 가지고, 그들이 좋은 성과를 내도록 코칭을 해주는 데 상사로서 전념을 해주어야 한다. 상사들은 부하들이 업무를 잘하도록 정기적으로 질문도 하고, 또 그들의 의견에 귀를 기울여야 한다.

일반적으로 문제는 큰 것에서 나타나기보다는 사소한 것에서 나타난다. 리더는 사소한 것이라도 잘 챙겨야 하며, 부하들이 업무 향상을 하는데 방해가 되거나 걸림돌이 되는 것을 제거하는 것이다.

2) 칭찬과 인정을 한다

"왜 부하들의 업적을 인정해야 하는 것일까?"의 뜻은 그들을 인정하게 되면 부하들은 동기부여가 되어 높은 성과를 내고 더 많이 향상시키려고 노력한다는 것이다. 특히,

칭찬은 부하들에게 긍정적인 자아 개념을 발달시키고 더 좋은 성과를 이끌수 있다는 메시지를 준다. 즉, 칭찬은 자아 존중, 자아 실현, 성장과 성취를 위한 부하들의 욕구를 충족시켜 준다. 칭찬은 가장 강력하면서도 단순하고 아무런 비용이 발생하지 않는다. 그래서 칭찬과 인정의 중요성은 아무리 강조해도 지나치지 아니하고 아무리 많이 주어도 지나치지 않다고 한다.

3) 상대방을 비난하거나 난처하게 하지 않는다

코칭의 목표는 종업원의 지식, 능력, 기술을 개발하는 것이다.[3] 따라서 종업원들의 기분을 언짢게 하는 리더의 행동은 종업원들의 역량 개발에 도움이 되지 않는다. 때로는 침묵을 지키는 것이 가장 좋은 방법일 수도 있다. 예를 들면, 종업원들이 실수를 하고 이를 스스로 알아차리는 경우 상사의 입장에서 다시 말로 표현하지 않아도 되는 것이다. 효과적인 리더는 부하의 실수를 하나의 학습 경험으로 여길 필요도 있다.

4) 사람이 아닌 행동에 집중한다

코칭의 목적은 종업원들의 바람직한 행동을 성취하게 하는 것이지 그들을 외소하게 만드는 것이 아니다. 종업원 개인에게 초점을 맞추는 경우와 행동 변화에 초점을 맞추는 경우를 예를 들어 설명하고자 한다.

예) 상황은 부하가 또 다시 회의에 늦은 경우이다.

개인에게 초점-당신은 항상 회의에 늦는군요. 다른 사람처럼 시간을 좀 지키시오.

행동에 초점-당신은 두 번째로 회의에 늦었습니다. 우리는 회의를 할 때 당신의 의견이 필요합니다.

이처럼 부하 개인에게 초점을 맞춘다는 것은 그들을 비난하고 난처하게 만들어 궁지에 몰게 되지만, 행동에 초점을 맞추면 행동이 잘못되어 당신의 중요한 의견을 듣지 못했다는 의미가 내포될 수 있다.

---

3) J. Pfeffer, "Do not Dismiss Office Politics-Teach It," *Wall Street Journal*(October 24, 2011): R6.

5) 종업원들 스스로 자신의 성과를 평가하도록 한다

종업원이 최근 많은 실수를 하는 경우에 비판보다는 자기 평가를 하도록 하는 것이 효과적이다.

"당신은 요새 성과가 좋지 않습니다. 제대로 일을 좀하시오"라는 비판보다는, "이번 주에 일어난 당신의 실수에 대해서 자기 평가를 해보세요"라고 하는 것이다.

6) 사실에 근거한 피드백을 제공한다

구체적인 피드백은 어떠한 특정 행동이 개선되어야 하는 것에 대한 오해를 피하기 위해 필요하다(Dufresne & Offstein, 2012). 사실에 근거한 피드백은 관찰의 결과나 객관성에 의한다. 즉, 피드백을 제공할 때 사실에 근거해야 한다. 사실에 근거한 피드백은 긍정적인 반면에, 추론에 의한 피드백은 부정적인 비판에 가까운 경우가 많다.

7) 코칭 피드백을 제공한다

자기 평가는 성과 개선보다는 성과를 유지하고자 할 때 효과적이며, 비판보다는 코칭 피드백이 효과적인 경우를 예를 들어 설명하고자 한다.

"상자 드는 방법이 잘못되었잖아요. 내가 이런 경우를 다시는 발견하는 일이 없도록 하시오"라는 비난보다는, "허리 부상을 당하지 않으려면 허리를 쓰지 말고 다리를 쓰세요"라는 코칭 피드백이 효과적이다.

8) 모델링과 훈련을 제공한다

훌륭한 리더는 모범을 보이는 리더십을 발휘한다. 부하는 리더가 효과적인 방법으로 일을 할 때 리더를 모방하는 경향이 있다. 신입 사원에게 훈련과 코치를 하지 않는 것은 리더십의 실패를 의미하며, 코칭은 훈련을 필요로 한다.

9) 비난을 피한다

사람들은 비난을 받으면 받을수록 보다 방어적이다. 과도하게 비난을 하는 관리자들과 함께 일하는 종업원들은 "우리 리더는 나에 대해 관심은 없고 내가 일을 잘해도 알아주지 않는다. 그래서 내가 일을 잘해봐야 무슨 소용이 있는가?"라는 태도를 가지게 된다. 따라서 이런 생각을 하는 부하들은 최소한의 업무만 하고 위험 부담을 지지 않으며, 실수를 하지 않는 데에만 관심을 가지고 실수를 은폐하거나 안전한 방법만으로 하기만을 원한다. 이런 경우는 업무의 실적이 매우 낮게 나타난다(로버트 외, 2016).

제5절 코칭 리더십의 효과와 실행

오늘날 리더는 부하의 능력을 알아내고 그 능력을 더욱 확장시켜 주어야 한다. 리더는 구성원의 아이디어 제안에 대한 망설임을 극복시켜 잠재력을 극대화시켜 활용하도록 도와주어야 한다. 부하의 성숙도 차이를 인정하고 부하 각자의 성숙도에 부합하여 그들의 업무를 도와야 한다. 즉, 구성원의 의견을 발표할 수 있는 조직, 언제라도 비판적인 발언을 내놓을 수 있는 조직, 어떤 결정에도 함께 참여하는 조직을 만들어야 한다. 코칭 리더십을 통하여 얻을 수 있는 효과는 다음과 같다.

첫째, 부하가 누리는 이익이다.

부하들은 자신이 맡은 업무를 성사시키며 노력하는 과정에서 더욱 발전하며 자신의 가치를 확인하고 자신감을 키우는 계기가 될 것이다. 또한 리더는 부하들에게 직장생활의 의미를 깨닫게 하고, 의욕을 북돋워 줌으로써 자신이 높게 평가된다는 느낌을 받으며 자신이 깨닫지 못한 능력에 대해 기뻐할 것이다.

자기 발전, 자아 실현, 영향력, 인정은 부하들로 하여금 조직 내에서 근본적인 욕구를 만족시켜 주며 전반적인 조직분위기가 개선된다. 가장 큰 이득은 부하들의 자신감과 능력 개발로 급변하는 시대에 보다 빨리 적응할 수 있는 부하로 변화·발전하게 된다.

둘째, 리더가 누리는 이득이다.

코칭을 통한 부하의 발전은 그들에게 점차 많은 책임과 업무를 담당하게 할 것이다. 이로 인하여 리더는 자신의 업무에 더욱 매진할 수 있으며, 조직구성원으로서 발전방향을 조정하는 데 많은 시간을 투자할 수 있다.

코칭의 기본자세와 행동 방식을 받아들인 리더는 부하와 더욱 화합하여 의사결정 및 문제 해결 과정을 파트너적인 입장에서 해결하려고 한다. 코칭은 상대방을 강하고 성공적으로 만들려는 의도이기 때문에, 먼저 자신의 권력을 버림으로써 부하들로부터 더욱 높은 인정을 받게 된다.

셋째, 조직과 부하가 누리는 이득이다.

코칭은 개인의 잠재력을 향상·발전시켜 시너지 효과를 내는 프로세스이다. 그 결과, 부하의 의욕과 사기가 충만하게 됨으로써 조직 목표를 효과적으로 달성하게 된다.

코칭의 리더십 문화가 자리잡은 조직은 부하에게 수준 높은 서비스를 제공하게 된다. 부하는 좋은 분위기에서 일하며 긍정적인 에너지를 고객에게 쏟게 되고, 고객과 좋은 파트너 관계를 형성함으로써 고객에게 질 높은 서비스를 제공한다(변상우, 2011: 317-318).

1 코칭 리더십의 5 Stop 과정

코칭 리더십을 현실에 적용하기 위해서는 나름대로 과정과 기술이 필요하다. 코칭 리더십 프로세스의 5단계 과정은 다음과 같다. 각각의 프로세스 설정은 전문가에 의해 시행되어야 하며, 조직의 특성에 맞게 선택할 수 있다.

코칭 5 Stop 모델은 그로우(GRROW) 모델이라고 하며, 내용은 Goal(코칭 목표 정하기), Reality(현실 파악하기), Recognition(핵심 니즈 인식하기), Options(대안 탐색하기), Will(실천 의지 확인하기)로 이루어진다.

1) Goal(코칭 목표 정하기)

리더와 조직구성원이 코칭이 이루어질 수 있는 분위기를 조성하고 코칭 이슈에 대해 논의하며, 코칭의 방향과 목표를 명확히 하는 과정으로 리더와 조직구성원은 신뢰관계를 형성하여야 한다.

2) Reality(현실 파악하기)

개선하고자 하는 목표를 세우고 조직구성원의 현실을 구체적으로 파악하여야 한다.

이슈 주변의 현상들을 관찰하여 목표와 현실 간의 차이를 인식하는 단계로 사례와 사실들을 수집하여 조직구성원들의 감정을 파악해야 한다. 이 단계는 GRRATE[4]를 설정하는 단계로 이것은 성공적인 코칭관계를 위해 매우 중요하다.

3) Recognition(핵심 니즈 인식하기)

코칭 목표에 관한 조직구성원의 경험 및 사건들을 이전보다 분명하고 통합된 시야로 재인식하는 과정이다. 리더는 조직구성원이 좀 더 객관적으로 주변 환경을 인식하도록 하고 조직구성원의 내면의 욕구에 직면하며, 1단계에서 확립된 목표를 재확인하거나 수정해야 한다. 조직구성원이 방어적인 태도를 취해도 끝까지 신뢰하고 지지하며, 중립적인 태도를 유지하여야 한다. 즉, 코칭을 받는 자의 말에 더욱 귀를 기울이고, 의사교환을 충실히 하여야 한다.

4) Options(대안 탐색하기)

조직구성원 스스로가 문제에 대한 인식을 새로이 하고 통찰력을 갖추고, 이를 계기로 어떤 변화된 행동을 함으로써 목표에 충실히 달성할 수 있는가에 대한 대화를 나누어야 한다.

브레인스토밍(brainstorming)을 하듯 자유로운 대화를 통해 조직구성원은 합리적이고 현실적인 대안을 갖추어야 하며, 서로 공감대가 형성되어 목표 달성을 위한 보다 분명한 행동 지침을 갖추어야 한다.

5) Will(실천 의지 확인하기)

조직구성원의 행동을 요구하는 단계이다. 대안 탐색을 통해 많은 계획이 수립되어도 조직구성원의 행동 변화가 없다면 목표와 현실에서 많은 괴리감이 나타나게 된다. 따라서 리더는 계획의 실행 및 달성을 위해 계속해서 조직구성원을 강하게 개입시키는 것이다.

리더는 조직구성원과 건설적인 피드백을 통해 발생할 새로운 장애물의 등장도 항상

---

4) GRRATE는 목표(Goal), 역할(Roles), 자원(Resources), 책임(Accountability), 시간(Timeframe), 권한강화(Empowerment)의 내용으로서 영어의 첫글자를 딴 것이다.

염두에 두면서 코칭 전체의 과정을 조직구성원 스스로가 마무리 짓도록 하여야 한다(이희경, 2006: 95-106).

나아가 코칭 모델에서 공통적으로 준수되어야 할 기준은 다음과 같다.

첫째, 리더와 구성원 간에는 신뢰관계가 형성되어야 한다.

둘째, 코칭의 방향과 목표를 명확히 결정한다.

셋째, 리더는 구성원의 입장에서 조직구성원에 대한 정보를 수집한다.

넷째, 리더는 조직구성원과 커뮤니케이션을 통해 문제를 재인식하고, 객관적인 문제 인식에 힘쓴다.

다섯째, 지속적인 질문을 통해 리더는 조직구성원에게 정보와 방법을 제공하고, 구성원은 스스로 판단하여 업무를 수행한다.

여섯째, 리더는 구성원을 지지하고 후원하여 구성원의 사기를 높이고, 잠재력을 발휘하도록 한다.

표 11-2 5 Stop GRROW 모델

단계	내용
1단계: 코칭 목표 정하기	• 리더와 조직구성원이 코칭 이슈에 대해 논의 • 코칭의 방향과 목표를 정확히 하는 과정 • 리더와 조직구성원은 신뢰관계를 형성
2단계: 현실 파악하기	• 개선 목표 설정 후 조직구성원의 현실을 정확히 파악함 • 이슈 주변의 현상들을 통찰하여 목표와 현실의 차이를 인식함 • 사례와 사실들을 수집하여 조직구성원의 감정을 파악함
3단계: 핵심 니즈 인식하기	• 코칭 목표에 관한 조직구성원의 경험 및 사건들을 이전보다 분명하고 통합된 시야로 재인식시키는 과정 • 1단계에서의 확립된 목표를 재확인하거나 수정함 • 조직구성원이 방어적인 태도를 취해도 끝까지 신뢰하고 지지하며, 중립적인 태도 유지
4단계: 대안 탐색하기	• 브레인스토밍을 하듯 자유로이 대안에 대한 대화를 통해 조직구성원은 합리적이고 현실적인 대안을 발견할 수 있고, 목표 달성을 위한 보다 분명한 행동 지침을 가짐
5단계: 실천 의지 확인하기	• 중요한 단계로 조직구성원의 행동을 요구 • 대안 탐색을 통해 많은 계획이 수립되어도 조직구성원의 행동 변화가 없다면 목표와 현실 간의 차이는 계속 나타남 • 리더는 계획의 실행을 위해 계속해서 조직구성원을 강력하게 개입시키고, 코칭 전체의 과정을 조직구성원 스스로 마무리하도록 함

자료: 변상우(2011: 322). 리더십 개발과 훈련. 참조함.

일곱째, 지속적으로 건설적인 피드백을 통해 행동 실천 과정 및 결과, 그리고 개선점을 확인하고, 구성원 스스로 마무리하도록 유도한다(박계홍 외, 2014: 381-382).

2 코칭 리더십 실행모델

아시아코치센터의 5R Coaching Leadership 프로그램은 세계적인 코칭 리더십 역량을 갖춘 지도자를 개발하기 위한 모델이다. 5R Coaching Leadership은 팀을 성공적으로 이끄는 코칭 목표와 상호 의존된 강력한 관계 형성, 현실 인식, 다양한 통찰력과 역량을 이끌어 내는 대안 선택, 최적의 실행환경을 만드는 데 5R 역량모델을 갖추고 있다.

1) 관계 형성(Relation)

관계 형성은 사람들과 친밀하고 신뢰할 수 있는 관계를 구축하고 지속적으로 유지・발전시키는 능력이며, 효과적인 코칭을 진행하는 데 매우 중요하다. 탁월한 코치는 대화 중에도 늘 친밀감을 갖고 대해 준다는 느낌을 주며, 관계 형성은 신뢰와 동반의 두 가지 척도로 구성된다.

신뢰는 코치가 상대방의 독특성을 인정하고 그들의 실수나 어려움까지도 잘 들어주며, 안전한 관계를 유지・발전시키고 변함없는 성실한 자세와 따뜻하게 배려하고 격려하는 태도를 갖는 것이며, 동반은 코치가 상대방을 동반자로 인식하는 것으로, 개방적이고 유연하며 상대에게 호의적이고 자연스러운 대화분위기를 제공하는 것이다.

2) 목표 발견(Refocus)

목표 발견은 상대가 이야기하는 대화의 주제와 목표를 효과적으로 빠르게 찾아내어 동의를 얻어내고 목표를 구체화하도록 돕는 능력이다. 이 능력이 뛰어난 사람은 상대가 진정으로 원하는 주제를 가능한 빨리 찾아내고 이루고자 하는 이상적인 모습을 그려봄으로써 명확한 목표를 찾도록 도와주며, 이에는 윤리와 주제 동의가 있다.

윤리는 사람으로서 마땅히 행하거나 지켜야 할 도리로서, 상대와 나눈 개인적인 대화에 대하여 비밀을 지키며 상대에게 유익한 것만을 제공하는 등 코칭 윤리를 철저히 지키고, 자신의 전문성을 과장하지 않고 진실만을 말하는 것이다.

주제 동의는 대화 시 주제와 목표를 효과적으로 빠르게 찾아내고 목표를 구체화하도록 도우며, 상대에게 가장 유익하고 만족을 주는 목표를 찾도록 돕는 것이다.

3) 현실 인식(Reality)

현실 인식은 현재의 상황이 어떤지 정확하게 인식하고 목표를 이루는 데 장애가 되는 것이 무엇인지 명확하게 하는 능력이다. 현재의 상황을 정확하게 인식하고 문제 해결의 핵심이 되는 장애를 신속하게 파악하여 그것을 해결해 나가는 대안을 만드는 것이다. 이에는 경청과 분별이 있다.

경청은 화자에 대한 존경의 의미가 있는 것으로, 진지하게 경청을 하여야 한다. 즉, 대화 시 진지하게 들어줌으로써 상대방의 감정과 욕구, 그리고 필요 등을 직감적을 알 수 있도록 하는 것이다.

분별은 리더가 직면한 현재의 상황을 객관적으로 보고, 주관적인 판단없이 올바른 방향으로 이끄는 데 중요한 역량이다.

4) 대안 선택(Resources)

고객의 문제를 해결할 수 있는 지원과 방안을 스스로 찾고 그 방안들 중 실제적으로 실행 가능한 대안을 선택하도록 돕는다. 코치는 충분한 변화의 능력이 있고 해결 방안들을 갖고 있음을 일깨워 주고, 그들이 스스로 최선의 방법들을 찾을 수 있도록 격려하고 응원한다. 이에는 명료한 대화와 의식이 있다.

명료한 대화는 코치는 말투나 표현을 명료하게 하며, 최대한 긍정적 영향을 주는 언어를 사용하여 효과적으로 대화한다. 의식은 동의된 결과를 성취하기 위한 다양한 자원과 지혜를 명료하게 관찰하여 의식적으로 가능한 자원을 끌어내고 통합하는 능력이다. 사람들은 자신의 능력과 탁월성, 존재 가치를 의식하면 혁신적인 아이디어를 만들어 낼 수 있다.

5) 상호 책임(Responsibility)

상호 책임은 상대가 정한 인생의 큰 목표나 해결 방안들에 대해 구체적인 행동 목표들을 설계하고, 그것을 실제로 실천하도록 상호 책임지는 능력이다. 코치는 사람들이 새로운 인식과 정리된 생각을 바탕으로 구체적인 계획을 세워서 스스로 실행하고 책임질 수 있도록 도움을 주는 것이다. 이에는 행동 목표와 계획, 그리고 책임이 있다(최은수, 2016: 178-180).

요약

1. 셀프 리더십은 개인 스스로 자신의 생각과 행동을 변화시켜 자신에게 영향력을 발휘하는 리더십이다.
2. 셀프 리더십의 전략으로는 행동전략과 내적 보상전략, 인지적 전략이 있다. 행동전략으로는 자기 목표 설정, 자기 연습, 자기 존중, 자기 보상, 자기 비판, 자연적 보상, 건설적 사고가 있으며, 내적 보상전략으로는 자율적 과업 재설계, 환경 여건의 재설계가 있으며, 인지적 전략은 자신의 사고 패턴을 변화시키는 것이다.
3. 트레이시(Brain Tracy)는 목표 세우기의 중요한 요소로서 다섯 가지 주요 열쇠와 목표 달성하기 12단계를 제시하였다.
4. 셀프 리더십의 핵심 조건은 자기 관찰을 통한 목표 설정, 매 순간 상기하는 자신의 목표, 긍정적인 힌트, 인생의 목적에 적합한 목표 설정, 반복 연습, 보상과 벌칙, 긍정적인 셀프 토크, 기회적 사고, 슈퍼 리더십으로 확장이다.
5. 코칭(coaching)은 상대방의 자발적 행동을 촉진시키기 위한 커뮤니케이션 기능으로 대화와 질문을 통해 부하 직원의 자발적인 행동을 촉진하고, 자발적인 문제 해결을 도모하는 새로운 관리 및 교육활동이다.
6. 코칭의 특징은 신뢰를 바탕으로 리더와 구성원 간의 원활한 대화가 필수적이며, 개방성, 파트너십, 그리고 자발성이 생길 수 있는 분위기가 조성되어야 한다.
7. 코칭 리더십은 후원적 업무 관계 개발, 칭찬과 인정, 상대방을 존중, 사람이 아닌 행동에 집중, 스스로 자신의 성과를 평가, 사실에 근거한 피드백 제공, 코칭 피드백 제공, 모델링과 훈련 제공, 비난 억제 등이다.
8. 코칭 리더십의 효과는 부하들에게 자신감과 능력을 개발시켜 주고, 부하들이 리더를 더욱 더 인정하고 존중하며, 조직의 발전에 기여하는 것이다.
9. 코칭 리더십 프로세스의 5단계 과정은 Goal(코칭 목표 정하기), Reality(현실 파악하기), Recognition(핵심 니즈 인식하기), Options(대안 탐색하기), Will(실천 의지 확인하기)로 이루어진다.
10. 코칭 리더십 실행모델에는 관계 형성, 목표 발견, 현실 인식, 대안 선택, 상호 책임이 포함된다.

리더-구성원 교환이론

"지도자는 물과 같이 외유내강해야 한다."
-소크라테스

제1절 LMX 이론의 개념

대부분의 리더십 이론들이 리더의 관점(특성이론)이나 혹은 상황이론(경로-목표이론, 상황이론)을 강조하였다면, LMX 이론은 리더와 구성원의 상호작용 과정에 대한 인식을 바탕으로 제시된 리더십 이론이다.

LMX(Leader-Member Exchange, 리더-구성원 교환이론)는 한 집단의 리더는 각각의 구성원과 서로 다른 관계를 형성하고, 구성원 역시 리더와의 관계를 각각 다르게 지각함으로써 집단 내 구성원의 숫자만큼 서로 다른 리더-구성원 관계가 형성된다는 이론이다. 이런 관계 형성이 개인 및 조직의 성과에 영향을 준다는 이론이다.

[그림 12-1]과 같이 LMX 이론은 리더와 구성원 간의 짝 관계(dyadic relationship)를 리더십 과정의 초점으로 삼고 있다. 이 과정에서 LMX의 수준을 의미하는 협상허용 범위로 차별화된 관계를 파악할 수 있다. 이 협상허용 범위는 리더가 구성원이 직무를 수행할 때 영향력을 행사할 수 있는 권한을 허용하는 정도를 말한다. 이것은 리더와 구성원의 상호 신뢰, 배려, 협조, 지도 등을 표현하는 변수이며, 역할 형성 과정에서 상호간 의존하고 있는 정도를 나타내는 변수이기도 하다.

그림 12-1 리더십의 차원

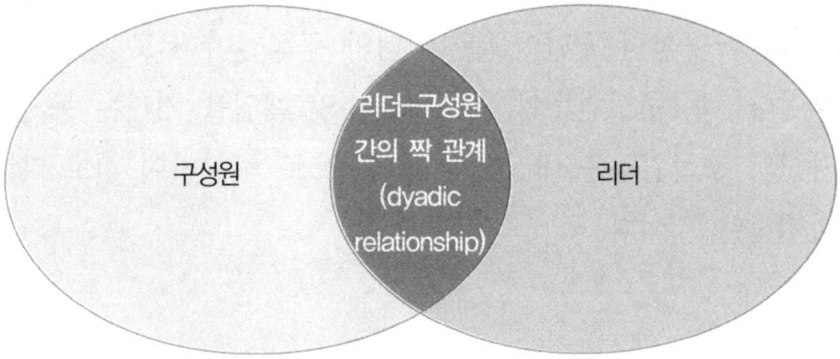

자료: G. B. Graen & M. Uhl-Bien(1995). Relationship-Based Approach to Leadership: Development of Leader-Member Exchange(LMX) Theory of Leadership Over 25 years: Applying a Multi-Level, Multi-Domain Perspective.

또 LMX 이론은 리더와 구성원들 개개인 사이의 역할 형성 과정 및 리더와 구성원 간의 교환관계가 시간이 지남에 따라서 발전되는 과정을 설명하고 있다.

LMX 이론에서는 내집단과 외집단이 형성되는데, 내집단 관계는 리더와 구성원 간에 특별한 대인적 관계를 유지한다. 즉, 리더와 구성원 간에 신뢰와 존경의식이 강하고, 공동운명체 의식과 긴밀한 교류관계를 유지하게 된다. 또한 리더와 구성원 간에 높은 수준의 상호작용인 상호 존중과 강한 신뢰관계가 이루어지며, 구성원들은 리더의 관심과 지지 및 확신을 받고, 구성원은 열심히 일하고 충성을 바치며 리더를 적극 지원한다. 특히, 리더는 내집단 추종자들에게 강한 지지, 긍정적 피드백, 그리고 많은 배려를 하는 경향이 있다.

외집단은 리더와 구성원 간의 특별한 관계를 유지함이 없이 낮은 교환과 상의하달식 영향력이 특징이며, 오직 일과 관련된 관계 속에서 어느 정도의 거리감을 유지하면서 공식적인 역할만을 수행하도록 한다.

이 집단은 리더와 구성원 간의 신뢰와 존경의식이 미약하고 긴밀한 결속력도 미약한 상태이며, 공식적인 업무인 의무나 규칙, 그리고 표준 절차나 리더의 적법한 지시만을 수행하는 관계이다. 이 관계는 리더와 구성원 간에는 꼭 필요한 경제적 교환 외에 상호작용은 매우 미약한 상태이다.

즉, 내집단은 상호 간의 신뢰와 존경으로 좋은 호감을 갖고, 구성원들은 리더로부터 더 많은 정보와 영향, 그리고 신임을 받고 더 많은 관심의 대상이 되고 더 일을 열중하고 리더와의 의사소통이 더 용이하나, 외집단의 구성원들은 리더와 친밀하게 지내지 못하고 단지 출근하여 정해진 일을 수행하고 퇴근하는 것을 반복하는 것이 일반적이다.

결론적으로, 리더-구성원 교환이론은 리더와 구성원이 서로 영향관계를 교환한다는 리더십 이론이다. 즉, 구성원들의 능력, 기술 및 책임을 지려는 동기수준의 차원에 따라 리더가 자신의 구성원들을 내집단과 외집단으로 구분하여 서로 다르게 대우하면서 리더십을 발휘하는 것이다.

제2절 LMX의 활용을 통한 리더십 만들기

최근에는 LMX 연구가 리더십 만들기에 어떻게 활용될 수 있는가에 초점을 맞추어 진행하였다. 즉, 리더와 구성원 간의 교환관계가 어떻게 활용될 수 있는가에 중점을 두고 있다.

이 LMX를 통한 리더십 만들기는 리더가 단지 몇 사람의 구성원보다는 모든 구성원들과 높은 수준의 교환관계로 발전하기 위한 노력을 강조한다. 그래서 모든 구성원들이 자신들을 내집단의 구성원으로 느끼도록 해야 한다는 것이며, 그렇게 함으로써 모든 구성원들이 공정성 비판을 피할 수 있고, 구성원들이 외집단 내에 머물러 있는 데서 오는 부정적 관계를 제거할 수 있다는 것이다.

일반적으로 '리더십 만들기'는 협동관계의 구축을 촉진하고, 그 같은 협동관계 속에서 리더는 작업단위 부서의 모든 구성원들과 효과적인 짝 관계를 구축하게 된다. 그 결과 리더들은 조직 전체에 걸친 '협동관계 연결망'을 만들 수 있게 되고, 그렇게 되면 조직 목표의 달성은 물론 그들 자신의 경력에도 도움을 얻게 된다는 것이다.

그레인과 울비엔(Graen & Uhl-Bien, 1991)에 의하면 [그림 12-2]와 같이 리더십 만들기는 시간의 흐름에 따라 낯선 단계, 친지 단계, 파트너 단계로 발전해 간다고 하였다(Graen & Uhl-Bien, 1995).

1 낯선 단계

이 단계는 리더-구성원 짝 내에서의 상호작용이 일방적이다. 공식적인 규칙의 한계 내에서 이루어지고 공식적인 계약관계에 크게 의존한다. 리더와 구성원은 미리 규정된 조직상의 역할범위 내에서 서로 간의 관계가 이루어진다. 그래서 그들은 낮은 정도의 교환관계를 가지고 있으며, 앞에서 논의한 외집단 구성원과의 교환관계가 비슷하다.

구성원들은 리더의 통제 하에 있는 경제적 보상을 얻는 목적으로 조직 계층상의 공식적 리더에게 복종하게 된다.

이 낯선 단계에서 구성원들의 행동의 동기는 집단의 이익보다는 이기주의 지향적이다(Graen & Uhl-Bien, 1995).

2 친지 단계

이 단계에서는 리더나 구성원이 경력지향적이고 사교적 교환관계의 개선을 위하여 '정보의 제공'으로 시작한다. 여기에는 개인에 관한 정보나 작업에 관한 정보를 서로 나누는 일이 포함된다. 이 단계는 리더와 구성원이 서로 간의 관계를 시험하는 기간으로서, 리더는 구성원이 더 많은 역할이나 책임을 맡는 데 관심이 있는가의 여부를 실험해 보려고 하고, 구성원은 리더가 기꺼이 구성원들에게 새로운 도전적인 일을 맡기려 하는지의 여부를 실험해 본다.

이 기간 동안에는 상호 간의 짝 관계(dyads)가 '직무기술서에 명시된 역할에 따라 엄격하게 규제되는 상호작용'으로부터 '새로운 관계의 상호작용'으로 변환된다. 친지 단계에서 성공적인 짝 관계가 이루어지면, 서로 간에 보다 더 많은 신뢰와 존경의 관계로 발전하기 시작한다. 이들의 행동의 동기는 덜 이기주의지향적이 되고, 전보다 더 조직목표지향적이 된다.

3 파트너 단계

이 단계는 양질의 리더-구성원 교환관계로 특징되어지는 것으로, 그들은 높은 상호 신뢰와 존경 및 서로 간에 의무감 같은 것을 경험하게 된다. 그들은 이미 그들의 관계를 시험하였고, 그들이 서로 간에 의존할 수 있다는 사실을 알게 되는 단계이다. 그래서 파트너 단계에서는 리더와 구성원 간에 긴밀한 유대감과 일체감을 형성한다. 즉, 상호 간에 협력관계가 형성되며, 서로 간에 영향을 주기도 하고 받기도 한다.

이처럼 리더십 만들기란 리더십의 처방적 접근법이다. 리더가 단지 몇 사람의 구성원보다는 모든 구성원과 높은 수준의 교환관계로 발전할 것을 강조한다. 즉, 모든 구성원을 내집단으로 만들어서 공정성에 대한 비판을 피할 수 있고, 외집단의 구성원으로서의 부정적 관계를 줄일 수 있다.

리더십 만들기가 시사하는 바는 리더들은 조직 전체에 걸친 파트너 관계의 연결망을 만들 수 있고, 이는 조직 목표 달성과 경영상의 발전에 도움을 준다.

그림 12-2 리더십 만들기의 단계

	낯선 단계	친지 단계	파트너 단계
역할	공식적 역할	역할 시험	역할 협의
영향	일방적	혼합	상호적
교환	낮은 질	중간 정도의 질	양질
이익	이기적	이기적/이타적	집단의 이익

→ 시간

자료: Adapted from the Life Cycles of Leadership Making in "Relationship-Based Approach to Leadership: Development of Leader-Member Exchange(LMX) Theory of Leadership Over 25 Years: Applying a Multi-Level Multi-Domain Perspective," by G. B. Graen & M. Uhl-Bien(1995). *Leadership Quarterly*, 6(2): 231.

제3절 LMX 이론의 효용과 비판

1 LMX 이론의 효용

LMX 이론은 리더십을 서술하고 있으면서도 또한 리더십을 처방하고 있다. 이들 양쪽에서 중심적 개념은 리더가 구성원들 각자와 형성하는 '두 사람 간의 짝 관계'이다.

내집단을 활용하여 목표를 달성하는 것은 외집단에 의해 목표를 달성하는 것과는 상당한 차이가 있다. 내집단을 활용하여 목표를 달성하는 것은 내집단 없이 일하는 것보다 더 효과적인 방법으로 해낼 수 있기 때문이다.

내집단의 구성원들은 공식적인 직무기술서에서 요구하는 것보다 더 많은 일을 기꺼이 자발적으로 수행하고, 집단 목표 달성을 향상시키기 위해 창의적인 방법을 추구한다. 이 같은 역할 외에 노력과 헌신에 대한 반대 급부로 리더는 그들에게 더 많은 책임과 기회를 제공하게 된다. 나아가 리더는 구성원들에게 더 많은 시간을 할애하고 더 많은 자원을 제공한다.

그러나 외집단의 구성원들은 내집단의 구성원들과 다르게 행동한다. 외집단의 구성원들은 역할 이외의 일을 하기보다는 미리 규정된 역할의 범위 내에서 규정된 대로의 일만 처리하며 더 이상의 일은 하지 않는다. 리더는 외집단 구성원들을 공평하게 대하고, 공식적인 고용계약에 따를 뿐 특별한 관심을 보이지 않는다.

여기서의 LMX 이론의 핵심은 리더는 내집단 관계에서와 같이 모든 구성원들과 특별한 개별적 관계를 만들어 가야 한다고 주장한다. 즉, 리더는 구성원들과의 양질의 교환관계를 양육하듯이 키워가야 한다는 것이다.

이 리더십 만들기 모형은 내집단 구성원들과 외집단 구성원 간에 차이에 초점을 맞추기보다는 리더가 구성원들 모두와 존경과 신뢰관계를 구축할 수 있는 방법을 찾아내어, 작업단위 부서의 전체를 내집단으로 만들어 가야 한다는 것을 제안하며, 나아가 조직 전체의 구성원들과 양질의 협동관계를 만들어야 한다는 것이다.

LMX 이론의 강점은 다음과 같다.

첫째, 강력한 실증적 이론이다.

조직에서 일해 본 사람이라면 누구나 내집단과 외집단의 존재를 느꼈을 것이다. 공정성에 어긋나지만 리더는 더 많은 일을 하는 내집단 구성원들과 특별한 관계를 구성하고 있다는 것을 느끼게 된다. 이것은 엄연한 현실이고 LMX 이론은 이 같은 상황을 정확하게 기술하고 있다.

둘째, LMX 이론은 독특한 이론이다.

대부분의 리더십 이론이 리더나 구성원의 특성 또는 상황의 특성을 강조하는데, 이 이론은 리더와 구성원의 짝 관계를 중심부에 놓고 접근하는 것은 이 이론이 유일하다.

즉, LMX 이론은 리더십의 효과성은 리더와 구성원 간의 교환관계에 달려 있다는 것을 강조하고 있다.

셋째, LMX 이론은 주목할 가치가 있다.

의사소통의 중요성을 강조하며, 이 이론은 리더와 구성원 간의 의사소통이 상호 신뢰와 존경 및 헌신의 바탕 위에서 이루어질 때 더 큰 효과가 나타난다는 것이다.

넷째, LMX 이론은 리더에게 중요한 경고를 하고 있다.

의식적이나 무의식적이라도 내집단으로 끌어들이는 편견의 영향력을 회피해야 한다고 리더에게 경고한다. 이 이론의 주된 원칙은 리더가 각 구성원을 대할 때 공정하고 평등하게 대해야 한다는 경고장을 날린 것이다.

다섯째, LMX 이론은 실무적 적용이 조직 성과와 연관된 실증연구들이 있다는 것이다.

LMX 실무적 적용은 업무 수행 성적, 조직의 헌신성, 절차 및 분배적 정의 등의 변인들과 연관이 있다. LMX 이론의 활용과 실제적인 조직성과를 연결시킴으로써 실무적 가치를 증대시킬 수 있다(Northouse, 2011).

2 LMX 이론의 비판

LMX 이론에 대하여 세 가지로 비판할 수 있다.

첫째는 공정성이라는 인간의 기본적 가치에 역행한다는 것이다.

우리의 교육은 모든 사람을 평등하게 대해야 한다고 배웠다. 그러나 LMX 이론은 작업단위 부서를 두 부류의 집단으로 구성하고, 한 부류의 집단에게는 특별한 대우를 해 주고, 또 다른 부류에게는 평범하게 대해 주어서 차별대우를 하였다. 우리나라에서는 성이나 문화, 나이, 부 등에 의하여 차별받는 경우가 많은데, 직장에서의 이런 대우는 불공정하고 차별을 부추기는 이론으로 비쳐지고 있다. 더 나아가 맥클레인(McClane, 1991)이 보고한 내집단과 외집단의 실존은 전체로서의 집단에 바람직하지 못한 영향을 미칠 수 있다. 그러나 LMX 이론이 실제로 불평등을 만들어 내는지의 여부는 불확실하다(Harter & Evanecky, 2002; Scandura, 1999).

둘째는 기본적 아이디어가 충분히 개발되지 않고 있다. 즉, 양질의 리더-구성원의 교환관계가 만들어지는 방식에 대해 충분히 설명하지 못하고 있다.

초기의 연구에 의하면, 양질의 교환관계가 형성된 것은 리더가 구성원들과 성격 특성이나 대인 기술, 직무상의 유능성에서 일치점을 발견하였기 때문이라고 하였다.

그러나 이 같은 연구들은 다양한 요인들의 상대적 중요성을 설명하지 않고 있으며, 또 그 같은 교환관계의 형성 과정이 어떻게 이루어지고 있는가에 대한 설명이 없다(Yukl, 1994).

셋째는 LMX 이론에서 리더-구성원 교환관계를 측정하기 곤란하다.

LMX 과정을 분석하기 위해 수직 짝 관계의 측정치를 사용한 실증연구들이 없다는 것이며, 또 수년 동안 사용한 측정도구가 상이하고 분석수준을 달리하고 있어서, 그 결과들을 직접 비교할 수 없는 한계를 지니고 있다.

넷째는 LMX 이론은 교환 과정에 영향을 미칠 수 있는 상황 변인들에 거의 관심을 두지 않은 일반이론이다. LMX에 관련될 가능성이 높은 상황 측면들로는 작업 집단구성원의 인구론 속성, 직무 특성, 작업 집단 특징들, 조직유형 등을 고려할 수 있다. 이러한 변인들이 양자관계 유형에 바탕을 이루고 있는 교환 과정들과 개인과 조직에 미칠 수 있는 영향 요인들을 간과하였다고 할 수 있다.

다섯째는 교환관계가 시간이 지남에 따라 어떻게 발전하였는지를 밝혀 보기 위해 종단연구(longitudinal analysis)가 이루어져야 하며, 통상적으로 사용하는 질문지를 보완하기 위해서 보다 철저한 측정치를 포함해야 한다(정우일 외, 2010).

3 LMX 리더십 측정도구

LMX 7은 일곱 문항으로 구성되었고 신뢰성과 타당성이 검증된 리더-구성원 교환관계의 질을 측정하기 위한 도구이다(Graen & Uhl-Bien, 1995).

이 설문지는 리더의 입장에서, 그리고 구성원의 입장에서 응답해 볼 수 있다.

높은 범주의 점수는 보다 강하고 보다 높은 질의 리더-구성원 교환관계를 나타내는 반면에, 낮은 범주의 점수는 낮은 질의 교환관계를 나타낸다.

LMX 7 설문지

아래 질문 문항들은 당신이 당신의 리더(구성원)들 중 한 사람과의 관계를 묻는 질문을 포함하고 있다. 각 질문의 항목에 가장 적합하다고 하는 것에 답을 주시기 바랍니다.

1. 귀하의 리더(구성원)는 귀하가 하는 일에 대해 어느 정도 만족하고 있다고 생각하는가?

거의 만족하지 못한다	때때로 만족한다	자주 만족한다	꽤 자주 만족한다	매우 자주 만족한다
1	2	3	4	5

2. 귀하의 리더(구성원)는 귀하의 직무상의 문제점이나 상황을 어느 정도 잘 이해하고 생각하는가?

조금도 이해하지 못한다	약간 이해하고 있다	상당히 이해한다	꽤 많이 이해한다	아주 많이 이해한다
1	2	3	4	5

3. 귀하의 리더(구성원)는 귀하의 잠재 능력을 어느 정도 있다고 생각하는가?

전혀 인식하지 못한다	약간 인식한다	중간이다	꽤 많이 인식한다	충분히 인식한다
1	2	3	4	5

4. 리더와 직무상의 관계는 좋다고 생각하는가?

전혀 아니다	약간 그렇다	중간이다	꽤 좋다고 생각한다	매우 그렇다고 생각한다
1	2	3	4	5

5. 직무 수행상 문제가 생기면 리더(구성원)는 당신을 구제할 가능성을 어느 정도인가?

거의 없다	약간 있다	중간	높은 편이다	매우 높다
1	2	3	4	5

6. 리더(구성원)는 당신의 결정을 옹호하고 정당화시켜 줄 만큼 당신을 신뢰하는가?

전혀 아니다	약간 신뢰한다	보통	높은 편이다	매우 높다
1	2	3	4	5

7. 귀하의 리더(구성원)와의 작업상의 관계는 어떠합니까?

매우 좋지 않다	좋지 않다	보통	좋다	매우 좋다
1	2	3	4	5

해석 방법

LMX 7에서 얻은 점수는 다음과 같이 해석하면 된다.

LMX 7 점수	관계 정도
30~35	매우 높음
25~29	높음
20~24	중간 정도
15~19	낮음
7~14	매우 낮음

높은 점수는 보다 강하고 보다 높은 질의 리더-구성원 교환관계를 나타내며(내집단), 반면 낮은 범주의 점수는 낮은 질의 교환관계(외집단)를 나타낸다.

요약

1. 이 이론은 리더와 구성원의 상호작용 과정에 대한 인식을 바탕으로 제시된 리더십 이론이다.
2. 내집단은 리더와 구성원 간에 신뢰와 존경의식이 강하고, 공동운명체 의식과 긴밀한 교류관계를 유지하게 된다. 또한 리더와 구성원 간에 높은 수준의 상호작용인 상호 존중과 강한 신뢰관계가 이루어지며, 구성원들은 리더의 관심과 지지 및 확신을 받고, 구성원은 열심히 일하고 충성을 바치며 리더를 적극 지원한다.
3. 외집단은 리더와 구성원 간의 신뢰와 존경의식이 미약하고 긴밀한 결속력도 미약한 상태이 며, 공식적인 업무인 의무나 규칙, 그리고 표준 절차나 리더의 적법한 지시만을 수행하는 관계이다.
4. 리더십 만들기는 시간의 흐름에 따라 낯선 단계, 친지 단계, 파트너 단계로 발전해 간다. 낯선 단계는 리더와 구성원은 미리 규정된 조직상의 역할범위 내에서 서로 간의 관계가 이루어진다. 친지 단계는 서로 간에 보다 더 많은 신뢰와 존경의 관계로 발전하기 시작하며, 이들의 행동의 동기는 낯선 단계보다 덜 이기주의지향적이 되고, 전보다 더 조직 목표지향적이 된다. 파트너 단계는 리더와 구성원 간에 긴밀한 유대감과 일체감을 형성하며, 상호 간에 돈독한 협력관계가 형성되며, 서로 간에 많은 영향을 주기도 하고 받기도 한다.

5. 리더십 만들기 모형은 내집단 구성원들과 외집단 구성원 간에 차이에 초점을 맞추기보다는 리더가 구성원들 모두와 존경과 신뢰관계를 구축할 수 있는 방법을 찾아 내어, 작업단위 부서의 전체를 내집단으로 만들어 가야 한다는 것을 제안하며, 나아가 조직 전체의 구성원들과 양질의 협동관계를 만들어야 한다는 것이다.
6. LMX 이론의 비판은 공정성에 역행하며, 많은 아이디어에 한계가 있으며, 리더-구성원의 교환관계를 측정하기가 어렵다.

PART 04

고전 리더십 이론

LEADERSHIP

Chapter 13 L E A D E R S H I P

고전 속의 리더십

"용감한 장수 아래 약한 병사는 없다."
-손자병법

제1절 손자 리더십

손자(孫子)는 오나라에서 자신의 군사이론과 철학을 브리핑할 한 권의 보고서인 『손자병법(孫子兵法)』을 남겼다. 『손자병법』은 약 2500년 동안 중국과 아시아를 넘어서 세계를 변화시킨 중요한 고전으로 자리매김하고 있다.

"일류 장수는 승리를 먼저 생각하고 난 후에 전쟁을 시작하고, 삼류 장수는 전쟁을 먼저 시작한 뒤에 승리를 구한다"고 했다. 이처럼 『손자병법』은 경쟁의 시대에 탁월한 리더십이다.

많은 국가가 위기상황에 처해 있을 때 『손자병법』에서 도움을 받아 왔는데, 그것은 『손자병법』이 현대 경제 전쟁에서 중요한 이론적 지침서로서 가치가 있기 때문이다.

『손자병법』의 「시계(始計)」편에 다음과 같은 말이 있다. "리더십이란 병사들의 마음을 장군과 같은 마음이 되도록 만드는 것이다. 그리하여 병사들로 하여금 죽어도 같이 죽고 살아도 같이 산다는 마음으로, 전쟁에서 어떤 위험도 두려워하지 않게 만드는 것이다"라고 했다. 이 구절을 현대식으로 해석하면, "리더십이란 조직구성원들의 마음을 하나로 묶는 것이며, 조직과 같이 살고 같이 죽는다는 신념을 갖게 하는 것이다"라고 할 수 있다.

손자는 리더의 다섯 가지 조건으로 능력(정확한 판단력과 정책결정 능력), 신뢰(신상필벌의 원칙), 사랑(부하를 향한 자애로운 마음과 인덕), 용기(결단을 하고 실행에 옮기는 자세), 시스템(규율 엄수와 동시에 부하들이 규율을 엄격히 준수할 것)을 꼽았다.

리더십은 고정된 것이 아니다. 상황에 따라서 적절히 변하는 임기응변이 있어야 한다. 이것이 나폴레옹(Napoléon)이 말한 장군의 천재성이요, 손자가 말한 귀신 같은 리더다.

『손자병법』에 “지피지기(知彼知己)면 백전불태(百戰不殆)”란 말이 있다. 이 뜻은 “적을 알고 나를 알면 백 번 싸워서 백 번 모두 위태롭게 되지 않는다”라는 뜻이다. 이 『손자병법』을 중국의 국가주석 후진타오(胡錦濤)가 미국의 대통령 부시(George Bush)에게 선물한 책이기도 하다.

리더가 갖춰야 할 조건(리더십)을 능력(智), 신뢰(信), 사랑(仁), 용기(勇), 시스템(嚴)의 다섯 가지로 요약했으며, 그 내용은 다음과 같다.

1 객관적 분석과 능력을 가진 사람이다(智, 능력)

손자가 장군의 자질로 ‘능력’을 첫 번째로 꼽은 것은 중요한 의미를 지닌다. 능력은 없고 인간성만 좋은 착한 리더보다 인간성은 조금 떨어지지만 능력이 있는 사람이 리더로 적격이라고 본 것이다.

인간성은 손자에게 능력 다음이다. 능력이 없어서 조직구성원의 생명과 안위가 위협당하는 것보다 능력 있는 리더 밑에서 생명을 보장받고, 생존력을 높이는 것이 더욱 중요하다고 본 것이다.

지(智)는 정확한 판단과 정책결정 능력으로서 불확실한 상황에서 생존의 해답을 찾아내는 변통력을 말한다. 즉, 조직의 생존을 위해서는 탁월한 적응력을 발휘하는 것이 리더의 능력이다.

2 믿을 수 있는 사람이다(信, 신뢰)

신(信)은 신뢰로서 상대방이 나를 믿도록 만드는 것이다. 신뢰에는 고결, 정직, 성실, 청렴이 들어 있으며, 나아가 도덕적이고 언행일치(言行一致)가 되어야 한다.

부하의 의견에 귀를 기울이고, 정직하게 말하며, 성실하게 행동하고, 문제 해결에 최선을 다하는 것이다. 병사들이 믿을 수 있는 장군만이 전쟁에서 승리를 얻는다. 누구에게나 똑같이 대하는 신상필벌의 원칙을 적용하여야 한다.

신뢰는 합리적인 명령과 공정한 상벌, 그리고 장수가 위엄을 지녀야 한다. 신뢰는 리더십의 기초이며, 신뢰를 상실하면 리더로서의 지도력은 급격히 떨어진다.

3 사랑이 있는 사람이다(仁, 사랑)

「지형(地形)」편에 보면 장수는 병사를 어린아이처럼 보살펴야 한다. 그러면 병사는 장수를 위해 죽음까지도 두려워하지 않는다고 하였다.

인(仁)은 사랑이다. 상대방에 대한 배려와 존중이며 따뜻한 휴머니즘이다. 즉, 부하를 향한 자애로운 마음과 인덕이다. 예를 들면, 동상 걸린 병사의 손을 잡고 장군이 따뜻한 입김을 불어 주는 것이 바로 인이며 사랑이다. 즉, 손자의 인(仁)은 장군으로서 병사들의 생명을 아끼고, 그들의 고통을 함께 나누는 것이다.

4 용기 있는 사람이다(勇, 용기)

용기는 솔선수범하는 장군의 행동이다. 상대방과 단순히 경쟁해 지지 않으려고 하는 자존심은 필부의 용기다.

진정한 용기를 가진 사람은 조직을 위해 굽힐 줄도 알고, 물러설 줄도 아는 것이다. 장군의 용기는 병사들의 마음을 안정시키고 사기를 높인다. 이처럼 리더의 용기는 부하들의 사기를 끓게 만든다. 용기는 조직을 튼튼하게 만드는 힘이다. 용장 밑에 약졸은 없다. 진정으로 조직을 위한 대세를 읽을 줄 알고 행동하는 것이 리더의 진정한 용기다.

5 조직의 시스템을 엄격하게 지키는 사람이다(嚴, 시스템)

손자의 관심은 개인보다 조직이다. 한 개인의 뛰어난 능력이 조직의 세를 올리는 것이 아니라 시스템이 조직의 파워와 에너지를 높인다고 본 것이다.

장군이 조직의 시스템을 엄격하게 운용할 때 그 조직은 살아난다. 한 예로, 제갈량(諸葛亮)은 자신의 직속 부하 마속을 선봉장으로 임명해 전투에 보냈으나 패배했다. 단, 전쟁에 나가기 전에 전투에 패배한 장군은 목을 베겠다고 선언했다. 제갈량은 마속이 전쟁터에서 생사를 같이했던 사랑하는 부하였지만 군법대로 눈물을 머금고 마속의 목을 베었다.[1] 이것은 리더는 큰 목적을 행할 때 사사로운 감정에 이끌려 법을 잘 지키지 못하면, 그 조직은 멸망의 길로 갈 수 있다는 것을 알리는 중요한 사례다.

손자는 "리더는 개인이 아니라 조직의 기관이다"라고 했다. 리더의 판단은 국가의 흥망을 결정하고 수십만 명의 목숨을 좌우한다고 했다. 그래서 리더는 늘 고독하고, 자신의 감정을 통제하며, 때로는 의도를 숨겨야 할 때도 있다고 했다.

손자는 조직관리를 큰 바다로 생각했다. 그래서 큰 바다를 향할 때는, 먼저 방향을 분명하게 설정하고 바다의 상황에 대해 숙지해야 하며, 목표 설정과 주변 상황의 정확한 분석을 조직관리의 출발로 보았다. 즉, 손자는 우직지계(迂直之計: 우회하는 가운데 샛길을 얻는다)를 강조했다.[2]

이것은 곡선사고와 일맥상통한다. 곡선사고는 대포의 원리를 생각하면 쉽게 이해할 수 있다. 순간의 이익보다는 길게 보고 멀리 생각하며, 목적을 잊지 않고 장기적인 안목을 가지라는 의미다(김재득, 2008: 447-455).

---

1) 제갈량은 이 부분에서 아주 현명하게 대처하였습니다. 가장 모질게 손을 써야 할 때 눈물을 흘림으로써 제도의 권위를 세워 사람들을 사로잡았습니다. 이것은 온유한 수단을 써서 냉혹한 일을 하다는 것입니다. 뛰어난 지도자는 아래 사람들에게 존경을 받으면서 두려움의 대상이 되는 것입니다.

2) 돌아가는 것이 나에게 근심이었고 슬픔이었지만 결국에는 이익이 될 것이다. 이처럼 인생의 일이란 누구도 결과를 쉽게 장담할 수 없다. 즉, "인간만사(人間萬事) 새옹지마(塞翁之馬)"라는 말이 여기에 해당된다.

제2절 한비자 리더십

한비자(韓非子)는 춘추전국시대 말기의 사상가로서, 그가 남긴 『한비자』는 제왕학의 고전으로 꼽힌다.

중국을 최초로 통일시킨 진시황(秦始皇)도 한비자의 글에서 통일의 비법을 찾았고, 중국을 공산화시킨 마오쩌둥(毛澤東) 국가주석도 한비자의 법가사상을 존중하였다. 『삼국지』에서 촉(蜀)나라의 유비(劉備)가 임종 시 자신의 아들 유선에게 꼭 읽으라고 당부한 것도 바로 『한비자』였다.

전국시대 말기 한나라 왕의 서얼에다 말더듬이로 출생한 그는 어머니가 신분이 낮은 출신이었기 때문에, 비록 왕족이었지만 왕실에서 대우받지 못하는 불운한 처지였다. 그는 이 같은 불운한 소년기를 가졌기에 일찍부터 학문 연구에 눈을 돌렸다.

한비자는 냉철하고도 차가운 사상을 가졌으나, 지독한 말더듬이인 탓에 자신의 주장을 군주 앞에서 조리 있게 내세우지 못함으로써 한나라에서 자신의 뜻을 펼치지 못했다. 그의 대작 『한비자』를 통해 제대로 된 제왕이 되려면 권력을 어떻게 운용해야 되는지를 살펴볼 수 있다.

한비자의 리더십 스타일은 전형적인 '법치형 리더십'이다. 그는 인재보다 조직 우선의 정책을 펼쳤는데, 뛰어난 인재라도 자기 역할에 충실하지 못한다면 해악을 가져온다고 했다.

한비자는 스승인 순자(荀子)의 사상을 바탕으로 자신의 법치론을 실천적 학문으로 정리했다. 한비자는 순자가 말하는 인간의 악을 규제할 수 있는 예를 좀 더 엄격하고 실제적인 법체계로 바꿔 실천적 법체계론을 완성했다. 그래서 한비자의 리더십은 강력한 리더는 조직을 만들고, 뛰어난 리더는 조직을 움직인다는 법치 리더십에 가깝다.

한비자는 세상이 끊임없이 변하기 때문에 이에 즉각적으로 대처할 필요가 있다고 생각했다. 그래서 그는 사물에 위험한 징조가 보이면 주저하지 말고 결단을 내려야 한다고 했다.

유능한 리더는 "변화를 두려워하지 않아야 하며, 변화는 새로운 도약과 발전을 노릴 수 있는 기회가 될 수 있다"라고 했다.

현명한 군주가 공적을 세우고 이름을 떨치는 방법에는 네 가지가 있는데, 하늘의 때(天時)이고, 백성의 마음이며, 기술과 능력이며, 권세와 지위이다.

하늘의 때를 거스리면 요임금이 열 명이 있어도 겨울에 벼 한 포기 소생시킬 수 없고, 백성의 마음을 거스리면 맹분이나 하육일지라도[3] 사람들의 힘을 다하게 할 수 없을 것이다. 그러므로 하늘의 때를 얻으면 힘쓰지 않아도 저절로 자라고 백성의 마음을 얻으면 재촉하지 않아도 저절로 부지런해진다.

기술과 능력을 이용하면서 서두르지 않아도 저절로 신속하게 되고, 권세로 지위를 얻으면 나아가지 않아도 명성이 이루어진다. 이 중 권세와 지위를 강조하였는데, 군주가 현명하고 능력있는 자를 지배할 수 있는 것은 권세와 지위가 있기 때문이다. 예를 들면, 어린아이가 높은 곳에서 천 길이나 되는 골짜기를 내다 볼 수 있는 것은 키가 크기 때문이 아니라 서 있는 위치가 높기 때문이다.

물이 흘러가고 배가 떠나는 것처럼, 자연의 규율을 지키며 끝없이 명령이 행해지므로 현명한 군주가 되는 것이다.

한비자는 차가운 인간관으로 철저한 인간 불신에 입각해 리더의 모습을 추구하였다. 즉, 그는 "사람을 믿지 마라"라고 강조했다. 한비자는 부하를 잘 다루고 조직을 통합해서 자신의 지위를 탄탄하게 하기 위한 비법을 법(法), 술(術), 세(勢)에서 찾았다.

1 법(法)

법률로서 군주의 강력한 통치력을 말한다. 즉, 신상필벌(信賞必罰)로서 공적을 세우면 그에 부합하는 보상을 주고, 실패하면 벌을 준다는 취지를 확실히 명시해 두고 그대로 실행하는 것을 말한다.

3) 맹분은 소의 뿔을 뽑을 정도로 힘이 셌고, 하육은 1,000균을 들어 올리는 힘을 가졌다고 한다. 두 사람 모두 용기와 힘으로 이름을 떨쳤다(삼국지 사전).

2 술(術)

신하에 대한 군주의 통치기술이다. 즉, 법을 운용해 부하를 부리기 위한 노하우로서 리더가 가슴속에 담아 두고 이것저것을 비교하면서 비밀스럽게 부하를 조종하는 것을 뜻한다. 술은 부하를 통솔하는 대표적인 방법으로 형명참동(形名參同)이 있다. 즉, 이것은 부하가 신고한 대로 업무를 부여해 준 후, 신고와 성과가 일치한 자에게는 상을 주고 그렇지 않은 자에게는 벌을 주는 제도다.

3 세(勢)

권세와 권한을 의미하며 부하가 리더의 명령에 복종하는 것은 리더가 부하의 생사여탈 권한을 쥐고 있기 때문이다. 즉, 군주가 막강한 위력을 발휘하는 상벌권을 손에 쥐고 있기 때문이다. 위엄있는 권세와 상벌의 법도가 없다면 전설적인 성군인 요순의 임금도 나라를 제대로 다스릴 수 없다. 즉, 이 말의 의미는 권력의 칼자루를 절대 놓지 말라는 뜻이다(김덕수, 2009: 185-186).

제3절 법치 리더십

1 확실한 동기부여가 업무 능률을 향상시킨다

한비자의 법치 리더십의 핵심은 시의에 부합하는 임기응변술과 단호한 결단력, 강력한 추진력을 강조하였다.

그는 "이익이 있다면 무엇이든 하는 것이 인간이다"라는 호리지성[4]을 강조하면서,

---

4) 한비자는 이익을 향해 무한 질주하는 "호리지성(好利之性)"을 인간의 본성으로 파악하였다. 이것은 성악설을 이루는 뼈대이며, 이익이 있는 곳에는 사람이 모여든다는 것이다.

100% 이익만으로 인간이 움직이지는 않지만 이익 추구가 인간을 움직이게 만드는 강력한 동기부여가 된다는 사실을 강조했다.

한비자가 "시비를 가리기 어려운 소송 사건에는 활을 쏘게 하여 과녁을 맞춘 자에게 승소로 하겠다"고 하자, 백성들이 활쏘기 연습을 많이 하여 전쟁 때 적군을 물리칠 수 있었다고 한다. 이처럼 사람들은 이익이 생기면 능력 이상의 힘을 발휘한다. 이처럼 확실한 동기부여가 업무 능률을 향상시킨다고 했다.

"네가 이익을 얻으려면 군주의 이익부터 도모하라. 네 집이 부자가 되고 싶거든 우선 나라부터 부강하도록 만들어라." 이처럼 한비자는 이익의 근본이 개인이 아니라 국가에서 비롯된다고 주장했다.

관리 기술의 근간은 개인이 아니고 집단이고 조직이다. 따라서 조직의 이익이 창출되면 자연히 개인도 이익을 얻게 된다고 하면서 조직의 이익을 중요시했다.

2 일류 리더는 부하의 지혜를 활용한다

리더의 비전과 관리 목표가 일치할 때는 진언이 자연스럽게 받아들여지지만, 그렇지 않을 경우 의견이 묵살될 수 있다. 따라서 리더는 홀로 결정할 것이 아니라 다른 임원들과 상의해서 합의점을 찾는 것이 현명한 일이다. 따라서 한비자는 부하의 의도와 지혜를 분명히 파악하라고 했다.

신하는 리더의 손과 같다. 손은 위쪽에 있으면서 머리를 매만지고 아래로는 발을 씻으며, 또 추위와 더위에 따라 몸을 보호하는 역할을 한다. 예리한 칼이 몸을 위협하면 맨손으로라도 막지 않으면 안 된다. 신하란 이렇듯 군주의 손이므로 잘 관리하지 않으면 안 된다. 이렇게 뛰어난 인재를 잘 살펴서 등용해야 한다고 한비자는 생각했다.

그는 "현명한 군주라면 백성을 직접 다스리지 않으려니와 하찮은 일에는 손대지 않는다"며, 현명한 리더는 신뢰할 만한 부하에게 위임해서 일을 올바로 처리한다는 점을 강조했다.

한비자는 군주가 신하의 말에 귀를 기울인다는 것은 신하의 입에서 나온 것을 그 입에 다시 넣는 것이라고 했다. "입에서 나온 것을 입으로 되돌려 넣는다"라는 말은 자기 스스로 약속한 말은 반드시 실천에 옮기라는 뜻이다.

군주는 계획이나 정책을 진언하는 부하가 제대로 실천에 옮기는지 잘 살펴야 하고, 성공의 가능성이 있는지 잘 살펴야 한다. 부하의 진언을 수동적으로 듣지 않고 적극적으로 들을 때 부하의 식언을 없앨 수 있다고 했다.

일류 리더는 부하의 지혜를 이끌어낸다. “하등의 군주는 자기 능력으로 처리하고, 중등의 군주는 남의 힘을 가급적 사용하며, 상등의 군주는 부하의 지혜를 이끌어낸다”고 한 것은 사람의 능력에 따라 일을 맡기는 것이 중요하다는 것이다. 따라서 리더는 부하의 능력을 잘 살펴서 합당한 업무를 맡기는 것이 좋다. 모든 것을 리더 혼자 처리하면 업무가 느리고 실패하기가 쉽다.

3 조직관리에는 능력있는 자를 등용한다

세력은 군주에게 연못과 같고, 신하는 그 세력 속에 물고기와 같다. 물고기가 연못을 잃으면 다시 얻을 수 없고, 군주가 그 세력을 잃으면 다시 돌려받지 못한다고 하였다. 그래서 한비자는 권세를 신하에게 빌려주어서는 안 된다고 하였다. 권세를 빌려주면 다른 신하들이 군주를 위해 일하는 것이 아니라 권세 입은 신하를 위해 일하기 때문이다. 한비자가 말하는 올바른 조직이란 오늘날 행정이나 경영에서 내외 정세를 면밀히 분석·평가하고, 종합적인 전략을 세워 그 틀 안에서 각 부서가 유기적으로 움직이는 시스템을 말하는 것이다. 한비자는 훌륭한 자를 추천하는 데는 원수라도 개의치 않고 가까이는 제 자식도 상관이 없다고 주장했다.

즉, 리더가 마음에 들지 않아도 탁월한 능력을 소유했다면 사심을 버리고 등용해야 한다. 적대적인 입장을 보인 인재를 과감히 발탁하는 것은 동서고금을 통해 인재 등용의 정수라고 하였다. 이렇게 훌륭한 인재를 발탁하고, 그 인재를 적재적소에 배치시켜야만 리더의 약점과 결점이 보완되고, 유기적인 체계로 조직을 잘 이끌어갈 수 있다고 하였다. 그래서 리더는 사람을 보는 분별력이 있어야 하며, 이 분별력의 근원은 충성심과 유능함에 있다.

오늘날 능력보다는 낙하산 인사 및 정실 인사로 인해 많은 부작용이 일어나는 현상에 대해 권력자는 새겨들어야 할 대목이다.

4 상벌은 시비에 따라 행한다

리더는 막강한 위력을 갖는 상벌권을 갖아야 하며, 절대 칼자루를 놓아서는 안 된다고 하였다. 또 상과 벌은 옳고 그름에 따라 시행하여야 한다고 하였다.

한비자는 나라를 태평하게 하는 일곱 가지를 기술을 제시했다. ① 상벌은 행위의 결과를 보고 시비에 따라 행한다. ② 재난과 봉록은 선악에 따라 생기게 한다. ③ 형사처벌은 법규에 따라서 행한다. ④ 사람의 구별은 선악에 따라야 한다. ⑤ 일을 하는 데는 추측 판단으로 하지 말고, 일정한 규칙에 따른다. ⑥ 현명함과 우둔함에 따라 부하를 구별하되, 평판으로 하지 않는다. ⑦ 사람을 대하는 데는 신실[5]을 으뜸으로 하고 거짓으로 대하지 않는다고 하여 부하를 다스렸다.

그리고 부하를 제대로 거느리기 위해서는 일곱 가지의 술법을 알아야 한다고 했으며 내용은 다음과 같다. ① 신하의 여러 가지 말을 서로 비교하며 관찰한다. ② 죄 있는 자는 반드시 처벌해 위엄을 보여 준다. ③ 공을 세운 자는 반드시 상을 주어 그 능력을 십분 발휘하게 한다. ④ 신하의 말을 한번 들으면 만족하지 말고 그것을 실행하도록 한다. ⑤ 신하에게 의심스러운 명령을 내리고 위계를 써서 그 신하를 부린다. ⑥ 알고 있으면서 모르는 체하며 신하에게 묻는다. ⑦ 마음과 반대되는 말을 하여 신하의 행동을 관찰한다.

또 한비자는 진언에 대해서도 냉철한 조언을 하였는데, 대부분 진언은 임금을 진심으로 걱정하고 사랑하는 신하가 목숨을 걸고 고언을 하는 것이다. 그런데 어리석은 임금들은 신하의 진언을 마음 깊이 헤아리지 못하고, 자신에 대한 도전으로 생각하여 충신을 죽이는 경우가 비일비재하다. 그래서 한비자는 임금에게 죽음을 당하지 않고 진언하는 방법을 제시하였다.

진언은 우선 상대방의 마음을 잘 읽고, 자신의 의견을 거기에 끼워 맞추어야 하기 때문에 어렵다고 하였다. 주군의 마음을 잘못 읽은 상태에서 빗나간 질문을 하면 곧바로 형장의 이슬이 된다. 이를 역린지화[6]라 한다.

그리고 중국 통일을 염원했던 그는 군주의 권력 강화를 위해서는 법치·술수·권

5) 신실(信實)로서 믿음직하고 착실함을 말한다.
6) 역린지화(逆鱗之禍)란 용의 턱 아래에 난 비늘을 건드리면 죽임을 당한다는 전설로 임금을 마음을 잘 헤아려 진언을 해야 한다는 뜻이다.

력 세 가지 수단에 의지해야 한다고 했다. 한비자의 사상은 관료제도를 통한 절대 군주 정치와 신상필벌을 통한 엄격한 법의 시행, 그리고 속국의 경제적 자족 등의 특색을 지녔다.

한비자의 사상은 중국 대대로 이어져 내려왔으며 한나라 무제(武帝) 등 역대 황제는 말할 것도 없고, 근세에 이르러 마오쩌둥(毛澤東) 역시 한비자의 법가 사상을 존중했다. 임종에 이른 유비(劉備)가 아들에게 꼭 읽으라고 당부한 책 중 하나가 『한비자』였다고 하므로, 이것은 리더십에서 위대한 서적이라 할 수 있다(김재득, 2008: 458-463).

리더가 자멸하는 일곱 가지 이유(한비자의 충고)

1) 작은 이익에 지나치게 얽매어 큰 것을 보지 못할 경우
2) 충성스러운 부하나 신하의 충언이나 고언을 무시하는 경우
3) 자신의 역량을 키우지 않고 다른 사람의 힘에만 의존하는 경우
4) 힘이 없으면서 무례로 일관하는 경우
5) 너무나도 안이하게 자신의 권한을 일관하는 경우
6) 리더가 음주, 가무, 여자에 탐닉해 자신의 본업을 내팽겨치는 경우
7) 자신의 자리를 비우면서 아무런 대책을 세워 놓지 않는 경우

제4절 노자 리더십

노자(老子)의 리더십 스타일은 현실의 틀에서 벗어나지 않으면서 격식보다는 겸허와 관용, 무위(無爲)와 청정(淸淨)[7]을 내세워 자연스러운 도(道)의 경지에 이르기를 갈망하는 겸손 리더십이다.

현대 사회에서 리더는 조직활동과 숨은 자아를 깨우치는 정신적인 노력은 계속되어야 한다. 이익을 사회에 환원하는 '베풂과 나눔'의 원리나 상대방을 대할 때의 '겸허와

7) 무위는 사람의 힘이나 지혜를 더하지 않고 자연 상태로 내버려두는 것을 의미하고, 청정은 밝고 깨끗한 자세를 뜻한다. 노자는 리더가 무위하면 백성들은 스스로 교화되고, 리더가 청정하면 백성들은 스스로 정도를 걷게 된다고 생각했다.

관용'의 원리는 리더가 갖추어야 할 중요한 덕목이다.

노자가 말하는 이상적인 리더는 "도를 깨우친 인물은 결코 자랑하지 않는다. 일을 해도 자기가 한 것처럼 하지 않고, 공적을 세워도 자랑하지 않는다"고 하면서 그러한 인물을 가장 이상적인 리더라고 했다.

노자는 수적천석(水適穿石: 유연한 물이 강한 바위를 뚫는다)을 말하면서 뛰어난 지휘관은 무력을 함부로 사용하지 않는다고 했다.

노자는 싸움을 잘하는 사람은 싸움을 즐기지 않을 뿐 아니라 감정의 사주를 받고 행동하지 않는다. 세상의 이치를 아는 인물은 힘에 호소하는 대결을 하지 않는다. 사람을 잘 부리는 리더는 오히려 상대방보다 아래에 서서 실천한다고 유능제강론(柔能制剛論)[8]을 제시했다. 노자는 이러한 태도를 다투지 않는 덕이라고 불렀다. 상대방에게 거스르지 않고, 상대방과 다투지 않으며 오직 주어진 상태에 잘 적응한다. 그러면서도 어느새 상대방의 위에 서 있다는 것이다. 노자는 최상의 선은 물과 같이 만물을 이롭게 하면서도 그 공로를 다투지 않는다고 하였다. 즉, 물에서 유연함과 겸손함, 기다림과 여유, 그리고 새로움을 배운다. 노자의 리더십을 간략히 요약하면 다음과 같다.

1 큰사람이 되면 자연스럽게 겸손해진다

훌륭한 리더는 백성 위에 군림하지 않고 겸허한 태도로 자신을 낮춘다.

백성을 지도하려고 할 때는 겸손하게 처신해 권세를 가진 것처럼 행세하지 않는다. 그렇기 때문에 그런 인물이 윗자리에 있어도 백성들은 결코 가로막는 방해물로 여기지 않는다.

노자는 물을 통해 겸손과 무위(無爲)의 리더십을 설명했다. "세상에 어떤 것도 물보다 연약하고 부드러운 것은 없다. 그러나 단단하고 센 것을 뚫는 데 물을 이길 자는 아무도 없다."

노자가 꿈꾸는 리더는 겉은 한없이 부드럽고 연약하지만, 내면은 누구보다도 강한 사람이다. 자신을 남에게 낮추지만 결국은 최후의 승자가 되는 겸손과 처하(處下)의 리

---

8) 유(柔)한 것이 강(强)한 것을 이긴다는 뜻으로, 약한 것을 보이고 적의 허술한 틈을 타 능히 강(强)한 것을 제압(制壓)함을 비유(比喩・譬喩)해 이르는 말이다.

더십을 가진 사람이다. 이런 사람이 노자가 바라는 이상적인 리더의 모습이다. 노자는 물(水)에서 겸손한 리더십을 보았던 것이다.

리더는 높은 자리에 있을수록 정중하고 겸손해져야 한다. 조그만 능력을 갖추고 있을 때는 거만한 태도를 앞세워 자기 자신이 대단한 인물처럼 꾸미려 하지만, 정말로 큰 사람이 되면 자연스럽게 겸손해진다.

조직구성원들도 마찬가지로 조직이 커질수록 겸손해져야 한다. 그렇지 않을 경우, 그 조직의 존엄성은 유지되기 어렵다. 조직의 성과가 올라가고 어느 정도의 궤도에 올라갔다고 해서 그것을 자랑으로 여겨 거만하거나 불친절하면 국민이나 사회는 그 조직에 채찍질을 가하게 되고, 결국은 멸망의 길로 가게 되는 것이다.

2 상대방의 마음을 헤아리는 열린 리더십이다

노자는 무위와 청정을 국가 리더십의 화두로 삼으면서 리더의 마음가짐에 대해 다음의 세 가지를 지적했다. 첫째, 규제나 금지는 가급적이면 억제한다. 둘째, 백성에게 부담을 강요하는 정책은 최대한 행하지 않는다. 셋째, 가능한 한 개입을 피해 자율에 맡긴다.

노자가 말한 국가 경영 리더십은 작은 생선을 굽듯이 하라고 했다. 작은 생선을 구울 때 자주 뒤집거나 바짝 구우면 생선의 형태도 부서지고 생선 고유의 맛도 사라진다. 나라를 다스리는 일도 이와 같아서 권력을 지나치게 남용하면 이상적인 정치는 사라지고 오히려 백성들에게 고통만을 가중시킨다. 이것을 자율에 맡기면 오히려 잘 다스려진다는 것으로, 상대방의 마음을 헤아리는 '열린 리더십'을 강조했다.

리더는 비협력적인 사람들과 상대할 경우, 그 사람이 놓인 환경이나 입장을 이해하고, 그들이 나아가야 할 방향을 제시해야 한다. 그리고 지속적인 인내심을 갖고 이들을 대해야 한다. 선과 악이라는 대립관계에서 나타나듯이 악의 경우에도 열린 마음으로 대해야 한다고 했다. 흔히, 조직의 이방인 같은 사람들도 잘 다루어야 하는 것이 훌륭한 리더의 임무라고 강조했다.

3 작은 내부의 속사정까지 직접 관여하지 않는다

노자가 이상으로 삼는 국가 형태는 '지방자치제'다. 나라는 작고 주민은 적은 것이 바람직하다. 정치가 중앙집권 형태를 강화하면 할수록 관청과 관리의 수는 기하급수적으로 늘고 백성의 고통은 가중된다. 오늘날의 민주적인 행정국가는 로컬 거버넌스다. 즉, 정부에 의해 통치하는 것이 아니라 거버넌스의 관점으로 다양한 계층(정부, 기업, 시민단체)이 적극적으로 참여해 수평적 관점에서 정치를 해나가는 것이다.

이런 점에서 현재 행정국가는 노자의 통치 스타일을 접목해야 한다. 리더의 역할로서 노자는 간섭이나 통제보다 각각이 책임지도록 만드는 것이 필요하다면서, 자율 리더십은 곧 책임 리더십이라고 했다.

유능한 리더는 구체적인 비전과 원대한 목표에 따라 움직이지 작은 내부의 속사정까지 직접 관여하지 않는다. 적절한 권한을 위임하고 책임을 부여할 수 있는 방향으로 나가는 것이 리더의 역할이라면서 업무의 효율성을 위한 권한 부여와 자율 리더십을 강조했다.

4 변화와 실패를 두려워하지 마라

세상에는 성공이 있으면 실패도 있다. 화가 있으면 복이 있듯이 성공과 실패는 음양 법칙의 현상이다. 결코 실패했다고 해서 좌절하면 안 된다. 실패해도 굴하지 않고 적극적인 사고로 새로운 에너지를 발휘해 나가야 한다. 노자는 "도라고 할 수 있는 도는 영원한 도가 아니고, 이름지을 수 있는 이름은 영원한 이름이 아니다"라고 말하면서 대립하는 두 가지는 항상 존재하므로, 획일적인 것은 대립을 부정하고 한 가지로 통일되는 것을 의미한다. 따라서 합리적인 리더라면 획일성이 가져오는 위험과 효율적인 결과를 가져오는 상대적인 차이에 대해 알아야 한다.

반대를 인정할 줄 아는 것은 도량이 아니라 리더가 지녀야 할 철학이자 올바른 자질이라고 할 수 있다. 가장 이상적인 리더십은 흐름을 타는 것이다. 상대방을 얻고자 한다면 먼저 베풀어야 기회가 온다.

한 발 늦게 간다는 생각으로 처신하면 오히려 앞서 가게 되는 것이 리더십의 이치다. 국가를 이끄는 일은 낮은 곳에 몸을 두고 심연과 같은 깊은 마음으로 먼 바다로 항해하는 것과 같다. 생각이 많은 것과 생각이 깊은 것은 분명히 다르다는 점을 이야기한 것이다.

노자의 도가(道家)는 현실에 밀착된 서민의 사상이라 할 수 있다. 유가(儒家)들의 주장이 이상을 논한 표면적인 도덕에 기울어져 있다면, 노자의 주장은 현실적인 생활을 뒷받침해 주는 내면의 도덕에 더 큰 비중을 두었다. 노자는 각박한 현실을 사는 백성들의 삶에 대해 현실 도피나 무위가 아니라, 어떻게 살아야 시비에 얽매이지 않고 속편히 살 수 있는지 논하며, 실생활에 뿌리내린 처세의 지혜를 제시했다.

이런 까닭에 노자의 리더십은 '쓰레받기 리더십'에 비유할 만하다. 리더란 가장 낮은 곳에 거처하면서 힘들고 궂은 일을 도맡으며, 억지로 일을 꾸미지 않으면서 묵묵히 제 일을 처리하는 것이다. 그래서 이것을 '쓰레받기 리더십'이라 한다.

이것은 실패를 제 자신 탓으로, 성공은 아랫사람들 덕택으로 돌리는 것이다. 여기서 피어나는 꽃송이가 덕이다. 묘한 것은 "덕은 억지로 하지 않는데도 안 되는 일이 없다"라는 아이러니한 단어다. 눈에 보이지 않는 리더의 덕이 사람들을 따뜻하게 하고, 부끄럽게 하고, 또 분발하게도 만든다. 즉, 겸손의 리더십이라 할 수 있다.

5 리더십의 가장 높은 경지는 '황홀'의 경지이다

노자의 『도덕경(道德經)』 41장의 구절에 나온 내용이다.

"가장 큰 사각형의 끝은 사각이 아닙니다. 가장 큰 그릇은 미완성입니다. 가장 큰 소리는 귀에 들리지 않습니다. 가장 큰 물체는 눈에 보이지 않습니다."

가장 큰 것에 대한 노자의 생각이다. 정말 큰 사각의 끝을 쫓아가 보면 사각을 만날 수 없다. 사각을 만난다면 그것은 더 이상 가장 큰 사각이 아니다. 지구가 돌아가는 소리는 너무 커서 어떤 것으로도 측정할 수 없고 들리지도 않는다. 지구 돌아가는 소리를 인간의 귀로 듣는다면 고막이 바로 녹아버릴 것이다.

당시 리더들에게 어떻게 해야 똑똑한 신하들 위에 리더의 카리스마를 유지할 수 있는지를 충고하는 노자의 정치적 견해가 담긴 글이다.

자신의 모습과 실체를 쉽게 간파당해 신하들의 농락거리가 되고, 끝내는 자신의 지위를 잃고 마는 당시 제후들에게 진정 큰 리더로 남으려면 당신의 소리와 모습을 신하들에게 간파당하지 말라고 충고하는 것이다. 정말 큰 그릇은 영원한 미완성이다. 완성과 동시에 그 그릇보다 더 큰 그릇이 만들어질 수 있기 때문이다. 눈에 보이는 물체라면 세상에서 제일 큰 물체라고 할 수 없다. 눈에 보임과 동시에 더 큰 물체가 존재할 수 있기 때문이라고 했다.

이 말의 뜻은 진정 큰 리더라면 자신이 가지고 있는 의도와 능력을 절대로 밖으로 드러내지 않는다. 도대체 당신의 마음을 알 수 없기에 신하들은 당신 앞에서 머리를 숙일 수밖에 없다는 것이다. 당신이 가진 그릇의 크기를 가늠할 수 없기에 신하들은 감히 당신을 넘어서지 못하는 것이다.

노자는 이런 리더의 리더십을 다음과 같이 묘사하고 있다. "그분의 실체는 보려고 해도 볼 수 없습니다. 들으려 해도 들리지 않습니다. 잡으려 해도 잡을 수 없습니다." 낮에는 그토록 아름답고 만만하던 산이 캄캄한 밤이 되어 그 앞에 서면 어떤 공포감에 전율하게 된다. 이것이 형체를 도저히 알 수 없는 무형에 대한 공포감이다.

도무지 파악할 수 없는 리더 앞에서 부하들은 어떤 경외감과 존경심을 느낀다. 자신의 속을 꿰뚫고 있다는 생각에 카리스마를 가진 리더 앞에서 한없이 작아지는 자신을 발견하는 것이다. 노자는 이런 리더의 카리스마를 황홀하다고 표현했다. 즉, 노자는 "발꿈치를 들고 서 있으면 오래 서 있을 수 없고, 큰 걸음으로 걷는 사람은 오래 걷지 못한다"라고 했다. 이 말의 뜻은 세상이 강요하는 욕망에 매몰되어 앞뒤를 돌아보지 않고 닥치는 대로 자기 욕심만 채우면 성공할 수 없음을 나타내는 말이다(김재득, 2008: 437-443).

요약

1. 『손자병법』에서의 리더십이란 조직구성원의 마음을 하나로 묶는 것이며, 그들이 조직과 같이 살고 같이 죽는다는 신념을 갖게 하는 것이다.
2. 『손자병법』에서 리더의 조건은 능력, 신뢰, 사랑, 용기, 시스템을 갖추어야 한다고 하였다.
3. 한비자는 차가운 인간관으로서 부하를 잘 다루고 조직을 통합해서 자신의 지위를 탄탄하게 하기 위한 비법을 법, 술, 세에서 찾았다.
4. 한비자의 법치 리더십은 시의에 적응하는 임기응변술, 단호한 결단력, 강력한 추진력을 바탕으로 한다. 세부 내용으로는 확실한 동기부여가 업무 능률을 향상시킨다, 일류 리더는 부하의 지혜를 활용한다, 조직관리에는 능력있는 자를 등용한다, 상벌은 시비에 따라 행한다.
5. 노자의 리더십은 현실의 틀에서 벗어나지 않으면서 격식보다는 겸허와 관용, 무위와 청정을 내세워 자연스러운 도의 경지에 이르기를 갈망하는 겸손 리더십이다.
6. 노자 리더십은 큰사람이 되면 자연스럽게 겸손해진다, 상대방의 마음을 헤아리는 열린 리더십이다, 작은 내부의 속사정까지 직접 관여하지 않는다, 변화와 실패를 두려워하지 마라, 리더십의 가장 높은 경지는 황홀의 경지이다를 강조하였다.

PART 05

리더십 속성과 나의 리더십 계발

LEADERSHIP

리더십의 속성

"금맥보다 더 중요한 것은 인맥이다."
–반기문(전 유엔 사무총장)

제1절 커뮤니케이션

1 스피치의 중요성

현대는 교섭의 시대이며 설득의 시대다. 인류의 역사가 투쟁과 협상의 연속이듯이 우리들의 생활은 하루하루 설득의 연속이다. 화술은 인품의 척도이며 인간관계를 좌우하는 능력이다.

에머슨(R. W. Emerson)은 "사람은 자신이 하는 말에 의해 자신의 초상을 내보이는 것이다"라며 화술의 중요성을 역설했다.

화술의 권위자 카네기(Dale Carnegie)는 "낚시를 할 때 미끼를 물고기가 좋은 것으로 쓰듯이, 말을 할 때는 듣는 사람이 선호하는 말을 하라"라고 했다.

21세기는 정보화 시대인데, 정보화 사회에서 가장 중요한 능력은 말을 다루는 능력이다. 즉, 말은 정보를 전달하는 가장 중요한 수단이다. 화술이 뛰어나면 정보 자체도 효과적으로 전달될뿐더러 발표자에 대한 신뢰도가 높아져서 결국 발표자의 능력 자체가 높은 평가를 받게 된다.

2 훌륭한 스피치의 조건

훌륭한 스피치는 내용 자체가 진실하고도 적절해야 한다. 그리고 이러한 내용이 명쾌하고 간결한 방식으로 자연스럽게 전달될 때, 청중의 마음을 움직일 수 있는 훌륭한 스피치가 탄생되는 것이다.

1) 스피치는 진실해야 한다

연설에서 가장 중요한 요소다. 프레젠테이션, 수업 중의 발표, 강의, 강연, 학술 발표 등 정보 제공을 목적으로 하는 연설이 불확실한 사실이나 허위로 날조된 사실을 바탕으로 한다면 머지않아 그 진실이 드러나게 되고, 이런 발표를 한 연사는 청중의 비난을 받게 될 것이다. 정치 연설이나 세일즈와 같은 설득 스피치의 경우도 마찬가지다. 즉, 지키지 않을 약속이나, 허황된 비전을 제시하거나, 비일관적인 주장을 펴거나, 아전인수 격의 논리를 펴거나, 핵심을 피해 가는 말을 하게 되면 그 당시는 효과가 있을지 몰라도 언젠가는 진실이 드러나 청중의 신뢰를 잃게 된다.

2) 스피치는 명쾌해야 한다

구렁이 담 넘어가는 연설은 청자를 식상하게 한다. 스피치가 명확해지기 위해서는 주장이나 결론, 논리와 조직, 그리고 표현 방식이 명확해야 한다. 명확한 언어를 사용해야 한다. 즉, 명쾌한 주장과 결론, 명쾌한 논리의 체계, 그리고 명확한 언어는 연사의 공신력[1])을 제고하는 데 일조한다. 논리와 체계가 명쾌하면 청중은 연사의 능력이나 전문성을 높이 사게 되며, 표현이 명쾌하면 청중은 연사를 신뢰하게 되고, 주장과 결론이 명쾌하면 청중은 연사의 정열을 사랑하게 된다.

3) 스피치는 간결해야 한다

스피치의 내용이 복잡해지고, 맺고 끊는 맛이 없이 자꾸만 늘어지는 경우에 청중은

---

1) 공신력은 연사의 말을 믿게 하는 중요한 요소이며, 이에는 능력과 신뢰성, 그리고 정열을 갖춰야 한다(임태섭, 2000: 20-21).

혼란에 빠지게 된다. 청중은 스피치의 요지를 이해하지 못할 때 그 연사의 무능력을 탓하게 된다. 따라서 스피치는 가능한 한 간결해야 한다. 간결한 스피치는 전체적으로 잘 조직되어야 하며, 각각의 주장이 간단명료한 논리에 의해 입증되어야 한다.

서론은 청중의 주의를 집중시키고 관심을 유발하며 주제를 도입하는 데 그 목적이 있으며, 결론은 지금까지의 주장을 요약하는 데 목적이 있다.

4) 스피치는 자연스러워야 한다

모든 스피치는 대화처럼 자연스러워야 한다. 표정, 태도, 시선 처리, 음성의 변화 등이 자연스러워야 한다.

부자연스러운 스피치, 즉 단조로운 낭독이나, 내용과 목소리, 그리고 몸동작이 따로 노는 웅변식 스피치는 연사의 공신력을 깎아내린다. 자연스럽고 역동적인 실행이 스피치의 생명이다.

5) 스피치는 적절해야 한다

가장 볼썽사나운 사람은 때와 장소를 가리지 못하고 이야기하는 사람이다. 가장 효과적인 연설은 때와 장소에 잘 적응하는 스피치다. 때와 장소에 잘 적응한다는 것은 청중의 속성이나 반응, 그리고 주어진 상황에 따라 스피치의 내용과 발표의 양식을 변화시키는 것을 의미한다.

특히, 청중의 지식이나 태도 및 감정은 스피치의 효과에 지대한 영향을 미치므로 사전에 이를 잘 분석해 스피치의 내용과 표현, 그리고 발표의 방식을 잘 적응시킬 때 스피치의 효과는 배가되는 것이다.

3 연단공포증을 줄이는 기본 원칙

정도의 차이는 있지만 누구나 연단공포증을 갖고 있다. 그러나 공포증을 잘 관리하면 극복할 수 있으며, 리더는 좀 더 효과적으로 의사를 전달하기 위해 연단공포증을 극복할 수 있으며, 내용은 다음과 같다.

1) 불안감의 증폭을 막아야 한다

잘못되어 망신을 당할지 모른다는 부정적 사고나, 너무 중요하다고 생각한다든지 또는 준비가 부족할 때 나타난다. 너무 발표가 중요하다고 생각한다든지 아니면 너무 완벽해야 하겠다는 생각은 불안감을 증폭시키는 요인이 되므로, 편안하게 평소 연습한 대로 하겠다는 생각으로 임해야 한다.

2) 긍정적으로 생각하고 긍정적으로 표현하라

모든 것은 마음먹기에 달려 있다. 잘못된 경우를 생각하다 보면 자신감을 잃게 되고, '열심히 준비했다'라고 편안한 마음을 가지면 자신감이 생겨난다. 또 불안감을 의식할수록 더욱 불안해진다. 가급적이면 불안하다, 초조하다 등의 부정적 사고에서 벗어나 긍정적 사고로 임해야 한다.

3) 스스로를 과소평가하지 말라

성인이라면 20년 이상 말을 사용했기 때문에 자신의 의사를 충분히 할 수 있다. 어느 정도 실수가 있더라도 자신의 능력과 진솔함, 그리고 정열만 보여 주면 된다. 자신의 능력을 너무 과소평가해 불안에 떨지 말아야 한다. 따라서 자신이 가진 능력을 과소평가해서 불안감에 시달리는 우를 범해서는 안 된다.

4) 불안한 현상을 숨기려 하지 마라

스피치에 임하는 사람이면 누구나가 다 불안해한다는 것을 기억하라.

자신이 무척 긴장해 있다는 것을 털어놓는 것이 현명한 일이다. 그렇게 하면, 청중은 연사의 진지함과 진솔함을 높이 사게 된다. 예를 들면, 얼굴이 붉어진다거나 목소리가 떨리거나, 그리고 몸에 경련이나 말이 빨라지는 것은 불안하다는 것이 몸이나 말할 때 나타나는 것이다.

이것을 숨기려고 하면 더 불안해져서 연설을 망치게 된다. 숨기려고 하지 말고 청중에게 이런 상태를 이야기하면 다소 불안감이 낮아질 수 있다.

5) 불안감은 일시적인 현상이다

연설 시작 1~2분 전과 연설 후 1~3분이 가장 불안감이 높이 나타나는 시간이다. 연단에 오르기 전에 심호흡을 서너 번하고, 시작할 때 좀 더 편안한 마음으로 자신감과 여유를 갖고 연설을 시작하면 불안감은 많이 줄어든다.

6) 성공적으로 발표하는 장면을 상상하라

심리학에서 사람은 언제나 자기 예언을 실현하는 방향으로 노력한다는 이론이 있다. 자기 예언이란 자신이 앞으로 어떻게 될 것인가에 대한 예측인데, 이것이 자아 실현에 미치는 영향은 상상 외로 높은 것으로 알려져 있다.

스피치도 자신이 성공적으로 발표하는 장면을 생각하면, 의욕이 솟구치고 정신도 맑아져서 성공적으로 연설을 마치게 된다.

4 연설 시 청중의 태도에 대응하는 방법

청중은 수동적인 수용자가 아니다. 청중은 자기 나름대로의 가치관과 지식체계를 가지고 있어서 연사가 그들의 기존 가치관에 부합하지 않을 때 반발을 하게 된다. 특히, 연사는 청중을 중심으로 내용을 준비하여야 한다. 왜냐하면, 청중의 태도, 지식, 욕구, 그리고 감정을 잘 파악해 스피치를 할 때 청중은 감화를 받을 수 있다.

청중은 우호적인 청중, 적의적인 청중, 동의하지만 행동하지 않는 청중으로 나누어 볼 수 있으며, 대처법은 다음과 같다.

1) 우호적인 청중

첫째, 동의하는 부분은 입증하려고 노력하지 마라. 청중이 동의하는 부분을 다시 입증하려고 하면 청중은 지루함을 느낄 수 있다.

둘째, 입증 절차보다는 주장에 역점을 두어라. 청중에게 행동화를 촉구하며, 공동의 적을 공격하라.

셋째, 동의하기가 약한 부분은, 보조 자료를 통한 입증을 해주어야 한다. 즉, 동의하기 어려운 부분은 잘 입증시켜 주어야 한다.

넷째, 결론을 앞세우고 이에 대한 근거의 제시는 연역적 접근법이 효과적이다.

2) 적의적인 청중

첫째, 청중을 비난하거나 그들의 입장을 반대하지 마라. 즉, 기존의 골을 더 깊게 만들 필요는 없다.

둘째, 적의적인 청중과의 공통점 또는 동의하는 부분부터 출발하라. 아무리 반대해도 일정 부분 동의하는 부분은 있다.

셋째, 일거에 그들의 태도를 바꾸어 놓으려는 생각을 버려라. 그들이 받아들이는 부분부터 조금씩 조금씩 늘려가는 것이 최선이다.

넷째, 주장의 근거부터 제시하라. 주장은 나중에 내세우는 귀납적 접근법이 더 효과적이다.

3) 동의하지만 행동하지 않는 청중

첫째, 근거 제시에 노력할 필요가 없다. 청중들이 행동화하도록 하는 데 더 많은 관심을 기울여라.

둘째, 망설이는 이유를 찾아내고 그 이유가 터무니없다는 것을 보여 주는 데 더 많은 근거와 노력을 기울여야 한다(임태섭, 2001: 58-64).

5 설득의 방법

효과적인 설득의 심리 과정은 다음과 같다.

1) 논쟁을 피하라

링컨(Abraham Lincoln) 대통령은 논쟁을 좋아하여 "논쟁에는 이겼으나 친구는 잃었다"라고 했다. 가장 잘하는 설득은 논쟁 없이 상대방이 따르도록 하는 것이다.

속담에 "칼로 벤 상처는 쉬 아물어도 혀로 벤 상처는 아물기 어렵다"라는 말이 있다. 이처럼 논쟁에서 나타난 상처는 오래 간다.

2) 인간성에 설득의 기반을 두라

따뜻한 마음의 감정을 갖고 설득하면 효과가 크다. 진정성과 배려의 마음을 갖고 접근하면 보다 효과적인 설득이 가능하다.

3) 효과적인 설득 방법

첫째, 상대방에게 그의 의견을 말하게 하라. 가슴에 쌓여 있는 응어리를 말하는 것만으로도 적대감은 경감된다.

둘째, 상대방의 잘못을 지적하지 마라. 상대방의 잘못을 말할 때에는 겸손하게 하라.

셋째, 자기의 의견을 부드럽고 또 확실하게 말하라. 이 말은 미국 최대의 설득가인 프랭클린(Benjamin Franklin)의 말로서, 지나치게 강하면 부러진다는 것이다.

넷째, 자기의 의견을 제3자를 통해 말하게 하라. 본인이 자신을 옹호하는 것보다 제3자를 통해 말하게 하는 것이 효과적이다.

다섯째, 상대방이 우선 합의할 수 있는 화제를 찾도록 하라. 처음부터 쉽게 'yes'라고 할 수 있는 내용으로 끌고가는 것이 매우 중요하다.

여섯째, 상대방에게 새로운 생각이 떠오르게 하라. 자신의 머리에서 좋은 의견이 나오게 하라. 그리고 좋은 설득은 타협의 산물이다.

일곱째, 상대방의 면목을 세워 주어라. 토론 중 상대방의 감정을 상하게 해서는 안 된다.

6 명연설가의 비결

유명한 연설가요, 사상가인 에머슨(R. W. Emerson)은 "모든 훌륭한 연설가들도 처음에는 형편없는 연설가였다"라고 했다. 훌륭한 연설가(리더)는 만들어지는 것이지, 태어나는 것이 아니다.

케네디나 루스벨트 대통령, 그리고 영국의 처칠(Winston Churchil) 수상도 훌륭한 연설 능력을 쌓기 위해 많은 노력을 연설에 투자했다.

명연설가의 비결은 다음과 같다.

1) 사전 준비를 철저히 하라

위대한 것은 하루아침에 저절로 이루어지는 것이 아니다. 훌륭한 화술가가 되기 위해서는 남다른 준비와 노력이 있어야 한다. 사전 준비와 노력이 스피치의 성패를 좌우한다.

2) 멋진 서두로 주의를 끌어라

'시작이 반'이라는 말은 대중 화술에서 교훈적인 말이다. 처음에 잡지 못한 물고기를 다시 잡기란 어렵다. 즉, 멋진 서두로 표현하는 노력은 멋진 스피치를 만드는 지름길이다.

3) 논점을 철저히 고찰하라

말에는 지우개가 없다. 한번 쏘아버린 화살처럼, 한번 엎지른 물처럼 말의 실수에 대해 청중은 관용을 베풀지 않는다. 그래서 연사는 자신의 논점을 철저히 고찰한 후에 분명한 메시지를 가지고 대중 앞에 서야 한다. 즉, 돌다리도 두드려 보는 심정으로 자신의 논점을 정확히 파악해야 한다.

4) 교훈적이고 유쾌한 말을 하라

유능한 연사는 청중이 좋아할 화제를 제공하면서 교훈적인 말을 하는 사람이다.

연사는 맛있는 음식을 만드는 요리사라고 한다. 훌륭한 요리사는 맛과 영양분이 조화를 이루어야 하듯, 유능한 연사는 재미와 가치가 잘 조화되어야 한다.

미국의 유명한 사상가이며, 웅변가인 에머슨은 "청중에게 유쾌한 말로 즐거운 마음을 불어놓고, 교양을 높여주며, 지도하는 사람"을 유능한 연사라고 하였다.

5) 예증으로 확신을 주어라

청중과 일치하려면 누구든지 알고 있는 내용을 예를 들어서 이해시키는 것이 좋다.

즉, 쉬운 말로, 쉬운 예를 들어서 청중을 이해시키고 사로잡는 것이다.

6) 열정적으로 생기 있게 말해라

장작더미에 불을 붙이려면 먼저 성냥개비가 불타야 하듯이, 청중을 감동시키려면 먼저 연사 자신이 열정적으로 불타오르지 않으면 안 된다. 열정적이고 생기 있는 말이란 청중을 향한 연사의 눈동자가 빛나고, 목소리가 용솟음치듯이 방사되며, 태도가 생동적으로 표출되는 박진감 넘치는 표현이다.

히틀러(Adolf Hitler)도 열정과 언어의 마력을 사용해 청중을 휘어잡았다. "위대한 역사적 운동에 의해 초래된 권력은 예외 없이 말하는 기술, 즉 언어의 마력에 의존하고 있다"는 것을 명심해야 한다.

7) 회화형으로 자연스럽게 말하라

회화형의 스피치는 어조뿐만 아니라 내용, 즉 예화 속에 대사체를 삽입하여 실감나게 표현하는 것이다. 즉, 중요한 부분은 그림을 그리듯이 자세히 설명하는 것이다.

8) 함축성 있는 말로 짧게 하라

훌륭한 스피치의 기준은 길이가 아니라 깊이에 있다. 영국의 훌륭한 위인이요, 대웅변가인 처칠의 연설은 짧으면서도 함축성 있는 말이라는 사실을 인지해야 한다. 즉, 짧은 말과 쉬운 어구로 깊이 있게 이야기하는 사람이 명연사이다.

9) 제스처를 적절히 사용하라

처칠이 승리를 상징한 'V'자형의 제스처나, 필리핀의 장기집권을 무너뜨린 코라손(Corazon Aquino)의 'L'자형의 제스처는 얼마나 강렬한 의미가 담겨져 있는가?

제스처는 청중의 입맛을 돋우는 양념이며, 말을 빛나게 해주는 액세서리라고 하고, 청중을 콘트롤하는 지휘봉이라 할 수 있다. 스피치에 생동감을 더해 주는 제스처와 적시에 말과 같이 적절하게 표현되는 제스처를 익히도록 노력해야 한다.

10) 강렬한 말로 여운을 남겨라

위대한 연설은 대부분 감동적인 짧은 말로 마지막을 장식한다.

미국의 독립전쟁에서 승리로 이끈 헨리(Patrick Henry)의 "나에게 자유를 달라! 그렇지 않으면 죽음을!"이라는 말과, 맥아더(Douglas MacArthur) 장군의 "노병은 결코 죽지 않는다. 다만, 사라져 갈 뿐이다"라는 말도 깊은 여운을 남기는 말이다. 짧은 마지막 부분의 강렬한 말 몇 마디가 앞의 긴 연설 전체보다 더 무게 있고 창조적이며, 깊은 여운을 남기는 말이기 때문이다(김양호 외, 1987: 50-61).

리더는 위에서 언급한 열 가지 명연설가의 비결을 익혀 리더십을 발휘하는 데 효과적으로 사용할 수 있는 능력을 배양해야 한다.

미국의 제44대 대통령이며, 최초의 흑인 대통령인 오바마(Barack Obama)는 연설의 대가다. 그는 밝고 환한 미소, 자신감으로 빛나는 눈빛, 성량이 풍부한 목소리, 위엄이 느껴지는 동작에 비전을 제시하고, 미국인에게 혼을 넣는 연설을 하여 청중을 흥분의 도가니로 몰아넣었다. 즉, 오바마는 현실을 정확히 진단하고, 구체적이고 간결하게 표현하며, 정직과 진실로써 소통하고 마침내 청중에게 영감을 불어넣는다.

7 리더의 품격 스피치

1) 진지한 경청은 상대방을 존중하는 가장 좋은 표현이다

셰익스피어(W. Shakespeare)는 "세련된 화법은 듣는 것으로부터 출발한다"라고 하였다.

경청은 예의 바른 행동이자 화자에 대한 존경의 표현이다. 그래서 경청을 잘하면 상대방으로부터 신뢰를 얻을 수 있다. 타인에게 존중을 받는 것을 원하지 않는 사람이 어디 있겠는가? 당신이 겸손하고 진지하게 경청하면 상대방은 존중받고 있다고 느낀다.

경청 시의 자세는 부드럽게 웃으면서 고개를 끄덕여라. 웃으면서 고개를 끄덕이는 것은 상대방에게 긍정과 격려의 의미가 들어 있는 것이다.

나아가 더욱 경청을 잘하는 방법은 기록하는 것이다. 기록은 상대방으로 하여금 존중받고 있다는 생각을 들게 하는 것이고, 상대방의 요점을 정확히 파악할 수 있으며, 이로 인하여 더욱 원활하게 의사소통을 할 수 있다.

『탈무드』에 "인간은 입이 하나 귀가 둘 있다"라고 하였다. 이 말의 뜻은 말하기보다 듣기를 두 배 더 하라는 뜻이다.

세계적인 토크쇼의 일인자인 오프라 윈프리(Oprah Winfrey)는 뛰어난 달변가라기보다는 공감과 경청의 달인이라는 사실을 알기 바란다.

철강왕 앤드류 카네기(Andrew Carnegie)는 "말을 잘하는 것은 지식이지만, 말을 잘 듣는 것은 지혜다"라고 하였다.

잘 들어라! 그것이 상대방을 사로잡는 최강의 비법이다.

2) 진심에서 우러나오는 말을 하여라

가식적인 말이나 진심이 가미되지 않는 말은 아무리 화려해도 공허한 울림에 불과하다. 꾸며서 하는 말은 한계가 있다. 말에는 진심이 담겨 있어야 듣는 사람의 마음을 움직일 수 있다. 이것을 진정성이라고 하는데, 이것은 마음속으로부터 우러나오는 본심의 이야기를 뜻하는 것이다.

말은 그 사람의 내면의 표현이라고 한다. 항상 독서하고 사색하여 좋은 명언이나 속담 등을 활용하여 말하여야 한다. 말은 진정성을 갖고 쉽고 감동적으로 이야기를 해야 말의 품격이 올라가는 것이다.

3) 청자가 듣고 싶은 이야기를 하라

심리학자 알프레드 아들러(Alfred Adler)는 "타인에게 관심이 없는 사람은 평생을 역경에 시달리고 남에게 상처를 준다. 세상의 모든 실패는 바로 이런 사람에게서 일어난다"라고 하였다. 이처럼 타인에게 관심이 없는 사람은 실패하고, 성공하는 사람은 상대방에게 깊은 관심을 갖고 상대방의 흥미를 유발하거나, 상대방을 감동시키는 말을 하는 사람이다.

특별히 말재주가 없다고 하여도 상대방의 입장에서 이야기하고, 상대방과 같은 눈높이에서 공감대를 형성하면서 이야기하면 설득과 소통이 잘 이루어진다. 말의 시작은 논리적으로 상대방을 설득하기에 앞서 상대방의 감정을 먼저 읽고, 상대방과 같은 마음으로 공감을 느끼도록 이야기하는 것이 우선이다.

상대방의 특성은 고려하지 않고 자신이 좋아하는 것만 이야기를 하면 말의 효과는 나타나지 않는다. 그래서 말은 상대방의 눈높이에 맞추어 이야기하여야 하는 것이다.

4) 콘텐츠(내용)에 정성을 쏟아라

스피치는 진실한 콘텐츠의 힘으로 내 삶을 표현하는 것이다. 아무리 스피치 능력이 뛰어나도 내용이 부실하면 청중을 설득하는 데에는 한계가 있다.

훌륭한 스피치에는 철학이 담겨져 있어야 한다. 즉, 그냥 생각나는 대로 아무 말이나 하는 것이 아니라, 깊은 사상과 심오한 철학이 담겨 있어야 한다. 즉, 스피치는 타인의 삶을 업그레이드시키거나 최소한 좋은 영향을 주기 위해서 하는 말이다. 그래서 스피치에는 화자의 경험과 지식, 지혜가 담긴 콘텐츠가 중요하다.

또 콘텐츠도 누구나 다 아는 그런 내용이 아니라 남들이 하지 못하는 나만이 할 수 있는 말, 나만의 콘텐츠를 갖추어야 비로소 청중이 더욱 귀를 기울이게 된다. 그래서 탁월한 스피치는 깊은 연구와 노력에 의해서 나오는 것이다.

세계 제일의 갑부인 빌 게이츠(Bill Gates)는 어떻게 해서 세계 제일의 갑부가 되었느냐는 질문에 “나는 미국의 하버드대학교를 나와서 세계 제일의 갑부가 된 것이 아니라, 시간 있을 때마다 도서관에서 독서를 한 것이 오늘의 내가 되었다”라고 하였다.

이처럼 품격의 스피치를 구사하기 위해서는 내용이 중요한데, 이 내용을 잘 갖추기 위해서는 독서가 절대적으로 중요하다. 독서는 지식과 지혜와 용기를 얻게 해주는 무기이다.

5) 말투와 억양을 개발하라

말의 내용만큼 중요한 것이 말의 방식이다. 같은 말이라도 말투와 억양에 의해서 의미가 크게 달라진다.

철학자 허버트 스펜서(Herbert Spencer)는 “억양이란 지성에 감정의 논평을 싣는 것이다”라고 하였다. 이 말의 뜻은 억양의 변화가 말 자체보다 더 많은 의미를 보인다는 것이다.

유만근 교수는 품격의 언어에는 발음이 정확해야 한다고 하였다. 같은 말을 해도 부드럽게 하는 것이 말의 품격을 높이는 것이다.

평상시 좋은 인상을 갖고 있어도 말이 거칠고 말투가 쌍스럽거나 비논리적이면 그 사람의 품격이 떨어진다. 상대방을 비하하는 말투나 지나친 자기 독선에서 벗어나 한 마디를 하더라도 신중하고 따뜻하며 정감있는 화법을 사용하여야 한다. 일부 리더는 독선적이고 지나치게 명령적인 화법을 많이 사용하여 자신의 품위를 떨어뜨리는 경우가 있다.

또 좋은 목소리로 발성을 하여야 한다. 좋은 목소리를 내기 위해서는 수많은 노력이 필요하다. 방송국의 성우들이 좋은 목소리를 내기 위해서 피나는 노력을 한다는 것을 알아야 한다.

교양 있게 보이려면 외투를 잘 입어야 하는 것처럼, 남들에게 호감을 주려면 말투를 제대로 갖추어야 한다. 나그네의 옷을 벗게 하기 위해서는 매서운 강풍이 아니라 태양의 따스함이라는 것을 알아야 한다.

6) 유머 있게 해라

유머는 고도의 지성과 감성이 균형적으로 발달된 성숙한 인격에서 우러나오는 가장 인간적인 삶의 방식이며, 인간관계의 활력소이고 청량제이다. 유머감각이 풍부한 사람은 업무를 경직시키지 않고 원활하게 일을 해낸다.

그래서 유머는 일의 능률을 높이는 부드러운 카리스마라고 한다. 유머는 설득력의 원천이며, 좋은 인상을 심어 주고 엔도르핀(endorphin)이 생겨 삶의 활력을 준다. 암세포가 가장 징그러워 하는 사람이 웃는 사람이라고 한다. 즉, 웃으면 도파민(dopamine)이 생겨 암세포를 잡는다고 한다.

또 유머는 대화와 협상의 성공비결이다. 협상의 분위기가 딱딱해질 때 적절한 유머 한마디가 분위기를 부드럽게 만들고 협상을 성공으로 이끈다.

인도의 수상 간디(Mahatma Gandhi)는 유머 감각으로 비폭력 평화시위를 성공적으로 이끈 인물로 유명하다. 그는 "유머는 메마른 인간관계에 청량제 작용을 하는 것"이라고 하였다.

유머는 인생을 즐겁게 만드는 기폭제이다. 웃음이 넘치는 샘물이며 웃음꽃이 피어나는 들판이다. 이처럼 유머는 매력을 주고 품격의 스피치를 구사하는 중요한 요소이다.

7) 자존심을 갖고 자신감 있게 말하라

자존심이란 스스로를 존중하는 마음이다. 구체적으로 말하면 외부의 환경이나 조건과 관계없이 스스로를 존중하는 것이다. 세상의 사람들이 나를 업신여긴다고 해도 스스로는 자기 자신을 귀하고 소중한 존재로 보는 것이다.

자신감은 "어떠한 것을 할 수 있다"라는 것으로 어떤 결과를 성공적으로 수행하는 데 큰 역할을 한다. 대화에서 자존심을 갖고 자신감 있게 하여야 한다. 말을 하다가 실수한다고 해서 자신을 비하하지 말자. 사람은 누구나 미완성이다. 이 세상에 한치의 오차도 없이 완벽하게 하는 사람은 아무도 없다.

다만, 준비는 철저히 하고 말하는 그 순간에는 당당하고 자신감 있게 이야기를 하여야 한다. 그렇게 해야 자신이 대화하는 과정에서 불안감도 사라지고 떳떳이 말을 잘 할 수 있는 것이다.

나폴레옹(Napoléon)은 엘바 섬을 탈출하여 프랑스의 영광을 재현하고자 동지를 규합하고자 할 때, 여러 면에서 상황은 매우 어려웠으나, 나폴레옹은 자신에 찬 눈빛과 말 속에서 승리의 확신을 얻어 짧은 시간에 많은 사람을 따르게 하였다. 자신감이야말로 무에서 유를 창조하는 원동력이다.

리더의 품격 스피치는 상황에 맞는 적절한 예의를 갖추고, 상대방의 말을 진지하게 경청을 하고 진심에서 우러나오는 말을 하여야 한다. 또 청자의 욕구를 잘 파악하고 말의 내용에 정성을 쏟고 사려깊고 따뜻한 말투와 억양을 사용하며, 유머 감각을 갖고 자신 있게 말하는 것이다.

제2절 비전

1 비전의 개념

비전(vision)이란 더 나은 미래에 대한 희망과 그것이 언젠가는 달성될 것이라는 신념을 제공해 준다.

코터(John P. Kotter) 하버드대학교 교수는 "비전은 미래의 그림으로써 조직구성원들이 그 미래를 창조하기 위해 노력해야 하는 이유를 명시적이거나 묵시적으로 나타낸 것"이라고 정의했다. 비전은 미래의 지향점이며 좌표인 것이다. 비전은 조직의 핵심 가치를 반영하면서 그 가치에 생명을 불어넣는 것이다(이상혁, 2006). 즉, 비전은 우리의 삶에 방향을 설정해 준다. 우리가 미래에 대한 희망을 갖고 미래로 나아가는 데 이정표 역할을 한다.

비전은 단지 꿈이 아니라 조직의 모든 사람이 믿을 수 있고, 실제로 도달할 수 있으며, 지금 현재 존재하는 것보다 더 나은 미래에 대한 야심적인 관점이다. 이처럼 비전은 쉽게 도달할 수는 없지만 아주 매력적이고 이상적인 것이다.

비전은 조직의 전체적인 방향을 제시해 주는 청사진이요, 구성원을 이끌 수 있는 슬로건과 같은 것이다. 즉, 비전은 현실성 있고 믿을 만하며 매력적인 조직의 미래상이다. 올바른 비전은 사람들에게 활력을 불러일으킴으로써 그들의 기술, 재능, 지원을 통해 미래로 도약하게 하는 아이디어다.

비전은 조직의 창설뿐만 아니라 조직의 전체 라이프 사이클을 통해 조직의 성격과 목적을 이해하려는 사람들에게 방향을 가르쳐 주는 중요한 역할을 담당한다. 이러한 비전이 지니는 힘은 올바른 비전은 조직에 참여를 이끌어내며 활기를 불어넣고, 작업자들의 삶에 의미를 부여하며 현재와 미래를 연결해 준다.

비전은 꿈이 아니라 다가올 현실이다. "방향을 바꾸지 않는다면, 자신이 향하는 곳에 도달할 수 있다"라는 중국의 속담처럼, 성취 욕구만 줄어들지 않으면 언젠가는 이룰 수 있다. 그래서 비전 리더의 초점은 과연 추구하는 비전이 얼마나 올바른 것인가에 있다.

그림 14-1 비전의 본질

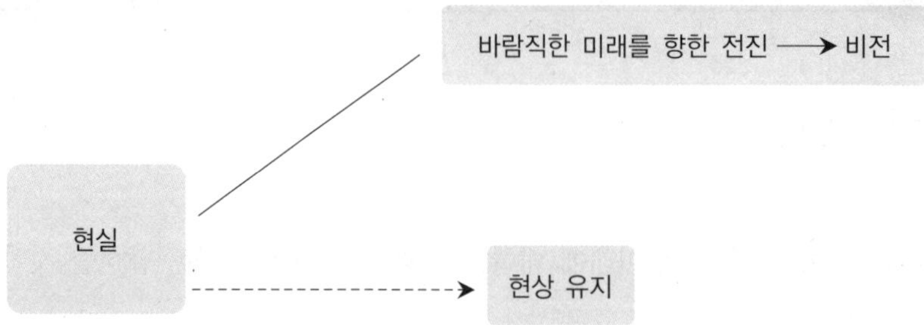

미국의 마이크로소프트사 회장인 빌 게이츠(Bill Gates)는 사람들이 컴퓨터를 어떻게 켜는지조차 모르던 시절에 "모든 가정의 책상 위에 개인용 컴퓨터"라는 비전으로 회사를 이끌었다. 이러한 비전으로 조직구성원들에게 미래의 야망에 대한 도전 정신으로 용기와 힘을 실어 주었다.

그러므로 [그림 14-1]에서 보는 바와 같이 비전은 바람직한 미래를 창출하기 위해 현실의 문제와 도전에 응전하면서 미래로 나아가게 해주는 북극성과 같은 역할을 한다.

조직에서 리더는 부하들에게 무슨 일을 시킬 때 비전을 제시해야 한다. 비전을 제시하지 않고 무작정 일을 시키면 부하들은 자기가 왜 이 일을 해야 하는 것인지, 무엇 때문에 하는 것인지를 모르기 때문에 그냥 시키는 대로만 일을 하게 된다. 그러나 명확한 비전을 제시하게 되면 내가 왜 이 일을 해야 하고, 어떻게 이 일을 완성시켜야 할지 목표가 명확해지기 때문에 일을 더욱 열심히 하게 된다.

그래서 리더에게는 미래에 대한 탁월한 혜안이 필요하고 통찰력과 예지력이 필요하다. 즉, 리더는 과거도 알고, 현재도 알아야 하며, 미래를 예측해 미리 학습에 대비해야 한다. 이렇게 하기 위해서 끊임없는 학습과 노력이 있어야만 가능하다. 그래서 리더는 끊임없이 학습하고, 통찰력을 키워야 하며, 비전을 제시하고 그것을 달성하기 위해 혼신의 노력을 다해야 한다.

리더가 갖는 통찰력과 예지력이 리더의 노력에 의해 끊임없이 학습한 결과라는 것은 우리에게 시사하는 바가 크다.

리더의 등급

1) 배반한 사람을 가려내고, 위기를 예언할 줄 알고, 부하를 잘 통솔하면 열 명의 리더가 될 수 있고,
2) 아침부터 밤까지 일하고, 언변이 신중하고 능하면 백 명의 리더가 될 수 있고,
3) 부정을 싫어하고 사려가 깊으며 용감하고, 전투 의욕이 왕성하면 천 명의 리더가 될 수 있고,
4) 겉에는 위엄이 넘치고, 속에는 불타는 투지가 있으며, 부하의 노고를 동정하는 마음씨가 있다면 만 명의 리더가 될 수 있고,
5) 유능한 인재를 등용함은 물론 자신이 매일매일 수양에 힘쓰며, 신의가 두텁고 관용할 줄 알며, 항상 동요함이 없으면 십만 명의 리더가 될 수 있고,
6) 부하를 사랑하고 경쟁자로부터 존경받고, 지식이 풍부해 모든 부하가 따른다면 모든 천하의 리더가 될 수 있다.

자료: 한국인재개발센터(http://www.bestpdc.com).

2 비전의 기능

성공적인 리더는 비전을 제시해 구성원들이 한 방향으로 나아갈 수 있게 한다. 비전은 현재와 미래를 연결해 주고 구성원들에게 미래를 위한 동기와 열정을 제공해 준다. 따라서 리더는 조직의 비전을 설정하고 실천할 수 있는 능력을 가져야 한다. 비전의 기능에 대해 살펴보면 다음과 같다.

1) 현재와 미래의 연결

비전은 현재 상태에서 시작해 미래 조직이 도달하고자 하는 목표를 실현하기 위해 올바른 방향으로 나아갈 수 있도록 연결해 준다. 따라서 리더는 조직의 현재 상태에서 미래의 꿈을 향해 나아가는 비전을 제시할 능력이 필요하다.

그러나 많은 리더가 현재 당면한 문제를 해결하는 데 급급해 미래에 대해서는 큰 관심을 갖지 않는 경우가 많다. 따라서 진정한 리더는 현재보다는 미래 조직의 장기 발전을 위한 원대한 비전을 수립하는 것이 중요하다.

2) 열정과 헌신 고무

비전은 조직구성원에게 자신이 하고 있는 일에 열정을 불러일으킨다. 따라서 비전은 사람들에게 최선을 다해 도전할 만한 가치가 있는 것에 몰입하게 한다. 그러므로 비전은 사람들에게 의지와 갈망, 헌신, 인생을 보람 있게 만들고, 사회를 개선하는 일에 헌신하도록 고무시킴으로써 기대 이상의 결과를 가져오게 된다.

3) 일의 의미 고취

사람들은 자신이 하는 일에 대해 존엄성과 의미를 발견하기를 원한다. 반복적인 일을 수행하는 사람이라도 자신이 하는 일에 더 큰 목표를 갖게 될 때 보람과 긍지를 가진다.

4) 수월성 기준 제시

비전은 조직구성원이 조직에 대해 자신의 기여 정도를 평가할 수 있는 수월성[2] 기준을 제공한다.

대부분의 구성원은 자신이 하는 일이 조직 전체를 위해 어떻게 적합하게 이루어지고 있는지를 알고 싶어한다. 따라서 비전은 미래상을 분명히 밝혀 주고, 사람들로 하여금 그들이 어떻게 공헌하고 있는지를 보여 준다. 또한 비전은 사람들에게 도전과 위험을 감수할 수 있는 용기를 심어 준다.

3 비전의 특성

다프트(R. L. Daft)는 비전은 호소력과 변화를 촉진하고 믿음과 희망, 높은 이상, 구체적인 목표를 다루어야 한다고 했다.

---

2) 효과성을 극대화한다는 뜻이다.

1) 호소력

효과적인 비전은 조직구성원들을 흥분시킬 수 있는 강한 호소력이 있어야 한다. 비전은 조직구성원 전체가 비전 달성을 위해 동기를 유발시킬 수 있는 강한 메시지가 담겨 있어야 한다.

2) 변화 촉진

비전은 조직으로 하여금 강한 변화를 요구한다. 비전은 사람들에게 보다 나은 미래를 위해 중요한 변화를 하게 한다. 변화에 대해 두려워하지 않고 불확실성에 맞설 수 있는 것은 리더의 확고한 의지가 중요하다.

3) 믿음과 희망 고취

미래는 그것을 믿는 사람에 의해서 형상화되어진다. 비전은 미래의 꿈이며, 희망으로 상상력 속에서 존재하는 것으로, 그것을 믿고 달성하기 위해 헌신할 때 실현이 가능하다.

4) 높은 이상 반영

비전은 높은 이상을 반영하고 있다. 비전은 보다 나은 미래를 위해 노력할 때 사람들에게 영감을 주고 활력을 줄 수 있는 힘을 가지게 된다.

5) 구체적인 목표 제시

미래에 대한 좋은 비전은 조직이 성취하고자 하는 구체적인 결과를 포함하고 있다. 여기에 조직이 목적하는 바에 도달하도록 돕기 위한 중요한 가치들이 결합된다(변상우, 2011: 54-63).

4 비전 리더십이란?

조직의 비전은 현실성이 있고, 매력적인 조직의 미래상이며 조직이 도달하고자 하는 종착지로서, 수많은 사람이 공유하는 가치 있고 매력적이며 성취가능한 비전은 조직의 우수성과 성과를 위한 강력한 추진력이 된다. 따라서 리더의 비전은 구성원들의 행동을 고무하고 미래를 창조하도록 도움을 준다. 그러므로 비전은 조직의 청사진이다. 글로벌 경영환경 속에서 조직을 둘러싼 환경의 변화와 경쟁 속에서 조직의 미래를 예측하고 조직의 미래상을 수립하며, 이를 달성하기 위해 최선을 다하는 리더십이 바로 비전 리더십(vision leadership)이다.

비전 리더십은 리더의 비전 행동을 중심적인 리더십 행동으로 보는 리더십 이론이다. 비전 리더십 행동은 비전 개발이나 비전을 통한 의사소통 이상의 것이다.

비전 리더십은 리더에 대한 높은 신뢰, 리더에 대한 높은 수준의 몰입, 구성원 간의 높은 성과, 높은 수준의 조직의 전반적 성과를 가져오는 긍정적 효과를 낼 수 있을 것이다. 즉, 올바른 비전을 제시하고 구성원 모두가 동참할 수 있도록 하여 같은 방향으로 이끌어가는 것이 비전 리더십이다.

비전 리더는 참여를 이끌어내는 사람이며 활기를 불어넣는 사람이고, 비전의 대변자이며, 현재와 미래를 연결하는 사람이다. 특히, 비전 리더는 눈앞의 작은 이익에 관심을 두지 않고 미래의 전망을 내다보고, 조직구성원에게 희망적인 비전을 제시하는 리더이다.

"꼬리를 잡고 소를 몰 수는 없다"라는 격언이 있다. 리더는 앞장을 서야지, 뒤에서 조정해서는 안 된다는 의미다. 앞장을 서야 하는 리더가 어쩔 수 없이 입어야 하는 것이 바로 비전이라는 옷이다.

5 비전의 실천

비전 리더십은 비전을 만들고 의사소통하는 것과 함께 리더가 비전을 실천하는 방법에 대해서도 제시하고 있다. 비전의 실천 방법은 다음과 같다.

1) 역할 모델

부하의 능력에 대한 리더의 낙관주의와 자신감이 부하들로 하여금 비전을 실천할 수 있는 능력을 갖도록 한다. 비전 리더들은 구성원들이 자기 자신의 개인적인 일보다는 공유 비전을 실천할 것이라고 믿는다. 리더의 부하에 대한 높은 기대감은 높은 성과로 이어지게 될 것이다.

2) 이미지 구축

비전 리더들은 구성원들에게 의식적으로 자신의 긍정적인 이미지를 만든다. 비전 리더들은 일, 개인적인 생활, 복장, 태도 등에 자신의 비전을 반영한다. 또한 극적인 방법으로 바람직한 이미지를 표현하기 위해 말하는 것을 연습한다.

3) 위험 부담

비전 리더들은 비인습적인 행동을 하고, 구성원들이 보면 리더가 희생적이라고 인식하도록 한다. 그러나 그 위험 부담은 맹목적인 것이 아니고 계산된 것으로, 이러한 위험 부담 행동은 추종자들에게 기존의 가정에 대해 도전해 변화와 혁신을 촉진하도록 한다.

4) 지원

효율적인 리더는 개별적 고려를 통해 추종자들을 지원한다. 리더는 상황이 어려울 때나 구성원들이 혼란스러울 때 정서적 지원을 한다. 지원은 조직 차원과 개인적 차원에서 이루어지게 된다. 또한 리더는 추종자들을 개발하기 위해 코칭과 멘토링을 한다.

5) 적용

비전 리더는 변화하는 환경에 적절하게 행동한다. 비전 리더는 융통성이 있으며, 주어진 문제 해결을 위한 행동을 적절히 한다. 또한 정보를 잘 수집하고, 처리하며, 조직에 적절히 분배함으로써 여러 상황에 잘 대응할 수 있게 한다.

6) 지적 자극

비전 리더들은 부하들로 하여금 기존 가정에 도전하도록 한다. 세상을 다른 관점으로 보도록 하며, 기존의 획일화된 방식을 거부하고 새롭게 도전하도록 만든다. 만약 리더의 생각이 추종자들의 신념과 다르더라도 리더의 높은 신뢰성과 몰입으로 인해 추종자들을 설득할 수 있다.

7) 조직 개발

비전 리더들은 구성원들이 비전을 실천하도록 하는 조직의 여건을 만든다. 비전 리더들은 기존의 관료제의 역기능을 없애고, 구성원들이 능률적으로 기능할 수 있도록 조직을 구조화하며, 비전을 실천하고자 하는 구성원들을 선발하고, 훈련하며, 개발한다. 또한 구성원들이 비전을 잘 실천할 수 있도록 동기부여하기 위해 처벌과 보상 시스템을 개발해 적절히 사용한다(변상우, 2011: 71-72).

6 비전 리더십 작동 방법

빌 게이츠(Bill Gates)는 발전가능성이 무한한 컴퓨터 분야에서 초기 BASIC이라는 프로그램 언어를 가지고 첫걸음을 시작했으며, 이러한 작은 성공을 활용해서 자신의 비전을 확산해 나간 결과 정보화 시대 최고의 비전 리더로 평가받고 있다. 마이크로소프트사의 성공처럼 모든 성공이 조그만 시작에서 비롯된다.

또 "이 세상에서 이루어진 모든 것은 희망이 만든 것이다"라는 말을 남긴 마틴 루터 킹(Martin Luther King Jr.) 목사가 비전 리더이다.

나누스(Burt Nanus)는 비전 리더의 실천 과제를 제시하고 있는데, 이를 비전 리더십의 작동 과정으로 재구성하면 다음과 같다.

1) 조직의 현 상태와 방향을 평가하라

(1) 먼저 사업 영역을 확인하라

리더는 조직의 사명이나 목적이 무엇인지, 사회에 제공하는 가치가 무엇인지, 조직이 현재 속해 있는 산업이나 제도적 틀의 성격은 무엇인지, 해당 산업 내에서 차지하는 조직의 독특한 위치는 무엇인지, 조직은 성공하기 위해 어떤 조치를 취하고 있는지를 확인해야 한다.

(2) 조직운영 방식을 이해하라

리더는 행동과 의사결정을 지배하는 가치와 조직문화는 무엇인지, 조직운영상의 강점과 약점은 무엇인지, 현재의 전략은 무엇이며, 그 전략은 조직에서 옹호될 수 있는지 등에 관한 조직운영 방식을 정확히 이해해야만 한다.

(3) 조직이 현재 지향하는 방향을 검토하라

조직은 분명하게 명시된 비전을 가지고 있는가? 만약 있다면 그것은 무엇인가? 조직의 현재의 방향을 계속 유지한다면, 조직은 향후 10년 간에 걸쳐 어디로 향할 것인가? 그 방향이 얼마나 바람직할 것인가? 조직의 핵심 인물들은 조직이 어디로 향하고 있는지를 알고 있으며, 그 방향에 대해 의견 일치를 보이고 있는가? 등의 내용을 파악해야 한다.

2) 새로운 비전의 범위를 결정하라

비전의 범위를 다음 세 가지로 나누어 볼 수 있다.

첫째, 새로운 비전의 범위는 무엇인가? 즉, 시간적 · 질적 · 사회적 제약 조건이 있는가?

둘째, 비전이 달성해야 하는 것은 무엇인가? 비전이 성공적이라는 것을 어떻게 알 수 있는가?

셋째, 비전에는 어떤 근본적인 쟁점들이 제시되어야 하는가?

이러한 평가 기준을 바탕으로 새로운 비전의 범위를 설정하기 위해서는 먼저 이전 경험에 관심을 가져야 한다. 이 과정에서 중요한 것은 스피드다. 시기를 놓친 비전은 더 이상 비전이라고 할 수 없다. 시간이 지나감에 따라 순응력이나 의욕은 약화되어 간다. 그러므로 신속하게, 그리고 적절하게 새로운 비전의 범위를 결정해야 한다.

3) 미래의 조직환경을 검토하라

(1) 미래의 조직환경을 이해하라

비전이란 수많은 가능한 미래 중에서 어느 하나를 선택하는 것이다. 가장 바람직한 비전을 선택할 수 있도록 여러 가지 비전을 만들거나 다른 사람들이 비전을 만들어 낼 수 있도록 고무하는 일이 리더가 담당해야 할 몫이다. 이것은 장차 조직에 영향을 미칠 수 있는 경제적, 기술적, 사회적, 정치적, 제도적 환경의 측면을 충분히 검토해 결정해야 한다.

(2) 예상되는 미래의 중요한 발전을 파악하라

미래를 검토하기 전에 관련된 발전 범주를 파악하라. 이 범주에는 조직이 충족시키는 욕구와 욕구들의 변화, 주요 이해관계자들의 변화가 포함된다. 또 조직의 범주를 조사하고, 중요하다고 생각되는 변화를 나열할 때, 미래의 연속성, 변화, 선택이라는 것에 유의해야 한다.

(3) 조직 발전의 중요성과 발생가능성을 평가하라

비전을 선택하는 데 미칠 영향의 정도에 근거해 우선순위로 구분한다. 그 다음은 선택된 항목들을 면밀히 검토하고 가장 핵심적인 항목을 선정한다. 그 다음은 이 항목을 계량화(숫자화)한다.

(4) 시나리오를 작성하라

비전을 그려볼 수 있는 가장 좋은 방법은 개별 기대들을 하나의 시나리오에 결합하는 것이다. 시나리오를 작성하는 가장 좋은 방법은 주제와 동기를 끄집어내는 것이다. 시나리오 작성은 시나리오에서 시사한 대로 세상이 변화될 것이라고 믿을 수 있도록 신뢰할 수 있는 스토리를 구성하는 것이 중요하다.

4) 올바른 비전을 선택하라

(1) 위대한 종합자로서 리더의 능력을 키워라

리더는 이해력이 뛰어나야 한다. 즉, 상황에 유연하게 대처해야 하며, 예기치 않은 상황에서도 침착성을 유지해야 하며, 낡은 개념을 다른 방식으로 결합시켜 새로운 개념을 종합하는 능력이 필요하다.

(2) 새 비전이 차지하는 영역을 검토하라

새 비전은 가치혁신을 통해 조직 발전을 도모하고자 하는 것이다. 그러므로 조직 내외에서 새 비전이 차지하는 영역에 대해 면밀하게 검토해 보아야 한다. 장차 조직에 영향을 미칠 수 있는 내·외부 환경 전체에 대한 충분한 검토 없이는 현실적이고 바람직한 조직의 새로운 비전을 결정할 수 없을 것이다.

(3) 비전 대안을 작성하라

비전은 예견과 통찰, 풍부한 상상력과 판단력으로 구성된다. 비전은 견문이 넓은 개방적인 마음에서 비롯된다. 개방적인 마음은 일생 동안의 학습과 경험을 통해 형성되며, 조직의 외부 세계에 발생하는 새로운 동향과 발전에 예민하게 보조를 맞춘다.

창의성이 비전에서 중요한 역할을 맡는 것은 분명하지만, 그러한 창의성은 조직의 현실과 가능성에 깊이 뿌리를 두고 있어야 하며, 이러한 창의성을 기반으로 비전 대안을 작성해야 한다.

(4) 비전 대안을 평가하고 최선의 대안을 도출하라

비전을 실현하기 위한 구체적인 대안이 도출된다면 그 중에서도 가장 효율적인 최선의 대안을 도출하기 위한 대안 간 평가가 이루어져야 한다.

(5) 비전 기술서를 작성하라

비전 대안 간 평가를 통한 최선의 대안이 도출된다면 이제 그러한 대안 실행을 통해 새로운 비전을 실행하기 위한 실행 과정에 대한 검토가 있어야 한다.

그런데 이러한 실행계획을 세우는 데 정보와 가치는 리더로 하여금 더 높게 볼 수 있게 해주는 원재료다(안병용 외, 2008: 354-358).

7 전략의 개념과 경영

1) 전략의 개념

비전이 "조직이 무엇을 할 것인가?"에 해당된다면, 전략은 "그 비전 혹은 목표를 어떻게 달성할 것인가?"에 해당된다. 즉, 전략(strategy)이란 조직의 목표를 달성하기 위한 다양한 방법 중에서 조직에 가장 적합한 최선의 대안, 실천계획을 수립하는 것이다. 또한 전략은 조직이 나아가야 할 장기적인 방향을 제시하고, 지속적 경쟁 우위를 유지하면서 조직의 사명과 목표를 달성하도록 하는 종합적인 행동계획이라 할 수 있다.

따라서 전략을 제대로 수립하면 기업은 다음과 같은 능력을 갖게 된다.

첫째, 분명한 방향을 설정한다.

둘째, 경쟁자와 비교해서 강점과 약점의 내용을 알게 된다.

셋째, 기업이 보유하는 주요 기능과 핵심 역량을 이용하는 프로젝트에 희소자원을 적절히 배분한다.

넷째, 급격하게 변화하는 정치적 · 사회적 환경 요소를 규명한다.

다섯째, 어떤 경쟁자의 행동을 관찰해야 되는지를 인식한다.

이러한 전략을 구상하고 환경 변화에 적합한 전략을 수립하는 것은 리더의 책임이다.

2) 경영전략

비전 제시만으로 조직을 성공적으로 이끌어갈 수 없다. 조직이 성공하기 위해서는 비전을 행동계획으로 전환시키는 방법이 필요한데 이때 전략이 필요하다. 효과적인 전략을 수립하기 위해서는 환경 변화에 대한 철저한 분석과 조직 내 · 외부 사람들로부터 다양한 의견을 적극적으로 청취하는 것이 필요하다.

성공적인 조직은 환경적 조건에 적합한 전략을 수립해서 운용하고 있다. 따라서 경영전략은 핵심 역량, 시너지 효과, 가치 창출에 초점을 맞추어야 한다.

(1) 핵심 역량

조직의 핵심 역량은 상대적으로 경쟁 기업에 비해 매우 우수한 어떤 것을 말한다. 따라서 한 조직의 핵심 역량은 피나는 노력과 기술 개발, 연구 등에 의해 갖추어진다. 그러므로 조직의 전략은 이러한 핵심 역량을 강화시키는 차원에서 수립되어야 한다.

(2) 시너지 효과

시너지는 조직의 각 부문이 개별적으로 생산한 산출물의 합보다 조직의 각 부분이 상호작용해서 생산한 결과가 더 큰 효과를 낳는다는 것을 의미한다. 그러므로 조직의 전략 수립 시 각 부문의 활동이 최대의 효과를 얻을 수 있도록 전략이 수립되어야 한다.

(3) 가치 창출

비전을 성취하기 위한 실천계획인 전략을 수립할 때 조직의 핵심 역량에 초점을 맞추고, 각 부문의 활동이 시너지 효과를 얻을 수 있도록 전략을 수립하면 더 많은 부가가치를 창출할 수 있다.

제3절 인간관계

1 인간관계의 필요성

고독한 삶은 불행하고 고통스럽다. 그래서 인간은 누구나 고독을 두려워한다. 인간이 죽음 다음으로 두려워하는 것이 고독이다. 그래서 잘못을 저지른 사람들을 교도소에 감금해 타인과의 관계를 강제적으로 차단하고 고립시키는 것이다.

인간은 타인과의 관계 속에서 살아가는 사회적 존재다. 사람이라는 인(人)자는 사람과 사람이 서로 의지하며 살아가는 사회적 존재임을 상징하는 것이다. 그래서 인간(人間)은 사람과 사람 사이라고 하여 사회성을 본질적으로 내포하고 있다.

생물학적 필요성으로 말하면, 인간이 걷기까지는 1년 이상이 걸리고, 스스로 자신의 몸을 움직이는 데는 2~3년이 걸리며, 스스로 생존할 수 있도록 하기 위한 기술을 습득하기 위해서는 십수 년이 걸린다. 그래서 인간은 장기간 부모의 양육이 필요하다. 즉, 인간은 태어날 때부터 타인의 보호와 도움을 필요로 하는 의존적인 존재다.

구조적 필요성에 의하면, 인간은 홀로 살 수 없기 때문에, 집단의 중요성과 공동체에 대한 소속감과 협동적 관계를 강조하고 교육시켜 나아간다. 인간은 고립과 소외를 두려워하고 배척을 무서워하기 때문에, 집단에 대한 안정된 소속감과 타인의 애정을 추구하는 사회적 존재가 된다. 이런 이유 때문에 인간관계가 중요하며 필요한 것이다.

사람은 태어나서 죽음으로 사람과의 관계를 끝내는 일로 인생을 마감한다. 이 과정에서 인간관계는 사람의 삶에서 피할 수 없으며, 인생의 성공과 행복을 좌우하는 요소다.

상사와의 좋은 인간관계는 직장에서 성공을 가져다 주고, 사랑하는 사람과의 좋은 만남은 더 많은 행복을 가져다 준다. 즉, 만남이 사람을 키우고 사람을 만든다. 이처럼 인간의 삶은 곧 인간관계이며, 인간관계의 성공 여부가 삶의 성패를 결정짓는다. 효과적인 인간관계를 위해서는 다음과 같은 내용을 실행해야 한다.

좋은 인간관계를 유지하기 위해 해야 하는 일

1) 내가 대접받고 싶은 대로 먼저 상대방을 대접하라.
2) 스스로 지니고 있는 편견과 고정 관념을 버려라.
3) 다른 사람에게 인간적·개인적인 관심을 갖고 표현하라.
4) 말하거나 행동하기 전에 먼저 깊게 생각하라. 생각보다 말이 앞서면 경솔하다든가 아니면 바보 취급을 당한다.
5) 다른 사람을 신뢰하라. 신뢰는 인간관계를 형성·유지하는 가장 기본적인 조건이다.
6) 겸손하라. 중국의 국가주석 후진타오(胡錦濤)는 자신의 삶에서 겸손을 매우 중요하게 생각하며 이를 실천했다.

2 인간관계의 어려움

인간관계는 인간의 삶 자체이며 인간의 성공과 행복에 지대한 영향을 미치기 때문에 그 중요성은 아무리 강조해도 지나침이 없다. 그러나 인간관계만큼 복잡하고 어려운 것이 없다.

인간관계가 어려운 몇 가지 이유를 말하고자 한다.

첫째, 성장해 가면서 인간관계의 수가 많아지고 복잡해지기 때문이다. 인간관계의 수의 증가는 단순히 수적 증가뿐만 아니라 질적인 변화를 동반한다.

둘째, 사람은 모두 다르기 때문이다. 이를 심리학에서는 개인 간의 차이 법칙이라 한다. 즉, 서로 다른 가치관을 가지고 있기 때문에, 사람과의 바람직한 인간관계를 위해서는 서로 다른 인간관계가 요구된다.

셋째, 사람은 누구나 자신을 세상에서 가장 중요한 주인공으로 생각하고, 개인은 전체의 한 부분이라는 사실을 인정하는 데 인색하기 때문이다. 그래서 상대방이 자신을 위해 희생해 줄 것을 기대하기 때문이다.

넷째, 사람은 자기 자신을 모를 뿐만 아니라 상대방에 대해서는 더더욱 모르기 때문이다. 상대방이 나에게 무엇을 기대하는지 알 수 없으면 바람직한 인간관계가 형성되기 어렵다.

다섯째, 상대방을 신뢰할 수 없기 때문이다. 서로를 신뢰할 수 없으니까 마음의 문을 열지 못하고 높이 벽을 쌓게 되는 것이다. 건전한 인간관계는 상대방에 대한 신뢰에서 출발한다.

여섯째, 상대방에게 필요한 존재가 되지 못하기 때문이다. 이 세상에는 꼭 있어야 할 사람, 있으나 마나 한 사람, 있어서는 안 될 사람이 있다. 나는 어떤 사람인가를 깊게 생각해야 한다.

일곱째, 적당한 거리를 유지하지 못하기 때문이다. 쇼펜하우어(Arthur Schopenhauer)의 우화 중 '고슴도치의 딜레마'가 시사하는 바가 크다. 두 마리의 고슴도치가 추운 겨울날을 이기기 위해 서로 너무 꽉 끌어안으면 상대방의 가시 때문에 아프고, 그렇다고 너무 멀리 있으면 상대방의 추위를 낮추는 데 아무 도움이 안 된다. 그래서 적당한 거리를 유지해야 하는데 적당한 거리를 유지하기가 쉽지 않다.

여덟째, 사람은 경험이나 가치관 등을 주관적인 눈으로 보기 때문이다. 엄밀한 의미에서 객관적인 세계는 없고, 모든 사람은 주관화된 객관적인 세계를 지각한다.

아홉째, 상대방에 대한 기대가 지나치게 크기 때문이다. 지나친 기대감은 인간관계를 악화시킨다. 예를 들면, 미팅에서 지나친 킹카를 기대하고 미팅에 나갔다면 어떤 결과가 나오는지를 상상해 보라.

열째, 바람직한 인간관계의 관리를 위한 기법에 대한 이해가 부족하기 때문이다. 싫어도 가끔 좋은 척도 하고, 웃기지 않아도 크게 웃어 주는 기교가 필요하다.

3 인간관계의 중요성

물고기가 물을 떠나서 살 수 없고, 생명체가 공기 없이 살 수 없듯이 인간은 인간관계를 떠나서는 살 수 없는 존재다. 왜냐하면, 인간관계는 바로 우리의 삶의 터전이고, 생활 그 자체이기 때문이다. 하루의 일과를 생각해 보라. 살아가는 데 혼자서 되는 일이 있는가를 곰곰이 생각해 보라.

인간관계의 기술은 사교나 직업을 위한 개인적 목적일 뿐만 아니라 조직의 목표를 달성하는 데 개인들에게 크게 도움을 준다. 인간관계의 중요성에 대해 기술하면 다음과 같다.

1) 인간을 인간답게 한다

우리 인간을 인간답게 하는 것은 다른 사람과의 상호작용이다. 인간으로 태어났으면서도 인간과 상호작용이 없었으며, 인도의 늑대굴에서 살았던 약 8세 정도 되는 여아를 예로 들고자 한다. 이 아이는 발견 당시의 행동이 늑대와 비슷했다. 기어다니고, 짐승의 생고기를 즐겨 뜯고, 늑대 모양으로 소리를 지르는데 늑대 소리도 사람의 소리도 아니었다.

이 아이는 1년 반 정도 훈련을 받고서야 두 발로 걸어다닐 수 있었고, 말도 하게 되었고, 차츰 안정도 느끼게 되었다. 즉, 인간 본래의 모습을 되찾은 것이다. 이 예처럼 인간은 사회적 상호작용을 통해 교육이 이루어지고, 인간이 인간다워진다는 것이다.

우리는 인간관계를 통해 친절, 자비, 배려, 사랑, 협동 등을 느끼며 살아간다. 그러나 요즈음은 첨단 기계문명의 사회가 되어 인간 소외 현상이 크게 나타나고 있다.

2) 인간을 가치 있는 존재가 되게 한다

인간은 각기 장점과 단점이 있으며, 인생 과정에서 성공과 실패를 경험하게 된다. 또 마음에 드는 부분도 있고, 그렇지 않은 부분도 있을 수 있다. 그럼에도 불구하고, 우리는 서로를 소중하고 가치 있는 존재로 여길 때 서로를 수용할 수 있으며, 이것이 인간다운 존재가 되는 것이다.

3) 인간관계 속에서 개인의 정체성 및 여러 영역의 발달이 이루어진다

정체성이란 자신의 삶의 목표에 대한 분명한 인식으로서 자기 정의라 할 수 있다. 특히, 청소년기는 자아 정체감에 대한 위기의식을 해결하고, 자아 정체감을 확립하는 중요한 시기다.

또 성장 과정에게 맞게 되는 자녀와 부모 및 가족, 또래, 이웃, 그리고 교사, 학생 간의 상호작용을 포함하는 다양한 인간관계는 자아 정체감의 발달 외에도 개인의 여러 발달 영역에 중요한 매개 역할을 한다.

4) 좋은 인간관계는 효율성을 높인다

성공적인 직장생활과 기업의 생산성 및 조직의 효율성을 높이는 중요한 요인이 좋은 인간관계다. 훌륭한 기술과 재능이 생산성을 높이지만, 이에 못지않게 중요한 것은 높은 수준의 대인관계 능력이다.

특히, 산업체는 조직, 기술, 인간이라는 세 가지 요소로 구성되어 있다. 생산활동의 주체가 인간이므로 효율적인 인간관계의 발달이 구성원 개인의 욕구 충족은 물론 나아가서 생산성 증대에도 크게 영향을 미친다.

5) 인간관계는 신체 및 정신건강과 매우 밀접하게 관련되어 있다

부모 혹은 양육자와 아기 간의 신체적 접촉의 결핍은 정신건강뿐만 아니라 신체건강과 성장에도 중요한 장애로 작용한다는 연구 결과가 나왔다.

그래서 긍정적이고 효율적인 인간관계는 정신건강과 적응에 밀접하게 관련되어 있다. 심리적 고민의 감소, 스트레스에 효과적 대처, 자아 존중감, 나아가서 일반적인 행복감의 증대 등과 관련되어 있다.

6) 자율적 인간관계의 형성 능력은 자아 실현과 삶의 질에 깊이 관련되어 있다

친밀한 인간관계를 맺으면서 잘 적응하는 사람은 자율적이며, 자율적인 사람은 현실에 집중해서 시간을 충실하게 사용할 수 있고, 자신의 잠재 능력을 좀 더 효과적으로 개발하고 발휘할 수 있어서 자아를 실현할 가능성이 높다. 그래서 직장에서 좋은 인간관계는 자신의 행복한 직장생활뿐만 아니라, 직장 동료들의 행복과 생산품의 질에 영향을 미치고, 나아가서 생산품을 구매하는 사람들의 삶의 질에도 영향을 크게 미치는 것이다.

4 좋은 인간관계를 위한 화술

1) 플러스적인 내용이 담긴 말을 사용하라

플러스적 감정이 담긴 말이란 상대방에게 유익하고 기쁨을 주는 그래서 상대방의 기분을 좋게 하는 말이다. 플러스적인 말은 좋은 인간관계를 위한 강력한 무기다.

『탈무드』에서는 "적에게도 기쁨을 줄 수 있는 말을 골라 하고, 그 말에 꿀을 발라서 기쁨을 주어라"라고 했다.

2) 상대방 중심에서 이야기하라

가능한 I를 사용하기보다는 You나 We를 많이 사용하라. 예를 들면, "나는 이렇게 하는 것이 좋다고 생각하는데"라고 하기보다는 "이렇게 하는 것이 너에게 좋다고 생각해"라고 말하라.

3) 주체적이고 능동적인 말을 하라

주체적이고 능동적인 말이란 스스로 상황을 통제하며 스스로 결정의 주체가 되는 긍정적이고 진취적인 말을 의미한다. 풀기 어려운 문제에 부딪혔을 때 '너무 어려워! 나는 못해'란 말보다는 "다른 방법이 없을까?"라고 말하라. 그렇게 말함으로써 해결되지 않을 것처럼 보이던 문제의 반은 해결된다.

4) 품격의 언어를 사용하라

남을 무시하거나 비방하는 말을 삼가고, '감사합니다', '고맙습니다'라는 상냥한 언어를 사용하고, 칭찬을 많이 하고 분위기를 좋게 하는 언어를 사용하여야 한다.

5 이미지 관리

21세기는 이미지가 경쟁한다. 시간과 장소와 상황에 맞게 나의 이미지를 연출하여 호감가는 이미지를 만들면 대인관계에서 성공의 지름길이 형성될 것이다. 21세기는 이미지 리더십을 갖춘 사람이 성공한다. 성공하는 리더는 주어진 아름다움보다 자신에 대한 관심으로 스스로 아름다움을 창조해 가는 적극성을 갖춘 사람이다.

말과 행동, 걸음걸이와 표정, 대인관계 등에서 교양이 높은 사람이야말로 21세기 성공하는 리더들의 이미지 연출상이다.

몽테뉴(Michel de Montaigne)는 "지혜로움을 나타내는 가장 분명한 표현은 명랑한 얼굴이다"라고 하였다.

한국인은 자신을 표현하는 데 매우 미숙한 민족임에도 불구하고, 표정이나 옷차림새, 제스처 등의 외적 이미지를 가볍게 치부하는 경향이 있다. 특히, 옷차림은 우리를 바라보는 사람에 대한 평가뿐 아니라 우리 자신의 태도에 영향을 미친다. 문 밖에 발을 내딛는 순간부터 우리의 옷차림은 다른 사람에게 엄청난 양의 정보를 제공한다는 사실을 명심하여야 한다.

벤자민 프랭크린(Benjamin Franklin)의 "밥은 자기를 위해 먹지만, 옷은 남을 위해 입어라"라는 의미를 깊이 파악하여야 한다.

마음관리를 잘하기 위한 실천 지침

1) 긍정적이고 적극적인 마음을 지녀라

지글러(Zig Ziglar)는 인생은 그가 생각하는 대로 된다고 했다. 슐러(Robert Schuller) 목사는 성공하는 사람의 인생관은 "나는 할 수 있다(I can do it)"라는 말을 자주 사용한다고 한다.

2) 미래지향적인 마음을 지녀라

과거지향적인 사람은 후회 속에서 불평, 불만이 가득한데, 미래지향적인 사람은 생기가 넘치고 희망적이다.

3) 적극적이고 미래지향적인 마음을 언어로 표현하는 습관을 지녀라

감사하는 마음은 "감사합니다."
겸손하고 겸허한 마음은 "미안합니다."
동의와 봉사의 마음은 "그렇게 하겠습니다."
긍정적인 마음인 "예"를 습관화시켜야 한다.

4) 자신의 마음의 문을 크게 열어라

마음의 문이 닫혀 있으면 서로를 알지 못하게 되어, 장벽이 생기고 좋은 인간관계가 형성 · 유지될 수 없다. 사랑의 열쇠로 장벽을 허물어야 한다.

5) 낙관적인 마음을 가져라

낙관적인 마음으로 세상을 보면 세상은 온통 즐겁고 행복한 일들로 가득 차고, 비관적인 마음으로 세상을 보면 세상은 온통 힘겨운 일들로 가득하게 된다.

쇼(George B. Shaw)는 술병에 술이 반 남았을 때 긍정으로 이야기하느냐, 아니면 부정으로 이야기하느냐에 따라 낙관적 인생관과 비관적 인생관으로 나누어진다고 한다.

6) 중용을 지켜라

인간의 신체가 유연한 근육과 강한 골격으로 구성되었듯이, 필요에 따라 서로 때로는 강하고 때로는 유연해야 한다. 즉, 중용(中庸)은 조화와 균형을 의미한다.

7) 사람을 귀하게 여겨라

이 세상에 쓸모없는 사람은 없다. 미국의 모 교수는 이런 말을 했다.

A학점 받은 학생은 우리의 동료 교수가 될 수 있고, B, C학점을 받은 학생은 우리의 좋은 이웃이 될 수 있고, D, E학점을 받은 학생은 상원의원이 될 수 있고, F학점을 받은 학생은 대학에 건물을 기증할지 모른다고 했다. 그래서 사람 모두가 귀하다는 것이다.

혹시 상대방이 쓸모없는 사람이라고 여겨지는 경우에도 "나도 언젠가는 그런 사람이 될지도 모른다"라는 겸허한 마음을 가져라.

6 좋은 이미지 유지법

사람들은 누구나 다른 사람들이 자기를 좋아해 주기를 바라고 있다. 자기를 좋아해 주는 사람들과 함께 있으면 마음이 편하고 행복해진다. 좋은 인상이란 상대방이 느끼는 감정도 중요하지만, 자신이 좋은 인상을 주기 위해 어떻게 했는가가 더욱 중요하다. 좋은 이미지 유지법에 대해 설명하면 다음과 같다.

1) 사람을 대할 때 미소 띤 얼굴로 대하라

진심에서 우러나오는 미소는 상대방을 끌어들이는 마술과도 같다. 또 상대방의 마음을 편하게 해주고 자신감을 갖게 하는 것이다. 미소의 의미는 "나는 당신을 사랑합니다, 당신도 나를 좋아할 것으로 생각합니다"와 같은 내용이 포함되어 있는 것이다.

2) 상대방에게 성실한 관심을 기울여라

『인간처세술』의 저자로 유명한 카네기(Andrew Carnegie)는 친구를 얻을 때 상대방의 관심을 끌려고 애쓰기보다는 상대방에게 순수한 관심을 기울이는 일이 좋은 인간관계를 위해 대단히 중요하다고 했다.

미국의 루스벨트(Franklin Roosevelt) 대통령은 국민들로부터 절대적 인기를 얻고 있었으며, 직원들도 그를 매우 존경했는데, 그가 대통령궁으로 가는데 대통령실의 직원들이 메추리는 어떤 새냐고 서로 이야기하는 것을 들었다. 그때 그는 가는 길을 멈추고 메추리 새에 대해 자세히 설명해 주었다. 그런 후 어느 날 대통령이 직접 그 직원에게 전화를 해서 지금 메추리 새가 이곳에 날아왔으니 보라면서 전화로 일러 주었다고 한다. 이 전화를 받은 직원은 그 전에도 대통령을 좋아했지만, 이 전화 한 통화로 더욱 대통령에 대한 신뢰와 존경이 커졌다고 한다.

3) 친절한 봉사를 통해 친밀감을 느끼게 하라

어디를 가나 친절은 지나치는 법이 없다. 봉사자의 자세는 상대방에게 친절미가 넘치는 태도를 보임으로써 끝까지 상대방의 기분을 상하지 않게 해야 한다. 친절은 친절을 낳고, 친절한 마음씨는 상대방을 즐겁게 하고 또 그 즐거움은 자기의 즐거움으로 돌아오게 된다.

4) 매력 있는 개성을 지니도록 하라

주위 사람들이 자기를 좋아하게 만들기 위해서는 무엇인가 인간적인 매력을 지니고 있어야 한다. 외적인 모습만으로는 쉽게 싫증을 느끼게 된다. 특히, 매력 있는 사람은 항상 타인을 위해 생각하며, 친근감과 따뜻함을 지니고 있다. 나아가 맡은 업무에 열정을 갖고 최선을 다한다.

5) 이름을 기억하라

인간이란 다른 사람의 이름에는 일체 관심을 갖지 않으면서도 자신의 이름에 대해서는 큰 관심을 갖는다. 그리하여 누가 자신의 이름을 기억하고 있다가 불러 주면 매우 기분이 좋고 효과가 크게 나타난다. 모 기업의 회장이 자사 공장을 방문했을 때, 사전에 공장 직원의 이름을 많이 외워서 순시 중에 많은 직원의 이름을 부르며 격려를 했더니 생산량이 평상시보다 20% 이상 향상되었다고 한다.

6) 상대방의 말을 진지하게 들어라

남의 말을 경청한다는 것은 약간의 인내심이 필요하지만 그 보상은 대단히 크다. 칭찬하는 말에 유혹되지 않는 사람도 자기 이야기를 정성껏 들어 주는 사람에게는 유혹된다. 그러므로 남의 이야기를 성의껏 들어 주고, 나아가 칭찬까지 해주면 말하는 사람의 마음이 얼마나 흐뭇하겠는가.

상대방의 심정과 의도를 올바로 알기 위해서는, 상대방의 이야기를 충분히 경청하면서 의도와 진의를 잘 파악해야 한다. 프로이트(Sigmund Freud)가 말하기를 상대방의 진짜 감정이나 동기를 파악하기 위해서는 상대방으로 하여금 마음껏 이야기하도록 분위기를 조성해야 한다고 한다.

7) 개성을 존중해야 한다

타인의 개성을 무시해서는 좋은 인간관계가 형성되지 않는다. 남다른 특징을 발견하면 칭찬하고 좋은 점을 배우려는 자세가 중요하다. 어진 사람은 자기가 서고 싶으면 남을 세워 주고, 자기가 달아나고자 하는 마음이 생기면 다른 사람이 달아나게 해줘야 한다고 했다.

이 말은 타인을 밟고 올라가는 것이 아니라 상생(相生, win-win) 전략으로 선의의 경쟁을 하며, 서로가 부족한 것을 공유함으로써 지혜를 얻고, 서로 존중하는 자세다. 존중하는 것이야말로 다른 사람을 기쁘게 함과 동시에 서로 간의 벽을 허무는 것이다.

8) 칭찬은 인간관계의 활력소다

심리학자 제임스(William James)는 "인간성의 가장 깊은 원리는 칭찬을 받고자 하는 욕망이다"라고 말했다. 누구나 진정한 칭찬을 원한다. 진정한 칭찬은 진실성이 담겨 있어야 한다. 너무 사실이 아닌데 크게 과장을 하거나 진실성이 결여된 칭찬은 오히려 역효과를 나타낼 수도 있다.

9) 요령 있는 대화는 인간관계의 교량이다

말이 이치에 맞지 않으면 아무리 말을 많이 해도 소용이 없다. 즉, 대화는 짤막하고 요령 있게 해야 하며, 대화 사이에 다른 사람들도 말할 수 있는 기회를 주어야 한다. 언어는 대화의 도구성을 충분히 지니고 있어야 하며, 또한 위트나 유머가 있고 활발하며 흥미가 있어야 한다. 설득은 말을 많이 한다고 이루어지는 것이 아니라 남의 말을 많이 들어 주어야 이루어진다.

이상과 같이 좋은 이미지를 형성하기 위해서는 인과응보(因果應報)라는 말처럼 내가 타인에게 한 행동이 바로 나에게 돌아온다는 것을 기억해야 한다.

7 인간관계의 성공 기법

인간관계란 일생 동안 인간들이 삶을 영위하는 데 관련된 모든 문제를 해결하고 살아가는 인생의 과정이라 할 수 있다. 이런 과정에서 많은 사람이 성공적인 삶을 지향한다. 성공이란 시대나 지역, 가치관에 따라 다소 의미를 다르게 부여하나, 대개 자신이 얻고자 하는 바를 얻음으로써 달성되는 개인적 차원과, 사회의 테두리 안에서 다른 사람들과 가치를 공유하며 얻은 사회적으로 받아들여지는 성공으로 나눌 수 있다.

어떤 일을 할 때 개인적 · 사회적으로 받아들이는 요건이 충족된 것이 바람직한 성공이나, 개인적으로 원하는 바의 성공은 사회적으로 법률적 · 윤리적 범위에 어긋나지 않아야 한다. 나아가 신뢰와 존경을 얻고 궁극적으로는 행복한 삶을 사는 것이 후회 없는 인생을 사는 것이라 할 수 있다. 성공의 원칙 6가지는 다음과 같다.

1) 자신을 잘 관리하라

성공의 비결은 자신의 주변에 좋은 사람이 많이 모이고, 이들과 돈독한 관계를 유지하는 것이다. 이렇게 하기 위해서는 그들이 원하는 바를 얻을 수 있도록 적극적으로 도와주어라.

2) 겸손하게 행동하라

중국의 최고 지도자인 후진타오(胡錦濤) 국가주석은 자신의 삶의 세 가지 지침 중 하나를 겸손과 온화한 삶으로 했다. 겸손한 삶이야말로 타인으로부터 반감을 얻지 않는 중요한 요소다. 수많은 공직생활에서 자신을 낮추며 예를 갖추는 것이 타인에게 좋은 인상을 얻는 방법이요, 훌륭한 인간관계라 할 수 있다.

3) 주체적이며 긍정적인 태도를 지녀라

성공과 실패에 대해 자신의 판단이 중요하다. 성공적인 삶을 영위하는 사람은 일에 대한 성공과 실패는 자신에 의해 결정된다고 믿고 적극적 · 긍정적으로 인생과 일에 도전하는 반면, 패배하는 사람은 일의 결과는 환경이 중요하다고 생각하면 항상 환경을 탓하며, 소극적 · 부정적으로 인생과 일에 대응한다.

4) 도전 정신을 가져라

시도하지 않으면 아무것도 얻을 수 없다. 어렵고 힘들고 비록 패배한다 하더라도 도전하는 자만이 자신이 원하는 바를 얻을 수 있다. 이것은 성공에서 도전 정신이 중요함을 일컫는 것이다. 특히, 도전에서 중요한 것은 자신과의 싸움이자 자신에의 도전이다. 도산 안창호(島山 安昌浩, 1878~1938) 선생은 "수천의 적은 이기기 쉬우나 자신을 이기는 것은 매우 어렵다"라고 하며, 자신을 갈고 닦는 데 많은 노력을 경주해야 한다고 했다.

5) 성공 프로그램을 만들어라

"사람은 얻고자 하는 만큼밖에 주어지지 않는다"라는 말이 있다. 현재 지금의 나는 과거의 내가 스스로 프로그래밍해 온 결과이며, 지금까지 내 자신의 마음속에 일어난 생각의 결과다. 이처럼 미래의 어떤 인물이 될 것인가는 내가 지금 어떻게 프로그래밍 하는가에 따라 결정된다. 만약 당신이 작년의 이력서와 금년의 이력서가 같다면 당신은 실패한 사람이다.

6) 지혜를 쌓아라

"물고기 한 마리를 주면 하루는 먹고 살 수 있다. 그러나 물고기 잡는 법을 가르쳐 주면 그것으로 일생을 잘살 수 있다"라는 유태인의 격언처럼 우리는 지혜를 배워야 한다.

지식은 사물의 이치를 아는 것이지만, 지혜는 어떤 상황이든 창조적으로 슬기롭게 대처하는 능력을 말한다. 즉, 지식을 '무엇'에 비유한다면 지혜는 '어떻게'에 비유할 수 있다. 성공적인 삶을 살기 위해서는 현명한 지혜가 필요하다. 지혜를 얻기 위해서는 습관화가 필요하다. 늘 사고하고 명상하는 습관을 갖고 아무리 급한 일이라도 깊이 생각한 후에 이성적으로 처리하는 태도를 가져야 한다.

또 문제 의식을 갖고 어떤 사물에 대한 결과가 나오면 그 원인은 무엇인가 하는 철저한 문제 제기와 다양한 해결 방안을 강구해야 한다. 성숙한 지혜는 물질적 재산보다 가치가 있다는 것을 명심해야 한다.

8 행복해지기 위한 원칙

행복을 얻는 데 일정한 공식은 없지만, 그러나 행복은 과정을 의미하는 동사이기 때문에 충실하게 노력하면 행복에 이르는 원칙이 있다.

1) 언제나 자그마한 것, 그래서 쉽게 가능한 것에서 행복을 찾아라

자신의 집을 장만하는 데서 행복을 찾으려면 적어도 10년을 기다려야 한다. 그러나 다달이 불어나는 통장에서 행복을 찾으려면 행복은 항상 당신 곁에 있게 된다. 10년 후에 당신의 집이 생기는 결과는 여전히 당신의 몫이면서…….

러시아의 막심 고리키(Maxim Gorky)는 행복이란 내 손 안에 있을 때는 언제나 작아 보이고 적어 보이지만, 일단 잃어버리고 나면 그것이 얼마나 크고 소중한 것인지를 깨닫게 된다고 하였다.

2) 가까이에서 찾아라

조그만, 아주 조그만 마음의 문을 열면 향기로운 행복이 당신의 가까이에 널려 있다. 흔히, 행복하지 못한 이유는 행복을 멀리 있다고 생각하고 멀리서 찾고자 하기 때문이다.

칼 붓세(Karl Busse)는 "산너머 저쪽에, 행복이 있다기에, 나도 남을 따라 찾아갔건만, 눈물만 머금고 왔어요"라고 하며, 행복은 멀리 있는 것이 아니라 가까이 있다고 하였다.

3) 행복을 느끼고자 하는 마음의 문을 활짝 열어 놓아라

행복은 밖에서 오는 것이 아니라 마음속에서 꽃처럼 피어난다. 돈보다 더 귀하고 소중한 따뜻한 마음을 나누는 일이 행복해지는 비결이다(법정 스님). 가장 현명한 사람은 큰 불행도 작게 만드는 사람이고, 어리석은 사람은 작은 불행도 확대해서 스스로 고민 속에 빠지는 사람이다.

4) 현재에 행복하라

모든 사람에게는 '현재 있는 것'과 '현재 있지 않는 것'이 있다. 이때 현재 있지 않은 것에 신경을 쓰면 불평과 불만으로 가득 차서 현재 있는 것에 감사를 느끼지 못한다. 마음의 눈을 새롭게 떠서 현재 있는 것을 돌아보고 그것에서 행복을 찾아라.

인도의 어느 사람은 오래된 저울로 사람의 몸무게를 달아 주며 아주 적은 1루피를 받는 직업을 가지고 있으나, 이 저울이 우리의 가족을 먹여 살리는 도구라고 생각할 때 저울을 보고 뿌듯한 행복감에 젖는다고 한다.

5) 자신이 행복한 일을 찾아 하라

"좋아하는 일이야말로 행복의 원천이다"라고 러셀(Bertrand Russell)이 말한 것처럼 일이 있다는 것은 자신의 존재 이유가 되며 행복을 느끼는 원천이 된다. 자신이 원하지 않는 일을 돈이나 벌어 먹고 살기 위해 한다는 것은 일은 해도 행복할 수가 없다.

일본의 게이오대학의 설립자이며, 근대화의 정신적 지주인 후쿠자와 유키치(福澤諭吉)는 마음에 새겨야 가르침을 다음과 같이 말하였다.

세상에서 가장 즐겁고 멋진 일은 일생을 바쳐 하는 것이요.

세상에서 가장 비참한 것은 인간으로서 교양이 없는 것이요.
세상에서 가장 추한 것은 타인을 생활을 부러워하는 것이요.
세상에서 가장 존귀한 것은 남을 위해 봉사하는 것이요.
세상에서 가장 아름다운 것은 모든 사물에 애정을 갖는 것이요.
세상에서 가장 슬픈 것은 거짓말하는 것이라 하였습니다.

6) 자신이 먼저 행복하라

자기를 사랑하는 사람만이 다른 사람을 사랑할 수 있듯이 자신이 행복해야만 다른 사람을 행복하게 할 수 있다. 자신의 행복을 만들 줄 알아야 다른 사람들이 행복해지도록 도울 수 있다.

7) 건강하라, 건강이야말로 행복의 주요한 요소다

히포크라테스(Hippocrates)는 “돈을 잃는 것은 적은 것을 잃는 것이다. 명예를 잃는 것은 많이 잃는 것이다. 그러나 건강을 잃는 것은 모든 것을 잃는 것이다”라고 했다. 건강하지 못하면 자신도 불행할 뿐만 아니라 가까운 주위 사람에게도 크게 영향을 끼친다. 건강을 유지하기 위해서는 스트레스를 가급적 적게 받도록 노력하고, 만약 받았으면 싸놓지 말고 즉시 풀어라. 누적된 스트레스는 두통, 고혈압, 불면증 등 만병의 원인이 된다.

8) 끊임없이 행복을 찾아라

인생은 행복한 여행이 되어야 한다. 행복이란 동사이며 과정이므로 인생의 종점에서 행복을 얻기 위해 오늘의 행복을 포기해서는 안 된다. 삶은 매 순간이 행복해지도록 최선의 노력을 다하라.

할 일이 있다는 것은 자신의 존재 이유가 되며, 행복을 느끼는 일을 하는 것은 행복한 인생으로 연결된다. 하고 싶은 일을 하는 것은 하나의 커다란 축복이다.

또 인생이란 가는 편도 승차권밖에 없는 여행이다. 그래서 내가 행복해지기 위해서는 상대방을 먼저 행복하게 해주어라. 인간관계는 메아리 현상이어서 주는 대로 돌아온다.

9) 각자 행복을 프로그래밍하라

행복은 어느날 갑자기 하늘에서 떨어지는 것도 아니고 팬시용품처럼 '아트박스'에서 파는 것도 아니다. 행복이란 "노력으로 창조하는 과정"을 의미하는 동사이다. 적극적으로 행복을 설계하고 창조해야 한다. 링컨(Abraham Lincoln) 대통령은 "대다수의 사람들은 마음을 작정하는 만큼 행복해진다"라고 하며, 자신에 맞는 행복을 프로그래밍하라고 하였다(이한검 외, 2001: 13-40).

제4절 동기부여

1 동기부여의 정의

동기부여(motivation)는 조직행태이론에서 중심적인 자리를 차지한다. 동기부여에 대한 이해가 조직행태의 일반을 이해하는 데 크게 이바지하고 있다. 또한 동기부여가 리더의 핵심적인 역할 가운데 하나임을 부정하는 사람은 없다.

동기부여는 스스로 추구하는 바를 얻고, 다른 사람이 추구하는 바를 얻게 하기 위해서는 그 사람의 욕구가 무엇인지, 그리고 어떻게 하면 그 사람을 특정한 방향으로 움직일 수 있는 것에 대해 알아야 한다.

이처럼 동기부여란 사람들로 하여금 특정 목표를 달성하기 위한 행동을 불러일으키고 방향을 제시하며, 계속적인 움직임을 갖게 하는 일련의 종합적인 과정이라 할 수 있다.

동기부여에 대한 개념적 정의는 다음과 같다.

동기부여는 행동을 통해 인간의 내적인 욕구를 충족시키는 과정이다. 또는 행동에 활기를 불어넣어 줄 뿐만 아니라 방향을 제시해 주며, 지속하려는 경향을 뒷받침해 주

그림 14-2 욕구-행동의 관계

는 내적인 힘이다. 또는 "목표를 향한 자발적인 행동을 끌어내고 충동하고 계속하는 과정이다" 등 다양하게 정의하고 있다.

[그림 14-2]와 같이 사람들이 특정 행동을 하는 궁극적인 이유는 욕구나 필요를 만족시키기 위한 것이다. 욕구가 동기를 불러일으키고, 동기에 의해 행동을 하게 되며, 이에 따라서 만족이나 불만족의 결과를 경험하는 것이 사람이 욕구를 충족시키기 위한 과정이라 할 수 있다. 따라서 동기부여란 이러한 욕구를 충족시키려는 시작점이자, 무엇인가를 성취하기 위해 기꺼이 하고자 하는 노력을 의미한다.

1) 동기부여의 특성

첫째, 인간의 행동을 일으키는 내적인 상태이며, 내적인 힘으로 내적인 충동에서 시작되어 행동과 관련된다.

둘째, 목적지향적인 행동이다. 동기부여는 단순한 행동이 아니라 목적지향적인 행동이다. 목적지향성은 본질적으로 무엇을 위한 동기부여인가 하는 내용과, 어떻게 동기부여되는가 하는 과정과 관련되어 있다.

셋째, 본인의 자의적(voluntary)인 의사에 의해 유발된다. 물리적 자극이나 강제에 의해 행동을 유발하는 동작부여와는 달리 자신 스스로의 욕구나 바람에 의해 자발적으로 행동하는 것이다.

넷째, 동기부여는 개인 혹은 개인이 속한 집단의 업적과 관련된다. 본인의 고유한 목적을 달성하는 정도는 동기부여에 의해 크게 좌우된다. 이처럼 동기부여는 개인의 업적뿐만 아니라 집단의 업적 달성을 좌우하는 매우 중요한 기능이다.

한 예로, 제임스(William James)는 [그림 14-3]에서 보는 바와 같이 통상 20~30%의 능력을 발휘하는 종업원도 적절히 동기부여하게 되면, 개인이 지니고 있는 능력의 80~90%까지 발휘할 수 있다는 사실을 밝혀냄으로써 업적 달성에서 동기부여의 중요성

그림 14-3 업적과 동기부여

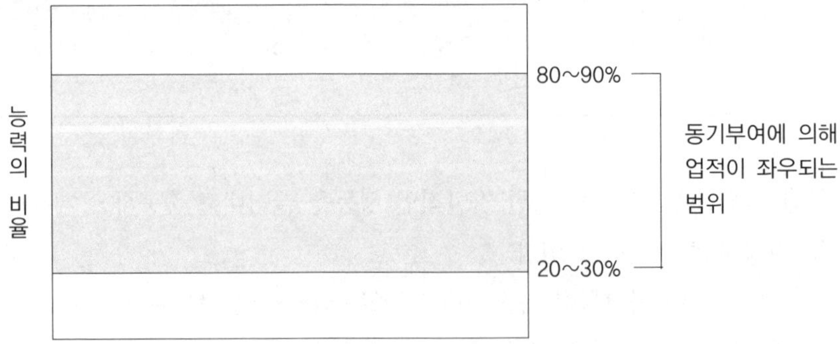

을 강조했다.

2 동기부여의 내용이론

동기부여의 내용이론이란 어떠한 요인들이 인간에게 동기부여를 시키는 데 크게 작용하는가를 다루는 것이다. 그 과정에서 인간들은 결핍된 욕구를 충족시키기 위해 동기부여가 되기 때문에 내용이론을 욕구이론(need theory)이라고도 한다. 이러한 욕구 중심의 내용이론으로는 머슬로의 욕구 5단계이론, 앨더퍼의 ERG이론, 허즈버그의 2요인론, 맥그리거의 XY이론, 맥클랜드의 성취욕구이론 등이 대표적인 내용이론이다.

1) 머슬로의 욕구 5단계이론

머슬로(A. H. Maslow)의 욕구이론은 인간의 욕구를 5단계로 나누어 설명했으며, 우선순위를 지닌 저차원의 욕구를 충족시킴으로써 고차원의 욕구의 충족으로 발전한다고 주장했다. 즉, 기본 욕구가 최소한의 정도라도 충족되지 않으면 다음 단계의 욕구가 한 개인의 행동에 영향을 미치기 어려우며, 이런 욕구들은 다음과 같이 5단계로 구성되어 있다.

(1) 생리적 욕구(physiological needs)

인간의 삶 자체를 유지하기 위한 기초적인 욕구, 즉 의·식·주가 이에 해당한다. 조직에서는 적정한 임금과 휴식, 업무환경 등을 통해 이를 충족시켜 줄 수 있다.

(2) 안전 및 안정의 욕구(safety and security needs)

생리적인 욕구가 어느 정도 충족되면 나타나는 다음 단계의 욕구다. 신체적 및 정서적인 위해로부터 보호되고 안전해지기를 바라는 욕구다. 조직에서는 작업환경의 안전, 물가 상승에 따른 임금 인상 보장, 직무의 안정도, 기타 생리적 욕구를 보호할 임금 외 부가급부(fringe benefit)가 이에 해당한다.

(3) 사회적 욕구(social needs)

안전 욕구 다음 단계로 사회적인 소속감이나 애정 욕구, 다른 집단에 의해 받아들여지기를 원하는 욕구, 친교나 교제의 욕구를 의미한다. 조직 내에서는 다른 구성원과의 교제나 친구를 사귀려는 욕구로 나타난다.

(4) 존경의 욕구(esteem needs)

어느 집단의 단순한 구성원 이상의 것을 추구하려는 욕구다. 이것은 내적으로는 자존·자율을 성취하려는 욕구 및 타인으로부터 주목을 받고 인정을 받으며, 집단 내에서 어떤 지위를 확보하고 존경받기를 원하는 욕구다. 조직에서의 직위, 업무 자체의 완성도, 성과급의 증가, 업무에서의 도전 의식, 의사결정의 참여도, 승진의 기회 등이 이러한 욕구로 나타난다.

(5) 자아 실현 욕구(self-actualization needs)

자아 실현 욕구는 욕구 수준의 최정상에 위치하는 것으로 자신의 잠재력을 최대한 발휘해 성취할 수 있는 최대한의 것을 해보려는 욕구다. 조직에서는 개인의 기술 향상, 창조적 활동, 성공과 승진, 완전한 통제 능력의 소유 등이 이에 해당한다.

머슬로의 욕구 5단계이론은 폭넓게 실무적으로 적용이 되었으나, 욕구 수준의 엄격한 구분의 실패, 복수의 욕구에 의해 동기부여되는 인간 행동에 대한 지나친 단순화 등이 문제점으로 지적된다.

그림 14-4 머슬로의 욕구 5단계이론

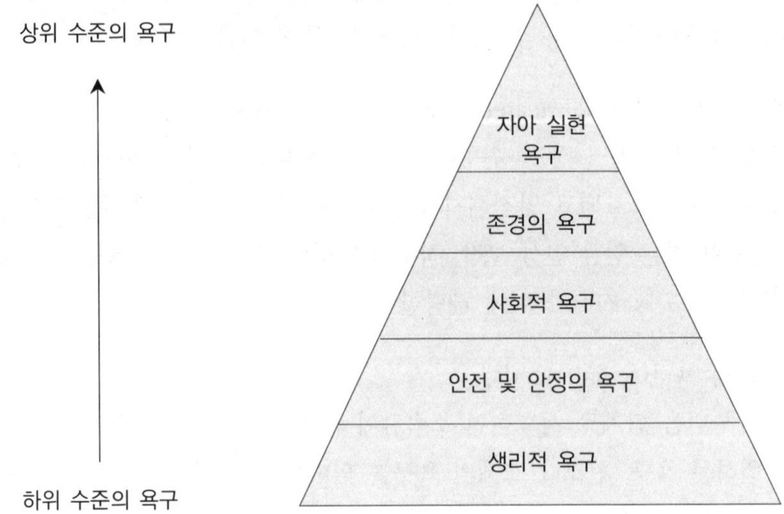

2) 앨더퍼의 ERG이론

앨더퍼(Clayton P. Alderfer)는 머슬로의 욕구 5단계이론을 수정・분류하고, 그 첫글자를 따서 ERG이론을 제시했으며, 내용은 다음과 같다.

(1) 존재 욕구(existence needs: E)

허기, 갈증, 주거 등과 같은 인간의 생존에 요구되는 모든 형태의 생리적・물리적 욕구들이다. 조직에서 기본적으로 임금이나 작업환경 등에 관한 욕구가 이 범주에 속한다.

(2) 관계 욕구(relatedness needs: R)

머슬로의 애정 욕구, 존경 욕구와 유사한 욕구다. 개인 간의 사고, 소속감, 자존심 등을 의미한다.

(3) 성장 욕구(growth needs: G)

머슬로의 자아 실현 욕구에 해당된다. 개인의 성장을 위한 욕구다. 개인이 자기의 능력을 극대화하고 새로운 능력 개발을 할 수 있게 됨으로써, 이 욕구를 충족시킬 수 있다. 이 앨더퍼의 ERG이론은 인간 욕구의 계층적 구조와 욕구 단계 간의 만족-진행의 단계 등 머슬로의 욕구 5단계이론과 유사한 면이 있다.

그러나 머슬로의 욕구 5단계이론은 한 하위 욕구의 충족 시 다음의 상위 욕구로 진행된다는 만족-진행 접근법(satisfaction-progression approach)에 근거를 둔 반면, ERG 접근법은 만족-진행 접근법은 물론 좌절-퇴행(frustration-regression) 접근법을 동시에 수용하고 있다. 좌절-퇴행이란 고차원의 욕구가 충족되지 않거나 혹은 좌절될 때 그보다 낮은 하위 욕구로 내려간다는 점에서 차이가 난다.

3) 허즈버그의 2요인론

허즈버그(Frederick Herzberg)는 인간에게는 독립된 두 가지의 서로 다른 욕구가 존재하는데, 이것이 인간 행동에 미치는 영향이 서로 다르며, 이 두 가지 요인은 위생 요인과 동기 요인으로 구분했다.

(1) 위생 요인(hygiene factors)

위생 요인은 그것이 결핍되었을 때 직무에 대한 불만족을 초래하는 요인이며, 이것이 충족되면 만족을 얻는 것이 아니라 불만족이 없어졌다고 하는 편이 오히려 타당하다(작업환경, 대인관계, 임금감독 기법, 안전).

위생 요인은 종업원의 생산 능력에 직접적으로 영향을 미친다기보다는 단지 작업 제약 조건에 의한 작업상의 손실을 예방할 뿐이므로, 이와 같은 요인을 불만족 요인(dissatisfaction)이라고 부르기도 한다.

(2) 동기 요인(motivators)

동기 요인이란 보람이 있고 자기가 자신을 가진 지식과 능력을 활용할 여지가 있는 일을 할 때에 경험하게 되는 성취감, 전문직업인으로서의 성장, 인정을 받는 등 사람에게 만족감을 주는 요인을 말한다.

이들은 직무 만족에 (+)의 영향을 미칠 수 있고, 그럼으로써 생산 능력의 증대를 직접적으로 가져올 수 있기 때문에, 이와 같은 동기 요인을 만족 요인이라 한다.

허즈버그의 2요인론은 전통적인 동기부여 이론이 인간은 욕구의 충족을 통해 만족에 이르고, 욕구가 충족되지 못하면 불만에 이른다는 관점을 택하고 있다. 그리하여 만족과 불만족은 상반된 개념으로 간주하나 2요인론은 만족의 상반된 개념은 불만족이

그림 14-5 만족과 불만족에 대한 관점의 비교

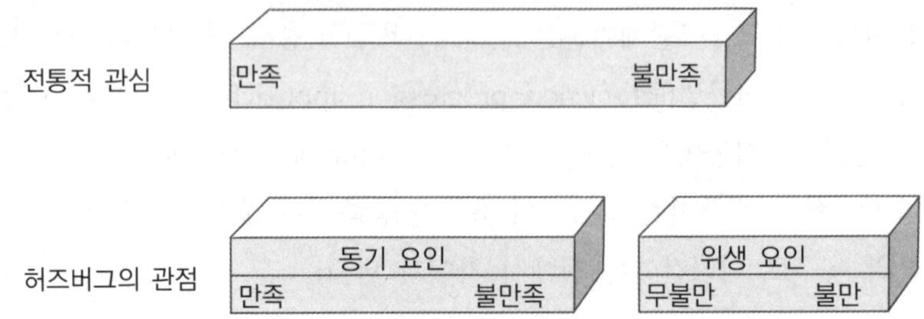

아니라 만족이 없는 상태이며, 불만족의 반대는 만족이 아니라 불만족이 없는 상태다. 즉, 만족과 불만족은 서로 다른 차원에서 접근해야 한다.

4) 맥그리거의 XY이론

맥그리거(Douglas M. McGregor)는 사람의 본성은 크게 X론적인 본성과 Y론적인 본성으로 구분했다.

(1) X이론(theory X)

X론적인 본성을 가진 사람은 원래 일하기를 싫어하고 강제에 의해 일하며, 야망이 없고 책임을 회피하려고 한다는 것이다.

X론적인 사람은 강제되고 통제되고, 처벌로 위협을 받아야 일을 한다는 것이다. 이런 사람들은 이기적이므로 조직의 목적에는 관심이 없으며, 경제적 보상과 안정만을 추구한다.

(2) Y이론(theory Y)

Y론적인 본성을 가진 사람은 일은 자신의 삶의 일부이며, 자주적으로 일하고 책임감이 강하고 고차원의 욕구인 자존의 욕구나 자아 실현의 욕구가 강한 사람이다.

Y론적인 사람은 내적으로 통제가 되므로, 외적인 통제는 효과가 떨어진다. 이런 종류의 사람들은 높은 창의성과 혁신성을 갖고 일을 한다.

5) 맥클랜드의 성취욕구이론

맥클랜드(David C. McClelland)는 인간의 행위를 유발할 수 있는 잠재력인 요소를 성취 욕구, 권력 욕구, 친화 욕구로 구성되어 있다고 보았다. 대부분의 사람은 이러한 세 가지의 욕구를 동시에 가지면서 어느 한 부분에 더 높은 수준의 욕구를 나타낸다. 이 맥클랜드의 이론은 조직 내 관리자 및 지도자들의 행동을 관찰하는 데 매우 설명력이 높은 이론이다.

(1) 성취 욕구(need for achievement)

사람들로 하여금 성공을 위해 강력한 노력을 하고 실패의 가능성을 줄이도록 노력하게 한다. 성취 동기를 지닌 사람은 경제적이고 목표지향적이며, 책임감이 있고 열심히 일하는 경향이 있다.

성취 욕구가 높은 사람은 다음과 같은 특징이 있다.

첫째, 자기 스스로 달성할 목표를 정하기를 좋아한다.

둘째, 너무 쉽거나 어려운 목표를 회피하고 중간 수준의 적절한 위험이 있는 목표, 즉 노력하면 충분히 달성할 수 있는 목표를 선호한다.

셋째, 문제의 해결에 대한 책임을 피하려고 하지 않는다.

넷째, 업무 수행에 관한 즉각적이며 효과적인 환류를 선호한다.

(2) 권력 욕구(need for power)

리더가 되거나 막후에서 통제하는 위치를 갖도록 충동하는 욕구다. 권력 욕구를 지닌 사람은 말하기를 좋아하며 때로 논쟁을 즐긴다. 고집이 세고 욕구가 많으며 타인을 자신이 바라는 대로 행동하도록 하려는 경향이 있다.

(3) 친화 욕구(need for affiliation)

사람들이 자신을 좋아하게 만들려고 하는 욕구다. 친화 욕구를 지닌 사람은 친절하고 동정심이 많고 기꺼이 다른 사람에게 도움을 주며, 다른 사람과 즐겁게 지내는 경향이 있다.

이 세 가지 욕구 중 성취 욕구가 높은 사람은 목표지향적이며, 목표를 향해 전력투구하며 또한 책임감이 강하다. 맥클랜드는 조직의 성과를 향상시키기 위해서는 성취 욕구가 높은 직원을 선발하거나, 기존 직원의 성취 욕구를 향상시켜야 한다고 주장했다.

3 동기부여의 과정이론

내용이론이 인간 동기를 일으키는 원인이 무엇인가에 초점을 두고 있다면, 과정이론은 인간은 어떻게 동기부여되며 어떤 단계를 거쳐서 진행되는지가 연구의 초점이 된다. 사람들이 어떠한 방법으로 그들의 욕구를 충족시키고, 욕구 충족을 위해 여러 가지 행동의 대안 중에서 어떠한 방법으로 행동 선택을 하는가에 중점을 두는 것이다.

1) 기대이론

브룸(Victor H. Vroom)의 기대이론(expectancy theory)은 동기부여를 설명함에 개인의 선택 형태(choice behavior)를 주요 설명변수로 제시한다. 개인이 어떠한 행동을 할 때 다수의 선택가능한 대안을 평가하여 자신에게 가장 득이 될 것으로 평가되는 행동대안을 선택한다는 것이다.

동기부여(motivation)는 기대감(expectancy)×수단성(instrumentality)×선호가(valence)로 나타날 수 있으며, 이때 확률이 높은 것을 선호한다는 것이다.

(1) 기대감

특정한 행동(노력)을 하면 특정한 결과(업적)가 나타날 것이라는 가능성을 의미한다. 즉, 노력에 대한 업적 달성가능성이 높으면 기대감은 크다고 할 수 있다. 이 기대감은 개인의 주관적 확률과 관련된 믿음을 의미한다. 즉, 노력과 성과 간의 믿음이다.

(2) 수단성

성과와 보상 간의 관계에 대한 주관적 확률이라고 할 수 있다. 즉, 업적을 달성하면 어떤 보상을 얻게 될 것인가 하는 것과 관련이 된다. 즉, 성과와 보상 간의 관계에 대한 믿음이다.

(3) 선호가

유의성이라기도 하며 특정한 보상에 대한 선호를 의미한다. 즉, 선호가는 특정한 보상에 대해 어느 정도의 가치를 두는가 하는 선호가 지각과 관련된다. 세일즈맨에게 높은 월급이라는 보상은 높은 선호가를 갖게 한다. 즉, 특정한 보상에 대한 선호 정도다.

개인의 동기부여는 이들 세 개념의 함수이므로, 이들이 모두 높을 때 동기부여 수

그림 14-6 기대이론의 확장모형

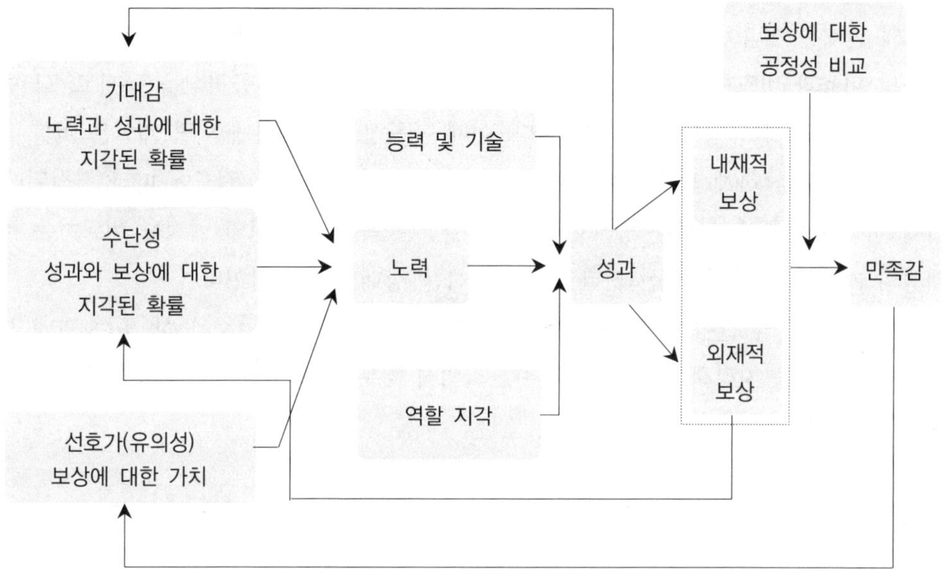

준이 가장 높아지게 됨을 알 수 있다. 그래서 경영자가 직원의 동기부여를 극대화하고자 할 때는 이 세 가지 함수를 잘 고려해 업무를 진행시켜야 한다.

이 브룸의 기대이론을 토대로 포터(Lyman W. Porter)와 롤러(Edward E. Lawler)가 발전시킨 모형이 [그림 14-6]의 내용이다. 이 확장모형은 개인의 노력과 보상이라는 변수를 추가시켜, 단순하게 성과와 모티베이션을 연결시키기보다는 현실적인 몇 가지의 변수를 추가시켜, 동기의 이동 경로를 좀 더 잘 예측할 수 있다는 의미를 가지고 있다.

이 모형에 따르면, 노력이 단독으로 성과를 이끌 수 없으며, 개인의 노력과 능력, 기술, 그리고 역할 지각 정도가 성과에 영향을 미친다고 가정한다.

또한 이러한 개인의 성과는 보상의 종류(내재적 보상과 외재적 보상)와 보상에 대한 공정성 지각에 따라 만족도를 결정하게 된다고 제시한다.

2) 공정성이론

애덤스(J. Stacy Adams)의 공정성이론(equity theory)은 개인의 행위는 타인과의 관계에서 공정성을 유지하는 방향으로 동기부여가 된다고 한다.

공정성(公正性)이란 개인의 투입과 산출의 비율이 타인의 투입과 산출의 비율과의 비교와 관계된 개념이다. 즉, 개인이 생각하는 자신의 투입-산출의 비율을 타인의 투입-산출의 비율과 비교했을 때, 두 비율 간의 대등함이 인지되면 공정성을 느끼고, 그 반대의 경우일 때 불공정성을 느끼게 된다. 이때 불공정성을 느끼게 되면 개인은 이를 감소하려는 노력을 하게 되고, 그 노력의 강도는 불공정성의 인지 정도에 따라 결정된다. 이때 업적과 만족에 이르는 중요한 요인은 설정된 목표와 자신의 업적을 비교하는 절대성의 개념이 아니라, 자신과 타인을 비교하는 상대성의 개념이다.

[그림 14-7]과 같이 공정성을 지각하면 만족하게 되지만, 과소 보상 또는 과대 보상의 불공정성을 지각하게 되면 불만이나 죄의식 때문에, 형평성을 유지하기 위한 노력을 하게 된다.

그림 14-7 애덤스의 공정성이론

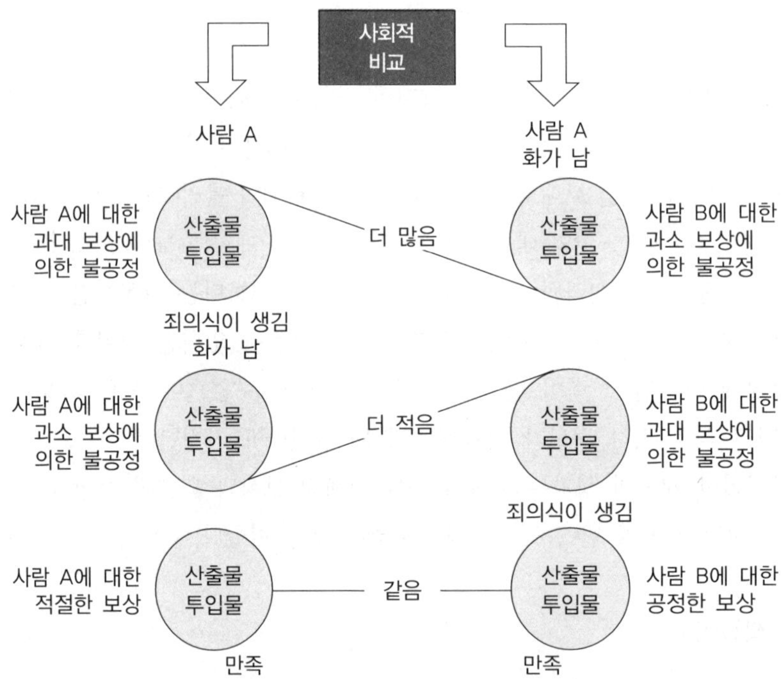

(1) 불공정성을 느끼면 나타나는 현상

① 투입의 양을 조절한다

과대 보상을 지각하면 투입물을 증대시키며, 과소 보상을 지각하면 투입물을 감소시킨다.

② 보상을 조정한다

직무에 대한 보상으로서의 산출물을 증대시키거나 감소시키기 위해 노력한다.

③ 상이한 비교 기준을 동원한다

예를 들어, 월급 등 경제적 보상을 비교의 기준으로 삼다가 불공정성을 지각하면 만족감 등 다른 비교 기준을 동원함으로써 불공정성을 제거하려고 한다.

④ 불공정을 인정하고 합리화한다

비현실성은 일시적인 현상이라 생각하며 현실을 왜곡하고 불공정성을 합리화한다.

⑤ 불공정성이 끝내 해결되지 않을 것이라고 생각되면 상황을 바꾼다

이 회사는 나의 가치를 인정하지 않는다고 생각하며 다른 직장을 찾고 현 직장에 사직하는 것이다.

⑥ 비교의 대상을 바꾼다

같은 회사의 동료 직원과의 비교를 중지하고, 다른 회사의 종업원을 비교의 대상으로 삼는다. 이처럼 공정성이론은 조직에서 공정한 보상이 얼마나 중요한가를 인식시키는 데 의의가 크다.

공정성이론은 조직관리 차원에서 여러 가지 의미를 부여한다. 즉, 보상의 기준을 알 수 있도록 해야 하고, 보상에는 유형의 보상뿐만 아니라 무형의 보상에도 관심을 가져야 하며, 또 공정성이나 불공정성을 현실에 두지 않고 자신의 지각에 두기 때문에, 조직관리자는 이런 현상을 잘 고려해 공정한 보상체계를 마련해야 한다.

3) 목표설정이론

목표설정이론(goal-setting theory)은 목표를 달성하고자 하는 개인의 의지가 직무에 대한 동기의 주요 원천으로서 로크(Locke, 1968: 157-189)가 주장한 것인데, 인간이 어떤 활동을 할 때 막연한 활동보다는 구체적인 목표와 시한을 정해 놓고 활동하는 경

우에 목표 달성가능성을 높이고, 성과 증진을 이룰 수 있음을 의미한다. 즉, 목표의 설정은 사람에게 주의를 집중시키고 행동에 방향을 설정하며 노력하게 하고, 인내력을 증대시키며 전략 개발을 고무시켜 준다. 즉, 목표가 적절히 설계되고 잘 관리되면 높은 성과를 달성할 수 있다.

(1) 바람직한 목표의 특성

① 구체성을 지닌다

막연하게 "최선을 다하라"가 아니라 '무엇'을 '어떻게' 등 구체적인 내용을 담고 있어야 한다.

② 측정가능성과 관측가능성을 지닌다

목표의 달성 여부의 측정은 물론 달성 과정이 눈으로 관찰되고, 계량적으로 측정될 수 있어야 한다.

③ 구체적인 기간을 명시해야 한다

일주일, 한 달, 6개월, 1년, 3년 등 구체적으로 기간을 설정해야 한다.

④ 도전적인 목표여야 한다

달성가능한 목표인 동시에 달성을 위한 최선의 노력을 전제로 하는 목표여야 한다.

⑤ 구성원들이 수락할 수 있는 목표여야 한다

구성원들의 참여를 통해 설정되는 것이 바람직하다. 구성원의 참여가 언제나 높은 업적 달성을 위한 바람직한 목표의 전제 조건은 아니지만, 목표 설정 과정에 직접 참여함으로써 설정 과정에서의 만족은 물론 목표에 대한 종업원의 수락을 통해 실제적인 목표 달성에 중요한 영향을 미친다.

4) 효과적인 동기부여를 위한 실천 지침

(1) 희망을 주고 희망을 갖게 하라

사람의 성공과 행복은 얼마만큼 성공하고 행복해지려고 하는가 하는 의욕과 행동으로 드러나는 노력, 즉 동기부여에 의해 좌우된다. 모든 동기부여의 기반은 희망이다. 인생의 최대의 파산자는 희망을 잃은 사람이다. 기대와 희망이 있는 사람은 반드시 성공하고 행복해진다.

(2) 성공할 수 있고 행복할 수 있다는 기대를 증대시켜라

괴테(J. W. von Goethe)는 "사람은 현재의 모습대로 대해 주면 그는 그런 모습으로 남거나 더 나빠질 것이지만, 그를 앞으로 될 수 있고 되어야만 하는 미래의 모습으로 대해 주면 그는 정말로 그런 사람이 될 것"이라 했다.

이것이 바로 "사람은 기대하는 대로 변하기 마련이다"라는 피그말리온 효과(Pygmalion effect)이다.

(3) 자신을 먼저 동기부여하라

타인을 사랑하기 위해서는 자신을 먼저 사랑해야 하는 것처럼, 타인을 동기부여하고 이를 달성하기 위해서는 자신을 먼저 동기부여해야 한다. 즉, 자신이 먼저 불타야 한다.

(4) 상대방이 무엇을 원하는지를 찾아 그것을 최대한 충족시켜 줘라

동기부여는 욕구를 충족시키는 과정이다. 나 자신의 욕구는 물론 상대방의 욕구가 무엇인지를 파악하는 일은 효과적인 동기부여를 위한 첫걸음이다. 꽃을 원하는 사람에게는 꽃을 주고, 울고 있는 사람에게는 한 장의 손수건보다 기대어 울 수 있는 넉넉한 가슴이 필요함을 잊지 마라.

(5) 원하는 바를 충분히 보상하라

가능하면 원하는 바를 원하는 이상으로 주어라. 이것이 동기부여의 알파요, 오메가다. 즉, 원하는 욕구를 충분히 보상하는 것이 바람직한 동기부여 방법이다.

(6) 상대방의 본성에 적합하게 동기부여하라

사람은 모두 다르다. 상대방에 따라 적합한 동기부여 방법을 택해야 한다. X이론적 특성을 지닌 사람은 근접관리, 강제 등 회초리가 적합하고, Y이론적 특성을 지닌 상대방에게는 원격관리와 자율을 주는 당근이 적합하다.

(7) 동기부여의 분위기를 조성하라

모든 일에는 그 일을 하기에 적합한 분위기가 있다. 나이트클럽이 공부하기 적절한 분위기가 아닌 것처럼 공포, 불공정, 피드백의 결여, 과중한 업무는 동기부여하기에 적절하지 않다. 정확한 정보전달이 가능하고 피드백이 활성화되며, 편안한 분위기에서 동

기부여는 가장 효과적으로 이루어질 수 있다. 따뜻함과 부드러움은 동기부여를 위한 좋은 수단이다. 동기부여하는 것은 북풍과 같은 강압이 아니라 태양과 같은 따스함과 부드러움이다.

(8) 자신의 욕구를 관리하고 지배하라

지나친 욕구를 자제하고 관리할 수 있어야 한다.

『탈무드』에 "현명한 사람은 욕망을 지배하지만 무지한 사람은 욕망의 지배를 당한다"라고 했다. 지나친 욕망은 불행을 낳는다는 사실을 인식해야 한다. 스스로 욕구를 관리하고 지배하는 것은 물론 다른 사람의 욕구도 적당한 수준에 머물도록 도움을 주어야 한다. 너무 많은 물질과 명예와 권력 등이 오히려 행복을 가로막는 장애물이 된다.

(9) 일정한 단계에 따라 동기부여하라

첫째, 상대방이 무엇을 해주기를 기대하는지를 가능한 한 구체적으로 알려 주어라.

둘째, 동기부여의 결과로 나타날 행동을 할 만한 가치 있는 행동으로 만들어라.

셋째, 당신이 기대하는 바를 상대방이 할 수 있도록 하라.

넷째, 당신이 기대한 바를 얼마만큼 잘했는지 피드백하라. 스스로 결과를 점검하라.

다섯째, 상대방의 성공적인 업적에 대해 다양한 방법으로 합당하고 공정하게 보상하라.

(10) 칭찬을 아끼지 마라

칭찬만큼 확실한 위력을 가진 동기부여 방법은 없다.

"아이는 칭찬을 먹고 사는 나무다"라는 말과, "아내는 매일 칭찬을 들어야 살 수 있는 존재다"라는 말을 명심해야 한다. 칭찬은 인간관계의 형성 · 유지의 밑거름이 된다. 상대방을 진심으로 칭찬하는 데 상대방이 나와의 인간관계를 건전하지 못한 것으로 만들거나 왜곡시키지 않는다.

엄밀히 따지면 칭찬은 자신을 위한 것이며 유익한 일이다. 그리고 칭찬은 메아리처럼 자신에게 돌아오게 되고, '나'와 '너'의 마음의 문이 열려 행복한 인간관계를 유지할 수 있다.

효과적이고 바람직한 칭찬 방법

1) 상대방의 장점을 칭찬하라.
2) 칭찬받고 싶은 순간에 칭찬하라.
3) 정도껏 하라. 지나치거나 최상의 칭찬은 역효과다.
4) 여러 사람 앞에서 상대방의 이름을 부르고 칭찬하라. 모든 사람은 자신의 존재 가치를 인정받고자 하는 욕구가 있다.
5) 칭찬할 준비를 하라. 칭찬하는 일도 연습하고 준비하여 습관화되지 않으면 안 된다.

요약

1. 현대는 교섭의 시대이며 설득의 시대이다. 정보화 사회에서 가장 중요한 능력은 말을 다루는 능력이다. 그래서 화술은 인품의 척도이며 인간관계를 좌우하는 능력이다.
2. 훌륭한 스피치는 진실하고, 명쾌하고, 간결하며, 자연스럽고, 상황에 적절해야 한다.
3. 연단공포증을 줄이는 기본 원칙으로는 불안감의 증폭을 막고, 긍정적으로 생각하고 표현하며, 자신을 과소평가하지 않고, 불안한 현상을 숨기려 하지 말고, 불안감은 일시적인 현상이며, 성공적으로 발표하는 장면을 상상하면 다소 불안감을 줄일 수 있다.
4. 연설 시 청중의 태도에는 우호적인 청중, 적의적인 청중, 동의하지만 행동하지 않는 청중이 있는데, 이 중 적의적인 청중에게 말하기가 상당히 어렵다.
5. 명연설가가 되기 위한 비결은 사전 철저한 준비와 꾸준한 노력에 의해 만들어진다.
6. 리더의 품격 스피치는 상황에 맞는 적절한 예의를 갖추고, 진지하게 경청을 하고, 진심에서 우러나오는 말을 하고, 청자의 욕구를 파악하여 말의 내용에 신경을 쓰고, 올바른 말투를 사용하고 유머감각을 갖고 자신감 있게 말하는 것이다.
7. 비전은 미래의 그림으로써 조직구성원들이 그 미래를 창조하기 위해 노력해야 하는 이유를 명시적이나 묵시적으로 나타낸 것이다.
8. 비전의 기능으로는 현재와 미래의 연결, 열정과 헌신 고무, 일의 의미 고취, 수월성 기준 제시가 있다.
9. 비전의 특성으로는 호소력, 변화 촉진, 믿음과 희망 고취, 높은 이상 반영, 구체적인 목표 제시가 있다.
10. 비전 리더십이란 조직을 둘러싼 환경의 변화와 경쟁 속에서 조직의 미래를 예측하고 조직의 미래상을 수립하며, 이를 달성하기 위해 최선을 다하는 것이다.
11. 비전의 실천에는 역할 모델, 이미지 구축, 위험 부담, 지원, 적용, 지적 자극, 조직 개발이 있다.
12. 비전 리더십의 작동 방법으로는 조직의 현 상태와 방향을 평가하라, 새로운 비전의 범위

를 결정하라, 미래의 조직환경을 검토하라, 올바른 비전을 선택하라 등이 있다.

13. 전략은 조직의 목표를 달성하기 위한 다양한 방법 중에서 조직에 가장 적합한 최선의 대안, 실천계획을 수립하는 것이다.
14. 경영전략에는 핵심 역량, 시너지 효과, 가치 창출이 있다.
15. 인간의 삶은 곧 인간관계이며, 인간관계의 성공 여부가 삶의 성패를 결정한다.
16. 인간관계는 고슴도치의 딜레마처럼 어려우나, 인생의 성공이나 행복에 절대적으로 영향을 주기 때문에 매우 중요하다.
17. 인간관계론을 이해하기 위해서는 학문, 사회적응, 인간관계 교육, 학교생활 등 다양한 영역이 포함된다.
18. 인간관계의 전략으로는 자신을 아는 것이 가장 중요한 요소라고 하였다. 즉, 『탈무드』에서는 "자신을 아는 일이 최고의 지식이며 지혜"라고 하였다.
19. 동기부여란 사람들로 하여금 특정 목표를 달성하기 위한 행동을 불러일으키고 방향을 제시하며, 계속적인 움직임을 갖게 하는 일련의 종합적인 과정이다.
20. 동기부여의 내용이론으로는 머슬로의 5단계이론, 앨더퍼의 ERG이론, 허즈버그의 2요인론, 맥그리거의 XY이론, 맥클랜드의 성취욕구이론 등이 있다.
21. 동기부여의 과정이론이란, 내용이론이 인간 동기를 일으키는 원인이 무엇인가에 초점을 두고 있다면, 과정이론은 인간은 어떻게 동기부여되며 어떤 단계를 거쳐서 진행되는가에 주안점을 두는 것이다.
22. 브룸의 기대이론은 동기부여는 기대감, 수단성, 선호가로 나타날 수 있으며, 이때 확률이 높은 것을 선호한다는 것이다.
23. 애덤스의 공정성이론은 개인의 행위는 타인과의 관계에서 공정성을 유지하는 방향으로 동기부여가 된다.
24. 로크의 목표설정이론은 인간이 어떤 활동을 할 때 막연한 활동보다는 구체적인 목표와 시한을 정해 놓고 활동하는 경우에 목표 달성가능성도 높고 성과도 크게 증진된다.
25. 효과적인 동기부여를 위한 실천 지침에는 칭찬을 아끼지 마라 등 10가지의 요소가 있다.

Chapter 15 L E A D E R S H I P

나의 리더십 계발

"리더십과 학습은 불가분의 관계다."
–존 에프 케네디

제1절 자신의 이해와 리더 만들기

1 자신에 대한 이해

자신에 대한 깊이 있는 통찰은 긍정적인 자신을 바라보게 하며, 적극적인 자세를 갖게 한다. 적극적으로 행동하는 사람은 타인에게 좋은 영향력을 미치며, 서번트 리더로서 우리 사회에 큰 공헌을 하게 된다.

리더십 교육은 학생들에게 긍정적인 정체성을 찾아 주고, 그들의 무한한 잠재력을 계발해 실력 있는 전문가로 나아갈 수 있도록 돕는 데 있다. 자신에 대한 긍정적이며 실력과 역량을 갖추었을 때 타인을 더욱 잘 섬기는 리더가 될 수 있다.

긍정적인 사람은 상대방의 마음을 편하게 해준다. 보스턴 의대 신경과 실버(Margery Silver) 교수팀은 "100세 넘게 장수하는 사람들은 힘든 상황에서도 긍정적인 사고와 유머 감각을 잃지 않는 등 정신적인 측면에서 공통점이 가장 두드러진다"라는 연구 결과를 내놓았다.

긍정적인 사고는 긍정적인 사람을 만든다. 긍정적인 사람과 부정적인 사람을 구분하기 위해서는 다음과 같은 질문을 하면 쉽게 알 수 있다.

"컵 안에 물이 반쯤 들어 있는데 당신은 그것을 보고 어떤 생각을 합니까?"라는 질문을 통해, "컵에 물이 반이나 남았네"라고 대답하는 사람은 긍정적인 사고가 높은 사람이고, "컵에 물이 반밖에는 안 남았군"이라고 생각하는 사람은 부정적인 사고가 높은 사람이다. 이처럼 우리는 늘 부정과 긍정의 사이에서 갈등을 겪는다.

생각이 그 사람을 만든다. 긍정적인 생각을 하는 사람은 매사에 적극적인 리더가 되어 가지만, 부정적인 생각을 하는 사람은 편협한 보스가 된다.

존경받는 리더는 긍정적인 사고를 하는 사람이다. 리더는 불가능한 것도 가능한 것으로 바꾸어 버린다. 부정적인 시각도 긍정적인 시각으로 돌려 생각하기 때문에 가능한 것이 되고 만다. 그리고 타인에게 영향을 미치는 리더가 자신을 잘 관리하지 못하면 결국은 정상에 올랐다 하더라도 그는 실패한 사람이 된다.

정상에 올라 세상 부러울 것이 없는 사람이 한순간에 무너져 버리는 어처구니 없는 상황을 우리는 자주 목격하게 된다. 이것은 무엇을 의미하는가? 수많은 리더가 정상의 자리에서 공적인 수행 능력을 인정받고 대단히 성공한 리더처럼 보일지라도, 자기 관리가 안 된 사람은 결국 기초 공사의 부실로 무너지게 마련이다.

따라서 우리가 세계를 이끌려면 선행되어야 할 것이 우선적으로 자기 자신을 다스릴 수 있는 '셀프 리더십(self leadership)'이 갖추어져야 한다. 자기 자신에 대해 긍정적인 정체성을 갖고 있지 않는 사람은 비록 정상의 자리에 서 있다 할지라도 늘 만족이 없으며 인생의 허무만이 그의 생각을 지배한다.

긍정적인 자기 정체성에 대한 이해가 결국 나와 타인을 유익하게 하며, 타인에게 좋은 영향력을 미치는 리더가 된다.

아무리 훌륭한 솜씨를 뽐내는 장인(匠人)이라 할지라도 자기 감정을 다스리지 못한다면 걸작품은 기대할 수 없다. 달리기 선상에 서 있는 운동 선수가 자기 감정에 실패한다면 결코 스피드를 낼 수 없는 것과 마찬가지다. 그러므로 우리는 좀 더 적극적인 사람으로 변화되기 위해 자기 자신에 대한 이해가 우선시되어야 할 것이다(안병용 외, 2008: 395-400).

나 자신에 대해 솔직한 이해하기

■ 겉으로 드러난 자신과 감춰진 자신을 새롭게 이해하기

1) 나는 나 자신을 어떤 사람이라고 생각하는가?
(나의 장점, 단점, 기회적 요소, 위협적 요소[SWOT] 분석)
2) 나는 장래 어떤 사람이 되고 싶은가?
(3년 후, 5년 후, 10년 후의 모습을 구체적으로 기술하기)
3) 나는 대학생활에서 무엇이 가장 중요하다고 생각하는가?
(명예, 돈, 건강, 가족, 외모, 정직, 성공, 인맥, 학벌, 사랑, 책임, 희생, 봉사 등등 구체적으로 그 이유를 적어 본다)
4) 나는 어떤 열정을 가지고 있는가?
5) 나의 셀프 리더십을 방해하는 감정적 장애물은 무엇인가?
(분노, 비판적 사고, 지나친 욕심, 내성적 성격, 관계 형성의 두려움, 게으름, 낭비 등등…… 이것을 줄일 수 있는 방안을 기술해 본다)
6) 나는 어떤 리더를 닮고 싶은가?
(구체적인 인물과 이유)
7) 나는 세계를 이끌 준비가 되어 있는가?

2 리더 만들기

젠거(John H. Zenger)와 포크먼(Joseph Folkman)은 리더십 속성 다섯 가지를 지적했다. 리더십의 속성은 올바른 품성을 바탕으로 개인적 능력, 성과 창출, 대인 스킬(skill), 조직 변화 선도력이다. 특히, 이 모형은 개인의 품성을 가장 중요시한다.

개인의 품성은 리더십 효과성의 핵심 부분이라 할 수 있다. 이 품성에는 리더가 지닌 윤리성, 인격성, 진실성 등이 매우 중요한 요소로 자리매김하고 있다. 훌륭한 품성을 지닌 리더는 자신을 투명하게 드러내 보이는 것을 두려워하지 않는다. 이런 리더는 내면을 깊이 들여다볼수록 이들에 대한 존경심이 더욱 커진다(젠거 · 포크먼, 2005).

1) 올바른 품성

품성은 리더십의 동의어라고 할 정도로 중요하게 생각한다.

유명한 리더십 학자 베니스(Warren G. Bennis)도 리더십의 모든 것을 전인격성에

두었다. 또한 신뢰성은 모든 리더십의 근간이라고 규정했다.

코비(Steven Coby)는 일상행동 속에서 원칙을 추구하는 리더의 중요성을 역설했다. 이런 사실로 볼 때 개인의 품성은 리더십의 요체임에 틀림이 없다.

품성을 구성하는 요소를 살펴보면 다음과 같다.

첫째, 의사결정을 할 때, 조직을 최우선에 두며 개인적 의제가 의사결정에 영향을 미치지 않아야 한다.

둘째, 약속한 것을 꼭 지킨다.

셋째, 지속적으로 학습하며 자기 개발을 실천한다.

넷째, 다른 사람의 피드백을 받아들이며, 필요할 때는 요청한다.

다섯째, 누구든 쉽게 접근하도록 격의 없이 지낸다.

여섯째, 모든 사람을 차별 없이 대한다.

일곱째, 직급이 낮거나 하찮은 사람이라도 겸손함을 갖고 대한다.

여덟째, 다른 사람을 신뢰하고 선의를 가지고 있다고 믿는다.

아홉째, 모든 사람을 경쟁자로 보기보다는 서로 협력해 일을 한다.

열째, 매우 끈질기며, 어렵다고 포기하지 않는다.

열한째, 강한 활력을 지니고 있고 변화하는 환경에 신속히 적응한다.

조직이 바른 품성을 갖춘 사람을 찾는 것은 장기적인 성공을 위한 필수 요건이라고 할 수 있다. 뛰어난 품성이 없다면 장기적으로 볼 때 리더로서 실패할 가능성이 높다.

2) 개인적 능력

리더십을 잘 발휘하기 위한 개인적 능력에는 기술적 지식, 제품 지식, 문제분석 및 문제 해결 능력, 직업적 능력, 주도성, 제4차 산업에 맞는 정보기술 능력 등이 있다.

(1) 기술적 지식

탁월한 리더로서 평가받게 해주는 가장 큰 자질이나 속성은 바로 기술적 역량이다. 최고의 리더는 항상 이 부분에서 높은 점수를 얻었다.

(2) 제품 지식

자신이 몸담고 있는 조직이 생산하는 것과 비교해 그것이 왜 다른 경쟁 상품과 다른가를 철저하게 이해하는 능력이다.

(3) 문제분석 및 문제 해결 능력

문제를 정확히 규정하고 그것을 분석해서 최종적으로 타당한 해결책을 제시하는 능력이다.

(4) 직업적 능력

여기에는 명료하고 간결한 보고서 혹은 서류를 작성하는 능력이 포함된다. 그리고 여러 사람 앞에서 설득력 있는 프레젠테이션을 할 수 있는 능력과 효율적인 방법으로 전체 일을 조율하고, 진행 과정을 점검하며 알아서 일을 처리하는 능력도 포함된다.

(5) 주도성

이 능력이 있는 사람은 부서 간에 빚어지는 갈등을 미리 보고 그것을 조정하기 위해 바로 뛰어든다. 조직이나 부서나 개인 간에 나타나는 갈등에 아무도 나서려고 하지 않을 때 자신이 적극적으로 나서는 능력이다.

(6) 제4차 산업에 맞는 정보기술 능력

이런 능력이 있는 사람은 우선 정보화 마인드가 있으며, 창의적이고 융합적인 역량을 높여야 한다. 즉, 인문학적 상상력과 과학기술 창조력을 갖추고 바른 인성을 겸비하여 새로운 지식을 창조하고, 다양한 지식을 융합하여 새로운 가치를 창출할 수 있는 사람이 요망된다.

3) 성과 창출

성과 창출은 각 단계에 따라 리더의 특징이 달라지는 것을 볼 수 있다. 리더십이 효과적인 것이 되려면 반드시 성과를 내야 한다. 많은 리더십 학자가 지적하듯이 리더십이란 궁극적으로 성과 창출과 깊은 관계가 있다.

특히, 성과 창출이 높은 리더는 구성원들에게 자신의 생각을 실천으로 옮기도록 하며, 구성원들을 다음 단계로 전진하도록 독려하고, 자신의 일에 정력과 열정을 투여하고, 자신의 업무와 전반적인 기능을 개선하기 위한 길을 찾는다. 즉, 행동을 취하고, 일이 일어나게 하며, 앞으로 나아가게 하고, 지속적으로 개선하도록 노력을 한다.

성과를 높이는 전략

1) 구성원에게 도전적인 목표를 제시한다.
2) 자신이 이끄는 집단의 성과물에 대해 개인적 책임을 진다.
3) 사람들을 코칭하고 지속적인 피드백을 제공한다.
4) 집단이 성취할 목표를 높게 정한다.
5) 주도적인 업무 수행에 대해 개인적으로 지원한다.
6) 새로운 프로그램, 프로젝트, 프로세스, 고객 관계, 기술 등을 선도한다.
7) 조직의 목표에 초점을 맞추고, 그것이 실행되도록 한다.
8) 신속하고 집중력 있게 일을 처리한다.
9) 장기 목표와 단기 목표 간에 균형을 유지한다.

4) 대인 스킬

명령과 통제의 리더십이 사라진 요즈음에는 대인 스킬(對人 skill) 기술이 더욱 중요하다. 구성원이 리더를 따르기를 원한다면 자신이 누구인지, 목표가 무엇인지, 자신이 할 수 있는 것이 무엇인지, 비전이 무엇인지를 그들에게 반드시 알려야 한다. 특히, 대인 스킬에는 긍정적인 커뮤니케이션 능력이 매우 중요하다. 즉, 직원의 의견을 주의 깊게 경청하고, 그들의 입장에서 생각해 본다.

또 지위고하를 떠나 모든 구성원과 허심탄회하게 대화할 수 있는 분위기를 조성하고, 열의를 가지고 대화에 참여하며, 가급적이면 구성원들에 대해 긍정적으로 말한다. 또 회의는 철저하게 준비하되 짧게 하는 것이 좋다.

리더에게 요구되는 대인 스킬 요소

1) 진지하면서도 풍부하게 의사소통한다.
2) 구성원들과 긍정적인 관계를 형성한다.
3) 부하 직원들의 스킬과 재능 개발한다.
4) 창의력과 상상력을 바탕으로 유능한 팀을 구성한다.

5) 구성원이 기여한 바를 인정하고 보상한다.
6) 새로운 아이디어에 귀를 기울이고 적극적으로 수용한다.
7) 부서 간이나 개인 간의 갈등을 효과적으로 해결한다.
8) 구성원의 잠재 능력을 찾아주고 자부심을 키워 준다.

5) 혁신 마인드

혁신이란 미래를 위해 현재를 바꾸려는 의지이며 생존의 본능이다. 즉, 고정 관념의 틀을 깨는 것이다. 남들이 가지 않는 낯선 길을 걸어가는 과정이기에 어렵고 고통이 따른다. 이런 고통과 어려움을 인내하며 새로운 발상과 적극적인 실천을 해나가는 사람과 조직만이 성공신화라는 달콤한 열매를 얻을 수 있다.

삼성의 이건희 회장은 혁신을 이끈 기업가인데, 그는 항상 어제와 다르게, 남과 다르게, 새로운 것을 시도하라고 임직원에게 주문했다. 즉, 결과가 달라지기 위해서는 과정이 달라져야 한다는 것이다.

조직의 혁신을 이끌어내기 위해서는 다음과 같은 역량이 필요하다.

첫째, 조직 변화의 주창자가 되어야 한다.

둘째, 프로젝트나 프로그램을 주도하고, 다른 사람들도 그것을 지지하도록 설득할 수 있어야 한다.

셋째, 팀의 프로젝트나 프로그램 혹은 생산품을 효과적으로 마케팅할 수 있어야 한다.

넷째, 전략적인 관점을 갖고 있어야 한다.

다섯째, 조직의 비전과 목표를 구성원들에게 도전 의욕을 불러일으키는 의미 있는 목표로 전환시켜야 한다.

여섯째, 장기적인 안목에서 조직의 단기적 필요성과 장기적 필요성 사이의 균형을 맞추어야 한다.

일곱째, 조직의 욕구를 충족시켜 주는 것이 조직의 핵심 미션과 목표라는 것을 구성원들이 이해하도록 해야 한다(정우일 외, 2010: 627-638).

제2절 리더십 계발

1 리더가 되기 위한 조건

리더가 되기 위해서는 다음 네 가지 조건이 있다.

1) 리더를 따르는 사람이 있어야 한다

자신의 주의를 살펴보라. 자신을 따르는 사람이 있는가? 사람들이 당신을 존경하고 좋아하는가? 동료나 친구들이 당신을 찾아와 고민을 털어놓고 있는가? 사람들이 당신의 의견을 중시하는가? 당신은 동료들보다 업무에 관해 더 많이 알고 있는가? 자신의 업무수행 능력, 책임감, 신뢰성은 높은가?를 파악해 상기 내용이 좋을 때 리더를 따르는 사람이 많을 것이다.

2) 스스로 리더가 되려는 의지와 노력이 있어야 한다

리더가 되기 위해서는 스스로 리더가 되려고 해야 한다. 다른 사람의 고민, 절망 혼란과 짐들을 떠맡고 싶은가? 위대한 리더는 항상 다른 사람의 고통을 이해하고 이를 자신의 일처럼 생각한다.

리더의 활동은 개인을 위하는 것이 아니라 활동 그 자체를 중시한다. 단지 개인의 욕망이나 권력을 위하여 리더가 되려는 사람은 반드시 실패한다. 진정한 리더가 되고 싶다면, 먼저 자신의 내면을 살펴보라. 정직하고 진지하며 다른 사람을 돕고자 하는 마음이 있어야 한다.

3) 자신을 다룰 수 있어야 한다

리더는 자신을 다룰 수 있어야 한다. 다른 사람을 다루려면 먼저 자신을 다룰 수 있어야 한다. 다른 사람을 다룰 수 있다는 말은 바로 자신의 태도와 행동을 다룰 수 있다는 말과 같다.

자신을 움직일 수 없다면 어떻게 다른 사람을 움직일 수 있겠는가? 리더가 의심하고 절망에 빠져 있다면 다른 사람에게 어떻게 희망과 용기를 줄 수 있겠는가?

특히, 리더가 보여 주는 태도와 행동은 다른 사람에게 전염된다. 그래서 리더는 태도와 행동에 신경을 써서 해야 한다. 자신의 진정한 모습을 보여 줄 때, 당신도 다른 사람의 우상이 될 수 있다. 아무도 당신에게 그 방법을 말해 주지 않는다. 당신은 이미 마음속으로 어떤 사람이어야 하고, 어떤 일을 해야 하는지 알고 있다. 훌륭한 리더가 되는 데에는 가르침이 필요 없다. 오직 자신 내면의 진솔한 목소리에 따라 행동하면 된다.

4) 스스로 배우고 성장해야 한다

리더는 스스로 배우고 성장해야 한다. 또한 그들은 자신의 성장을 다른 사람과 기꺼이 나눈다. 리더는 일시적인 만족에 그치지 않고, 더 큰 잠재력을 개발하기 위해 끊임없이 노력해야 한다. 이것은 전 생애를 통해 배워 가는 과정이다.

꽃잎의 씨앗도 바람에 날아다니다가 땅에 떨어져 썩어서 싹으로 자라야 그 가치를 인정한다. 이것이 성장하는 것이다. 사람도 꽃잎의 씨앗과 같다. 애착과 헌신 없이 성장하는 것은 불가능하다. 우리는 수많은 문제와 도전, 기쁨과 슬픔을 경험하면서 성장한다.

상황에 도전하라. 훌륭한 목표를 성취하려는 욕구가 있다면 어떤 상황에서도 문제를 극복하기 위해 최선을 다해야 한다. 이것이 바로 헌신이며, 또한 성장의 유일한 방법이다. 이것이 바로 리더의 특성이다. 이러한 헌신은 다른 사람에게 용기와 희망을 불어넣고 삶의 가능성을 깨닫게 한다. 모든 인간의 내부에는 삶에 대한 가능성이 존재한다. 가능성은 사람의 잠재력이자 힘이다. 이것이 바로 삶의 활력이다.

영국 속담에 "꿀벌은 물을 마셔서 꿀을 만들고, 뱀은 물을 마셔서 독을 만든다"라는 말이 있다. 당신은 어떤 사람인가? 희망이라는 꿀을 만드는 사람인가, 아니면 절망이라는 독을 만들고 있는가를 깊게 생각해 보고 올바른 길을 걸어가야 한다(안병용 외, 2008: 420-423).

2 리더십 계발의 실제

아인슈타인(Albert Einstein)은 "정신병자란 똑같은 방법을 반복하면서 다른 결과가 나오기를 기대하는 사람이다"라고 말했다. 리더십은 가치, 지혜, 미래 창조, 전략, 행동 과정, 성과와 명성, 핵심 능력 훈련 등 다양한 요소를 통해 계발이 된다. 이를 자세히 설명하면 다음과 같다.

1) 가치

나와 너, 우리의 가치를 발견하고 인식하고 고양한다. 모든 리더십은 자기 자신, 그리고 자기가 하고자 하는 일과 그 일을 함께하려는 사람들의 가치를 발견하고 추구함으로써 비롯된다. 따라서 리더십을 기르기 위해서는 우선 가치를 발견해야 한다. 또한 가치를 어느 정도로 인식하고 어느 정도로 추구하느냐에 따라 리더십의 강도가 달라진다.

이와 같은 가치 과정은 다음 사항을 추구함으로써 이루어진다.

주요 계발 사항

1) 내가 하는 일에 항상 자부심을 느끼는가?
2) 조직에서 함께 일하는 사람들을 소중한 사람이라고 생각하는가?
3) 구성원을 반갑게 대하며, 비판보다는 칭찬을 많이 하는가?
4) 우리 조직과 우리가 하는 일이 가치 있는 일이라고 생각하며, 다른 사람에게 우리의 일을 자랑하는가?

2) 지혜

사물의 이치나 상황을 제대로 깨닫고, 그것에 현명하게 대처하는 정신의 능력을 지혜라 한다. 사람과 사람의 관계, 사람과 일, 그리고 조직과 환경 등의 관계 속에서 리더십이 잘 발휘하기 위해서는 지혜로움이 필요하다. 지혜는 올바른 판단을 위하여 다양한 데이터와 정보를 모으고 지식을 만들며, 그것이 축적되어 통찰력에 의해 이루어진 결과이다.

지혜는 다음 사항을 추구해야 한다.

주요 계발 사항

1) 우리가 하는 일과 관계되는 여러 가지 자료와 정보를 모은다.
2) 모은 자료를 현실에서 유용하게 활용한다.
3) 우리가 하는 일에 대해 다른 사람의 경험과 지식을 얻기 위해 항상 신경을 쓴다.
4) 현재보다 더 창의적으로 업무를 더 잘할 수 있을까를 고민하고 연구해서 실천에 옮긴다.
5) 정의의 실현을 위해 올바른 판단력을 바탕으로 의사결정을 한다.

3) 미래 창조

이슈, 욕구, 목표를 인식하고 간절하고 생생한 미래를 믿는다. 리더십의 3대 요소는 이끄는 자(리더), 따르는 자(팔로워), 그리고 달성하고자 하는 어떤 일(목표, 비전)이다.

전통적 리더십 이론은 이 세 가지 요소 중에서 이끄는 자와 따르는 자를 중요시했다. 그러나 오늘날은 중요시되는 것은 하고자 하는 일인 목표나 비전이다. 즉, 하고자 하는 일은 이슈에서 비전까지 다양한 범주가 있을 수 있다.

그러나 이러한 다양성에도 불구하고, 이 모두의 공통점은 이들이 아직 이루어지지 않은 일이라는 점이다. 따라서 리더십이 발휘되기 위해서는 무슨 일을 이루려 하는지 우선 그 미래가 창조되어야 한다. 미래 창조 과정은 하고자 하는 일을 분명히 하고 생생하게 만드는 데 도움을 준다.

주요 계발 사항

1) 나의 사명을 분명하게 인식하며 살고 있다.
2) 내가 속한 조직이 추구하는 목표와 목적이 무엇인지를 알고 있다.
3) 내가 달성하고자 하는 미래를 간절하고 생생하게 느끼고 있다.
4) 주위에 있는 사람들에게 내가 하는 일의 중요성을 이야기하고 싶다.

4) 전략

SWOT인 장점, 단점, 기회, 위협 요소를 파악하고 명운에 집중하며 작은 승리 전략을 추구한다. 비전은 가치와 지혜를 토대로 만들어진다. 이렇게 만들어진 비전을 이루는 방법론이 전략이다. 전략은 비전을 이루는 종합적이고 전체적인 방법이기 때문에,

힘의 집중과 지속적인 노력이 수반되는 것이다.

수많은 전략이론이 있지만 전략 수립의 핵심은 나의 강점과 약점, 기회와 위협 요소(SWOT)를 파악하는 데서 시작된다. 그리고 이것을 토대로 분명한 지향과 집중점을 갖되 그 과정은 작은 승리를 끊임없이 추구하는 것이 되어야 한다.

주요 계발 사항

1) 나의 일을 성취하기 위해 내가 가진 장점과 약점, 기회와 위협 요소를 잘 알고 있다.
2) 일의 우선순위를 정해서 행동한다.
3) 장점과 기회의 역량을 높이도록 한다.
4) 나의 일을 이루기 위한 구체적인 실천계획을 가지고 있다.

5) 행동 과정

주도적으로 행동하고 세밀하게 행동양식을 개발한다. 행동 과정은 수립된 전략을 실행에 옮기는 구체적인 행위와 함께 리더가 반드시 갖추어야 할 여섯 가지의 기본 태도를 기르는 과정이다.

여섯 가지의 기본 태도는 주도성, 배려, 창의성, 나눔, 책임, 용기인데, 이 중에서 가장 중요한 것은 주도적으로 행동하는 것이다. 그리고 리더는 이루고자 하는 어떤 일에 대해 분명한 목표의식이 있고, 그것을 이룰 전략도 있기 때문에 행동도 이에 부합되어야 한다.

주요 계발 사항

1) 일을 성취하기 위해 몰입하고 있다.
2) 주도적으로 행동하며 강력한 추진력을 발휘하고 있다.
3) 일을 성취하는 데 필요한 여러 가지 기법을 활용한다.
4) 일을 추진하는 데 인적·물적 자원을 동원하고 지원할 역량을 가지고 있다.

6) 성과와 명성

성과와 명성을 공유·확산하고 리더십의 전 과정을 강화한다. 리더십의 모든 과정은 궁극적으로 미래를 현실로 창조하는 것이다. 즉, 의도한 올바른 것을 결과를 얻기 위한 것이다.

리더십의 과정은 결과를 얻기 위한 중요한 요소다. 리더는 과정의 중요성을 인지하고, 팀워크의 결과로 산출된 성과와 명성을 공유하고 확산함으로써 체제는 더욱 강화되고 더 높은 차원의 강력한 리더십을 발휘할 수 있다.

주요 계발 사항

1) 주어지는 성과와 명성을 주변 사람과 함께 나눈다.
2) 성공에 대한 칭찬과 성과에 대한 축하, 그리고 실패에 대한 격려를 아끼지 않는다.
3) 일의 결과에 대한 주변의 객관적인 평가를 적극적으로 수용한다.

7) 핵심 능력 훈련

커뮤니케이션을 활성화하고 신뢰를 양성한다. 리더십의 3대 요소는 이끄는 일, 따르는 일, 그리고 할 일이고, 리더십은 이 세 가지의 관계 속에서 이루어진다. 따라서 리더는 이 관계를 통해 각각의 정보와 의미, 그리고 힘들을 유통시키고 모아내는 것이 아주 중요하다.

커뮤니케이션은 이러한 관계를 강화시키는 핵심 요소이고, 이를 통해 신뢰가 형성될 수 있다. 결국, '할 일'을 제대로 이루기 위해서는 리더의 커뮤니케이션 능력과 협상력이 필수적이다(안병용 외, 2008: 435-440).

3 효과적인 리더십의 실천 방안

1) 신뢰받는 리더가 되도록 자기 관리를 철저히 하라

신뢰는 리더의 첫째 덕목이며 자기 관리를 잘해야 한다. 리더가 팔로워로부터 신뢰를 잃은 것은 희망을 잃은 것과 같다. 팔로워의 자발적인 신뢰없이는 리더는 존재할 수 없다. 신뢰받는 리더가 되기 위한 자기 관리 방법이다.

첫째, 자기 자신을 신뢰하라. 스스로 신뢰하지 못하면 다른 사람의 신뢰를 받을 수 없다.

둘째, 가슴에 설레이는 비전을 제시하고 실천하라. 리더는 팔로워에게 방향을 제시하고 인도하며, 목적을 달성하도록 노력을 독려하는 사람이다. 인류의 역사는 소수의 비전있는 사람에 의해 이루어진다. 비전을 가진 리더는 그렇지 못한 리더보다 강력한 추진력을 얻어 구성원을 몰입하게 한다.

셋째, 자기 희생적이 되어라. 한 알의 밀알이 땅에 떨어져 죽으면 많은 열매를 맺듯이, 리더는 집단의 성공과 구성원의 행복을 위해 자기 희생적이어야 한다.

넷째, 약속을 지켜라. 신뢰는 말과 행동이 일치하는 것이다. 즉, 약속을 준수하는 것으로부터 시작한다.

2) 존경받는 리더가 되라

많은 사람으로부터가 아니라 누구로부터 존경받는가가 더욱 중요하다. 존경은 리더를 리더답게 하며, 리더가 되기 위한 중요한 요건이다. 존경받는 리더의 요건은 다음과 같다.

첫째, 부하를 정(情)으로 대한다. 자신은 냉철한 머리로, 타인은 따뜻한 가슴으로 다스려라. 산업사회에서는 머리 좋은 사람이 존경을 받았으나, 현대의 정보사회에서는 가슴이 따뜻한 사람이 존경을 받는다.

둘째, 사람을 소중히 대한다. 팔로워는 집단을 구성하는 토대이며, 리더의 존재를 가능하게 하는 근본이다. 리더만큼 소중한 것이 팔로워이다. 하나를 심어 백을 얻는 사람이 되어야 한다. 나아가 사람을 인격적으로 대해야 한다. 인격적인 대우란 팔로워를 수단이 아니라 목적으로 대하는 것이다.

셋째, 부하의 실수를 허용한다. 인간은 완벽하지 않기 때문에 실수할 수 있다. 실수는 다음의 성공을 위한 밑거름이 되기도 한다. 실수와 잘못을 용납하는 관대함이 존경을 받는다.

넷째, 의사결정에 부하를 참여시킨다. 부하의 적극적인 참여는 좋은 의사결정을 할 수 있는 계기가 된다. "리더의 잠재력은 그와 가까이 있는 사람들에 의해 결정된다"라는 존 맥스웰(John Maxwell)의 핵심인물의 법칙을 기억하라.

3) 부하의 존재 가치를 인정해 주어라

못생긴 나무가 산을 지키듯이 미미한 자체가 더 요긴할 수 있다. 작은 것이라도 부하의 능력을 인정해 주어라. 모든 사람은 존재 가치를 인정받고자 하는 욕구가 있다. "뜻있는 선비는 자기를 알아주는 사람을 위해 죽고, 여자는 자기를 기쁘게 해주는 사내를 위해 화장을 한다"라는 말이 있다.

4) 실패의 원인에서 교훈을 찾아라

성공한 리더와 실패한 리더의 차이는 실패에서 무엇을 얻느냐가 중요하다. 즉, 실패의 원인을 찾아보고 어떻게 해서는 안 되는지의 교훈을 얻는 일이 중요하다. 성공한 리더는 자신의 실패를 통하여 많은 지식과 경험을 얻고, 나아가 성공의 발판을 이루지만, 실패한 리더는 실패한 원인을 남이나 환경으로 돌린다.

5) 좋은 카운슬러가 되라

효과적인 리더는 구성원이 바라는 바의 업적을 달성하는 데 방해가 되는 장애물을 제거하는 역할을 수행한다. 리더는 부하의 스트레스를 줄여 주고, 상담을 통해 더 좋은 방안을 모색해 주어야 한다.

6) 효과적인 부하가 되도록 교육 · 훈련시켜라

행동과학적 조사연구에 의하면, 집단의 성공에 대한 리더의 공헌도는 10~20%에 불과하고, 나머지는 팔로워의 공헌에 달려 있다고 한다. 리더십은 부하와의 상호작용에 의해 일어난다. 효과적인 목적 달성을 위해서는 부하의 능력을 개발시켜 주어야 한다. "같은 물이라도 소가 마시면 젖이 되고, 뱀이 마시면 독이 된다"라는 말이 있다. 젖을 만드는 팔로워가 되도록 교육 · 훈련을 시켜라.

7) 끊임없이 배우려는 자세를 가져라

리더십은 학습에 기반한 계획적인 행동의 결과이다. 따라서 학습을 통해 효과적인 리더가 될 수 있으며 효과적인 리더가 되기 위해 끊임없이 스스로를 채찍질해야 한다.

첫째, 비판을 받아들이는 자세를 배워라. 즉, 구성원들로부터 비판을 받아들이고, 그것으로부터 배워라.

둘째, 자신의 권한을 위임하는 것을 배워라. 위임하기를 배우고, 그들의 기능을 개발하도록 훈련시켜라. 확신에 찬 리더만이 다른 사람에게 권한을 위임할 수 있다는 권한 위임의 법칙을 기억하라(존 맥스웰, 2012).

셋째, 긍정적이고 낙관적인 태도를 배워라. 이런 태도는 긍정적인 분위기를 증대시키고, 결국은 성공과 행복에 이르게 한다.

넷째, 위험을 감당하는 법을 배워라. 위기에서 위험을 인식하는 동시에 기회를 탐색하라. 리더는 위험을 극복함으로써 진정한 리더가 될 수 있다.

8) 리더 스스로가 먼저 윤리적이고 도덕적인 사람이 되어라

어둠이 짙을수록 빛이 힘을 발하고 등대가 필요하며, 부정, 부패가 심할수록 소금이 필요하듯이, 당신은 빛과 소금의 구실을 하는 이 시대의 리더가 되어야 한다. 지도자는 자고로 양심적인 사람이어야 한다.

9) 유머 있는 리더가 되라

유머는 인생에 향기를 주는 넉넉한 마음이고 여유로움이다. 유머는 인생을 감미롭게 하는 청량제이자, 사업을 번성시키는 반석이다. 링컨(Abraham Lincoln) 대통령은 재치와 유머가 넘치는 촌철살인의 연설로 청중을 사로잡았고, 경쟁자를 궁지에 몰아넣었고, 처칠(Winston Churchil) 영국 수상도 위트와 유머 넘치는 언변으로 청중을 감동시켰다. 유머는 성공과 행복을 이끄는 삶의 보배로운 진주이다.

10) 상생의 리더십을 발휘하라

리더는 부하에게도 도움이 되고 조직에게도 도움이 되는(win-win) 자세를 취해야 하며, 이 자세는 업적 달성은 물론 부하에게도 만족을 준다. 또 리더는 구성원보다 한 차원 높게 생각하라. 구성원은 자신의 집단에 대해서만 생각하고, 오늘의 문제만 신경 쓴다. 그러나 리더는 한 차원 높여서 다른 집단에 대해서도 생각하고, 내일의 문제에 관하여 고민하고 연구하여야 한다. 나아가 성공한 사람의 리더십을 벤치마킹하라(이한검 외, 2004: 166-177).

4 탁월한 21세기의 리더십

필자가 리더십의 책을 제5판까지 저술하고, 대학교에서 20여 년 이상 리더십을 강의한 경험을 바탕으로 느낀 탁월한 21세기의 리더십은 크게 비전과 도덕성, 그리고 능력이며, 이것을 자세히 설명하면 다음 7가지로 설명할 수 있다.

그림 15-1 탁월한 21세기의 리더십

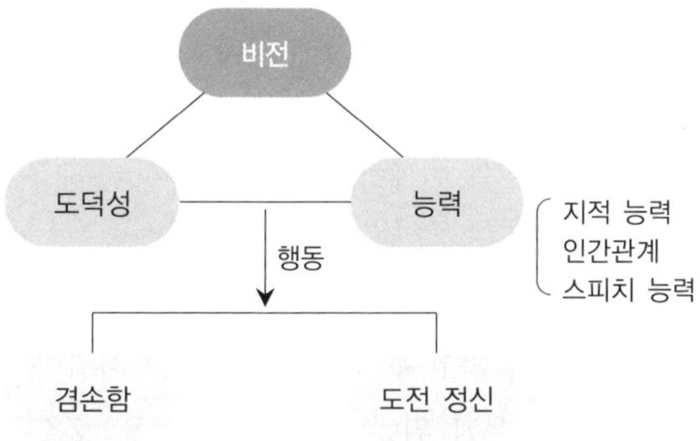

"큰 비전을 갖고 도덕성을 바탕으로 다양한 능력을 배양하며, 행동은 겸손하게 하며, 도전적인 삶을 추구하는 것이 훌륭한 리더이다."

1) 정의에 바탕을 둔 도덕성이다

훌륭한 리더로 존경받는 사람들을 잘 살펴보면 사람들의 마음을 움직이는 특이한 것이 있는데, 이것이 리더의 올바른 성품으로 도덕성이다. 리더의 도덕적인 결함이나 비인격적인 지도자는 아무리 유능하여도 탁월한 리더십을 발휘하는 데 한계점이 있다.

수많은 리더가 인품과 성품에 대해 언급했지만,[1] 간디(Mahatma Gandhi)는 윤리와 도덕성을 강조하면서 일 없는 부, 도의심 없는 쾌감, 인격없는 지식, 희생 없는 종교, 원칙 없는 정치, 인류를 위하지 않는 과학, 윤리와 도덕이 없는 비즈니스는 우리를 망치게 하는 것이라고 하였다.

올바른 성품은 부정과 타협하지 않는 바르고 정의로운 것으로서, 세상을 살아가는 동안 나침반과 같은 올바른 길을 인도하는 것이요, 인간을 인간답게 만드는 근본자질이다.

공자(孔子)는 덕부고 필유린(德不孤 必有隣)을 강조했는데, 이것은 "덕이 있는 사람은 외롭지 않고 반드시 이웃이 있다"라는 뜻으로, 덕은 올바른 성품인 도덕성을 나타내며, 주위에 사람을 이끈다는 의미가 내포되어 있다.

리더는 정의를 추구하며 인성과 윤리의식을 바탕으로 올바른 도덕성을 지녀야 한다.

2) 상황을 현명하게 처리할 수 있는 지적 능력이다

전문성을 갖춘 인재가 되기 위해서는 자기 분야에 최고의 지적 능력을 갖추어야 한다. 즉, 지식과 역량을 갖추어야 한다. 오늘날 시대는 급변하기 때문에 지적 능력을 갖추기 위해서는 리더는 시대정신을[2] 이해하고 더불어 자신도 배우고 부하도 가르쳐야 한다.

미국의 제16대 대통령 링컨(Abraham Lincoln)은 "나는 계속 배우면서 나를 갖추어 간다. 언젠가는 기회가 올 것이다"라고 했다. 그는 "만나는 사람마다 교육의 기회로 삼아라"라고 하며, 지적 능력을 키우기 위해 배움의 중요성을 강조했다.

또 괴테(J. W. von Goethe)는 "부단히 배우는 자가 가장 유능한 사람이다"라고 하며, 배움의 중요성을 강조하였다. 즉, 공부와 능력은 비례하는 것으로, 부단히 노력하는 자만이 유능한 인재가 될 수 있다는 것이다.

---

1) 러벅(John Lubbock)의 『성찰(*The Use of Life*)』에 의하면, 인격은 자신이 선택한 대로 된다고 했다. 『인격의 힘(*A Question of Character*)』의 저자인 시몬스(Ron P. Simmons)에 의하면, "리더십에 대한 토론은 반드시 능력과 경쟁에 대한 이야기로 시작되지만, 반드시 한 개인의 인격과 성실성에 대한 이야기를 하는 것으로 끝이 난다"라고 했다.

2) 동시대에 필요한 변화를 이해하고 미래지향적인 방향을 추진하는 능력이다. 즉, 한 시대의 사회에 널리 퍼져 그 시대를 지배하거나 특정짓는 정신이다.

이처럼 리더나 부하가 지적 능력을 갖추기 위해서는 부단히 배우고 갈고 닦아서 탁월한 실력을 갖추어야 한다.

3) 정직에 바탕을 둔 겸손이다

겸손은 타인에게 자만심이나 거만한 또는 가식적인 태도를 보이지 않고 진실하게 행동하는 것이다. 나아가 타인의 견해에 기꺼이 귀를 열고 다가가며 반대의 의견도 폭넓게 수용한다. 리더는 높은 자리에 있을수록 정중하고 겸손해야 한다. 자신을 낮추어야 사람들이 따른다. 수고하고도 자랑하지 않으며, 공을 세워도 내세우지 않는다.

증자(曾子)는 매일 3가지를 반성함으로써 발전의 원동력이 되었다고 한다. 즉, 남을 위해 일을 함에 충실하게 하였는지, 벗과 사귐에 신의를 다하였는지, 스승에게 배운 것을 충실하게 익혔는지를 반성하는 자세로 겸손하게 생활을 하였다.

시인 엘리엇(Thomas S. Eliot)은 겸손은 덕 중에서 가장 어려운 것이라고 했다. 스스로를 좋게 평가하는 욕구보다 더 누르기 어려운 것은 없기 때문이다. 교만하고 방자함은 재앙을 자초하며, 공손하고 예의 바른 행동은 어떤 어려운 상황도 극복할 수 있는 무기라는 것을 알아야 한다.

중국의 국가주석 후진타오(胡錦濤)는 리더십을 발휘할 때 겸손을 가장 큰 가치로 삼고 실천하였으며, 한국인 최초로 유엔 사무총장을 연임한 반기문 총장도 겸손이 몸에 배여 만나는 모든 사람들을 함부로 대하지 않아 적이 없기로 유명하다. 그는 "태산의 티끌도 가치가 있다"라는 신조로 생활하여 지위의 고하를 막론하고 만나는 모든 사람에게 정성을 다하였다.

4) 포용력과 사랑을 기반으로 한 좋은 인간관계이다

오늘의 만남이 내일의 역사가 된다. 좋은 인간관계는 실적을 높이는 최고의 수단이다. 그러나 인간관계는 고슴도치의 딜레마처럼 어렵고 힘든 것이다. 좋은 인간관계에는 포용력, 관대함, 사랑, 배려, 봉사, 융통성 등 다양한 요소가 포함되어 있다.

포용력은 따뜻한 마음을 바탕으로 상대방을 끌어 안는 것이다. 즉, 구성원에게 힘을 실어주고 구성원이 스스로 목표를 성취할 수 있도록 지원하는 것이다. 존 가드너(John Gardner)의 말처럼 부하 직원이 잘 따르도록 하는 것은 리더의 노력으로 얻어진다는 것을 명심하여야 한다.

관대함은 베풀고 나누는 것이다. 사람들이 존중하는 유능한 리더란 자신의 배를 채우기 위해 긁어 모으는 사람이 아니라, 다른 사람들에게 나누어 주는 사람이다. 또한 관대함은 화가 많은 난 상황에서 자신의 감정을 잘 관리하는 것이다. 존 멕스웰(John Maxwell)은 주는 것이 삶에서 최상의 단계라고 하였다. 즉, 봉사를 실천하며 생활화하는 것이다.

사랑은 장군이 추운 겨울날에 철책선에서 근무하는 병사의 손을 뜨거운 입김으로 불어 주는 것이다. 즉, 사랑은 상대방에 대한 따뜻한 관심을 갖는 것이요, 상대방의 인격과 생명을 존중하는 것이다.

사랑이 없는 인생은 풀 한 포기 없는 사막과 같고 샘물이 다 말라 버린 샘터와 같다. 우리의 생에 빛을 주고 향기를 주고 기쁨을 주고 보람을 주고 희망과 용기를 주는 것이 사랑이다. 따뜻한 사랑이 부족한 사람은 지도자가 되기 어렵다. 그리고 사랑은 생활 그 자체여야 하며, 수시로 사용할 때 그 효과가 크게 나타난다.

배려는 "캄캄한 밤중에 장님이 등불을 갖고 가는 것"처럼 자신이 길을 걸어가는 데는 전혀 도움이 되지 않지만 타인을 위해 기꺼이 갖고 가는 것이다. 그리고 이 세상에서 가장 아름다운 단어가 봉사다. 봉사야말로 이 사회를 가장 아름답게 만드는 중요한 요소다.

이 세상에서 크게 존경받는 지도자들은 봉사를 실천한 사람들이다. 슈바이처(Albert Schweitzer) 박사는 37세 이후 90세의 죽음을 맞이할 때까지 아프리카의 가봉에서 헌신적으로 의술활동을 펼쳤다. 그는 노벨 평화상을 수상했을 뿐만 아니라 세계의 위인, 원시림의 천사 등으로 불리며 존경을 받았다. 그는 열악한 환경에서 평생 소외되고 어려운 사람들에게 의술을 베푼 진정한 봉사자이다.

또 이태석 신부는 의사로서 편안한 길이 있음에도 불구하고, 가난과 굶주림으로 찌든 남수단의 톤즈에서 봉사활동을 펼치신 분이다. 남수단은 내전이 심한 나라로 언제 폭격이 있을지 모르는 위험하고, 열악한 의료시설이 있는 곳에서 평생을 사랑으로 따뜻한 의술을 펼치신 분이다. 이런 분이야말로 진정한 봉사자라고 할 수 있다.

융통성은 상황에 잘 대처하는 것으로, 리더십이란 절대절명의 리더십은 없고 환경과 구성원의 특성에 맞게 적절한 리더십을 발휘하여야 하는 것이다.

인간관계는 효과적인 리더십을 위한 기반을 제공한다. 모든 학문과 이론은 시대의 요구에 따라 등장하며 발전되고 변화되지만 인간관계는 모든 시대의 영원한 과제이다.

5) 통찰력에 기반한 비전이 있어야 한다

리더는 모든 업무를 냉철히 파악하고 바람직한 비전을 제시해야 한다. 비전은 꿈이 아니라 다가올 현실이다. 탁월한 리더는 구성원들에게 생생하며 감동적인 표현으로 조직구성원의 마음을 사로잡아야 한다.

비전은 저 넓은 망망대해의 나침반과 같은 역할을 하는 것이다. 망망대해에 나침반이 없다고 생각해 보라. 배가 정해진 목표로 제대로 갈 수 있겠는가? 비전 리더는 참여를 이끌고, 활기를 불어 넣고 현재와 미래를 연결하는 사람이다. 비전은 부하의 심금을 울리며 동기부여를 시켜주고, 열정을 쏟도록 방향을 제시하는 것이다.

미국의 하버드대학교는 “리더십이란 도전적인 기회 속에서 비전을 명확히 세워 현실을 돌파하기 위해 조직과 사회를 동원하는 활동이다”라고 하였다. 이처럼 비전이란 집단이 지향하는 가치이자 그들이 함께 행동하는 이유이다. 명쾌한 비전은 집단의 역량을 결집시키는 힘이 있으며, 성장의 원동력이다(서성교, 2003: 44).

미래를 대비하는 예견력을 갖고 빠르게 변화하는 시대에 맞추어 제4차 산업혁명, 정보력, 변화와 혁신을 주도하는 리더가 되어야 한다. 창의력과[3] 상상력, 그리고 혁신을 바탕으로 무한경쟁의 시대를 주도하여야 한다.

6) 실패를 두려워하지 않는 도전 정신이다

히말라야 산맥의 8,000m 이상의 봉우리를 14개나 등정한 박영석 산악대장은 이런 말을 했다. “세상의 주인은 따로 없다. 도전하는 자가 세상의 주인이다. 단 1%의 가능성만 있어도 절대 포기하지 않는다.”

박영석 산악대장은 “산과 대면하는 순간, 에너지가 솟구치고 자신감이 생긴다. 그래서 오늘도 나는 길을 떠난다”라며, 생과 사를 오가는 험한 산을 힘차게 오른다고 한다. 그리고 그는 “가장 무서운 건 나 자신이다. 나를 이기는 게 가장 힘들다”라고 했다.

---

3) 『꿀벌과 게릴라(*Leading the Revolution*)』의 저자 해멀(Gary Hamel)은 “혁명의 시대인 21세기에는 성실한 꿀벌의 능력은 도태되고 창의적인 게릴라가 높은 평가를 받으며 시대를 주도할 것”이라고 하였다(전기정, 2005).

박영석 산악대장처럼 가능성이 낮아도 열정을 갖고 도전을 하면 자신이 원하는 목표를 달성할 수 있다. 도전하는 자가 진정으로 용기 있는 사람이다. 도전은 내 안의 금광을 캐는 것이다. 리더는 힘들고 어려워도 남이 가지 않는 새로운 길을 개척하는 사람이다.

즉, 과거의 패러다임에 얽매이거나 현실에 안주하지 않고 자신의 신념과 야심찬 미래를 향해 기꺼이 모험을 감행하는 것이다. 그 과정에서 무수히 많은 실패와 좌절도 겪게 되지만, 그 모든 과정이 자신을 단련시키고, 학습시키고, 성장시키는 소중한 자원임을 알아야 한다. 따라서 이러한 도전과 모험없이는 결코 훌륭한 리더가 될 수 없다는 신념을 갖고 행동하여야 한다.

7) 진실성에 바탕을 둔 탁월한 스피치 능력이다

스피치 능력은 인품을 나타내는 척도이다. 스피치 능력은 무에서 유를 창조할 수 있는 좋은 무기이다. 우리는 지하철에서 똑같은 물건을 팔아도 그 사람의 스피치 능력에 따라 파는 물건의 양이 다름을 볼 수 있다. 리더란 품격있는 말로서 진실성에 바탕을 두고 동기부여시킬 수 있는 탁월한 스피치 능력을 배양해야 한다.

명연설가는 확고한 철학을 바탕으로 진실한 내용을 논점을 정확히 제시하며, 교훈적이고 유쾌한 말로 청중에게 감동을 주어야 하는 것이다. 이 과정에서 유머는 부드러운 카리스마로서 웃음을 주고 인생을 즐겁게 만드는 기폭제이기도 하다. 논리적이고 유머있고 따뜻한 말로 청중을 이끄는 훌륭한 리더를 시대는 요망한다.

결론적으로, 21세기의 진정한 리더가 갖추어야 할 탁월한 21세기의 리더십은 높은 비전을 세우고, 올바른 인성과 윤리의식에 바탕을 둔 도덕성과 지적 능력, 좋은 인간관계와 스피치 능력을 겸비한 능력을 배양하고 겸손한 태도와 끝없는 도전 정신이라 할 수 있다. 즉, 비전을 세우고 도덕성을 바탕으로 다양한 능력을 배양하고 겸손한 자세로 도전하는 자가 진정으로 21세기의 탁월한 리더이다.

요약

1. 젠거와 포크먼에 의하면, 리더십의 속성으로는 올바른 품성, 개인적 능력, 성과 창출, 대인 스킬(skill), 조직 변화 선도력(혁신)이 있다.
2. 내가 진정으로 리더가 되기 위해서는 리더를 따르는 사람이 있어야 하고, 스스로 리더가 되려는 의지와 노력이 있어야 하고, 자신을 다룰 수 있어야 하며, 스스로 배우고 성장해야 한다.
3. 리더십은 가치, 지혜, 미래 창조, 전략, 행동 과정, 성과와 명성, 핵심 능력 훈련을 통해 계발이 된다.
4. 효과적인 리더십 구현을 위한 실천 방안에는 철저한 자기 관리 등 10가지의 요소가 있다.
5. 21세기의 진정한 리더가 갖춰야 할 탁월한 21세기의 리더십은 올바른 성품인 도덕성을 바탕으로 지적 능력, 겸손과 좋은 인간관계, 비전과 도전 정신, 그리고 탁월한 스피치 능력이라 할 수 있다.

참고문헌

[국내 문헌]

강정애 외(2011). 리더십론, 시그마프레스.
고야마 마사히코, 전경련 인사팀 옮김(2002). 유능한 부하를 만드는 리더십, FKI미디어.
권기헌(2019). 전자정부론, 박영사.
그린리프, 로버트 K.(2009). 서번트 리더십 원전, 강주헌 옮김, 참솔.
김남현(2011, 2013). 리더십, 경문사.
김덕수(2009). 파워 리더십, 지인북스.
김양호 외(1987). 대중 화술, 시몬.
김영국(1995). 마키아벨리와 군주론, 서울대출판부.
김재득(2008). 리더십, 대영문화사.
김정빈(2003). 리더의 아침을 여는 책, 동쪽나라.
김현기(2002). 주간경제 제699호.
나길보(1995). 제갈공명처럼 생각하고 행동하라, 도서출판 예문.
다니엘 골먼 외(2003). 감성의 리더십, 청림출판.
데니스 N. T. 퍼킨스(2005). 섀클턴의 파워 리더십, 뜨인돌출판사.
로버트 N. 외(2016). 리더, 한경사.
로버트 하그로브(2010). 변혁적 리더를 위한 리더십 코칭, 김앤김북스.
링봉팡(2011). 똑똑한 리더의 노자 지혜, (주)북메이드.
마리아 N. 루더만 · 패트리샤 J. 오룻(2003). 21C 여성 리더십, 위즈덤아카데미.
매일경제 ESG팀(2021). 이것이 ESG다, 매경출판(주).
박경록 외(2021). Core 핵심 리더십 개발, 한올출판사.
박계홍 외(2014). 변화와 혁신을 위한 리더십, 학현사.
박보식(2015). 지적 대화를 위한 품격의 스피치, 대영문화사.
박보식 외(2011). 경호비서학개론, 한올출판사.
박연임 외(2012). 리더의 코칭행동이 팀 성과와 팀 만족에 미치는 영향에 있어서 자기 효능감, 진정추구 리더십의 조절 효과, 상업교육 연구, 제26권 제4호, 한국상업교육학회.
박우순(1998). 조직관리론, 법문사.

박유진(2011). 리더십 마인드 & 액션, 양서각.
박헌준(2002). 한국의 기업 윤리, 박영사.
배정훈(2009). 리더십 에센스, 형설출판사.
변상우(2022). 리더십, 청람.
사회적책임경영품질원 외(2021). 지속가능성장을 위한 ESG경영전략, 자유아카데미.
서병인 외(2000). 현대 조직행동, 삼영사.
서성교(2003). 하버드 리더십 노트, 원앤원북스.
신동준(2014). 리더라면 한비자처럼, 참모라면 마키아벨리처럼, 위즈덤하우스.
안병용 외(2008). 블루오션 리더십, 보명.
안병욱(1987). 인생 그 순간에서 영원까지, 자유시대사.
어데어, 존(2006). 위대한 리더들: 잠든 시대를 재우다, 이윤성 옮김, 미래의창.
유필화(2010). 역사에서 리더를 만나다, 흐름출판.
윤정구(2006). 한국 리더십 학문 및 교육체계의 정립, 국방대 리더십 정책포럼.
이관응(2001). 신뢰경영과 서번트 리더십, 엘테크.
이상혁(2006). 리더의 명쾌한 비전은 성장의 원동력, 리더피아.
이상호(2010). 조직과 리더십, 도서출판 북넷.
이재희(2016). 리더십 프레임, 한올출판사.
이종영(2011). 기업윤리, 탑북스.
이창원 외(1999). 새 조직론, 대영문화사.
이한검 외(2001). 인간관계, 형설출판사.
이홍일 외(2009). 건설업체의 윤리 경영 가이드라인 수립 연구, 한국건설산업연구원.
이희경(2006). 코칭입문, 교보문고.
임태섭(2001). 스피치 커뮤니케이션, 연암사.
임헌규(2005). 노자 도덕경 해설, 철학과 현실사.
자오위핑(2015). 사람을 품는 능굴능신의 귀재 유비, 박찬철 옮김, 위즈덤하우스.
전기정(2005). 대한민국은 혁신중, 리더스 북.
전명용(2013). 아버지가 들려주는 손자병법, 다산출판사.
정우일 외(2010). 리더와 리더십, 박영사.
정진홍(2008). 인문의 숲에서 경영을 만나다 2, 21세기북스.

참고문헌

______(2007). 인문의 숲에서 경영을 만나다, 21세기북스.

제임스 C. 헌터(2011). 서번트 리더십, 시대의창.

젠거, 존 H.·조셉 포크먼(2005). 탁월한 리더는 어떻게 만들어지는가, 김준성·이승상 옮김, 김앤김북스.

조근태(2003). 한비자, 현암사.

존 맥스웰(2012). 리더의 조건, 비즈니스북스.

최은수(2016). 리더십 개발 프로그램, 공동체.

최 진(2007). 대통령 리더십총론, 법문사.

______(2003). 대통령리더십, 나남출판.

하미승(2018). 리더십, 윤성사.

한국경영학회(1998). 기업윤리, 세경사.

한국기업윤리경영연구원(2002). 기업윤리, 매일경제신문사.

한국학중앙연구원(2022). 한국학중앙연구원 ESG 전략체계 수립 및 성과지표개발.

홀랜더(2012). 포용적 리더십, 도서출판 오래.

[국외 문헌]

Adair, John(2002). *Inspiring Leadership, Learning from Great Leaders*, John Adair and Talbot Adair Press.

André, Rae(2008). *Organization Behavior*, Pearson Prentice Hall.

Avolio, B. J., Walumbwa, F. O., & Weber, T. J.(2009). Leadership: Current theories, research, and future direction, *Annual Review of Psychology*, 60: 421-449.

Bass, B. M.(1995). *Leadership and Performance beyond Expectations*, New York: Free Fress.

Bass, B. M. & Avolio, B. J.(1992). Multifactor Leadership Questionnaire-Short from 6S, Binghamton, New York: Center for Leadership Studies.

Bennis, W. G.(1989). *On Becoming a Leader*, Reading, Mass: Addison-Wesley.

Bennis, W. G. & B. Nanus(1985). *Leader: The Strategies for Taking Change*, New York: Harper and Row.

Blanchard, Ken(2007). *Management Corporation, Leading at a Higher Level*, Pearson Prentice-Hall.

Boyer, G. B.(1999). "Turning point in the development of male servant-leaders," Doctoral dissertation of the Fieding Institute.

Brown, M. E., Trevino, L. K. & Harrison, D. A.(2005). Ethical Leadership: A social learning perspective for construct development & testing, *Organizational Behavior and Human Decision Process*, 97: 117-134.

Burns, J. M.(1978). *Leadership*, New York: Harper and Row.

Conger, J. A. & Kanungo, R. N.(1987). Toward a behavioral of charismatic leadership in organizational setting Academy of Management Review 1294, San Fransisco: Jossey-Bass.

Costa, D. J.(1998). *The Ethical Imperative: Why moral leadership is good business*, MA: Addison-Wesley.

Covey, S. R.(1990). *Principle-Centered leadership*, New York: Fireside.

Downton, J. V.(1973). *Rebel leadership: Commitment and charisma in a revolutionary process*, New York: Free Press.

Fernades, C. F. & Vecchio, R. P.(1997). Situational leadership theory revisited: A test of an across-jobs perspective, *Leadership Quarterly*, 8(1): 67-84.

Frunzi, G. L. & P. E. Savini(1991). *Human Relations*, South-Western.

Fulmer, R. M. & A. Vicere(1996). *Strategic Leadership Development: Crafting Competitiveness*, Oxford: Capstone.

George, B.(2003). *Authentic leadership: rediscovering the secrets to creating lasting vaule*, San Francissco: Jossey-Bass.

George, Manning & Kent Cortis(2009). *The Art of Leadership*, 3rd ed., McGraw-Hill International ed.

Gillham, D. J.(1998). "Images of servant leadership in education," Doctoral dissertation, Northern Arizona University.

Goldberg, L. R.(1990). An alternative "description of personality": The big-five factor structure, *Joural of Personality and Social Psychology*, 59: 1216-1229.

Graeff, C. L.(1997). Evolution of situalional leadership theory: A critical review, *Leadership Quarterly*, 8(2): 285-291.

참고문헌

Graen, G. B. & Uhl-Bien, M.(1995). Relationship-based approach to leadership: Development of leader-member exchange(LMX) theoty of leadership over 25 years: applying a multi-level, multi-domain perspective, *Leadership Quarterly*, 6(2).

Gross, J. J.(1998). "The Emerging Field of Emotional Regulation: An Integrative Review," *Review of General Psychology*, Vol.2.

Harter, N. & Evanecky, D.(2002). Fairness in leader-member exchange theory: Do we all belong on the inside?, *Leadership Review*, 2(2): 1-7.

Hater, J. J. & B. M. Bass(1988). "Superiors' Evaluations and Subordinates' Perceptions of Transfomatitional Leadership," *Journal of Applied Psychlogy*, 73: 695-702.

Hollander, E. P.(1978). *Leadership Dynamics*, New York: Free Press.

House, R. J.(1977). A 1976 theory of charismatic leadership, In J. G. Hunt & L. L. Larson(eds.), *Leadership: The Cutting Edge*, Carbondale: Southern Illinois University Press.

House, R. J. & Mictchell, R. R.(1974). Path-goal theoty of leadership, *Journal of Contemporary Business*, 3: 81-97.

Kellerman, Barbara R.(2005). *Bad Leadership*, Random House Joong-ang Inc.

Kernis, M. H.(2003). Toward a conceptualization of optimal selp-esteem, *Psychological Inquiry*, 14: 1-26.

Kouzes, J. M. & B. Z. Posner(1993). *Credibility: How leaders gain and lose it, why people demand it*, San Francisco, CA: Jossey-Bass.

Kuhnert, K. W.(1994). Transforming leadership: Developing people through delegation, In B. M. Bass & B. J. Avolio(eds.), *Improving organizational effectiveness through transformational leadership*: 10-25. Thousand Oaks, CA: Sage.

Kuhnert, K. W. & Lewis, P.(1987). Transsactional and transformational leadership: A constructive/developmental analysis, *Acadmy of Management Review*, 12(4): 648-657.

Leanne, Shel(2009). *Say It Like Obama*, Gco Science Publishing Co.

Luthans, F. & Avolio, B. J.(2003). Authentic leadership development, In K. S. Cameron, J. E. Dutton, & R. E. Quinn(eds.), *Positive Organizational Scholarship*: 241-258. San Francisco: Berrett-Koehler.

Manz, C. C. & H. P. Sims(1991). "Super leadership: Beyond the myth of heroic leadership," *Organizational Dynamics*, 19(4).

Marion, R., & Uhl-Bien, M.(2001). Leadership in Complex Organization, *The Leadership Quarterly*, 12: 389-418.

McClane, W. E.(1991). Implications of member role differentiation: Analysis of a key concept in the LMX model of leadership, *Group & Organization Studies*, 16(1): 102-113.

McCrae, R. R. & Costa, P. T.(1987). Validation of the five-Factor model of personality across instruments and observers, *Joural of Personality and Social Psychology*, 52: 81-90.

Neck, C. P. & J. D. Houghton(2006). "Two decades of self-leadership theory and research," *Journal of Managerial Psychology*, 21.

Neff, T. & J. Citrin(2001). *Uncommon Traits.*

Northouse, G. Peter(2013). 리더십 이론과 실제, 김남현 옮김, 경문사.

______(2011). 리더십 이론과 실제, 김남현 옮김, 경문사.

______(2007). *Leadership*, 4th ed., SAGE Publication.

Pfeffer, J.(2011). "Do not Dismiss Office Politics-Teach It," *Wall Street Journal*(October 24, 2011): R6.

Richard, L. Daft(2008). *The Leadership Experence*, 4th ed., Tomson South-Western.

Robbins, S. P.(1988). *Organizational Behavior*, 8th ed., N.J.: Prentice-Hall.

Rosener, J. B.(1990). "Ways Women Lead," *Harvard Business Review*, 68(6).

Rosick, C. J., P. J. Hanges, M. W. Dickson, & J. K. Mitchelson(2006). "A Cross-Cultural examination of endorsement of ethical leadership," *Journal of Business Ethics*, 63: 345-359.

Rost, J. C.(1991). *Leadership for the twenty-first century*, New York: Praeger.

Scandura, T. A.(1999). Rethinking leader-member exchange: An organizational justice perspective, *Leadership Quarterly*, 10(1): 25-40.

Shamir, B. & Eilam, G.(2005). "What is your story?": A life-stories approach to authentic leadership development, *Leadership Quarterly*, 16: 395-417.

Spears, L. C.(1995). *Insight on leadership: service, stewardship, spirit, and servant leadership*, New York: John Wesley & Sons, Inc.

참고문헌

Stephen, P. Robbins & Timothym, A. Judge(2008). *A Judge, Essentials of Organizational Behavior*, 9th ed., New Jersey: Pearson Prentice Hall.

Swindoll, C. R.(1981). *Improving Your Serve*, Dallas: World Publishing.

Walumbwa, F. O., Avolio, B. J., Gardner, W., Wernsing, T. S., & Peterson, S. J.(2008). Authentic leadership: Development and validatitionof a theory-based measure, *Joural of Management*, 34(1): 89-126.

Yukl, G.(2006). *Leadership in Organization*, 6th ed., Pearson Prentice Hall.

______(1994). *Leadership in Organizations*, 3th ed, Englewood Cliffs, NJ: Prentice Hall.

Zaccaro, S. J., Kemp, C., & Bader, P.(2004). *Leader traits and attributes*, Thousand Oaks, CA: Sage.

찾아보기

ㄱ

찾아보기

ㄴ

ㄷ

ㄹ

ㅁ

찾아보기

ㅇ

ㅈ

찾아보기

찾아보기

저자 소개

박보식(朴普植)

국민대학교 행정학과 대학원을 졸업(행정학 박사)하고, 국정관리전략연구소 박사급 연구원과 한국연구재단 인문사회학술연구교수, 국민대학교 행정학과 강사, 경동대학교 행정학과 공공관리와 리더십 강사, 청주대학교 행정학과 강사, 금강대학교 행정학과 강사, 수원과학대학 비서행정과 겸임교수, 동우대학 사회복지학과 겸임교수, 강원대학교 리더십 강사, 남서울대학교 리더십 강사, 충남도립대학교 자치행정학과 리더십과 조직관리 강사, 한국농수산대학 리더십 강사, 안동대학교 리더십 강사, 통일부 통일교육위원, 한국 스피치 · 리더십 연구원장 등을 역임하고 있다.

[저서]

주요 저서 및 논문으로는 「지방자치단체의 다문화정책과 상호문화주의」,
「물관리정책과 패러독스(Paradox)의 정치」,
「선진국의 사회적 기업정책과 한국적 시사점」,
「정책갈등에 대한 중앙정부 · 자치단체의 대응실태와 정책적 방안」,
「정책변동과 거버넌스의 변화」, 「신자유주의 복지정책의 효과」,
「지역사회의 발전과 대학의 역할」 등 다수의 논문과
『경호비서학개론』(한올출판사), 『사회복지행정론』(신정),
『사회복지실천론』(공동체), 『지적 대화를 위한 품격의 스피치』(대영문화사),
『선거연설과 당선전략』(윤성사) 등의 저서가 있다.

E-mail: bosik0514@hanmail.net

제5판

리더십

펴낸날 제1판 제1쇄 2012년 3월 5일
제2판 제1쇄 2014년 2월 14일
제3판 제1쇄 2017년 2월 24일
제4판 제1쇄 2019년 7월 31일
제5판 제1쇄 2023년 8월 23일

지은이 박보식

펴낸이 임춘환

펴낸곳 도서출판 대영문화사

주소 (본사) 사무실: 경기도 고양시 일산서구 주화로 70
우신프라자 307호 (㊌ 10387)
(본사) 물류센터: 경기도 고양시 일산서구 덕산로
107번길 68-50 (㊌ 10205)

등록 1975년 12월 26일 제3-16호

전화 (031) 913-3062, (031) 914-3884~5

팩스 (031) 913-3839

홈페이지 http://www.dymbook.co.kr

ISBN 978-89-7644-912-2

값 25,000원